중국사
다이제스트100

9
중국사
다이제스트100

초판 1쇄 펴낸 날 | 2024년 5월 24일

지은이 | 안정애
펴낸이 | 홍정우
펴낸곳 | 도서출판 가람기획

책임편집 | 김다니엘
편집진행 | 홍주미, 이은수, 박혜림
디자인 | 이예슬
마케팅 | 방경희

주소 | (04035) 서울시 마포구 양화로7안길 31(서교동, 1층)
전화 | (02)3275-2915~7
팩스 | (02)3275-2918
이메일 | garam815@chol.com

등록 | 2007년 3월 17일(제17-241호)

© 도서출판 가람기획, 안정애, 2024
ISBN 978-89-8435-598-9 (03950)

9
중국사
다이제스트100

CHINA

안정애 지음

가람
기획

머리말

《한 권으로 보는 중국사 100장면》이 출간된 지 오랜 세월이 지났다. 당시에는 쉽게 읽을 만한 대중적인 중국사 입문서가 없었다. 시대적인 상황도 냉전이 해체되고 한·중 수교가 막 이루어진 상태였다.

그간 적지 않은 시간이 흘러 많은 변화가 있었다. 중국에서는 고고학이나 역사학의 성과가 축적되었고, 한중 문화 교류가 활발히 이루어져 중국의 연구 성과들이 국내에 번역되었으며, 국내 학계에서도 다양한 대중적 입문서들이 출간되었다. 이를 반영하여 새로운 연구 성과가 반영되고 오류가 시정될 필요가 생겼다. 모바일 혁명이 일어나 종이로 된 출판물들이 아니라도 다양한 경로로 중국사에 대한 갈증을, 그것도 즉각적으로 해결할 수 있는 길들도 열렸다. 그러나 단편적인 지식들이 전체적인 흐름 속에 파악될 필요는 있다.

중국사에 전기가 되었던 100개의 사건이라는 큰 틀은 그대로 가져가되, 전체적인 흐름을 이해할 수 있도록 시대를 구분하였다. 각 사건을 서술함에 있어서 기본적 출발점은 인간임을 잊지 않으려 했다. 개개의 사건을 쉽고 재미있게 읽으면서 시대별 다양한 인간 군상의 생생한 이야기가 전해지기를, 한 시대를 다 읽은 후에는 그 시대의 시대상이 다른 시대와 구별되어 파악될 수 있기를, 책을 다 읽은 후에는 중국의 역사가 한국사와 구별되고 또 연관되어 이해될 수 있기를 기대하면서 이 책을 썼다.

중국사를 쓰면서 한국사와의 관련성을 유념하였으며 중국사 내부에서도 한족 외의 소수민족들의 역사도 배제하지 않으려 노력했다. 중국현대사의 전개를 통해 북한에 대한 이해도 조금은 성숙해지기를 기대한다. 북한을 포함한 한국, 중국, 일본, 베트남 등 동아시아 여러 나라 사람들이 지나온 역사를 공부하면서 서로에 대한 이해의 폭을 넓혀, 새로이 다가오는 시기에는 보다 평화롭게 공존하면서 인류의 아름다운 미래를 열어나가는 새로운 역사의 주인공이 되기를 기대해 본다.

이 책은 양정현 선생님과 함께 저술했던《한 권으로 보는 중국사 100장면》을 근간으로 보완된 것임을 다시 한번 밝힌다. 만일, 이 책이 중국사에 대한 인식 확대에 기여하게 된다면 학계와 출판계의 공로이다. 아울러 책의 편집에 정성을 기울여주신 가람기획 이민영 과장님께 감사드리며, 언제까지나 나의 정신적 지주로서 항상 살아 계시는 아버지, 고故 안병건 님께 이 책을 바친다.

안정애

차례

중국의 지형은 우리나라와 반대로 서쪽이 높고 동쪽이 낮다. 서쪽에 4,500미터가 넘는 티베트 고원을 중심으로 만년설을 이고 있는 높다란 산맥들이 있다. 이로부터 동쪽으로 가면서 점점 낮 아져, 계단식으로 1,000~2,000미터의 고원과 사막 지대, 1,000미터 이하의 구릉과 평원지대 가 이어진다. 따라서 중국본토의 강들, 북쪽으로부터 황하, 회하, 양자강도 서쪽에서 동쪽으로 흘러가 서해와 만난다. 만주와의 경계에는 요하가, 만주 한복판에는 송화강이 흐른다. 오늘날 중국인을 형성하게 된 한족을 비롯한 만주족·몽골족·회족·장족들의 선조들은 각자가 처한 서 로 다른 자연환경 속에서 이에 적응하며 생산 활동을 시작함으로써 각기 독특한 문물을 형성 하였다. 중국 고지대의 산지와 초원 지대에서는 유목 생활을 하는 사람들이, 구릉과 평원 지대 에서는 농경 생활을 하는 사람들이 문명의 싹을 키워나갔다.

제1장
선사

CHINA

중국에는 언제부터
인류가 살기 시작했을까
: 북경원인 (약 50만 년 전)

지구가 탄생한 이후 가장 경이로운 사건은 아마도 인류의 출현이 아닐까. 엉거주춤하게 두 발로 섰던 최초의 생명체. 그 인류의 두 손에 어설픈 도구가 들리기 시작하면서 지구는 새로운 모습으로 변모해 갔다. 인류가 만든 독특한 문명과 도시가 자연을 정복해 들어갔고 산업화 이후에는 놀라운 속도로 자연을 파괴하고 있다. 지구상에서 인류는 가장 경이롭고도 파괴적인 존재이다.

예부터 사람들은 경이로움과 호기심을 담아 다양한 창조신화를 만들어왔다. 누가 언제 처음 만들고 어떻게 세월의 전승을 거쳐 변형되었는지, 일말의 사실적 근거도 확인할 수 없는, 말 그대로 신화의 세계이다. 중국 사람들에게 전해지는 창조신화로는 반고盤古와 여와女媧 이야기가 있다.

태초에 우주에 가득 찼던 기운이 점차 거대한 바위로 변했다. 반고는 그 바위 사이에서 생겨났다. 그가 점점 자라남에 따라 바위는 두 쪽으로 갈라지게 되었다. 그 한 조각은 하늘이 되고, 다른 하나는 땅이 되었다. 반고가 이 거대한 일을 마치고 숨을 거두자, 그의 눈은 태양과 달이, 그가 내쉰 숨은 공기가, 그의 뼈는 산이, 그의 육체는 흙이, 그리고 그의 피는 강과 바다가 되었다고 한다. 이 천지에 여와가 황토를 빚어 사람을 만들었다. 처음에는 하나씩 만들었는데, 나중에는 아예 새끼줄을 끌고 황토를 내달려 그 줄에 붙은 무수한 흙들이 모두 인간으로 변했다고 한다.

반고는 얼마나 거인이었으며 여와는 얼마나 오랫동안 황토고원을 내달려야만 했던 것일까? 오늘날의 거대 중국을 떠올리며 드는 실없는 생각이다.

현재 중국의 인구는 13억. 세계에서 가장 인구가 많다. 면적은 통일 한국의 50배에 달한다.

당연한 얘기지만, 중국도 처음부터 거대했던 것은 아니다. 중국의 역사도 자연과의 도전과 응전이라는 인류의 대장정 속에서 세계사의 범주를 크게 벗어나지 않고 발전해 왔다. 세상의 모든 다른 나라가 그랬듯이 구석기에서 신석기를 거쳐 작은 나라들이 생겨나고, 크고 작은 고난을 헤쳐 나가면서 오늘날의 거대 중국으로 성장해 나갔다.

중국 땅에 언제부터 인류가 살기 시작했을까? 그 인류는 누구인가? 이런 궁금증은 인류의 오랜 관심사이지만 끝없이 다시 쓰일 운명을 타고났다. 온 중국의 땅 밑을 한순간에 일제히 뒤집어엎는 일이 벌어질 수는 없지 않은가. 예전에는 50만 년 전의 북경원인을 주목했었지만 지금은 100만 년 전의 원모인 등의 화석도 여럿 발굴되었다.

중국에는 풍부한 석회암 지층이 많은 까닭에 화석화된 인골과 구석기 문화층이 200개 이상이나 발굴된 상태이다. '오스트랄로피테쿠스' 단계의 화석은 아직 발견되지 않았지만, 전기 구석기 단계인 '호모 에렉투스'계의 원모인·남전인·북경인·화현인, 중기 구석기 단계인 '호모 사피엔스'계의 대려인·금우산인·정촌인·허가요인·마패인, 후기 구석기 단계, 즉 현생인류인 '호모 사피엔스 사피엔스'계로는 류강인·자양인·산정동인 등이 발굴되었다. 모두 발굴된 지명을 딴 이름들이다.

해부학적으로 현대 중국인의 조상으로 추정되는 것은 류강인이지만, 각 단계의 연계 여부는 역시 논쟁에 파묻혀 있다. 고고학적인 발굴의 성과나 고인류학에서의 비교 연구, 어원을 분석해 내는 언어학적 성과 외에도 최근에는 염색체를 비교 연구하는 현대 과학의 결과물이 주시되고 있는 가운데, 이들이 직접적이고 전폭적으로 서로 연계되었을 가능성은 희박하다고 한다. 인류는 먹잇감을 따라 큰 폭으로 이동에 이동을 거듭하였던 것으로 보인다. 인류가 출현했던 이 시기를 지질 시대로 보면 신생대 4기 전반, 즉 플라이스 토세로 홍수가 많아 홍적세, 빙기가 많아 빙하시대로도 불린다. 이때 지구는 네 번의 빙하기와 세 번의 간빙기라는 커다란 변동을 겪었고 자연의 대변동에 따라 인류의 이동은 불가피했다. 약 200년 전에 시작하여 약 1만 년 전에 끝나는 이 장구한 시기는 모두 구석기 시대에 해당한다.

이 중 가장 대표적인 북경원인(北京原人)의 발굴 현장으로 떠나 보자.

1929년 12월, 삼면이 산으로 둘러싸인 북경 교외의 탄광촌인 주구점 마을의 서남쪽 산. 일명 '용골산'에서는 일단의 학자들이 혹한을 무릅쓰고 작업에 열중하고 있었다. 이 산은 석회암 산지였기 때문에 수많은 동물의 뼈가 화석화되어 남아 있었고, 중국 사람들은 이 뼈를 '용골'이라고 부르면서 만병통치 약쯤으로 여겨 고가로 거래하고 있었다. 그 약용의 뼈 중에 사람의 뼈가, 그 것도 까마득한 옛날 원인의 뼈가 포함되어 있으리라고는 아무도 생각하지 못했다. 그런데 원세개 정권이 재정난을 타개하기 위해 서방에서 초빙한 광공업 고문이었던 스웨덴의 지질학자 앤더슨이 새로운 시각으로 이 산에 접근하기 시작했다. 그는 광맥을 찾는 일보다는 그 속에서 인류의 화석이나 고대의 유물을 발굴하는 데 정열을 바침으로써, 1920년대 중국 고고학에서 가장 빛나는 업적을 이루어냈다.

앤더슨 일행은 이미 1927년에 인류의 것으로 보이는 어금니 뼈를 찾아냈으나, 학계의 인정을 받지 못했다. 보다 확실한 유골을 찾기 위한 작업이 계속되었지만 그 작업은 성과를 정확히 예견할 수 없는 고된 작업이었다. 앤더슨은 고고학적 발견의 어려움을 '마치 공원에서 잃어버린 핀을 찾는 것과 같다'고 표현하였는데, 그야말로 산 하나를 허물어내는 기나긴 노고 끝에 북경원인의 화석이 발굴되었다.

동굴을 파 들어가던 사람들이 30m 깊이의 동굴 밑바닥에 도달했다. 그들이 손에 들고 있는 도구는 대나무 주걱. 고고학이 현대 과학의 성과라고 하기에는 그들이 사용하는 도구는 너무나도 보잘것없는 것이었다. 밑바닥에는 겨우 한 사람이 들어갈 수 있는 작은 구멍 2개가 나 있었다. 중국인 젊은 학자 배문중이 희미한 불빛에 의존하여 구멍 끝까지 들어갔다. 순간, 그는 숨을 멈추었다.

"앗! 두개골이다!"

그것은 거의 완전한 인류의 두개골이었다. 어찌 된 일인지 서양인 학자들에 의해 시작되고 미국의 록펠러 재단의 지원 속에 진행되었던 이 발굴에서, 원인의 유골은 중국인 학자에게 그 첫 모습을 드러냈다.

앤더슨에 의해 북경원인의 화석이 발굴된 주구점 동굴. 인류의 두개골 7개를 포함하여 수십 명의 사람 뼈가 불에 탄 뗀석기와 코뿔소 등 동물의 뼈와 함께 발굴되었다.

협화의학원의 해부학 교수로 있던 블랙은 이 유골이 50만 년 전, 즉 구석기 전기에 활동했던 인류의 유골임을 확인했다. 그가 두개골을 손상시키지 않고 부착된 단단한 흙을 제거하는 데 걸린 시간만도 4개월. 북경원인에 매료되어 실체를 규명하고자 애쓰던 그는 끝내 과로로 숨졌다. 북경원인은 같은 호모 에렉투스 단계의 자바원인과 달리 거의 완전한 상태로 발굴됨으로써 학계를 흥분시켰는데, 2차 대전 중에 증발되어 세계적인 수수께끼로 남게 되었다.

북경원인과 같은 지층에서 불에 탄 뼈와 다량의 사슴 · 코뿔소 · 호랑이 · 하이에나 등의 동물 뼈, 그리고 인공을 가한 뗀석기들이 발견되었다.

이들로부터 추정하건대, 그들은 지금보다 훨씬 따뜻한 기후에서, 직접 제작한 도구를 이용한 공동 노동을 통해서 자신보다 훨씬 거대한 짐승들을 사냥하며 삶을 영위하고 있었다. 그들의 집은 자연이 만들어놓은 동굴이었다. 특히 그들은 불을 사용하고 있었는데, 이는 인류의 발달사에서 커다란 의미가 있다. 번개나 지진 등 자연적 현상 속에서 불을 접하기 시작한 인류도 처음에는 다른 동물들처럼 불을 몹시 두려워했으나, 점차 그 위대함을 깨닫고 생활에 적극 이용하게 되었다. 불은 생존을 위협하는 맹수들의 침입과 추위로부터 인간을 보호해주었으며, 식량을 익혀 먹기 시작한 후 양질의 단백질이 체내에 흡수됨으로써 인류의 신체는 더욱 튼튼해졌고 두뇌는 더욱 발달하기 시작했다.

구석기 시대는 인류가 수백만 년 이상이라는 오랜 세월 동안 아주 서서히 자연에 적응하여 생존의 방식을 찾아 나가는 과정이었으며, 점차 기술을 발전시키고 자연의 이치를 탐구하고 터득해 나감으로써 인간이 자연계의 거인으로 성장할 수 있는 토대를 마련한 중요한 시기였다.

중국 문명의 기원은 무엇인가
: 하강 문명과 홍산 문화
(기원전 5000년경)

지금으로부터 약 1만 년 전, 홍적세의 마지막 빙기가 끝나고 후빙기가 시작되었다. 기후가 따뜻해지면서 지금과 큰 차이가 없는 지형과 식생이 마련되었다. 빙하가 녹아내려 해안선이 높아지자 우리나라와 중국 사이에 서해 바다가 생기고 대륙에 붙어있던 일본은 섬으로 떨어져 나갔다.

이 무렵, 인류의 삶에도 놀라운 변화가 일어났다. 농경과 목축이 시작되었다. 이는 산업혁명 이전까지 인류의 오랜 생활방식이 되었다. 이 놀라운 역사적 대사건을 우리는 신석기 혁명, 혹은 농업 혁명이라고 부른다.

이제 인류는 먹잇감을 쫓아 이동을 거듭하던 오랜 떠돌이 생활을 청산하고 한곳에 정착하여 삶을 가꿀 수 있게 되었다. 의식주를 자연에 전적으로 의존하던 단계에서 벗어나 스스로 필요한 작물을 생산하고 조정하는 생산경제에 돌입함으로써 자연을 지배하기 시작했다. 나무는 베어져 집이 되었고 숲은 자신의 자리를 조금씩 인간의 마을에 내주기 시작했다.

중국은 어디에서 농경이 처음 시작되었던 것일까? 중국 문명의 기원은 어디일까?

우리는 세계 4대 문명의 하나로 황하 문명을 배웠다. 오랫동안 황하 유역에서 중국 문명이 기원하였다고 생각해 왔다. 오늘날의 최대 벼농사 지대인 양자강 유역은 이제 겨우 원시 농경을 시작한 인류의 거친 농기구로는 개간하기 어려운 것으로 보였다. 도처의 늪과 습지, 삼림을 어떻게 개간할 수 있었을까? 반면, 황하의 물줄기를 따라 넓게 발달한 부드럽고 비옥한 황토 퇴적층은 원시 농경에 매우 적합해 보였다. 일찍이 황하 유역에서 앙소의 신석기 문화층이 발굴되었다. 하, 상, 주 등 초기 국가가 출현했으며 이후로도 천년 동안 이곳 중원을 중심으로 중국의 역대 왕조가 부침하지 않았던가?

그런데 1973년 후진지역으로만 생각했던 양자강 하류에서 하모도 문화가 발굴되었다. 절강성 여요현 하모도 마을 사람들이 논의 배수로 공사를 하던 중 발견한 이 유적에서는 1미터가 넘는 두꺼운 벼의 퇴적층과 물소와 사슴 갈비뼈로 만들어진 쟁기가 발굴되었다. 이 지역에서 이미 7000년 전쯤에 논농사가 활발히 진행되었음을 웅변하는 것이었다. 현재 유적의 현장은 하모도 박물관으로 개방되고 있다.

황하 유역에서는 밭농사 중심의 문명이, 양자강 유역에서는 벼농사 중심의 문명이 발생하였다. 황하와 양자강을 따라 발생한 중국의 문명을 '하강문명'이라고 부른다. 중국의 신석기 문화는 황하 중심의 선진 문화가 주변으로 확대되어 나간 것이 아니라, 기원과 계통이 다른 문화가 동시다발적으로 생성되고 발전한 것으로 이해할 수 있다.

내몽골과 요하 유역에서도 하강 문명에 버금가는 신석기 문화가 발굴되어 '홍산 문화'로 불린다. 현재는 중국의 영역인 내몽골 자치구 적봉시 홍산을 중심으로 한 지역이다. 그중 가장 오래된 홍륭와 문화는 175채의 집이 10채 단위로 질서 정연하게 계획적으로 배치되어 있어 놀라운 수준의 사회모습을 보여주고 있다. 여신상과 옥귀걸이나 옥룡 같은 아마도 지구상에서 가장 오래된 옥기들이 발굴되었다. 최근 중국이 이 홍륭와 문화를 '중화제1촌', '중화시조취락' 등 중화의 시조 마을로, 내몽골 및 요하 일대에 널리 분포한 홍산 문화를 이른바 '요하문명론'으로 부각시키는 것은 동북공정, 즉 부여 · 고구려 · 발해의 역사를 중국 내 동북 지방의 역사로 규정하고자 하는 시도와 관련하여 우리가 지속적으로 주시해야 할 대목이다. 홍산 문화는 빗살무늬 토

하남성 민지현 앙소촌 전경. 앙소 문화를 낳고 성장시켰던 것은 황하 중류 유역의 대지를 덮은 황토였다. 이 앙소촌도 황토지대에 자리 잡고 있다.

기와 적석총 등으로 대표되는 문화로 중국의 중원 문화와 구별되며 고조선 등 한반도 초기 역사와 밀접한 관련이 있다.

역사학자 크로체의 말대로 '역사는 언제나 현재의 역사'다. 광범한 영역을 다스리는 다민족 통일국가인 중국은 한족漢族 외에 55개의 소수민족을 포함하고 있다. 오늘날 중국은 대중화주의 · 다민족통일국가를 표방하면서 내부를 통합하고 대외적 팽창을 거듭하고 있다.

현재까지 황하 · 양자강 · 요하 유역에 수천 개의 신석기 유적이 발굴되었다. 그중 1921년, 역시 앤더슨에 의해 처음으로 발굴되어 일찍부터 중국의 신석기를 대표하는 문화층으로 손꼽히고 있는 것이 황하 중류의 '앙소 문화'이다. 하류 지역에서는 '대문구 문화'가 발굴되었다. 앙소 유적에서는 검은색과 붉은색 계통의 채색토기, 즉 채도가 많이 발굴되었고 대문구 문화층에서는 흑도와 백도가 유명하다.

앙소 문화는 첫 발굴지인 하남성 민지현 앙소촌의 지명을 따라 붙여진 이름으로, 섬서성 · 하남성 · 산서성 일대에 광범하게 분포되어 있다. 그중 반파 유적과 강채 유적이 가장 잘 알려져 있다. 반파 유적은 1953년 서안에서 발전소를 건설하던 중에 발견되었다. 현재 유적 자체가 반파 박물관으로 조성되어 일반에게 공개되고 있다. 중국에서는 유적 자체를 박물관으로 개방하는 예가 적지 않다. 유적이나 유물이 현장을 떠났을 때는 이미 온전한 생명력을 지니기 어렵다.

앙소기의 마을은 대개 강가의 약간 높은 언덕에 자리 잡고 있다. 마을은 약 20채에서 100채 정도의 규모로, 비슷한 크기의 일반 집들은 몇 개의 조로 나뉘어 중앙광장을 향해 문을 두고 있다. 일반 집은 5명 안팎의 사람들이 기거할 수 있는 크기이며 각 조는 같은 어머니를 둔 모계 가정으로 추정된다. 일반 집과 구별되는 커다란 집이나 광장에서 집회나 마을 공동의 일들을 보았던 것으로 보인다. 축사도 있고 곳곳에 저장굴로 보이는 웅덩이나 창고시설이 있다. 마을 주위에는 배수나 방어를 위해 5~8m의 도랑, 즉 해자를 팠으며 해자 밖에는 마을 공동묘지가 있었다.

앙소인들의 골격은 몽골인종에 속하며, 현재의 화북 및 중앙아시아계보다는 남중국계와 더 유사하다. 화북인은 이후의 역사 전개 과정에서 북방 민족과의 융합이 빈번히 일어나 체질상의 변화가 일어났던 것으로 보인다.

앙소 문화의 두드러진 특징 중의 하나가 채도이다. 붉은색, 검은색, 흰색 등의 바탕에 다양한 무늬가 새겨져 있다. 별, 파도, 사선 무늬 등 기하학적 무늬도 있고, 물고기, 뱀, 새 등 동물무늬도 많다. 그중에는 사람의 얼굴을 한 물고기도 있고, 초기 글자 같은 부호도 보인다. 신석기인들의 이러한 감각은 사물을 사실적으로 재현해내는 데 치중했던 구석기인들과 구별되는 것으로, 사물의 배후원리를 찾아내고 추상화하는 데 노력했던 신석기인들의 보다 확대된 정신세계를 반영하는 것이다.

야생의 곡물을 재배하고 사냥해 온 짐승을 기르기 시작했다는 것은 인류가 자연 현상의 구체적이고 단편적인 변화상을 연관시켜 추상적이며 종합적인 원리로 정립해내는 고도의 사고체계를 갖추기 시작했다는 것을 의미한다. 자연현상의 배후에 있는 원리를 깨달아가면서 성숙한 정신력을 갖추게 된 것이다. 이 시기에 애니미즘, 토테미즘, 샤머니즘 등의 원시 신앙이 발생하고 추상적인 도안의 예술품들이 등장하는 것은 같은 맥락에서 파악할 수 있다. 그러나 아직은 생산력의 수준이 낮아서 자연의 위험이나 굶주림으로부터 해방되지 못한 인류는 공동체의 안전과 풍요로운 생산에 대한 염원으로 다양한 공동의 의식 문화를 발전시켰다.

그리고 끊임없이 수준 높은 기술들이 개발되었다. 수백 년간 인류를 지배했던 '깨뜨리는 문화'에서 '가는 문화'로 기술상의 대혁신을 이루었다. 더욱 정교해진 손놀림으로 다양한 간석기들이 만들어졌다. 창과 활과 도끼 등 이음도구들이 발달했으며 실을 뽑고 그물을 만들었다. 물고기며 곡물들을 보다 다양한 조리법으로 식탁에 올릴 수 있게 되었고, 따뜻한 옷을 지어 입을 수 있게 되었다. 남은 곡식은 토기를 만들어 저장하였다.

초기의 원시농경은 생산력이 낮아서 여성들에 의해 전담되었을 것으로 추정된다. 오랜 경험으로 야생곡물의 생장이치를 깨닫고 농경을 시작하였지만 그것이 처음부터 풍부한 산물을 안겨주었을 리는 없다. 임신과 육아를 담당해야 했던 여성들은 집 근처에서 간 돌도끼, 돌호미 등으로 농사를 짓고 수확물은 갈돌로 갈아서 토기로 된 시루에 찌는 등 요리를 했다. 남성들은 멀리 나가 활이나 창으로 말·사슴·들소 등을 사냥했으며 낚시와 어망으로 물고기를 잡았다. 개·돼지·소·양 등의 가축도 기르기 시작했다.

이 시기에는 남녀 간의 분업은 있었으나 아직 남녀의 차별은 없었으며, 잉여생산물이 적어 빈부의 차나 그로 인한 사람간의 차별도 거의 없었다. 경험이 풍부한 지도자는 있었을지언정 사람들 위에 군림하는 지배자는 아직 출현하지 않았다. 죽어서도 함께 씨족 공동묘지에 묻혔다. 이들은 마을 중앙에 있는 커다란 집이나 광장에서 마을 공동의 일을 함께 논의하고 종교적 의식을 집행했으며, 공동으로 생산하고 그 산물은 평등하게 나누어 가졌다. 이들의 관계는 서로 평등했다.

평등이 깨지고
계급 사회가 출현하다
: 용산 문화·양저 문화 (기원전 3000년경)

중국의 신석기 후기를 대표하는 문화로 '용산 문화'와 '양저 문화'가 있다. '용산 문화'가 1928년 황하 하류의 산동성 장구현 용산진 성자애에서 처음 발굴되었을 때에는 역사가의 상상력을 타고 다양한 기원설들이 분출되기도 했다. 검게 빛나는 흑색 토기에 강한 인상을 받은 부사년 등의 학자들은 이를 앙소의 채도 문화와 대비시켜 이른바 '화이동서설華夷東西說'을 주장하기도 했다. 황하 중류를 화하족의 채도 문화권으로 황하 하류를 동이족의 흑도 문화권으로 나누어, 서로 다른 세력의 독립적이고 연관성 없는 문화로 구별하여 이해하였다. 산동지역은 동이족과 관련하여 우리나라의 초기 역사와도 밀접한 곳이다. 앤더슨은 앙소의 채도에 영감을 얻어 중국 문명의 '서아시아 기원설'을 주장하기도 하였다. 그러나 이후의 고고학적 성과와 연구에 의해 좌초되었다.

고고학적 발굴은 앙소 문화와 용산 문화가 물밑으로 서로 연결되어 있음을 확인시켜 주었다. 용산 문화는 신석기 초기 문화인 황하 중류의 앙소 문화와 하류의 대문구 문화를 토대로 발전하여, 신석기 후기에 황하 일대에 널리 확대된 문화이기 때문에 오히려 '용산시대'라는 용어의 사용이 더욱 적합하다는 의견이 제기되고 있다.

안양시 후강의 한 유적에서는 최하층에 앙소 문화, 중간층에 용산 문화, 최상층에 상나라의 문화층이 발굴되었고, 묘저구 제2 문화층에서는 앙소에서 용산 문화로 이행하는 과도기적 형태의 토기 유형이 발굴되었다. 앙소인들은 대개 손으로 빚어서 토기를 만들었는데 용산인들은 회전대를 사용했으며 달걀껍질같이 얇고 광택 나는 토기를 제작할 수 있었다.

양자강 하류 지역에서는 '하모도 문화'를 계승한 '양저 문화'가 발달하였다. 일찍이 벼농사가 발달했던 이 지역에서는 대형 제단이 다수 발굴되었고 제사장으로 추정되는 무덤 속에서는 수백 개의 훌륭한 옥기들도 발견되었다. 요하 유역에서도 제단 및 성벽 유적들이 확인되고 있으며 무덤에서는 옥기 등 각종 제기들이 다량으로 발견되었다.

이들 문화는 원시공동체 사회가 어떻게 계급사회로 이행했는가를 우리에게 보여주고 있다. 한 사람만을 위한 무덤에 진귀한 보물들이 들어가고 이를 제작하기 위해 수많은 사람들의 노동력을 투여했다는 사실, 성벽과 제단의 출현 등은 신석기 후기에 정치권력이 출현하기 시작하였음을 알려준다. 이는 장차 국가라는 인간 조직의 출현을 예고하는 것이다.

권력발생의 초기 단계 권력자는 제사장이었다. 이른바 제정일치의 권력을 소유한 자다. 당시는 인류의 문명이 이제 겨우 탄생하려는 즈음인지라 인류는 스스로의 위대함을 깨닫지 못하고, 자연의 위대한 힘에 휘둘리면서 자신들을 지켜주리라 믿는 여러 신들에게 의탁하고 있었다. 신들을 위해 힘써 거대한 제단을 만들고, 함께 모여 신을 찬양하고 자신들의 생존과 번영을 기원하는 공동의 의식을 거행하였다. 점차 이를 주관하면서 신의 대리자로 자처하는 권력자가 출현한 것이다. 권력의 탄생은 질적으로 새로운 사회관계의 변화를 불러왔다.

신석기 후기에 이르면 농업 생산력이 상당히 증대되었다. 늘어난 생산물은 인구를 증가시키고 인간의 정신 문화를 보다 풍족하게 하는 자양분이 되었으나, 이의 획득을 놓고 씨족 내부의 갈등이 생겨나고 다른 씨족과의 전쟁도 빈번하게 발생하게 되었다. 인간 사이의 억압과 지배의 새로운 관계가 시

여신묘 유구. 우하량 산등성이
가장 높은 곳에 자리한 여신묘
의 전경. 여신이나 짐승의 상
이 십자형의 교점에 있다. 홍
산 문화 유적.

작된 것이다.

　농경이 보다 확실한 생활수단이 되자 남성들의 근력이 더욱 중요하게 되었고 생산물이 증대될수록 남성의 권력은 강화되었다. 남성의 묘에서는 생산도구가, 여성의 묘에서는 물레 틀이나 머리 장식품 등이 출토되었다. 방직을 제외한 거의 대부분의 생산 활동에서 남성의 역할이 더욱 중요시되면서 여성의 지위는 점차 남성에게 종속되어 부계 사회가 출현하였다. 저장할 곡식이 더욱 많아졌고 사유재산의 개념이 출현하기 시작했다. 남성들은 사유재산을 자신의 아이에게 상속하기를 바랐다. 분명한 자기 아이임을 확인하기 위해서는 어느 여성을 독점해야 했고 이에 따라 일부일처제의 혼인제도가 성립하게 되었다. 가끔 남녀 합장묘가 발굴되는 것은 이러한 현상을 알려준다.

　세습적인 지도자가 출현하고 씨족 간의 평등한 관계도 깨어지기 시작했다. 집이나 묘지들은 이제 모양과 크기가 일정하지 않았으며, 부장품의 수와 종류에서도 큰 차이를 보이기 시작했다. 부장품이 1점 출토되는 묘가 있는 반면, 160점이 발굴되는 경우도 있다. 지도자는 점차 지배자로 변해갔고, 세상은 지배와 피지배로 갈라지고 빈부의 차이가 심화되기 시작했다.

　사회는 더욱 확대되어 앙소기의 5배 혹은 10배의 큰 마을이 생겨났다. 집은 앙소기와 큰 차이가 없었으나, 한 칸짜리 움집 외에 두 칸짜리 집도 발견되고 있다. 주거지 주위에 서서히 성벽이 출현하기 시작했다. 도랑으로는 맹수는 피할 수 있었으나 다리를 놓고 건너오는 외적을 당해낼 수는 없었다. 성벽은 두 쪽의 판자 사이에 흙을 넣고 물을 부은 다음 발로 짓이기는 원시적 시멘트 공법, 즉 판축 공법으로 구축되었다. 성은 전쟁의 거점이 되었고, 각 부족 간의 치열한 전쟁이 시작되었다.

광대한 중원, 황하 유역에는 방·읍·국으로 불리는 성읍도시가 출현하기 시작했다. 바야흐로 본격적인 청동기 시대에 이르면, 이들 성읍도시 중에서 초기 국가들이 탄생할 것이다. 중국의 전설들은 이들 초기 국가들이 부족 간의 빈번한 항쟁 속에 도읍을 무수히 옮기고 있음을 알려준다.

청동기 시대에 이르러 국가가 발생하였다. 국가는 인간이 발명한 고도의 사회 조직으로 이를 유지, 발전시키기 위한 여러 제도들이 마련되었다. 다양한 기술적 발전들이 거듭되어 인간의 자연에 대한 지배력은 더욱 강화되었으며, 증대된 생산물과 노동력을 획득하기 위한 국가 간의 전쟁도 치열해져 국가가 지배하는 영역이 점차 확대되는 가운데 군주의 권한도 강화되었다. 자연현상과 인간 사회에 대한 논리적 이해를 바탕으로 철학과 예술 등 다양한 정신적 활동들도 눈부시게 발전하고 분화되었다.

중국에서는 황하 유역을 중심으로 최초의 국가인 하나라와 상나라, 주나라 등이 세워지면서 흥망을 거듭하였다. 각국의 지배력과 영역이 확대되면서 중국적인 세계도 확대되었을 뿐 아니라 중국적인 특징들도 마련되었다. 상나라 때 사용되었던 갑골문자는 한자의 원형으로, 광대한 지역의 다양한 민족들을 포함하는 중국의 문화적 구심점으로서 중화제국의 정치적 통일성을 담보하였으며, 주나라 때 만들어진 천명사상이나 혈연 중심의 봉건제도 등은 이후 왕조 중심의 역사 전개에 큰 틀을 제공했다. 최초로 중국의 영역을 통일한 진나라와 이를 이은 한나라 때 중국적 고대 세계는 완성되었다. 진나라 때 만들어진 황제 중심의 중앙집권적 국가체제나 지방 통치의 근본인 군현제 등은 이후의 중국 왕조들에 의해 충실히 계승되었다.

DIGEST100SERIES

제2장
고대

CHINA

전설의 힘, 실체로 확인되다
: 하나라의 성립
(기원전 2070년)

우리는 상商의 갑골문자, 주周의 청동기에 새겨진 금문 등의 문자기록을 통해 보다 풍부하게 과거의 사실들과 만날 수 있다. 문자는 분명 인류가 오랜 원시시대를 마감하고 새로이 문명의 새벽을 준비한 중요한 발명품이었다. 인류는 문자를 통해 축적된 경험을 후세에 전달함으로써 인류의 역사는 시간과 공간의 제약을 뛰어넘어 비약적인 발전을 거듭할 수 있었다.

그러나 문자가 발명되기 이전에도, 인류는 구석기 이래의 오랜 공동노동의 과정에서부터 언어를 사용하고 있었다. 언어를 통해 서로 의사를 소통했으며 언어에 의한 문화계승도 지속적으로 진행되고 있었다. 할아버지에서 아버지로, 다시 그 아들로, 입에서 입으로 전해져 내려오던 오랜 전승의 세계에서 우리는 어쩌면 귀중한 역사의 단서를 찾아낼 수 있을지 모른다.

중국의 삼황오제三皇五帝 전설은 국가 출현 이전의 역사적 발전 과정을 상징적으로 표현하고 있다. 아주 오랜 세월이 흘러서 미개한 사회가 개화되었는데 그 위업은 뛰어난 성인들에 의해서 이루어졌다는 것이다. 이를테면 삼황오제는 각 단계를 반영하는 문화적 영웅인 셈이다. 삼황오제는 기록에 따라 약간 다르게 나타나지만, 삼황은 상서의 수인燧人씨, 복희伏羲씨, 신농神農

씨를, 오제는 사기의 황제黃帝, 전욱顓
頊, 제곡帝嚳, 요堯, 순舜을 따르는 것이
일반적이다.

수인은 불을 발명함으로써 화식하는
법을 알게 했으며 인류를 추위로부터
보호했다. 복희는 사냥의 기술을 창안
했고 신농은 쟁기와 괭이를 발명하여
농경시대를 열었다. 이들이 삼황이다.
수인 대신 여와女媧씨를 넣기도 하는데
여와는 인간을 만들었다고 한다.

삼황은 다소 괴기한 모습을 한 초인
적 영웅으로 표현된다. 복희는 머리는
사람이지만 몸은 뱀이며, 신농은 머리

터키석을 박아 넣은 도철무늬의 동패장식. 하 왕
궁에서 출토된 것으로 하 왕조 예술의 높은 수준
을 보여준다.

는 소지만 몸은 사람이다. 반면, 오제는 보다 인간적인 모습을 하고 있다. 사
마천은 이때부터를 역사시대로 파악하여 《사기》의 저술을 황제로부터 시작
했다. 황제는 처음으로 중국을 무력으로 통일했으며, 문자, 역법, 궁실, 의상,
화폐, 수레 등 중국문물의 기초를 마련한 중국 문명의 창시자요, 중국민족의
공동조상이다. 다음의 전욱과 곡에 대해서는 뚜렷한 기록이 없다.

다음의 요와 순은 매우 높은 덕망에 의해 중국을 통치했으며, 자기 자식을
제쳐두고 현자를 지명하여 후계로 삼았다. 이것이 유명한 선양禪讓의 시작이
다. 요는 효자로 이름난 가난한 농부 출신의 순을 찾아내 그의 덕망과 능력
을 여러 차례 시험한 다음, 그를 사위로 삼고 위를 물려주었다. 순의 선정으
로 백성들이 편안했는데 대홍수가 일어나 사람들을 괴롭혔다. 이때 관리 우
禹가 13년간의 노고로 훌륭히 치수의 사업을 이루었다. 순은 역시 자기의 아
들을 제치고 우에게 제위를 넘겼다. 우도 훌륭한 선정을 폈다. 그가 죽자 백
성들은 그가 지명한 후계자를 제치고 우의 아들을 후계로 삼았다. 이때부터
세습적인 왕조가 출현했으니 이것이 중국 최초의 왕조 하夏나라다.

이 전설을 통해서 우리는 인류역사를 획기적으로 변화시켰던 불의 발명,

복희와 여와. 복희여와도는 전한 석실묘 화상석에 나타나는 중국적 모티브이지만 중앙아시아나 서아시아에도 나타난다. 오른쪽의 남신 복희는 왼손에 측량을 위한 곡척(曲尺)을 들고 있고 왼쪽의 여와는 오른손으로 컴퍼스 또는 가위를 들고 있다. 둘은 어깨를 껴안고 하나의 치마를 입고 있으며 하반신은 서로 몸을 꼬고 있는 뱀의 모습을 하고 있다. 이를 통하여 세상의 조화와 만물의 생성을 표현하고 있다.

사냥의 발명, 농경의 시작, 국가의 발생 등의 대사건들을 만나게 된다. 요와 순이 현자에게 선양을 한 것은 원시 씨족 공동체 사회에서 추대에 의해 지도자를 뽑았던 역사적 사실을 반영하는 것으로 볼 수 있으며, 신석기 말에 씨족 공동체 사회가 깨지고 세습왕조가 출현하는 모습이 하 왕조의 출현으로 나타나고 있다.

황하는 예나 지금이나 잦은 범람으로 중국인들을 괴롭히고 있다. 우가 하족의 오랜 숙원이었던 치수 사업을 성공적으로 이끌면서 부족 연맹의 우두머리로 선출되고, 대규모 치수 사업을 함께 벌이는 과정에서 부족 간의 단결력이 강화되어 통일된 국가 체제가 갖추어지게 되었다면, 그래서 우의 아들 계가 추천을 통하지 않고 아버지의 직위를 계승하는 방식으로 왕조가 출현하게 되었다면 그것은 매우 자연스러운 현상일 것이다.

그렇다면 전설상의 우가 세웠다는 최초의 국가 하나라는 과연 실재했을까?

《죽서기년竹書紀年》과 《사기史記》의 하나라에 대한 기록, 〈하본기〉는 매우 구체적이다. 하 왕조가 우임금이 기원전 2070년 나라를 개국한 이래로 17대 걸왕에 의해 기원전 1598년 멸망할 때까지 472년간 중국을 지배했다는 구체적인 기록은 하나라의 존재에 대한 무시할 수 없는 근거이다. 실제로 전설 속에 묻혀 있던 상나라의 존재가 은의 발굴로 드러난 것을 상기할 필요가 있다. 서주 시대의 청동기 명문에서도 하 왕조와 우의 명칭이 확인되었다.

최근 중국 고고학계에서는 중국 최초의 청동기 유적인 하남성 언사현 이리두 유적을 하 왕조의 도읍지로 조심스럽게 판정하고 있다. 이리두 유적은 축구장 4개 정도의 크기로 궁전 지역과 거주 지역, 생산 활동 지역과 묘지 등으로 나뉘어 있다. 전문가들의 방사성 탄소 연대 측정 결과, 하 왕조의 연대에서 크게 벗어나지 않는다. 이리두 문화는 용산 문화와 상나라 전기 문화 사이에 존재한다. 그러나 유적지에서 결정적인 문자나 성벽이 발견되지 않아 논쟁을 종식하는 것이 성급하다는 견해도 있다.

　하나라는 황하 중류의 비옥한 밭농사 지역의 경제력을 바탕으로 성립하였고 청동기의 사용에 힘입어 중원에서 우월한 위치를 차지할 수 있었다. 12개 부족을 통합하였으며, 전 영역을 9주로 나누고 관리를 두어 지방을 통치하였으나, 구세력의 영향에서 벗어나지는 못하였다. 보다 강력한 통치력은 상나라나 주나라 때를 기다려야 했다. 하나라가 황하 중류 유역을 통치하고 있을 때, 하나라를 섬기던 상족은 이미 동북지방에서 세력을 떨치고 있었다. 상은 이주를 거듭하다가 현 하남성 상구인 박(亳)에 도읍한 후 하나라에 대한 공납을 중지할 정도로 성장했다. 하나라에서 걸왕이 노하여 토벌군을 일으키고 걸왕의 폭정에 항거하는 내란이 일어나자 상의 14대 탕왕은 이 기회를 틈타 하나라를 멸망시키고 상나라를 세웠다.

　중국인들은 과거에 투영하여 자신의 이상을 펼치기를 좋아하는 민족이다. 도가에서는 황하문명의 창시자인 황제를, 묵가에서는 절검과 노동을 중시하는 우를, 유가에서는 인애를 근본으로 선정을 펼친 요와 순을 강조했다. 전통적 유교에서는 요, 순, 우를 삼성으로 받들고, 하, 은, 주로 이어지는 삼대를 왕조의 모범으로 설정하여 삼대의 이상적 도덕정치로 돌아갈 것을 주장하곤 했다. 지금까지도 전설은 중국인의 의식 속에서 지속적으로 살아 움직이고 있다.

갑골문이 안내한 은허의 세계
: 상商나라의 건국
(기원전 1600년)

1899년의 어느 날, 갑골의 파편이 한 학자의 집에 찾아들면서 3천 년이 넘도록 땅 속에 감추어져 있던 상商나라의 실체가 밝혀지게 되었다. 상나라의 후기 도읍지인 은殷의 유적, 즉 은허가 발굴되었던 것이다. 상나라는 역사적으로도 아주 오랫동안 마지막 도읍지 은의 이름으로 불리기도 했다.

그 학자는 왕의영. 그는 당시 국자감의 제주, 오늘날의 국립대학 총장이었는데, 금석학 등에 조예가 깊어서 그의 문하에는 많은 젊은이들이 모여 있었다. 그중 유철운이 갑골문을 발견하는 행운을 얻었다. 왕의영은 말라리아에 걸려서 특효약으로 소문난 용골을 갈아 먹게 되었다. 용골이 막 빻아져 약재로 변하려는 순간, 때마침 그곳을 지나던 유철운이 문득 범상치 않은 글자의 흔적을 발견했던 것이다. 그는 4년 후에 《철운장귀鐵雲藏龜》라는 책을 발간함으로써 갑골문자의 존재를 세상에 널리 알리게 되었다.

그러던 중 하남성 안양현 소둔촌에서 하천이 범람하면서 갑골의 파편이 대량으로 발굴되었다. 이 지역은 1928년부터 약 10년간 본격적인 발굴이 진행되어 대량의 갑골 파편, 궁전과 거주 유적, 훌륭한 청동기와 도자기뿐 아니라 이를 만든 장인의 공장, 엄청난 순장자와 정교한 청동제 보물이 함께 매장된 순장묘 등이 발굴되었다. 특히 짐승문양을 새긴 청동 주물들은 매우 출중한 작품으로 꼽힌다. 이곳은 기원전 1300년부터 기원전 1046년까지 상나라의 후기 도읍이었던 은의 유적이었다.

20세기 초까지도 사람들은 상나라의 실재를 의심하고 있었다. 상나라는 전설 속에서

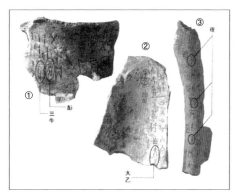

은의 갑골 복사. ①의 뼈 왼쪽 각자는 유(酉)의 제사에 소를 희생으로 써도 좋은가, ②는 참수의 의례, ③은 행이라는 사람의 길흉을 점친 것이다.

나 존재하는 나라일 뿐이었다. 그러나 갑골문자가 안내해 준 은허의 세계는 상당히 높은 수준에 도달한 청동문물이었다.《사기》에 기록된 은 왕실의 세계표는 거의 오차가 없는 것으로 확인되었다.

《사기》의 〈은본기〉에 의하면, 상나라는 탕왕湯王에 이르러 하나라의 걸왕桀王을 쓰러뜨리고 주변국 위에 군림하기 시작했다. 그러나 그 지위는 불안정하여 수도를 다섯 번이나 옮긴 후에야 비로소 은에 정착하게 되었다고 한다. 이후에는 도읍을 옮기지 않고 273년 동안 유지되었으니 세력이 안정되고 농업이 발달했던 것으로 보인다. 1950년 이후 상에 대한 본격적인 발굴이 다시 진행되면서, 각지에 상商왕조 시대 유적이 발굴되었다. 그중 하남성 정주의 상성 유적은 가장 큰 도읍 유적으로, 기원전 1600년 상나라 건국 당시의 유적으로 알려져 있다. 정주의 청동기 유물은 은의 청동기에 비해 상당히 원시적인 것이 포함되어 있다.

은의 유적에서 가장 중요한 발굴은 역시 수만 편에 달하는 갑골편에 새겨진 문자이다. 갑골은 점에 사용되던 귀갑과 수골을 줄인 말로, 실제로 귀갑은 거북의 등껍질보다 배껍질이, 수골은 소의 어깨뼈가 많이 사용되었다. 이제 겨우 한자를 배우기 시작한 초보자의 눈으로도 갑골문 몇 자는 확인할 수 있다. 갑골문자는 한자의 원형이며 문장의 구조도 오늘날의 중국어와 같다. 세계의 고대 문명 중에서 중국처럼 일관된 문화를 유지해 온 나라는 드물다.

그 동력으로 한자라는 공동의 문자를 꼽는 데 주저하는 사람은 없다. 한자는 표의 문자라서 언어가 다른 여러 민족들과 광대한 영역을 하나로 통합할 수 있었던 중국의 귀중한 문화유산이다.

갑골문에 '상商'이라고 새겨진 선명한 글자가 확인되었다. 상의 왕은 국가의 중요한 일을 결정할 때 항상 점을 쳐서 길흉을 판단하였다. 즉, '신의 뜻'을 묻는 것이다.

갑골의 뒷면에 구멍을 내어 단상에 올려놓고 제사를 지낸 다음, 이곳을 불로 지지면 균열이 생기게 된다. 이때 균열의 형태나 수, 주변의 색깔 등으로 신의 뜻을 판단했다. 정인貞人이라고 불렸던 점술사는 점을 친 후, 언제 누가 무엇에 대해 점을 쳤으며 그 결과는 어떠했는지를 갑골 위에 기록했다. 이것이 바로 갑골문이다.

그런데 당시 국가의 중대사란 기상이나 자연현상, 농사의 풍흉, 자연재해, 제사, 전쟁, 수렵, 임신, 질병 등 온갖 것이 다 포함된다. 나라의 크고 작은 일들이 신의 뜻을 묻는 형식을 통해 결정되었다는 것을 알 수 있다. 갑골은 일회용으로 사용된 것이기 때문에 은허의 한 갱에서는 한꺼번에 1만 7천 7백 편의 귀갑이 출토되기도 했다. 말하자면 당시의 쓰레기 처리장이 오늘날의 가장 중요한 유적이 된 셈이다. 현재 점괘를 기록해 놓은 복사卜辭는 총 16만 개 이상이 남아 있다.

상나라에서는 왕에 의한 강력한 제정일치의 신권정치가 행해졌다. 정치적 권력을 장악한 왕은 자신만이 하늘과 소통할 수 있는 신비한 능력을 지녔다고 자처하면서 장엄한 제사 의식을 통해 이를 증명하고자 했다. 이러한 신권정치는 동서양을 막론하고 자연의 위대한 힘 앞에서 끝없이 무력감을 느껴야 했던 초기국가의 일반적인 정치형태다.

상나라 사람들은 열 개의 태양이 땅 속에 있다가 매일 하나씩 교대로 천상에 나타난다고 믿었기 때문에, 열흘 간격으로 다음 태양이 떠오르는 밤마다 일상적으로 점을 쳤다. 그 열 개 태양의 이름이 갑을병정무기경신임계, 즉 십간干이다. 하늘 신과 땅의 신, 그리고 조상신을 숭배했다. 특히 사망한 선왕이 천신의 뜻을 전달해 인간세계에 복이나 화를 내린다고 믿었기 때문에 선

왕에 대한 장례와 조상에 대한 제
사를 매우 성대하게 치렀다. 제사를
게을리하지 않는 것은 왕의 가장
중요한 업무의 하나였다.

왕은 수천 명의 귀족 전사와 함께
대규모 원정을 수없이 감행했는데,
상나라에 복속된 연맹부족들은 공
물을 바치고 유사시에 병력을 제공
하는 한편, 은의 제사를 공동을 받
들었다. 즉, 당시의 제전은 은의 지
배력을 확인하는 유일한 의식 절차
로서 의미가 있었다.

은대 말기의 도철기룡문 격정. 괴수의 얼굴을 새긴
도철문은 은·주 시대에 유행한 문양으로 무서운 짐
승의 얼굴을 통해 악령을 퇴치하려는 주술적 성격을
띤 것으로 보인다.

은허에서 갑골문 다음으로 찬탄
의 대상이 되는 것은 세계 최고 수준의 청동기들이다. 그 제작기술은 흔히
서양의 르네상스기에 비견되는데, 특히 청동제기의 정교함과 세련미는 따라
갈 것이 없다. 제기는 반드시 하나씩만 만들어졌으니, 제사에 바친 그들의 정
성을 짐작할 수 있다.

그러나 청동기는 왕과 왕족, 그리고 귀족들, 즉 지배층의 독점물이었고 그
들에 의해 무기나 제기로만 사용되었다. 그들은 청동무기로 무장하고 지배
력을 주변지역으로 확대해나갔으며, 신의 후예임을 자처하면서 화려한 제사
의식으로 백성들 위에 군림했다.

생산 활동은 '중인衆人'으로 불렸던 하층 계급이 왕과 귀족에 예속되어 사
회적 부를 창출했다. 생산기술에는 커다란 진전이 없었다. 그들은 청동 문명
의 혜택에서 소외되어 여전히 토기나 목기, 석기를 사용하고 있었고, 반지하
식 움집에서 기거하고 있었다. 그러나 왕은 살아서는 회랑으로 둘러싸이고
다시 토성으로 둘러싸인 거대한 궁궐에서 화려한 생활을 하고, 죽어서는 청
동기·옥기 등이 대량으로 부장된 화려한 무덤에 매장되었으니 이는 백성들
에 대한 가혹한 수탈을 통해서만 가능한 것이었다. 최하위 계층은 전쟁 포로

였다. 그들은 귀족의 노예로서 신체의 자유를 박탈당한 채 사고 팔리거나 죽임을 당했다. 주인이 죽은 뒤 순장되거나 제물로 바쳐졌다.

왕은 백성들을 통제하기 위해 감옥을 짓고 잔인한 형벌로 공포감을 주어 야만적으로 다스렸다. 목을 베거나 배를 가르고, 코나 발꿈치를 자르며, 살을 베어내 잘게 다지는 등의 온갖 잔혹한 형벌이 자행되었다.

특히 충격을 주는 것은 대규모 순장의 풍습이다. 대형 묘에는 한꺼번에 수백 명의 사람들이 왕의 사후 생활의 편의를 위해 생매장되기도 했다. 가까운 신하와 처첩, 호위병, 하인들이 매장되었다. 이러한 풍습은 귀족 계층에도 확산되었다.

갑골문의 연구는 왕의영, 유철운, 그리고 나진옥과 그의 제자 왕국유에 의해 집대성되었다. 그런데 이들의 삶이 모두 비극으로 끝나게 되어 사람들은 이를 '갑골문의 저주'라고 부르기도 했다.

주의 독특한 지배체제, 봉건제도
: 주周나라의 건국
(기원전 1046년)

상나라의 제후국에 불과하던 서쪽의 주周족이 눈부시게 성장하여 마침내 상을 멸하고 중원의 새로운 지배자가 되었다. 최근 주나라의 청동기 문화가 강소, 안휘, 호북 등 양자강 유역에서도 발견된 것으로 볼 때, 상의 지배기에 황하 중하류 지역에 그치던 중국의 영향력이 주나라에 이르러 양자강까지 확대되었음을 확인할 수 있다. 주나라 때에 중국 중심의 천하관과 화이華夷의 관념이 생겨나고, 천명사상이나 혈연 중심의 예 문화가 자리 잡는 등 중국 문화의 뼈대가 마련되었다.

주周나라는 서주(기원전 1046~770년)와 동주(기원전 770~256년)로 구분된다. 이는 견융의 침입으로 수도를 호경(鎬京, 현재의 서안 부근)에서 동쪽의 낙읍(洛邑, 현재의 낙양)으로 옮긴 것을 기점으로 나눈 것이다. 즉, 도읍이 서쪽의 호경에 있었던 시기가 서주 시대, 동쪽의 낙읍에 있었던 시기가 동주 시대이다.

전설에 의하면, 주족의 시조는 후직이다. 그의 어머니 강원은 들에서 바위에 새겨진 신의 발자국을 밟은 후 이상한 기운을 느껴 그를 잉태했다. 그는 어려서부터 삼과 콩을 재배하기를 좋아했는데, 놀랄 만큼 결실이 좋아서 사람들은 그로부터 농사의 기술을 배웠다고 한다. 농업생산력이 풍부했다는 것을 상징하는 이야기다.

주족은 지금의 섬서성 서안 부근, 비옥한 관중평원에서 농업의 기틀을 닦으면서 성장했다. 이곳은 농경에 적당할 뿐 아니라 천연의 요새이며, 또한 감숙 방면으로부터 서방 문화가 중국으로 들어오는 관문이다. 전국을 통일한 진도 이곳에서 성장했다. 후직의 10대손인 고공단보 때에 기산 아래 주원周原에 정착했다고 하는데, 주의 명칭도 이로부터 유래한다. 이곳은 예로부터 주의 청동기가 많이 나기로 유명한 곳인데, 3개의 담장과 뜰로 이루어진 왕궁 유적도 발굴되었다.

고공단보의 아들 계력 때 주의 국력은 크게 성장하여 상의 경계를 사기에 이르렀다. 계력은 상 왕실에 의해 살해되었지만, 그의 아들 문왕 때에 이르러 유명한 태공망 여상의 보필 속에 비약적 발전을 거듭하였다. 상나라는 서백의 칭호를 주고 이를 회유하려 하였다. 그러나 문왕은 이미 상나라 정벌 계획을 수립하고 있었고, 그의 아들 무왕에 이르러 이 계획은 실행되었다.

마침 상의 주왕이 동방의 대정벌에 나섰다. 기회를 포착한 무왕은 '목야의 결전'에서 상의 대군을 격파했다. 전쟁에서 패한 주왕은 궁전을 불사르고 스스로 목숨을 끊었다. 흔히 주왕은 아름다운 달기와의 사랑에 빠져 국정을 소홀히 했다고 전해지는데, 상의 계속된 무력정벌과 지배층의 화려한 생활이 국력을 피폐하게 했다. 순장이나 갑골문에 등장하는 각종의 형벌이 말해주듯이, 상 왕실의 잔혹하고 야만적인 지배는 백성들의 거센 저항을 받았다. 또한 상나라 사람들은 술을 너무 좋아해서 멸망했다는 이야기도 있는데, 실제로 상을 정복한 주는 이를 경계하여 음주를 특별히 단속했다.

기원전 1046년, 상을 멸망시킨 주 무왕은 도읍을 호경으로 옮겨 주 왕조를 개창했다. 그러나 그로부터 2년 후 주 왕실은 커다란 위기를 맞았다. 주의 지배력이 아직 안정되지 않은 상태에서 무왕이 갑자기 죽고 그의 어린 아들 성왕이 즉위하게 된 것이다. 이때 크게 활약하여 주의 지배력을 공고히 한 사람이 무왕의 동생 주공 단이다.

주공은 동방의 거점인 낙읍을 제2의 수도로 건설하고 상의 잔존 세력의 반발을 평정했으며, 3년간의 대동방원정을 감행하여 주를 명실상부한 중원

은 · 서주 시대의 갑조궁실 터. 섬서성 치산현 봉추촌에 있다. 서상실 남쪽 두 번째 방의 고실에서 갑골이 발견된 것으로 보아 이 방은 종묘였던 것으로 보인다.

의 지배자로 부상시켰다. 그러나 그는 끝내 왕위에 오르지 않고 성왕을 슬기롭게 보좌함으로써, 훗날 공자로부터 최고의 찬사를 받았다.

주 왕실은 점차 확대되는 영토와 주민을 효율적으로 다스리는 방법을 고민하게 된다. 아직 청동기 단계에 불과한 당시의 기술수준에서 방대한 영토를 중앙에서 통치한다는 것은 불가능하다. 어차피 간접통치를 할 수밖에 없는데 어떻게 하면 각 제후들을 포섭하고 통제하여 반란에 쐐기를 박을 수 있을까?

이때 창안된 중국 역사상 최초의 체계적인 통치제도가 바로 봉건제도封建制度다. 봉건제도란 직할지를 제외한 전국의 확장된 영토에 왕실의 혈족이나 공신을 제후로 임명하여 다스리게 하는 제도로, 제후는 왕에 의해 봉해져서 해마다 공물을 바치고 유사시에 병력을 지원했으나 지역의 내정에는 간섭을 받지 않았다. 종친들은 수도 가까이에 분봉하여 울타리 역할을 하게 하고 공신이나 하 · 상의 후예들은 멀리 변방에 분봉하였으며 천하는 모두 왕의 땅이라는 왕토사상을 널리 유포시켰다. 생산력이 크게 발달하지 않은 상태에서 주나라가 광대한 지역에 대한 지배권을 유효하게 행사할 수 있었던 것은 이 봉건제도라는 독특한 통치 제도가 마련되었기 때문이다. 주나라는 정치제도에 있어서 획기적인 진전을 이룸으로써 800년간 존속할 수 있게 되었다.

주 왕실의 지배력을 공고히 하기 위해 봉건제도에 혈연적인 특색이 가미되었다. 이것이 종법제도宗法制度로 계약이라는 방식으로 맺어지는 서양의 봉건제도와 구별되는 점이며, 이후 중국 사회의 하나의 특성으로 발전하게 된다. 왕과 제후는 단순히 정치적인 군신관계일 뿐 아니라 본가와 분가의 관계, 즉 공동의 조상을 모시는 한 집안임이 강조되었다. 왕은 제후들에게 군권을 상징하는 무기와 관복을 제공하였고, 제사라는 신성한 의식에 함께 참여함으로써 군신 관계를 확립했다.

주의 지배는 제사의식으로 완성되는 것이었으나, 상나라처럼 대규모 피의 제물을 바치는 일은 사라졌다. 이는 주의 문화가 보다 합리적으로 발전했다는 얘기가 된다. 주 왕실의 조상을 모시는 종묘가 도읍의 중심에 자리 잡은 가운데, 주가 정복한 상의 제사도 중시되어 그들의 후손을 제후국에 봉하여 조상의 제사가 끊어지지 않게 했다.

종법제도는 엄격한 피라미드식 신분 질서가 확립되고 독특한 예 문화가 정착되는 데 기여하였다. 정실부인의 맏아들을 대종大宗이라 한다. 나머지는 소종小宗으로 대종에 절대 복종해야 한다. 왕은 천하의 대종이며 왕위도 적장자 계승 원칙이 적용되게 되었다. 제후는 또 자신의 봉국 안에서는 대종이 되는 것이며, 가정으로 내려가도 마찬가지다. 철저한 위계질서가 사회 전반에 걸쳐 확립되는 것이다. 이는 주례周禮라는 엄격하고 치밀한 예절규범의 제정으로 강화되었다. 의식주를 비롯해 일거수일투족에 이르기까지 모두 신분에 따라 정해진 절차와 제약을 따르게 하는 독특한 중국의 예 문화가 만들어지게 된 것이다. 이는 중국의 오랜 제국들에 이어지고 중국인들의 윤리와 도덕으로 체화되어 중국적 생활방식의 하나가 되었다.

아울러 '천명사상天命思想'이라는 이데올로기를 널리 유포함으로써 주 왕실의 정통성을 강조했다. 하늘은 주 무왕에게 포악한 상의 주왕을 멸하고 주 왕조를 개국하라고 명령했다. 그러므로 상주 왕조의 교체는 단순한 무력 쿠데타가 아니라, 하늘의 뜻을 반영한 '상주 혁명'인 것이다. 이 논리에 의하면, 백성들은 불가항력적으로 주의 지배를 받아야 한다. 주의 지배에 반항하는 것은 하늘을 거스르는 무서운 죄악이 되는 것이다.

기원전 771년 유목민 견융의 침입을 받은 유왕은 여산 기슭에서 살해되고, 주 왕실은 도읍을 낙읍으로 옮겨 겨우 명맥을 유지했다. 이를 '주의 동천'이라고 하는데, 이때부터를 동주, 그 이전 시대를 서주 시대로 칭한다. 동주는 다시 춘추와 전국으로 나뉘어져 '춘추전국시대'로 불리는데, 춘추 시대는 공자의 책명 《춘추春秋》에서, 전국은 전한시대의 저술인 《전국책戰國策》에서 따온 이름이다.

　서주의 멸망에 관해서 전해지는 이야기가 있다. 유왕은 포사라는 후궁을 몹시 사랑했는데, 그녀는 이상하게도 웃음을 보이지 않았다. 그러던 어느 날, 오보로 봉화가 올려졌다. 다급해진 제후들은 서둘러 군사를 이끌고 도읍으로 달려왔으나, 오보라는 사실이 알려지자 모두들 넋 빠진 모습이 되었다. 이를 본 포사는 처음으로 크게 웃었다. 왕은 그녀의 아름다운 웃음을 다시 보고 싶은 마음에, 자꾸만 봉화를 올렸다. 거듭 속아왔던 제후들은 정작 견융犬戎의 침입으로 주 왕실이 위기에 닥쳤을 때는 아무도 달려오지 않았다고 한다.

춘추 5패, 열국이 각축을 벌이다

: 춘추시대의 개막
(기원전 770년)

우리에게 잘 알려진 고사성어로 '와신상담臥薪嘗膽'이라는 말이 있다. '울 퉁불퉁한 땔나무 위에 누워 잠을 자고 쓰디쓴 곰쓸개 맛을 보며' 패전의 굴 욕을 되새기는 모습은 춘추시대 각국의 치열한 생존경쟁의 단면을 보여준 다. 와신상담하지 않고서는 살아남기가 어려웠다. 춘추 초기에 주왕으로부 터 봉해진 제후국은 총 140여 개였으나 춘추 말기에는 진秦, 초楚, 제齊, 한 韓, 위魏, 조趙, 연燕의 7개국으로 정리되었다. 기록에 남겨진 전쟁의 횟수만 도 1,200회가 넘는다.

상나라 때는 왕이 직접 군대를 이끌고 출전하였다. 왕을 호위하는 소규모 군대는 있었지만 아직 상비군 체제는 아니었다. 전쟁이 일어나면 제후국의 백성들이 임시로 소집되었고 군대 규모는 1만 명 정도였다. 주나라에 들어서 면 상비군이 처음으로 만들어지고 수만 명의 군대가 왕의 직속 군대로 활약 했으며 호경을 지키던 6사師와 낙읍을 지키던 8사, 나중에는 22사가 있었다. 물론 주의 전쟁에는 제후국의 군대도 소집되었다.

상·주 시대의 전쟁은 대부분 황하 중하류의 평원지대에서 벌어졌다. 주 로 전차가 평원지대를 달리며 전투를 벌이는 전차전의 형태였기 때문에 보병은 보조적인 역할만 담당하였다. 큰 전투에는 3천 대 정도의 전차가 동원되었다. 당시의 군인은 아무나 할 수 없는 고귀한 직업이었기에 하층 귀족인 사士가 상비군이 되었고, 전시에는 성 안에 사는 평민인 '국인國人'도 참여하였으나 성 밖의 평민인 '야인野人'이나 상인, 노예 등은 전쟁에 참여할 자격이 없었다.

전차전은 말하자면 귀족형 전쟁이었다. 일정한 진법에 따라 전차가 죽 늘어선 상태에서 북이 울리면 공격이 시작되었고 전투 도중에도 양쪽 모두 예절을 지켰다. 무엇보다 용맹과 신의를 중하게 여겼다. 춘추시대까지는 대략 전차전 중심의 전투가 벌어졌다. 그러나 말기에 이르면 점차 기병이나 보병이 중요성을 띠게 되면서 커다란 사회변동이 수반되어 새로운 형태의 국가가 서서히 윤곽을 드러내게 된다.

춘추시대에는 주나라의 권위가 무너진 자리에 강력한 군사력을 쥔 패자覇者가 등장하여 중원의 정치를 좌우했다. 패자를 중심으로 각 제후국이 이해관계에 따라 이합집산을 거듭하였다. 다섯 사람의 유명한 패자가 있어 이를 '춘추 5패'라고 부른다. 춘추 5패는 기록에 따라 다소 차이가 있다.

최초의 패자가 된 사람이 제나라의 환공이다. 이때는 초나라가 남방에서 흥기하여 강성해져서 중원을 위협하고 있었다. 중원의 여러 나라들이 동방의 제나라에게 구원을 요청하여 각국의 동맹이 이루어졌다. 그는 관중을 재상으로 등용하고 혁신적인 개혁을 단행하여 부국강병에 성공함으로써 최초의 패자가 될 수 있었다.

춘추시대에 주 왕실은 하나의 소국에 다름 아니었으나, 주 왕실을 존중한다는 명분이 제후들에게 호소력을 지닐 만큼 아직 그 권위는 인정되고 있었다. 그러나 이미 초나라 왕이 스스로를 왕으로 칭한 이후 세력이 약한 제후들까지도 왕을 자처하고 있었으며, 겉으로 주 왕실을 존중해 주는 척하던 봉건제도의 잔재는 전국시기에 이르면 깨끗이 사라지게 된다. 전국시대는 진晉나라가 한韓, 위魏, 조趙 3국으로 분열했던 기원전 453년, 혹은 주 왕실이 이를 공인한 403년 이후의 시기이다. 주 왕실이 직접 제후국으로 봉한 진나라가 내부의 하극상으로 분열함으로써 봉건시대가 공식적으로 종언을 고한 것

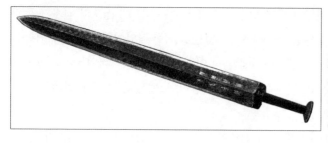

호북성 강릉현에서 발굴된 월왕 구천의 검. 초나라 묘에서 나온 이 칼에는 '월왕구천자작용검'이란 글이 새겨져 있고 지문까지 남아 있다.

이다. 오로지 강한 국가만이 스스로 실력을 입증하여 약육강식과 적자생존의 세계에서 살아남을 것이다.

실제로는 춘추시대에도 각국은 독자적인 영역 국가로 성장해가고 있었다. 《춘추좌전》에 의하면, 소국 송의 재상 화원은 통행증 없이 송나라의 영토를 통과했던 대국 초의 사신을 사형에 처했다. 《사기》에 의하면, 오나라와 초나라는 국경에 서 있는 뽕나무의 소유에 관한 양국 주민의 시비가 원인이 되어 대규모 전투를 벌이기도 했다.

춘추시대를 통틀어 가장 강력한 나라로 중원을 대표하는 진晉나라와 양자강 유역에서 새로이 성장한 초楚나라를 빼놓을 수 없다. 춘추 5패로 진의 문공과 초의 장왕이 잘 알려져 있다. 초는 더 남쪽의 신흥국 오吳와 월越의 약진으로 잠시 위기를 맞았는데, 오의 합려와 그의 아들 부차, 월왕 구천 등이 역시 춘추 5패로 거론된다.

오와 월은 보병 중심의 새로운 전법을 터득하고 일찍이 철기의 기술을 습득하여 강성해졌다. 오와 월이 소유했다는 명검의 전설이 전해지던 중에, 근래에 발굴된 무덤에서 유명한 월왕 구천의 검이 실제로 발견되어 사람들을 놀라게 했다. 2천 4백여 년이 지난 지금까지 칼날은 지극히 예리하게 빛나고 있었다. 날 밑의 양면에는 남색 유리와 터키석이 정교하게 상감되어 있는데 현대의 공예가도 어떻게 칼날 부분에 이러한 무늬를 넣을 수 있었는지 감탄할 뿐이다.

오왕 합려는 즉위한 후 9년 동안 국력을 키워 초를 공격했는데, 다섯 번 싸워 다섯 번 이김으로써 초를 위기에 빠뜨리는 등 강성함을 자랑했다. 그러나 월왕 구천과의 싸움에서 손가락을 부상당한 후 이것이 원인이 되어 죽음에 이르렀다. 그가 강소성의 해용산에 묻힐 때 10만 명의 인부가 동원되었으며, 묘 안에는 3천 자루의 명검이 함께 묻혔다고 한다.

합려의 아들 부차는 아버지의 원수를 갚기 위해서 '와신臥薪', 즉 땔나무 위에서 잠을 자면서 고통을 상기하고 국력을 키워, 회계산의 전투에서 월왕 구천의 굴복을 받아내었다. 그러나 구천은 부차에게 뇌물과 미녀를 보내어 마음을 안심시키고, '상담嘗膽', 즉 쓸개의 쓴맛을 매일 맛보면서 스스로에게 회계산의 굴욕을 상기시켜 결국은 부차를 물리쳤다.

각국이 패자로 등장하는 과정을 보면, 각 패자의 뒤에는 훌륭한 재상들이 있다. 제나라 환공에게는 '관포지교'의 아름다운 우정을 남긴 관중과 포숙이 있었고, 오나라 합려와 부차에게는 오자서가 있었으며, 월왕 구천에게는 범리가 있었다. 부차는 구천에게 패하고 자결할 때 얼굴을 수건으로 가렸는데, 그 이유는 오자서의 말을 듣지 않고 패하여 오자서를 볼 면목이 없었기 때문이라고 했다. 제 환공은 포숙으로부터 관중의 인물됨을 듣고는 자신을 죽이려 했던 과거의 행적까지 과감하게 묻어버린 채 그를 재상으로 등용하는 용단을 내렸다. 바야흐로 실력의 시대가 다가오고 있었다.

각국의 군주들은 기존의 명문귀족들의 세력을 억압하고 세력기반이 없는 평민출신의 인재들을 과감히 등용하여 왕을 정점으로 하는 중앙집권화를 꾀했으며, 저마다 부국강병에 힘써 항쟁의 대열에 나섰다. 빈번한 전쟁 속에서 과학기술은 더욱 발전하여 통일 국가의 기초가 마련되었으며 훌륭한 사상가들이 출현하기 시작했다. 이러한 경향은 철기의 보급과 함께 전국시대에 더욱 확대되었다.

철기의 확산과 군사기술의 변혁
: 제2의 농업 혁명
(기원전 5세기 전후)

전국시대는 커다란 변혁기였다. 이제 신석기 말기 이래의 성읍국가 체제는 마감되고 영역국가가 출현하고 확대되면서 거대한 고대제국의 출현이 예고되고 있었다. 그 배경에는 철기의 발명으로 대변되는 기술상의 대혁신이 있었다.

철기는 지배계급의 상징물에 불과했던 청동기와는 달리 사회 전반에 커다란 파문을 던졌다. 청동기 시대에도 생산용구는 대개 석기와 목기였기에 생산력 수준도 신석기 시대와 별반 차이가 없었다. 따라서 상주 시대 고도의 청동 문명은 소수의 사람들에게 부가 집중된 결과였다. 그러나 점차 금속 제작기술이 발달함에 따라 춘추 중기에 이르면 보다 단단한 철기가 발명되고 널리 보급되기 시작했다. 철기는 보다 예리한 무기로 사용되었을 뿐만 아니라 농기구로도 널리 사용됨으로써 정치, 군사, 경제, 사회 전반에 커다란 변혁을 초래했다.

철제 농기구는 땅을 보다 깊이 갈 수 있게 했으며, 여기에 소를 경작에 이용하는 우경이 시작되어 인간의 근력에만 의존하던 농경은 비약적 발전을 거듭했다. 이를 제2의 농업혁명이라 부른다. 이제 기계화 이전의 오랜 전통

농업사회의 기본적인 생활양식이 마련된 셈이었다. 예전에는 쓸모없던 땅에 불과했던 황무지가 개간되고 단위면적당 생산량도 크게 증가하게 되었다. 각국은 다투어 대규모 수리사업을 벌여 농지를 더욱 확대해 나갔다.

농업기술의 진전에 따라 집단농경에 의존하던 농업경영 방식은 소가족 단위의 생산을 가능하게 함으로써 점차 사회조직에도 커다란 변화를 가져왔다. 이 새로운 물결을 재빨리 인식하고 개혁을 가속화시킬 수 있는 나라가 장차 통일제국을 성취할 수 있을 것이다.

당시의 주산업인 농업생산의 발달로 경제 전반에 생기가 넘쳤다. 수공업, 상업 등이 농업에서 분리되어 독자적으로 발달하기 시작했다. 특히 제철업, 제염업의 발달이 돋보였다. 제철업은 각종 농구와 무기의 수요 폭증에 따라 눈부신 발전을 보였다. 제나라의 수도 임치에서 발굴된 야금 유적이지는 넓이가 십여만 제곱미터에 달했으며, 곳곳에서 발굴된 주조장에서는 철제 농기구가 다량으로 발굴되었다. 사람들은 이때 이미 산 위에서 적갈색 흙이 발견되면 그 아래에 철이 있다는 것을 깨닫고 있었으며, 당시 철이 출토된 산이 3,609개소였다는 기록이 있다.

각국의 산물이 활발히 교환되어 원격지 무역을 통해 재부를 축적한 대상인들이 출현했는데 진秦나라의 여불위가 그 대표적인 인물이다. 화폐는 이미 춘추시대에 출현했으나 전국시대에 널리 보급되어 농기구 모양의 포전, 칼 모양의 도전이 널리 사용되었다. 산업발달의 거대한 흐름은 또 다른 면에서 각국 국경의 철폐를 요구하고 있었다. 각국의 화폐, 도량형 등의 차이 는 상업의 발달에 제약이 되고 있었으며, 국경을 넘어 한 줄기로 흐르는 강물에 대한 대규모 수리사업이 요청되고 있었다.

각국의 왕들은 각기 부국강병에 힘써 스스로 통일의 주역임을 자임하고 있었으나, 그것은 직접적으로는 군사력의 우열로 판가름 날 성질의 것이었다. 따라서 전국시대에는 군사상으로도 커다란 변화가 뒤따랐다.

전국시대의 전쟁에 비하면, 춘추시대의 전쟁은 거의 낭만적으로 보이기까지 한다. 춘추시대의 전쟁이란 청동제 칼과 창으로 무장한 귀족들이 4, 5마리의 말이 끄는 전차를 타고 싸우는 전차전이었으며 귀족전이었다. 그러나

춘추시대의 주요 제후 및 국가. 춘추시대에도 서융·백적·적적·북적·선우·산융 등으로 불리던 유목민족들은 중국의 북방을 위협했다.

전쟁이 대규모 전차전에 적합한 중원 지역을 벗어나 구릉지대인 서북쪽과 강들이 많은 동남쪽으로 확대되면서 전차의 역할은 크게 줄어들었다. 이를 대신해 기동력 있고 장거리 작전이 가능한 보병과 기병의 역할이 커졌다. 풍부한 군사지식과 지략을 갖춘 신흥 장수들이 등장해 귀족들이 갖고 있던 군사지휘권을 빼앗았으며, 야인과 노예들도 전쟁에 참여하게 되었다. 이제 전쟁은 더 이상 귀족의 전유물이 아니었다. 커다란 사회 변동이 동반되고 새로운 형태의 국가가 서서히 윤곽을 드러내기 시작했다.

전국시대에 이르면, 춘추말기 강남의 오·월에서 시작된 평민병사의 보병전이 전투의 중심이 되었다. 보병부대는 산림과 소택지에도 자유로이 신출귀몰했으며, 쇠뇌라는 발사 용구가 발명되면서 사정거리가 길어져 수레 위에서의 사격전은 이미 효력을 상실했다. 북방의 조나라에서는 유목민족의 기마전술을 채용하기도 했다. 적의 공격을 막기 위해 높다란 성벽들이 올라가고 기병이 출현하면서 전쟁터가 넓게 확장되었다.

춘추시대의 전쟁은 한 번의 싸움으로 승패가 판가름 나고 수도 방위에 치중하는 야전이었지만, 전국시대에는 주요 도시 및 변경에 이르기까지 성을 거점으로 끈질긴 공방전이 벌어졌다. 춘추시대의 초강대국 진晉, 초楚의 싸움에서는 전차 4천 승, 즉 많아도 4만 정도의 병력이 동원되었으나, 전국시대의 각국은 60만에서 100만의 대군이 동원되었다.

이제 전쟁은 귀족들의 영예가 아니라, 평민 모두가 의무적으로 참여하는 것이 되었다. 전리품의 획득과 상대국의 복속에 목적을 두었던 전쟁은 토지의 획득과 적국 병력의 말살로 바뀌었다. 순수한 무장이 출현하게 되었으며, 전쟁의 이론과 작전을 연구하는 병법이 발전하여 유명한《손자병법孫子兵法》이 출현하기도 했다.

사력을 다한 각국의 경쟁 속에서 엄청난 사상자가 속출하였고 백성들은 언제 닥칠지 모르는 죽음의 위협 속에서 나날을 보내야 했다. 이러한 상황에서 묵자의 반전론이 백성들에게 커다란 공감을 받았던 것은 너무나 당연한 일이었다. 당시에는 묵가가 가장 인기 있는 학파였다.

중국 사상의 황금시대
: 제자백가의 출현
(기원전 6~3세기)

동서양 사상의 위대한 원천인 소크라테스, 석가, 공자 등의 철학자들은 모두 기원전 6~5세기에 활약한 인물들이다. 공교로운 우연의 일치일까? 인류는 이 시기에 지구상의 각기 다른 곳에서 거대한 사회변동을 겪고 있었다. 고대 제국으로 나아가는 길목에서 인류의 자유로운 정신활동은 최고조로 고양되었다.

이 시기에 인류는 비로소 신으로부터 독립하여 인간적인 자아를 확립해 나갈 수 있었다. 생산력의 비약적 발달은 분업을 촉진하여 생산에서 자유로워진 전문적 지식인을 배출했으며, 이들은 인간과 인간을 둘러싼 세계에 대해 보다 근원적인 질문을 던지기 시작했다.

그때가 중국에서는 바로 춘추전국시대였다. 우리가 산업화를 진행하는 과정에서 전통적 가치가 무너지고 혼란 속에서 새로운 가치관의 수립에 골몰했던 것처럼, 당시의 중국도 제2의 농업혁명 이래, 씨족 공동체적 질서에 기반한 주의 봉건제도와 예 문화가 중심적 지위를 상실한 상태에서 새로운 가치관의 정립을 위해 치열한 탐색의 과정을 겪고 있었다. 거기에 저마다 통일의 주인공이 되고자 했던 각국 군주 간의 경쟁은 사상의 발달을 더욱 촉진하였다.

춘추전국시대는 중국 사상의 황금기로 '제자백가諸子百家'시대로 불린다. '자子'는 교사를 존대하여 부르는 명칭이고, '가家'는 저술가, 혹은 사상의 한 흐름을 이룬 학파를 일컫는다. 즉, 춘추전국시대는 많은 사상가들이 수많은 사상을 다투어 탄생시켰던 중국 사상의 걸출한 시기였다.

춘추 말기에 최초의 교사로 등장한 공자는 주대의 봉건적 질서로 되돌아갈 것을 주장했던 반면, 전국 초기의 묵자는 반전론을 주장하면서 만인 평등의 새로운 사회를 건설해야 한다고 혁신적인 철학을 개창했다. 한편 허무주의자요 문명비판론자인 노자는 모든 인위적인 노력은 오히려 사태를 악화시킬 뿐이라고, 그러므로 자연으로 돌아가 순리에 맡기는 것이 인간이 할 수 있는 최선이라고 주장했다. 이들의 사상은 각기 뛰어난 제자들에게 이어져 후대에 중국사상의 원천이 되었으나, 실제로 중앙집권적 통일국가를 지향하던 당시의 군주들에게 채택되고 구현되었던 사상은 역시 법가의 사상이었다.

유가儒家의 시조인 공자의 이름은 공구이다. 그의 신분은 명확치 않으나 아마도 귀족 중에 다소 낮은 신분이었던 것으로 추측된다. 그는 주 왕실의 전통이 강했던 노나라에서 태어나 어릴 적부터 제사 용기를 갖고 놀았다고 하는데, 일찍이 고아가 되어 독학으로 학문을 성취했다. 그는 세상의 어지러움은 전통의 예 문화가 무너져버렸기 때문이라고 생각하였고, 그가 가장 존경해 마지않았던 주공과 같은 성인 군주가 출현하여 이 난세를 수습해주기를 기대했다. 그는 실제로 어진 정치를 펼칠 군주를 찾아 14년간 전국을 주유했으나 뜻을 이루지 못하고 고향에서 후세를 교육하는 데 전력을 기울였다. 유교의 경전이 된《오경》은, 말하자면 그가 제자들을 교육하기 위해 만든 교과서를 기초로 뒷날 만들어진 것이다. 그의 제자는 모두 3천 명이나 되었다고 하는데, 학업을 익힌 후 관리로 등용되기를 바라는 평민들이 많은 수를 차지했다.

그의 사상의 핵심은 '인仁'과 '예禮'. 인이 사람을 사랑하는 마음이라면, 예는 사랑을 표현하는 방법이라고 할 수 있다. 가족은 이러한 덕목이 가장 순

수하게 나타나는 첫 번째 장이다. 그는 이 가족애를 보다 큰 사회단위로 차츰 확산시켜 어진 정치를 펼칠 것을 주장했지만, 이러한 가족중심의 설명 방식은 그의 사상의 가장 커다란 장점이자 단점이었다. 사람들은 그가 어떤 신분의 사람이냐에 관계없이 가족 안에서 최초의 인간관계를 경험하고 애착을 갖게 마련이다. 그렇다면 가족으로부터 출발하는 공자의 구체적 접근 방식은 많은 사람들의 공감을 쉽게 얻을 수 있는 것이다. 그러나 그의 사랑은 가까운 것에 치우치는 것을 당연시했기에 평등한 사랑은 아니었다. 아울러 보수적인 그의 사상은 신분제의 철폐로 나아가지 않았다.

공자 입상. 자신의 개혁사상을 펼치기 위해 14년간 전국을 주유했으나 뜻을 이루지 못하고 고향에서 후세의 교육에 전념했다. 대북 고궁박물관 소장.

공자의 '인'은 전국 중기의 맹자에 의해, '예'는 전국 말기의 순자에 의해 더욱 구체화되었다. 맹자는 성선설에 기초하여 왕도정치의 구현을 강조했으며, 순자는 성악설에 의거하여 환경과 후천적 학습의 중요성을 중요하게 여기니 법의 중요성도 크게 부각되었다. 한비자와 이사는 순자의 제자였다. 묵자의 이름은 묵적. 그 역시 노나라 사람으로 공자보다는 낮은 신분이었다고 생각된다. 초기에 공자의 사상에 심취했던 그는 공자의 인이 차별적인 사랑임을 깨닫고 무차별적인 사랑을 주장하게 되었다. 그의 사상은 '겸애설兼愛說'로 일컬어지는데 겸애란 다른 사람의 신체, 가족, 국가를 자기의 것과 똑같이 여기는 것이다. 빈번한 전쟁은 각국 군주의 이기적인 발상에서 나온 것이므로 전쟁은 즉각 중지되어야 하며, 유가에서 미화되는 귀족들의 호화로운 장례도 중지되어야 한다. 그는 단순히 사상의 주장에 머물지 않고 스스로 사상의 실천에 앞장섰다. 직접 신성한 노동에 종사했으며 근검절약의 생활을 실천했다. 그의 평등의식과 검증을 요구하는 논리적 사고방식은 귀족적 신분제, 운명론에 대한 비판으로까지 나아갔다.

도가道家의 시조는 노자다. 이름은 이이, 초나라 사람이라고 하는데, 그가 실존인물이었다는 것조차 의심하는 사람들이 있다. 그의 사상은 전국말기 장자에 의해 정리되어 흔히 '노장사상'이라고 불려진다.

도가의 중심사상은 '도道'다. 도란 사물의 근본을 따져나갈 때 맨 마지막에 남는 것이다. 즉, 우주만물의 생성근원으로, 천지만물을 초월해 있으면서도 천지만물이 벗어날 수 없는 위대한 힘이다. 그것은 유일하고 절대적이며 불변하는 것. 이 도를 제외하면 우주적 존재들은 모두 상대적이고 허무해서 서로 대립되는 것들의 그 대립조차 무의미한 것이다. 인간의 인식에는 한계가 있어서 도라고 말해지는 것은 이미 도가 아니다. 모든 인위적인 노력은 도에서 멀어지게 할 뿐이다. '무위자연無爲自然'만이 인간이 선택할 수 있는 최상의 것이며, 문명 이전의 원시사회로 복귀할 수 있다면 그때에 인간은 가장 행복할 것이다.

매우 난해하면서도 또한 매우 매력적인 도가의 사상서인《도덕경(노자)》과《장자》는 그 풍부한 상상력과 낭만적인 언어 구사로 오늘날까지도 널리 읽히고 있다. 영어권에서는 성경을 제외하고 가장 많이 번역되는 책의 하나이다.

대개 유가는 지배층의 철학으로, 도가는 피지배층의 철학으로 발전했는데, 반드시 그렇지만은 않다. 흔히 중국 사람들은 '공인으로서의 유가, 개인으로서는 도가'라고 하듯이, 고도의 긴장 생활을 요구하는 유가와 이를 풀어주는 역할을 하는 도가는 상호대립적인 것만은 아니었다.

이 시기 현실적인 정치에서 가장 커다란 힘을 발휘했던 사상은 역시 법가法家이다. 당시의 군주들은 제가의 사상에 모두 귀를 기울이고 때로는 고개를 끄덕이기도 했으나 실제로 구현한 것은 법가의 사상이었다. 이회, 상앙, 신불해 등의 관료들은 모두 법가의 선구자들이며 진의 통일도 이사 등의 법가적 실천에 의해 이루어졌다.

법가의 사상을 완성한 사람은 전국 말기의 한비자이다. 그의 이름은 한비, 본래는 한자라고 불렀으나 당나라의 유명한 선비인 한유와 구별하기 위해 '한비자'라고 부른다. 그는 역사의 진보를 믿었다. 현명한 군주는 고대사를 모범으로 삼아서는 안 되며 현실의 상황을 직시하고 이에 상응하는 조처를 취해야 한다고 주장했다. 봉건제를 타파하고 관료제를 채택해야 하며 규범으로서 법과 법을 실천하는 수단으로 術술을 강조했다. 그는 함께 공부했던 라이벌 이사에게 모함을 받아 살해당했다.

이외에도 일종의 논리학인 명가, 세계를 음양의 이원적 원리에 의해 설명하는 음양가, 우주만물이 '목화토금수'로 구성되었다고 주장하며 이의 운행으로 모든 변화를 설명하는 오행가, 외교와 변설을 중시하는 종횡가 등도 출현했다.

병가의 서적인 《손자병법》은 전국시대의 실전경험에서 출발한 고도의 전쟁이론서이자 심원한 인생철학을 담은 명저로 오늘날까지 널리 애독되고 있다. 손빈은 친구 방연의 모함으로 두 다리의 힘줄을 잘리는 형벌을 받은 후 저술에 몰두하여 이 책을 남겼다.

후진국 진은
어떻게 강대국이 되었나
: 상앙의 개혁 (기원전 359~338년)

고대 아시아 최대의 역사적 사건이라면 아마도 기원전 3세기 말에 이루어진 중국의 통일일 것이다. 그것은 거대하고 장구한 중국적 세계의 커다란 틀거지가 처음으로 완성된, 첫 중화제국의 출현이었다. 진시황은 기원전 230년 한韓나라 정복을 시작으로, 조趙, 위魏, 초楚, 연燕을 차례로 멸하고, 마지막으로 제齊나라를 멸망시킴으로써 통일의 대업을 완성했는데, 그때가 기원전 221년이었다. 불과 10년 만의 일이었다.

그러나 통일은 그렇게 쉽사리 이루어진 것도, 진시황 개인의 영웅적 역량에만 의존한 것도 아니었다. 그것은 이미 4세기 중엽, 상앙의 개혁으로부터 준비되어 온 것이니, 진시황이 최초로 통일을 이룬 시점으로부터 장장 130년 전의 일이었다. 상앙은 위나라 사람으로 진의 효공 때 재상으로 등용되어 개혁에 착수했다. 그는 엄격한 법의 집행을 통해 부국강병을 적극 도모함으로써 강력한 왕권을 출현시키고자 했다.

이러한 움직임은 이미 전국 초기, 중원의 선진 제국에서 시도되고 있었다. 뒷날 법가의 시조로 추앙받은 이회는 이미 위나라에서 개혁의 첫발을 내디뎠다. 그러나 중원 제국은 전통 귀족을 중심으로 한 구체제의 반발이 너무

포전과 도전. 춘추 중기 이후 전국 시대에는 각국에서 화폐를 사용하였다. '포(布)'는 '유포하다'라는 뜻이고, '도전'은 칼 모양이기 때문에 붙여진 이름이다.

거셌고, 각국이 서로 밀집되어 각축을 벌이고 있었기 때문에 새로운 변혁의 씨앗이 뿌리를 내리기에 어려움이 컸다.

개혁은 춘추시대까지 변방의 후진국에 불과했던 진秦나라에서 시작되었다. 이 시기에 변방의 후진국이 선진국 주도의 판도를 깨고 강대국으로 발전할 수 있었던 까닭은 중원의 선진국보다 상대적으로 귀족들의 힘이 약해 과감한 혁신 정책의 시행이 가능했으며, 주변의 황무지를 개척하여 농지를 확대하는 등 경제력을 탄탄히 할 수 있었기 때문이다.

상앙의 개혁도 철제 농기구의 사용과 우경으로 새로운 국면에 돌입한 농업의 발전을 적극 도모하는 것으로 시작되었다. 생산기술의 발달로 농경방식이 집단경영에서 소가족 단위의 경영으로 변화하자 씨족 공동체는 심각하게 붕괴되어갔다. 상앙은 소가족의 독립을 적극 추진하고 수리 공사를 일으키는 등 이를 지원함으로써 강력한 중앙집권을 꾀했다. 부자형제 간의 분가가 적극 추진되었고 변방의 황무지는 비옥한 농토로 바뀌어갔다.

물론 진나라라 한들 귀족들의 반발이 없었을 리는 만무하다. 종래에 귀족들은 씨족 공동체가 지배하는 농촌에서 농민들을 지배하고 국가의 관직을 독점, 세습하고 있었다. 그러나 소가족 생산방식이 확대되면서 씨족 공동체는 점차 해체되어갔고 독립된 농가는 이제 귀족이 아니라 왕권에 의해 직접 통제되어갔다. 상앙은 귀족들의 각종 특권을 폐지했으며 평민이라 할지라도 전투에서 뛰어난 공적을 세운 이에게는 관직과 토지를 주었다. 작은 취락을 통합하고 현 제도를 실시함으로써 권력의 중앙 집중과 농민에 대한 직접적인 통제를 강화했다.

이제 왕은 호적을 작성하고 군현을 직접 지배하기에 이르렀다. 광범하게 성장한 자영농민층으로부터 기하급수적으로 늘어나는 재정의 수요를 충당했을 뿐만 아니라, 끊임없이 일어나는 전쟁병력을 충원함으로써 강력한 군대를 구성할 수 있었다.

상앙의 개혁은 오로지 효공의 절대적인 지지 속에서만 가능한 것이었다. 효공이 죽자 상앙은 귀족들에 의해 '거열의 형'에 처해져 비참한 최후를 맞이했다. 거열의 형이란, 머리와 사지를 각각 수레에 매단 후 말을 달리게 하여 신체를 찢는 형벌이었다. 이 형벌은 상앙이 창안한 형벌이라고 한다. 상앙은 죽었으나 그의 법가정신은 후대의 왕들에게 계승되어 착실한 성과를 거두었고, 진의 국력은 눈부시게 성장하여 전국 7웅 중에서 점차 두각을 나타내기 시작했다.

기원전 4세기 말 혜문왕 때에는 재상 장의가 교묘한 외교 능력으로 진에 대항한 동방 6국의 연합세력을 분쇄했다. 이는 합종책에 대한 연횡책의 승리로 일컬어지는 역사상 재미있는 외교전이자 라이벌전으로 잘 알려져 있다. 연횡책은 장의, 합종책은 소진이 펼친 외교 전략이다. 두 사람은 함께 귀곡자에게 외교술을 배웠던 역사상의 라이벌이었다. 한 치의 혀로 세상을 바꾸고자 했던 이들의 외교술은 전국시대를 풍미했다.

학업을 마친 장의가 제후들에게 유세를 다니고 있던 어느 날, 귀족에게 도둑의 혐의를 받게 되었다. 그는 자신의 결백을 끝까지 주장하다가 수백 대의 곤장을 맞고 풀려난 일이 있었다.

그의 아내가 탄식하여 말하기를,

"아, 당신이 독서와 유세를 하지 않았더라면 이런 치욕은 당하지 않았을 텐데…."

그 말이 끝나기도 전에 장의가 혀를 내밀면서 물었다.

"내 혀가 온전한가, 어떤가?"

"혀라고요? 있는데요!"

장의가 하는 말이 걸작이었다.

"그러면 되었네!"

진의 통일은 상앙 때부터 이루어진 막강한 경제력과 군사력을 기반으로, 장의로 대표되는 뛰어난 외교정책, 범수의 유명한 원교 근공책 등 뛰어난 군사전술이 결합하여 이루어졌다. 가까운 나라를 먼저 공격하되 먼 나라와는 친교를 맺으니, 각국은 고립된 속에서 하나씩 하나씩 각개 격파되었다. 각국의 성벽은 허물어지고 중국적 세계는 최초로 하나의 국가 틀 속에서 통일되게 되었다.

전국 말기, 진나라를 방문했던 순자는 진나라의 풍부한 자원과 정연한 질서에 감복하여 다음과 같이 말했다.

"진나라가 승리를 얻어 온 것은 요행이 아니라 필연이었다."

진시황, 중국을 최초로 통일하다
: 중화제국의 시작
(기원전 221년)

　우주선을 타고 지구를 이륙할 때, 가장 마지막까지 육안으로 확인되는 인류의 건조물은 만리장성이라고 한다. 사람들에게 중국을 상징하는 문화물을 하나만 꼽으라고 한다면 대부분은 서슴없이 만리장성을 꼽을 것이다.

　오늘날 북경 교외의 팔달령으로 오르는 장성은 관광의 명소로 각광을 받고 있다. 계단을 약 40분 정도 오르면, 해발 1,015m의 정상에 다다른다. 정상에 서서 발 아래로 끝없이 펼쳐진 준령의 물결을 바라본 사람들은 그 장려함을 잊지 못한다고 하는데, 현재의 장성은 대부분 명나라 때에 축조된 것이다. 본래 장성은 토성이었으며 시대에 따라 다소 위치가 변하기도 하고 보수·확장이 거듭되었으니, 그 총 길이를 합치면 아마도 지구를 몇 바퀴 돌고도 남을 것이다.

　본래 만리장성은 진시황 때 중국 북방을 위협하던 흉노족을 방어하기 위해 축조된 것이다. 흉노는 아시아 최초로 기마술을 터득한 유목민족으로, 놀라운 기동력으로 중국의 북방을 위협하고 있었다. 장성은 서쪽의 감숙성 임조에서 시작하여 황하 북쪽을 휘돌고, 음산을 따라 조나라와 연나라 때 이미 축조되었던 성벽들을 연결하여 동쪽으로 요령성 양평에 이르는데, 현재의 것보다 훨씬 북방에 이어져 있었다. 비록 기존에 있던 성벽을 연결한 부분이 있었다 하더라도 참으로 엄청난 대역사였다. 성벽은 단순히 높이만 있는 것이 아니라 넓이도 대단해서 성벽 위로 5필 정도의 말이나 10열의 병사가 동시에 보행할 수 있게 되어 있었다. 우리가 만리장성을 중국통일의 상징물로, 또 진시황이라는 전제군주의 거대한 권력의 상징물로 바라보는 이유가 여기에 있다.

어찌됐든 만리장성의 완성으로 진시황의 중국통일의 과업은 마침표를 찍게 된 것이다. 만리장성은 중국을 북방의 유목민족과 구별하는 북방한계선이 되었고, 만리장성 이남으로 표현되는 중국의 영역은 오늘날까지도 큰 변화가 없다.

진시황의 이름은 정政으로 기원전 259년 장양왕 자초의 아들로 태어났다. 왕위에 올랐을 때 그의 나이는 불과 13살이었다. 정치는 자연스럽게 그의 어머니 태후와 여불위에게 맡겨졌다.

여불위는 대상인 출신으로 일찍이 정치적 야망을 품고 조나라에 인질로 있던 자초에게 접근하여 곤궁한 처지에 있던 그의 후원자가 되었으며, 마침내 공작을 통해 그를 즉위시켰다. 그는 자초가 자신의 애첩에게 마음을 빼앗기자 그녀마저도 자초에게 내주었는데, 그녀는 이미 여불위의 아이를 임신하고 있었다고 한다. 그 아이가 바로 진왕 정이다. 그렇다면 여불위는 진시황의 친아버지가 되는 셈이다. 여불위는 학자나 변론가 3천 명을 빈객으로 우대하고《여씨춘추》라는 일종의 대백과전서를 편찬하기도 했다 하니 그의 재력과 권세는 가히 천하를 호령할 만한 것이었다.

그러나 진왕 정은 그렇게 만만한 인물이 아니었다. 그는 기원전 238년 성인 의식을 치르고 친정에 들어가자 냉철하고 과단성 있는 정책을 펼쳐 나갔다. 상인 출신이었던 여불위의 중상책은 다시 억제되고 상앙 이래의 전통적 개혁정책이 강행되었다. 낙양에 연금되었던 여불위는 마침내 전도를 비관하여 독약을 먹고 자살했다. 새로이 재상으로 등용된 이사는 강력한 법치로 통일을 추진하였다. 진시황은 하루에 죽간으로 된 서류 120근을 처리하지 않고서는 결코 휴식을 취하지 않았다고 한다.

공중에서 본 시황릉. 이 분구의 높이는 45m이나 《사기》에 의하면 삼국시대 당시 그 세 배에 달했다고 한다. 황제 권력의 출현을 상징하는 문화유산이다.

39살의 나이에 천하에 군림하는 유일한 왕이 된 그는 자신의 명칭이 종래 6국 군주와는 차별적인 것이어야 된다고 생각했다. 이제 그는 '왕'이 아니라 '황제'라고 불리는 최초의 인물이 되었으니, 바로 시황제始皇帝를 말한다. '황皇'은 빛나고 빛난다는 의미의 형용사이고, '제帝'란 자연계와 인간계를 지배하는 최고신을 의미한다. 이제 군주는 '하늘의 아들', 혹은 '천명을 받은 자' 정도가 아니라, '절대신' 그 자체로 일컬어지게 되었다. 가히 전제군주의 출현에 걸맞은 칭호라 할 것이다.

전제군주 시황제의 명령은 군현제郡縣制를 통해 지방의 말단에까지 이르게 되었으니, 황제라는 칭호가 허황된 이름에 그친 것은 아니었다. 간접통치 방식인 봉건제는 폐지되고, 군현제가 전국에 걸쳐 시행되었다. 전국은 36개의 군으로 나뉘고, 군 밑엔 현, 향, 정, 리를 두었다. 지방의 행정 책임자는 독자적 세력을 가진 지방의 토착세력이 아니라, 중앙에서 황제의 대행자로 파견되어 황제의 신임에 절대 의존하는 충성스러운 관료로 대체되었다. 이제 황제는 백성들을 직접 지배하게 되었으며, 최초로 중국 전역은 중앙집권적인 하나의 통치체제 속에 들어가게 되었다.

수도 함양으로부터 지방 각지로 뻗어나가는 방사선의 도로망이 정비되어 황제의 명령이 전파되었고, 반란군이 발생했을 때는 신속한 진압이 가능하게 되었다. 또한 도로건설 과정에서 반란군의 근거가 될 수 있는 성벽이나 진지 등이 제거되었다. 전국의 토착부호 12만 호가 강제로 수도에 이주당했으며 민간 소유의 무기들은 모두 몰수되었다. 진시황은 전국을 5차례에 걸쳐 순행巡幸하고 태산 등 명산에 올라 거대한 기념비를 세움으로써 자신의 위엄을 과시했다.

통일국가 속에서 문자, 도량형, 화폐 등도 통일되어 사회발전에 기여했다. 그런데 진시황을 폭군적 이미지로 굳히는 결정적 사건이 일어났다. '분서갱유焚書坑儒'로 일컬어지는 사상 탄압책이었다. 강력한 무력과 엄격한 법으로 통일은 일단 성취되었으나, 이미 춘추 이래 발달한 각 지역의 독자적 문물과 창의적인 생각들, 비판적 여론이 문제가 되었다. 진시황은 제국의 장기적인 지배를 위해 사람들의 생각까지도 통일되기를 바랐다.

민간인들에게는 당시의 지배이념인 법가 사상서와 실용서적들을 제외한 어떠한 책의 소지도 금지되었으며 관리가 아닌 사람의 자유로운 학술토론도 금지되었다. 전국에 있는 수많은 서적들이 금서로 취급되어 관에 수거되고 잿더미로 변했다. 옛 서적에 대해 논의하는 자는 사형에 처해졌고 옛것을 찬미하고 진을 비방하는 자는 일족을 멸한다는 법령이 반포되었다. 이듬해에는 이에 비판적인 유생 460여 명이 생매장당하는, 이른바 갱유사건이 일어났다. 이를 말렸던 그의 장자 부소도 멀리 변방으로 쫓겨났다. 이 사건은 독재적 국가권력에 의해 사상과 학문의 자유가 억압되었던 최초의 선례로, 세계적 언론탄압의 대명사로 널리 알려져 있다.

여하튼 중국은 진시황이 최초로 이룩한 광대한 영토와 황제에 의해 지배되는 거대 제국, 군현제와 관리제도 등의 치밀한 통치제도와 법률·문자 및 화폐의 통일 등 거대한 유산을 이어받아 이후로도 2000년에 이르는 오랜 기간 동안 그가 만든 큰 틀 안에서 발전해왔다고 해도 과언이 아니다.

여산릉 병마용 허수아비의 노래

: 진승·오광의 난
(기원전 209년)

　현대인의 과학지식과 지성으로 이해하기 어려운 고대의 상징물, 고대 이집트의 피라미드나 진시황릉을 호위하는 병마용갱 등을 대할 때 우리는 흔히 불가사의라는 표현을 쓴다. 그 거대한 위용, 그것을 가능하게 한 고대인들의 예지, 무엇보다도 그 위대한 건조물들이 오직 한 사람을 위해 만들어졌음에야 달리 어떤 표현을 쓸 수 있겠는가?

　1974년 5월, 섬서성 서안 부근의 시골인 여산 북쪽의 옥수수밭에서 우물 공사를 하던 중국 농민들에 의해 '진시황릉 병마용갱秦始皇陵 兵馬俑坑'이 처음으로 발견되었다. 당시의 군단을 상징하는 3개의 땅굴에는 흙으로 구운 등신대의 7천여 개의 병마용들이 마치 사열 직전의 군대처럼 엄숙한 대열을 이룬 채 서쪽을 향하고 있었다.

　평균 1.8m, 등신대의 도용들은 흙으로 빚은 뒤 한 번 가마에 굽고 표면에 투명한 아교를 칠한 후 광물성 자연연료로 채색되었는데, 그 사실적 표현기법은 우리를 놀라게 한다. 도용들은 갑옷의 복장, 전차의 장식만으로도 그 병사의 계급을 알 수 있을 만큼 세밀하게 묘사되어 있었으며, 당시 진나라 군대를 구성했던 지역민의 신체적 특징이며 개개 병사의 표정에 이르기까지 생생하게 표현되어 있었다. 마치 살아 있는 듯한 병마용들이 지니고 있는 무기는 모두 실물이었다. 그 도용들이 자그마치 7천.

이들 병마용들이 향하고 있는 서쪽 1,500m 지점에는 진시황릉, 즉 여산릉이 있다. 이들은 놀랍게도 진시황을 호위하고 있는 것이다. 여산릉은 지금도 끝없는 보리밭 사이로 우뚝 솟아 있다. 현재 능의 높이는 45m, 둘레는 약 2천m인데 본래의 높이는 이보다 훨씬 더 높았다고 한다. 마치 자연적 구릉이나 나지막한 산처럼 보이는 이 거대한 구조물이 인간의 손으로 조금씩 만들어진 인공의 구조물인 것이다. 여산릉의 건설에는 37년이 걸렸다고 한다. 얼마나 많은 사람들이 동원되었던 것일까? 발굴된 병마용갱은 이 여산릉을 지키는 수많은 부장품 구덩이의 하나에 불과하다.

《사기》에 의하면, 진시황의 관은 지하수 층을 세 번이나 통과하도록 깊이 판 다음, 동판을 깔고 그 위에 안치되었다. 능 안에는 지상의 궁전과 누각이, 묘실 위에는 일월성신의 천상 세계가, 아래에는 중국의 산하가 재현되었다. 또한 양쪽에 정복한 6국에서 빼앗아 온 진귀한 보물들을 줄지어 세워 놓았다. 무덤의 비밀이 밝혀질 것을 우려해서 마지막 기술공들의 출로를 폐쇄시켰다고 하며, 만일 무덤에 접근하는 자가 있을 때 그들을 쓰러뜨리기 위한 자동발사 장치까지 마련되어 있었다고 한다.

그러나 이 여산릉은 항우가 함양을 점령했을 때 파괴되었다. 이때 항우는 30만 명을 동원하여 30일 동안 능 안의 보물들을 날랐음에도 다 나르지 못했다고 하니 그 호화로움은 우리들의 상상을 초월하는 것이었음에는 틀림이 없다. 무덤이 이 정도라면 그의 생전 생활을 짐작하는 것은 그리 어렵지 않다. 진시황은 다른 나라를 멸망시킬 때마다 그 나라의 궁전을 그림으로 그리게 한 다음, 수도 함양에 재현했기 때문에 위수에 비친 수많은 궁전들의 그림자가 장관을 이루었다고 한다. 그는 위수 남안에도 대규모 궁궐 조성 계획을 갖고 있었는데 그 일부가 유명한 아방궁이다.

아방궁은 동서 700m의 거대한 궁전으로 전상에 1만 명이 앉을 수 있도록 설계되었다. 역시 아방궁도 항우군에 의해 소실되었는데, 그때 궁실을 태운 불은 3개월간 꺼질 줄 몰랐다고 한다. 진시황은 우주의 주재자인 상제가 하

병마용갱 1호에서 출토된 병마용들. 채색은 많이 흐려졌지만 다양한 병사들의 복장이나 표정들이 구체적으로 생생하게 재현되어 있다.

늘에서 군림하듯, 천하 유일독존의 황제인 자신의 생활공간은 상제의 천상 공간을 그대로 지상에 재현하는 위대한 것이어야 한다고 생각했다.

그러나 그의 지칠 줄 모르는 권력의 과시는 진의 몰락을 재촉했다. 백성들은 오랜 전란이 그치고 통일의 그날이 오면 기쁜 노래를 부르며 농사에 전념하는 평화로운 시대가 오리라고 기대하면서 고통의 나날을 감내하였지만, 그날은 오지 않았다. 여산릉, 병마용갱, 아방궁, 그리고 만리장성과 전국 도로의 건설, 게다가 변방의 수비에 동원되어야 했다. 그 엄청난 노역과 세금, 혹독한 법으로 백성들의 생활은 엉망이었다. 최근 발굴된 진의 법률에 의하면, 범죄자는 죄가 가벼울 경우에는 재물로써 속죄했지만, 무거울 경우는 국가의 노예, 다리의 절단, 효수 등 가혹한 형벌을 받았다. 감옥은 넘쳐났고, 아방궁의 건설에만 70여만 명의 죄수들이 동원되었다고 한다.

학자들의 추산에 의하면, 각종 노역이나 병역에 차출된 성인 남자의 수는 약 3백만. 당시 인구를 약 2천만 명에 대략 400만 호로 잡는다면 1호당 1명은 동원되었다는 결론이 나온다.

진시황에게도 죽음의 그림자는 어김없이 찾아왔고 그럴수록 그는 불로장생의 명약을 구하려고 백방으로 애쓰는 등 생에 대한 강렬한 집착을 보였다. 죽음을 생각하기도 싫었던 그는 후계자도 명확히 지목해 놓지 않았다. 동방

순행에 올랐던 그는 마침내 기원전 210년 50세의 나이로 숨을 거두었다. 죽음에 임박한 그는 변방에 나가 있던 장자 부소에게 위를 물리고자 했으나 환관 조고의 농간으로 호해가 허수아비 황위에 오르게 되었다.

진시황이 죽은 이듬해 마침내 백성들의 원성은 폭발하기 시작했는데, 그 대표적인 움직임이 최초의 농민반란으로 불리는 진승·오광의 난이다. 진승과 오광은 옛 초나라의 땅이었던 하남성 남부의 가난한 농민이었다. 이들은 기원전 209년 7월, 북쪽 변방 수비의 명을 받고 어양으로 향하고 있었다. 그런데 도중에 여름 장마가 닥쳐 길이 막혀서 도저히 기일 안에 당도할 수 없게 되었다. 진의 엄한 법률은 어떠한 사정도 용납하지 않았기에 기일이 늦어지면 참수형에 처해질 것은 불 보듯 뻔한 일이었다. 뜻을 모은 두 사람이 농민들에게 말했다.

"우리는 이미 기한에 늦어버렸다. 어양에서 우리를 기다리고 있는 것은 사형, 비록 사형을 면한다 하더라도, 변경의 수비를 맡는다면 두 번 다시 고향 땅을 밟기는 어려울 것이다. 그렇다면 어찌할 것인가? 왕후장상의 씨앗이 어찌 따로 있겠는가? 우리도 똑같은 인간이 아닌가?"

농민들은 모두 함성을 지르며 이들을 따랐다. 진승의 예견대로 봉기의 소식을 접한 전국 각지의 백성들은 항쟁의 대열에 나섰다. 이미 백성들은 깃발만 오르면 반란에 동참할 수 있는 만반의 준비가 되어 있었던 셈이다.

진승은 초나라의 수도였던 진陳을 함락하여 도읍으로 삼고, 국호를 장초張楚라 하여 스스로 왕위에 올랐다. 그러나 실전경험이 없는 농민들의 군대는 오합지졸에 불과했고 농민 주력군이 진의 장군 장감에게 패한 후에는 내부 동요까지 일어나 진승과 오광이 살해되기에 이르렀다. 사상 최초의 농민정권은 불과 6개월 만에 몰락했다. 봉기의 열매는 농민들의 손을 떠나 다른 이에게 돌아갔다.

진나라는 진승·오광의 난 이후 전국에서 빗발치는 반란의 물결에 휩싸였고, 기원전 206년 그 최후를 맞이했다. 통일을 이룬 지 불과 15년 만의 일이었다.

진의 마지막 황제는 제2대 황제인 호해로, 진나라 전체로 보면 제32대왕이었다. 호해는 진시황의 18남인데 환관 조고의 조작으로 황제가 되었다. 시황제가 기원전 210년 순행 도중 병사할 때 황태자인 부소에게 황위를 이으라고 유서를 내렸는데 환관 조고가 이를 조작했다. 부소는 조고의 손에 살해되었고 다른 왕자들도 모두 제거되었다. 진승과 오광의 난을 시작으로 많은 반란이 일어났고 조고는 마침내 승상 이사를 모함하여 제거하고 기원전 207년, 군대를 이끌고 함양궁에 쳐들어가 호해를 자결에 이르게 했다. 스스로 왕이 되려 하였으나 뜻을 이루지 못하고 부소의 아들 자영을 왕으로 세웠다가 마침내 제거되었다. 자영은 왕이 된 지 40여 일 만에 함양에 들어오는 유방에게 항복하고 말았다. 진나라가 멸망한 것이다.

항우와 유방의 대결

: 한漢 제국의 성립
(기원전 202년)

진승·오광의 농민봉기를 기폭제로, 전국 각지에서 일어난 진 타도의 물결은 마침내 항우와 유방의 숨 막히는 각축전으로 집약되었다. 이들의 대조적인 성격과 천하를 놓고 벌어진 팽팽한 접전의 드라마를 중국인들이 놓칠 리는 만무한 것이어서, 일찍이 사마천은 항우를 본기에 넣어 특별히 지면을 할애했다. 항우가 고향을 눈앞에 두고 비장한 심정으로 최후를 맞는 장면은 명문장으로 꼽히는 《사기》 중에서도 최고의 문장으로 여겨진다.

항우는 초楚나라에서 대대로 장군직을 지낸 명문 귀족 출신이었다. 그는 어려서 고아가 되어 숙부 항량의 손에 길러졌는데, 소년 시절부터 무예에 뛰어난 기량을 보였다. 그는 숙부 항량과 함께 양자강 하류 강동에서 거병하여 양치기를 하던 초의 왕족 심을 회왕으로 추대하면서 반군의 중심세력으로 떠올랐다.

유방도 역시 초나라 사람이었지만, 그는 항우와는 달리 이름 없는 농민 출신이었다. 젊은 시절 농사에 뜻을 잃은 그는 각지를 유랑하다가 고향에 돌아와서는 유력 가문인 여공의 딸과 결혼했는데, 그녀가 뒤에 권력을 독단했던 유명한 여후이다. 고향의 말단 관직에 오른 유방은 죄수들을 인솔하여 여산릉 축조에 동원되었는데, 도망하는 이가 속출하여 화를 면하기 어렵게 되었다. 그는 아예 이들을 풀어주고 스스로 유격대장이 됨으로써 반군에 가담하게 되었는데 항우에 비하면 그의 출발은 참으로 미미한 것이었다. 유방은 항량의 진영에 합류했고, 이들은 함께 진의 수도 함양을 공략하는 대출정에 나서게 되었다.

항우. 초나라 귀족의 후예로 진을 타도하였다. 뛰어난 체력과 재력, 강력한 군대를 가졌음에도 제후의 통솔에 실패, 유방에게 포위되어 자살했다.

초 회왕은 장군들을 독려하면서 말했다.

"최초로 함곡관에 들어가 관중을 평정하는 자를 그곳의 왕으로 봉하리라."

항우는 북로, 유방은 남로를 택해 각기 출진했는데 항우는 장감이 이끄는 진의 주력군 20만을 거록의 전투에서 궤멸시켜 용맹한 이름을 떨쳤다. 그러나 막상 함양에 먼저 당도한 이는 유방이었다.

유방은 기원전 206년 함양에 입성하여 진의 허수아비 3대 왕 자영의 항복을 받아내고 한漢왕을 칭했다. 그는 모든 재물에 일절 손을 대지 않았으며 군기를 엄정하게 하여 민폐가 없게 하였다. 단 3조의 법, 이른바 약법 3장만을 남긴 채 일체의 법을 폐지함으로써 백성들로부터 커다란 환영을 받았다. 뒤늦게 관중에 다다른 항우의 분노는 하늘을 찔렀다. 실제로 홍문에 진을 친 항우의 군대는 40만, 유방의 군대는 10만에 불과했다. 만일 양군이 전투를 벌인다면, 유방의 군대가 패주할 것은 자명한 일이었다. 냉철한 유방은 현실을 직시하고 수치를 무릅쓰고 항우를 찾아 홍문에 나아갔다.

항우의 모신인 범증은 유방을 제거할 수 있는 절호의 기회라고 판단하고 자객에게 명해 검무를 추게 하면서 항우의 결단을 촉구하고 있었다. 바야흐로 유방의 목숨은 풍전등화의 위기를 맞이하고 있었다. 위기감을 느낀 장량이 유방의 호위 무장인 번쾌를 불러들였다. 번개같이 날아든 번쾌는 됫박만

유방. 농민 출신으로 한 왕조를 일으켰다. 치밀한 성격과 포용력을 갖추었으며 인재를 적소에 배치하는 용인술의 탁월함으로 최후의 승리를 거두었다.

한 술잔으로 술을 벌컥벌컥 마시고 피가 뚝뚝 떨어지는 돼지를 칼로 쓰윽 베어서 모조리 먹어 치운 다음, 유방에게 상을 내리지는 못할망정 그를 죽이고자 하는 항우의 처사가 얼마나 용렬한 것인지 가차 없이 질책했다. 가슴이 뜨거운 항우가 멈칫하고 있는 사이에 유방은 필사적으로 탈출하여 위기를 모면했다. 범증이 발을 동동 굴렀으나 이미 허사였다. 이것이 유명한 홍문지회鴻門之會이다.

함양을 장악하게 된 항우의 처사는 유방과 매우 대조적이었다. 그는 이미 항복한 진왕 자영을 죽이고 함양을 남김없이 파괴했다. 궁궐을 불사르고, 여산릉을 파헤쳐 재화를 획득한 그는 고향으로 돌아갈 채비를 하고 있었다. 관중 지역은 천연의 요새일 뿐만 아니라 비옥한 평야지대로 일찍이 서주와 진이 일어났던 거점이자 경제적 기반이었다. 뒷날, 유방의 모사 소하는 한 번도 전쟁에 참여하지는 않았지만 유방에게 최후의 승리를 안겨주는 커다란 역할을 했는데, 그것은 관중의 경영에 주력하여 든든한 후방의 보급원을 확보했기 때문이다.

항우는 초나라의 후예로서 초를 멸망시킨 진에게 복수를 펼치고 싶은 마음이 강했으며, 역사를 되돌려 진 통일 이전의 사회로 복귀할 것을 희망하고 있었다. 그는 공신들에게 전국을 분봉했는데 시대를 역행하는 그의 논공 행상적인 영토분배는 매우 무원칙한 것이어서 커다란 불만을 샀다. 제후왕들의 불만은 각지의 반란으로 표출되고 그를 위기에 몰아넣었다. 특히 척박한 땅을 분봉받은 유방의 불만은 대단한 것이었고, 때마침 항우가 초의 의제를 살해하자 찬탈자를 친다는 명분을 얻은 유방은 행동을 개시했다. 이 사건은 우리나라에서 김종직의 조의제문弔義帝文으로 부활해 사림과 훈구가 대립하는 논쟁의 중심에 서기도 했다.

　사실 항우와 유방, 즉 초와 한 사이의 3년이 넘는 대결에서 항우군의 무공은 참으로 대단한 것이었다. 항우는 '산을 뽑을 만한' 힘을 지녔던, 중국사 전체에서 빼어난 무장이었다. 그러나 전쟁이 장기화할수록 보급전의 중요성은 더욱 커졌고 후방기지의 건설에 실패한 항우는 점차 열세에 놓이게 되었다. 그는 자신의 힘만을 믿고 주위의 말에 귀를 기울이지 않아 많은 인재를 잃었다. 유방의 명장 한신도 항우의 휘하였는데, 그를 얻은 유방은 열세를 만회하고 항우군에 마지막 쐐기를 박기에 이르렀다.

　마침내 해하 안휘성 화현에서 겹겹이 포위된 항우의 귓가에 사방으로부터 초나라의 노랫소리가 들려오고 있었다. 여기서 '사면초가四面楚歌'라는 고사가 유래하였다.

　'어느새 고향 사람들까지 한나라의 군대가 되었던 말인가?'

　비감한 심정에 빠진 항우는 한밤중에 일어나 주연을 베풀고, 애마 추와 연인 우미인을 생각하며 다음과 같은 시, 해하가垓下歌를 남겼다.

　　　힘은 산을 뽑고, 기세는 천하를 덮었건만 力拔山兮氣蓋世(역발산혜기개세)
　　　때가 불리했도다, 추도 달리지 않는구나 時不利兮騅不逝(시불리혜추구서)
　　　추가 달리지 않으니, 내 어찌하랴 騅不逝兮可奈何(추불서혜가나하)
　　　우여, 우여, 너를 어찌한단 말인가 虞兮虞兮奈若何(우혜우혜나약하)

　4주 만에 포위망을 극적으로 탈출하여 강 하나를 사이에 두고 고향 마을 앞에 선 그는 마침내 스스로 목숨을 끊고, 자신의 목은 한 군에 투항한 고향 친구 여마동에게 주었다. 그의 나이 32세였다.

　기원전 202년 최후의 승자 유방이 마침내 제위에 올라 한漢 왕조를 세우니, 그가 바로 한고조다. 한고조는 말했다.

　"나는 장량처럼 교묘한 책략을 쓸 줄 모른다. 소하처럼 행정을 잘 살피고 군량을 제때 보급할 줄도 모른다. 병사들을 이끌고 싸움에서 이기는 일은 한신을 따를 수 없다. 하지만 나는 이 세 사람을 제대로 쓸 줄 안다. 반면 항우는 범증 한 사람조차 제대로 쓰지 못했다. 이것이 내가 천하를 얻고 항우는 얻지 못한 이유이다."

농민 출신이었던 유방은 항우보다 뛰어난 개인은 아니었을지 모르나 자신의 힘을 과신하지 않고 인재를 잘 활용했으며 감정에 휘말리지 않고 언제나 현실을 직시함으로써 마침내 황제의 지위에 오르게 되었다. 한 제국은 기원을 전후한 약 400년간의 장구한 통치 속에서 진시황이 꿈꾸었던 만년 제국의 꿈을 현실정치에서 실현했다. 이와 비슷한 시기에 서양에서는 로마 제국이 번영하고 있었다.

흉노묵특은 흉악무도한 자인가?

: 묵특 선우
(기원전 209~174년)

중국 북방의 유목민족 중 최초로 제국을 이룬 세력은 흉노이다. 흉노는 진한 시대, 대제국을 이루었던 중국의 농경 사회에 커다란 충격으로 다가와서 끊임없이 위협을 주었던 거대한 세력이나 오늘날 이들의 맥을 잇는 나라가 남아있지 않고 역사기록도 전해지지 않기 때문에 온전히 제 모습을 찾아보기 어려운 종족이다. 알타이어계로 돌궐어의 원시적인 형태의 언어를 썼던 것으로 알려져 있다.

중국서적에서 흉노라는 이름이 처음 등장한 것은 《사기》로, 진나라의 몽염이 하남을 정복한 기원전 215년 이후이다. 사마천은 흉노열전을 따로 두고 흉노에 대한 기록을 남겼다. 흉노는 2대 선우單于인 묵특 대에 이르러 제국을 형성하였는데, 흉노에게 '용감한 자'라는 뜻의 그의 이름은 농경민족에게는 '흉악무도한 사람을 일컫는 말'로 바뀌게 된다. 용감한 흉노 묵특은 농경민족에게는 흉악무도한 침략자에 다름 아닌 것이다. 중국 역사서에서 고조선을 '교만하고 사납다'고 했던 표현이 상기되는 대목이다. 선우는 '탱리고도선우撑犁孤塗單于'의 약칭인데, '탱리'는 하늘, '고도'는 아들, '선우'는 대군장의 뜻이다.

진시황은 통일의 기세를 몰아 몽염의 10만 대군으로 하여금 오르도스 지역, 즉 하남을 평정하게 하고 흉노를 황하 북쪽으로 몰아낸 뒤 장성을 쌓았다. 흉노에게는 생존 자체를 위협하는 중대한 사건이었다. 이들은 자신들의 생활 터전을 되찾기 위해 부족 체제를 넘어 긴밀하게 결집했고 강력한 카리스마를 지닌 묵특 선우 때에 대제국을 이루었다.

묵특 선우(기원전 209~174년 재위)는 1대 선우 두만의 큰아들로, 아버지 두만이 후처의 아들을 후계자로 삼으려 묵특을 월지에 인질로 보낸 다음, 월지를 급습하여 제거하려 하였으나 오히려 월지의 명마를 훔쳐 타고 돌아와 아버지를 죽이고 2대 선우에 올랐다. 그는 소리 나는 화살인 명적을 가지고 1만 기병을 훈련시켰는데 부하들에게 자신과 똑같은 표적에 화살을 쏘도록 훈련을 시켰다. 처음엔 자신의 명마를, 다음엔 자신의 부인을 쏘았다. 멈칫거리는 자는 목을 베었다. 마침내 사냥터에서 자신의 아버지인 두만 선우를 향해 활시위를 당겼고, 1만 기병은 한 명도 주저 없이 두만을 향해 활을 쏘았다.

묵특의 기병은 훌륭한 말, 강고한 훈련, 엄격한 군령으로 단련된 정연한 군대였다. 동쪽으로는 동호를, 서쪽으로는 월지를, 남쪽으로는 백양, 누번을 무너뜨리는 등 진한 교체기에 세력을 크게 확장하여 한나라와 국경을 맞닥뜨리며 대치하게 되었다.

통일을 이룬 한고조는 측근인 한왕 신한신과 동명이인을 북방에 배치하고 흉노 토벌을 명했다. 그러나 흉노 토벌이 어렵다 생각한 그는 화평을 시도했고 고조가 이를 책망하자 흉노에 투항해 버렸다. 묵특은 기원전 200년 그의 인도를 받아 40만 대군을 이끌고 한나라를 공격해 들어가 현재의 산서성 동쪽의 평성에 이르렀다. 한고조 역시 직접 32만의 대군을 일으켜 이에 맞섰으나 백등산에 쫓겨 들어가 7일간 포위당한 후 항복하기에 이르렀다. 한고조는 묵특의 왕비에게 선물을 주어 겨우 장안으로 도망쳤다. 이후 한고조는 묵특에게 황실의 여인을 선물하고, 매년 조공을 바치기로 하였다.

중국에서는 전례가 없었던 일이었다. 공주를 선우에게 시집보내고 매년 옷감과 음식을 보내주며 관시關市를 여는 대신, 장성을 경계로 서로 침략하지 않기로 했다. 흉노가 우위에 선 화친이었다.

한고조가 죽고 혜제가 즉위하였다. 묵특은 고조의 왕비인 여태후에게 청혼의 편지를 보냈다. 여태후는 크게 노하여 흉노를 토벌하고자 하였으나 어찌하지 못했다. 문제 즉위 후 흉노 우현왕이 한나라를 침공하는 것을 질책하는 사신을 보내자 묵특은 오히려 한나라 관리들이 흉노를 침범했기 때문이라는 답장을 보내왔다.

묵특은 월지는 물론, 서역의 여러 나라를 점령하여 북방 유목민족을 최초로 하나의 제국

흉노로 시집가는 한 황실의 여인. 한은 흉노와의 우호적인 관계를 위해 한 황실의 여인을 바치는 것, 매년 비단과 술·쌀을 바치는 것, 형제 관계를 맺을 것 등을 약속했다.

안에 통합했음을 알리며 넌지시 문제를 협박했다. 편지를 받은 문제는 답장을 통해 우현왕을 책망하지 말 것을 당부했으며, 선우에게 옷 수십 필을 선물로 주었다.

조공을 통한 평화정책이 확실한 효과를 거두지 못하던 가운데 한나라는 국력이 신장된 무제 시기에 강경책으로 선회하여 흉노를 선제공격하게 된다. 이는 흉노를 복속시켜 천하를 지배하려는 무제의 야심과도 무관하지 않았다. 문경지치文景之治라 불리는 문제와 경제의 평화 시기를 거치면서 축적된 풍족한 재정도 이러한 정책 전환을 가능케 한 중요한 배경이었다.

무제 시기의 흉노 공략은 위청과 곽거병이 기원전 119년 흉노를 쳐서 하남을 차지하고 대승을 이루는 등 우세를 보이는 듯했으나, 기원전 99년에는 이릉이 흉노에 투항하는 등 다시 밀리다가 기원전 89년에는 천하의 한무제도 흉노에 대한 전쟁을 그만둘 수밖에 없었다. 한편 흉노 측도 내부의 권력 분쟁으로 분열되어 무제 사후 호한야 선우가 한에 항복하면서 한과 흉노와의 전쟁도 일단락되었다.

흉노와의 전쟁은 막대한 대가를 지불하지 않으면 안 되었다. 승리한 경우라도 전쟁 승리 하사금으로만 400억 전 정도가 지불되어야 했다. 전쟁에 소요된 비용은 왕조의 전체 정상 수입을 몇 배 이상 초과하는 막대한 양이었다. 여기에 고조선과 남월, 서남이 지역과의 무한 전쟁이 덧붙여져 결국 한무제는 약 70여 년 동안 쌓아왔던 국부를 탕진하고 재정을 확충하기 위해 염철전매와 평준균수법 등을 시행할 수밖에 없게 되었다. 인간의 삶에 필수불가결한 소금과 한나라 때에 널리 보급된 철제농기구로 인해 농민들의 삶에 절대적인 수요가 있었던 철을 국가가 독점 판매하게 됨으로써 민생에 많은 불편을 끼치게 되었다.

《사기》흉노열전에는 문제 때 흉노에 파견된 사신 중항열에 대한 이야기가 전해진다. 그는 문제가 종친의 딸을 공주로 삼아 묵특의 아들인 노상 선우의 연지왕비로 보낼 때 공주를 호위하여 흉노 땅에 이르렀다. 중항열은 흉노가 한나라의 비단, 무명, 음식 등을 좋아하며 의존하게 되자 예리하게 이를 비판하는 건의를 서슴지 않았다.

"흉노의 인구는 한의 군 하나에도 미치지 못합니다. 그럼에도 흉노가 강한 것은, 입고 먹는 것이 한과 다르기 때문인데 지금 선우께서 풍습을 바꾸어 한의 물자를 좋아하시면 한에서 소비하는 물자의 10분의 2를 흉노에게 채 소비시키기도 전에 흉노는 모두 한에 귀속되고 말 것입니다. 한의 비단과 무명을 손에 넣으시거든 그것을 입고 풀과 가시밭 사이를 돌아다니십시오. 모두 찢어져 못 쓰게 될 것입니다. 그리하여 털로 짠 옷이나 가죽옷만큼 튼튼하고 좋지 못하다는 것을 보여 주십시오…."

중항열은 흉노의 풍습을 잘 이해한 최초의 중국인이자, 풍습의 본질과 교류의 의미를 예리하게 설파한 멋진 세계인이었다. 그러나 유목민족들의 농경민족화, 혹은 중국화의 문제는 이후의 유목 민족들에게도 끝없이 던져진 난제 중의 난제였다.

DIGEST 15 CHINA

전한의 장사국
재상 일가의 생활 모습
: 마왕퇴의 한묘 (기원전 186년 전후)

1972년의 어느 날, 텔레비전 앞에 모여 앉은 세계인들의 눈이 덩그렇게 커졌다. 도대체 과학 추리소설에서나 읽을 수 있는 믿을 수 없는 사실이 바로 눈앞의 현실로 나타났기 때문이다. 거기에는 2천 년 전에 죽어 관 속에 묻혔던 여인의 시신이 전혀 부패하지 않은 채로 있었으며, 팔을 손가락으로 누르자 잠시 움푹해졌던 그녀의 피부는 천천히 원상태를 회복하고 있었다. 마치 살아 있는 듯이.

어떻게 이런 일이 일어날 수 있을까? 그녀의 체내 기관들은 세부에 이르기까지 완전히 보존되어 있었으며 지문도 채취할 수 있었다. 자세히 분석해 본 결과, 그녀의 나이는 50세 정도. 154.4cm의 키에 비만형이었고 머리는 숱이 많지 않았으나 흰머리는 없었다. 그러나 가발을 쓰고 있었다. 혈액형이 A형인 그녀는 병약한 체질이어서 선천적 담낭 기형에다 결핵을 앓은 적이 있었으며, 동맥경화에다 류머티즘까지 앓고 있었다. 그녀는 아마 담석에 심한 통증을 느끼고 이를 진정시키기 위해 참외를 먹었는데, 두세 시간 후 심장에 발작을 일으켜 급사했던 것으로 보인다. 식도에서 위장까지 138개의 참외 씨가 발견되었다.

이 여인의 무덤은 옛 초나라 땅이었던 장사시 동쪽 교외에서 발굴되었다. 사람들은 그녀 일가의 무덤을 10세기 군소 정권의 하나였던 초나라 마은의 무덤이라고 생각했기 때문에 마왕의 무덤, 즉 '마왕퇴'로 부르고 있었다. 그런데 1972년 그 근처에서 병원 신축공사를 하던 중 우연히 공구 하나가 무덤을 건드리게 되자 갑자기 청백색의 가스가 높이 분출되었다. 완전히 밀폐됨으로써 영원히 간직될 수 있었던 무덤의 신비는 세상에 낱낱이 드러나고 파괴되었다.

무덤이 보존될 수 있었던 것은 외부세계와 철저히 차단되어 있었기 때문이다. 묘실은 땅을 파서 조성된 것이 아니라 판축공법으로 땅 위 2배 정도의 높이로 흙을 쌓아올려 굳힌 다음, 그 위로부터 파내려 가는 방법으로 조성되었다. 그녀의 시신은 20겹의 옷으로 싸여졌고, 4겹의 목관에 넣어진 후, 다시 곽에 넣어졌다. 모든 것에 당대 최고 장인의 솜씨가 발휘되었다. 양질의 목재가 엄선되어 휘거나 갈라지지 않았으며, 이음새는 못의 사용 없이 요철로써 처리되었는데 조금의 틈새도 없었다. 관곽은 옻칠로 마감되었고, 곽은 총 중량 5톤가량 되는 두꺼운 목탄 층으로 둘러싸인 후, 다시 백토로 채워져 있었다. 이 모든 과정이 공기나 습기, 지하수로부터 시신을 보호하는 역할을 한 것이다.

사체뿐만 아니라 비단, 칠기, 목기, 도기 등과 함께 곡물과 식품까지도 온전한 형태로 보존되어 있었는데, 특히 귀중한 것은 관 위에 덮여 있던 비단, 더 정확히 말하면 그 위에 그려진 그림백화이다. 이 그림은 중국 회화사에서 주목되는 작품으로, 약 2m의 길이를 3분해서 천상과 인간계, 지하의 세계를 훌륭하게 표현하고 있다. 중간에 그려진 노부인이 바로 이 무덤의 주인공이다.

마왕퇴의 무덤은 그녀와 그녀의 남편 이창, 그리고 젊은 나이에 요절한 그녀 아들의 무덤이다. 이창은 전한의 제후국이었던 장사국의 재상이었으며 기원전 186년에 죽었다. 무덤의 구조로 볼 때 그들은 비슷한 시기에 죽음을 맞이한 것으로 보인다. 이창의 무덤은 이미 도굴된 상태였고 그 아들의 무덤은 부인처럼 완전히 보존되지는 못했으나 역시 귀중한 유물을 남겼다.

4편의 백화帛畵와 함께 비단에 쓰인 책들, 즉 백서帛書가 발굴되었다. 백화에는 마차, 배, 가옥 등 당시의 생활을 짐작할 수 있는 그림이 있고, 합기도의 여러 동작들도 그려져 있었다. 백서는 《전국책》, 《노자》, 《춘추》 등의 희귀본과 《상마경》, 《내공》 등의 유실된 책들도 있다. 중국 최고의 지도도 발굴되었다. 악기와 무기도 부장되었으니, 30세쯤에 요절한 무덤의 주인공은 아마도 문무를 겸비한 호걸이었던 것 같은데, 그의 신분이 그 모든 것을 가능하게 했던 것이다.

한나라는 관혼상제가 사치의 극을 달렸던 시대였다. 《한서》에는 태수의 현직에 있던 원섭이라는 자의 아버지가 사망하자, 향전이 1천만 전 이상 부조되었기 때문에 이것으로 산업을 정했다는 기록이 있다. '산업을 정했다' 함은 요즘 말로 치면 기업을 차렸다는 정도의 의미였을

채회백화. 마왕퇴 1호묘에서 발굴된 백화. 까마귀와 두꺼비, 달과 해 등 당시의 음양사상을 여실히 전해주는 소재들이 그려져 있다.

것이다. 한나라에도 생산력의 발전은 꾸준히 거듭되었으나, 그 결실은 소수층에 독점되었다. 왕실 외에 호족이라 불리는 새로운 지배층이 한대에 등장하고 있었다.

한대의 무덤을 얘기하자면 중산왕 유승 부부의 무덤을 빼놓을 수는 없다. 1968년 훈련 중이던 인민해방군의 한 병사가 발굴했는데, 암산의 낭떠러지에 파 들어간 횡혈식 묘이다. 유승은 경제의 아들이자 무제의 의붓형이었다. 《사기》에 의하면, 그는 술을 즐기고 색을 좋아해 아들이 120여 명이나 되었다고 하는데, 그의 방종함은 제후왕들을 죄어오는 무제의 의구심을 피하기 위한 자구책이라는 해석도 있다.

유승의 무덤에는 마왕퇴와는 달리 금, 은, 동, 철기 등 다양한 금속제 유물이 부장되었는데, 특히 우리의 시선을 끄는 것은 이른바 '금루옥의金縷玉衣'의 완벽한 발굴이다. 이 옥으로 된 수의는 2천 조각 남짓한 네모난 옥편의 네 귀퉁이에 구멍을 내고 이를 황금실로 엮어 만든 것이다. 이 옷 한 벌을 공인 한 사람이 만든다면 10년의 세월이 걸린다고 한다. 또 그의 옥은 멀리 사막을 넘어 신강성에서 가져온, 그 유명한 '곤륜의 옥'이었다.

중국인들은 옥을 영적인 힘이 있는 고귀함의 상징으로 생각해 왔다. 천자의 말을 '옥음'이라 하고, 천자의 인장을 '옥쇄'라고 한다. 죽은 사람의 입에 옥을 물리면 영적인 세계에 부활하고 시신이 부패하지 않을 것으로 믿었다.

토끼가 죽으면 사냥개는 삶아지고
: 오초 7국의 난
(기원전 154년)

　우리는 흔히 진秦나라와 한漢나라를 통틀어 진한제국으로 부른다. 한나라는 진나라가 만든 통일제국의 각종 제도를 거의 그대로 계승했으며 진한제국은 중국의 고대를 대표하는 나라이다. 그러나 아직 정권이 안정되지 않았던 한나라 초기에는 폭압적인 진의 지배와의 차별성을 강조할 필요가 있었다. 한고조는 가혹한 법치를 완화하고 농업생산의 안정을 위한 조처들을 발표함으로써 백성들에게 휴식을 주는 정권임을 강조했다.

　특히 정권 수립에 큰 공을 세운 건국공신들과 진말한초에 다시 부상한 과거 6국 지역의 지방 세력이 반란을 일으킬 소지를 없애기 위해 이른바 군국제郡國制를 실시하게 되었다. 군국제란 군현제와 봉건제가 절충된 것이다. 수도 장안을 중심으로 한 지역과 서부 군사 요충지는 황제 직속의 군현으로 두고, 나머지 땅은 이들을 제후왕으로 봉건하여 제후국 안에서는 정치와 경제 전반을 독자적으로 관리하도록 위임했다. 물론 진나라가 군현제를 통해 너무나 급격하게 중앙집권을 추진했기 때문에 단명에 그쳤다는 고조의 판단도 영향을 미쳤다.

　그러나 왕조의 지배력이 안정권에 접어들자, 이성의 제후왕들이 모반을 꾀했다는 누명으로 하나하나 제거되기 시작했다. 천하의 명장인 초왕 한신, 양왕 팽월, 회남왕 경포 등이 모두 제거되었다.

감쪽같이 고조의 덫에 걸려든 한신은 한탄하여 말하였다.

"세상 사람들의 말이 맞았구나. 재빠른 토끼가 죽으면 날랜 사냥개는 삶아 없어지고, 높이 나는 새가 떨어지면 좋은 활은 구석에 처박히게 되며, 적국이 패하면 지모 있는 신하는 필요 없게 된다 하더니…"

이른바 '토사구팽兎死狗烹'을 당한 것이다. 토사구팽이라는 고사는 춘추시대에서 유래되었는데 이런 현상은 왕조 초기에 반복되어 나타나곤 한다. 춘추시대의 패자 월왕 구천이 패권을 차지할 때 범려와 문종이 큰 공을 세웠다. 범려는 제나라에 은거한 후 문종을 염려하여 '새 사냥이 끝나면 좋은 활도 감추어지고, 교활한 토끼를 다 잡고 나면 사냥개를 삶아 먹는다'라는 내용의 편지를 보내 피신하도록 충고하였으나, 문종은 주저하다가 구천에게 반역의 의심을 받은 끝에 자결했다. 소하, 장량과 함께 한나라 창업 삼걸로 불리던 한신도 그러한 신세가 된 것이다. 한신은 공로를 인정받아 초왕에 봉해졌는데, 그의 절친이자 항우의 맹장이었던 종리매를 은신시킨 일을 구실로 토사구팽 당했다. 고조는 한신을 죽이지는 않고 세력을 빼앗아 회음후로 좌천시킨 뒤 주거를 도읍 장안으로 제한하였다.

기원전 195년 고조가 그 파란만장한 52년 동안의 생을 마감할 때에는 이미 거의 모든 제후왕들은 유씨 일족으로 대체되었다. 유언처럼 '유씨가 아닌 자는 왕이 될 수 없다'라는 불문율이 남겨졌다. 그런데 동성의 제후왕들도 시간이 지나 혈연관계가 소원해짐에 따라 점차 자신의 영내에서 독자적인 세력으로 성장하게 됨으로써 중앙권력에 위협이 되기는 마찬가지였다. 실제로 군은 15개에 불과하고 제후국은 30여 개에 달했으며, 큰 제후국은 군 5, 6개를 합친 것 이상으로 거대했다.

마침내 무제의 아버지인 경제 때에 이르러 제후국에 대한 압박이 시작되었다. 경제는 박사인 조조의 의견을 채택하여 제후왕의 과실을 헤아려 영지를 삭감하는 등 제후국의 축소책을 강력히 추진했다. 이에 위기의식을 느낀 오吳, 초楚 등 7개 제후국들이 연합하여 황실에 반기를 들었다. 이것이 이른

출행도. 한의 고급관료가 출행할 때는 마차나 기마가 앞뒤로 따라붙었다. 중국 역사박물관 소장.

바 '오초 7국의 난'으로 기원전 154년의 일이었다.

오왕 유비는 황실의 원로였지만, 40년간 오나라를 다스리면서 오나라에 대한 강한 애착을 느끼고 있었다. 그런데 중앙정부에서 소금과 구리의 산지를 헌납하라는 명령이 떨어졌다. 거기에 경제에 대한 개인적인 원한이 겹쳐 난을 주도하게 되었다. 경제가 태자 시절, 중앙에 입조하러 갔던 그의 아들이 함께 바둑을 두던 중에 경제가 던진 바둑판에 맞아 절명했던 것이다.

"이런 상태가 계속된다면 우리 제후왕들은 점점 가난해져서 마침내 멸망하고 말 것이다. 앉아서 멸망을 기다리는 것보다는 일어나서 살 길을 도모하는 것이 낫지 않겠는가?"

유비의 호소에 응해 초, 조 등 중국 동남부의 6국이 가세하여 간신 조조를 토벌한다는 명분으로 난을 일으켰다. 이들은 흉노 등 외세와의 동맹도 꾀하고 있었으며, 초반의 전세를 장악하여 한나라는 건국 50년 만에 커다란 위기에 봉착했다. 7국을 진정시키기 위해 조조가 참수되었으나 반군의 목적이 그것이었을 리 없었다.

경제의 친동생인 양왕이 반란군의 식량 보급로를 차단하는 데 성공하자 반격의 실마리가 마련되었다. 진압군 총사령관인 주아부는 성문을 굳게 닫고 반란군의 어떠한 공격에도 아랑곳하지 않았다. 지치고 보급로가 차단된 반란군은 점점 굶주림에 쓰러져 갔다. 마침내 오왕을 비롯 다른 제후왕들도 모두 살해되니, 반란은 3개월 만에 평정되었다. 오초 7국의 난을 끝으로, 한 황실의 중앙권력에 도전할 더 이상의 강력한 지방 세력은 없어진 셈이다.

최종적인 마무리는 역시 한무제 때 이루어졌다. 무제는 추은령推恩令을 실시하여 제후권의 발호에 마지막 쐐기를 박고 황제를 정점으로 하는 강력한 권력을 완성했다. 추은령이란 제후왕이 죽은 후 적장자 이외의 아들에게도 토지를 나누어 주고, 이를 열후로 승격시켜 중앙정부의 관할하에 있는 군에 속하게 하는 것이었다. 이로써 제후왕의 영지는 더욱 세분되고 축소되었다. 종묘 제사에 헌상한 황금의 양이 부족하다거나 기준에 미달하면 가차 없이 처벌하는 주금율의 제도도 시행되었다. 군국제는 다시 군현제郡縣制로 재편되었고 황제 중심의 중앙집권체제가 완성되었다.

한무제 유철은 기원전 141년 16세의 나이로 즉위하여 기원전 87년 71세의 나이로 죽을 때까지 장장 54년간 중국을 통치하면서 중국 고대제국의 가장 화려한 시기를 장식했다. 그것은 아마도 진시황이 꿈꾸었던 세계였을 것이다. 한무제는 진시황의 꿈을 현실정치에서 실현함으로써 고대 전제군주를 대표하는 하나의 전형이 되었다.

무제 때는 오늘날 중국의 지도와 거의 비슷한 판도가 형성되었다. 그는 외정에도 힘써 오랜 숙원인 흉노 정벌에 총력을 기울여 커다란 타격을 입혔으며, 베트남을 정복하고 고조선을 멸망시켰다. 우리나라로서는 최선진국이었던 고조선이 중국에 멸망함으로써 커다란 역사적 손실을 입었다. 후발 국가인 고구려 등이 다시 강성해지기까지는 오랜 시일이 필요했다.

동서교역의 좁은 문 비단길
: 장건의 서역원정
(기원전 139~126년)

　고대 동서양을 잇는 비단길의 개척자로 알려진 장건은 탐험가는 아니었다. 그가 미지의 세계인 서역으로 떠난 것은 무제의 명에 의해서였다. 무제는 고대 중국의 오랜 숙원이요, 당시의 가장 커다란 현안이었던 북방의 흉노족을 효과적으로 치기 위해 서쪽의 월지국과 군사동맹을 맺고자 했다. 장건은 그 외교사절단장으로서 막중한 사명을 띠고 서역원정에 나서게 되었다.

　진한대 중국 북방에서 가공할 위력을 떨쳤던 흉노족은 당시의 최첨단 기술이었던 기마술을 스키타이로부터 도입하여 아시아에서 가장 최초로 흥기한 유목민족이었다. 서양 고대의 몰락과정에서 등장하는 훈족도 바로 흉노의 일파라는 설도 있다. 진시황도 뾰족한 대책을 세우지 못하고 일부를 북방으로 내몰면서 만리장성의 대역사를 이루었고, 한고조는 이들과의 싸움에서 목숨까지 잃을 뻔했다. 무제 때에 이르러 국가의 명운을 건 흉노와의 대전쟁이 단행되어 위청과 곽거병 등의 뛰어난 명장을 배출시킴으로써 이들을 외몽고 지역으로 내쫓는 데 일단 성공했으나 흉노의 위협은 여전히 사라지지 않았다. 되풀이되는 대규모 살상전으로 한나라 측의 인명이나 특히 재정상의 손실은 매우 심각해서 염철법 등 신경제정책을 탄생시키는 등 흉노는 무제 집권기의 빛과 그림자를 한꺼번에 연출한 강력한 존재였다.

어느 날 무제는 흉노의 포로로부터 솔깃한 얘기를 들었다. 흉노의 서쪽에 월지라는 나라가 있어 일찍이 흉노에 패한 바 있는데, 그 왕은 흉노왕이 자신의 부친의 해골을 술잔으로 사용한다는 얘기를 듣고서 단단히 복수를 벼르고 있다는 것이었다. 만일 이들과 연합하여 양쪽에서 흉노를 협공할 수만 있다면 그보다 훌륭한 묘안은 없을 것이었다. 이에 사신을 자청하고 나선 이가 바로 장건이었다.

기원전 139년, 장건은 100여 명의 일행을 이끌고 월지국을 향해 출발했다. 월지국이 어디에 있는지, 앞으로 자신에게 어떠한 일이 닥칠 것인지 조금도 짐작할 수 없는 상태였다. 당시까지 중국인들은 중국의 서쪽에는 사람의 얼굴을 한 괴물이 살고 있다고 생각하고 있을 정도였다. 그들은 서역이라 하여 막연히 중국의 서쪽 지역 모두를 지칭했는데, 그 서역이란 오늘날로 말하자면, 좁게는 타림분지 주변을, 넓게는 중앙아시아 전역, 나아가서 서아시아까지를 지칭하는 말이다.

장건 일행이 월지로 가기 위해서는 반드시 흉노의 땅을 통과해야만 했고 그들이 국경을 밟는 순간 흉노에 사로잡히는 몸이 되었던 것이다. 장건은 그곳에서 10년이 넘는 억류생활을 해야만 했다. 그동안 흉노족의 부인을 얻고 자식까지 두었지만 그는 사절의 사명을 잊지 않고 있었다. 그는 경비가 허술해진 틈을 타서 탈출하여 마침내 월지국에 도달했다.

월지국은 이동에 이동을 거듭하여 남러시아의 소그디아나 지방에 자리를 잡고 있었는데, 이미 비옥한 지대에 안주하고 있었던 그들은 옛 원한을 되살려 흉노를 정벌하는 모험에 쉽게 나서려고 하지 않았다. 교섭에 실패한 그는 타림분지 남쪽, 즉 천산남로로 귀국했는데 또다시 흉노에 억류되었다가 다시 탈출하여 마침내 귀향에 성공했다. 그때가 기원전 126년이었다.

실로 13년간에 걸친 대장정으로 장건의 위대한 집념의 결실이었다. 흉노 부인과 종자從者 감보만이 그를 따르고 있었다.

비록 월지와의 동맹에는 실패했지만, 장건의 서역 견문은 무제를 비롯한 당신의 중국인들에게 커다란 놀라움과 충격을 주었으며 호기심을 자극했다.

이제 중국인들에게는 월지 외에 대원, 오손, 강거 등 중앙아시아 각 국의 사정과 문물이 전해졌다. 인도신독국의 존재도 이때 처음으로 알려지게 되었다. 장건은 기원전 116년 다시 오손과 연합하기 위해 서역으로 갔으나 실패하고 이듬해 돌아왔다.

특히 무제의 마음을 흔들어 놓았던 것은 서

돈황의 서북쪽 80km 지점에 있는 옥문관. 한무제 시대에 설립되어 서역의 옥이 중국으로 운반되는 관문이 되었다.

역 제국의 신기한 물산보다 명마에 대한 이야기였다. 장건은 말하기를, 대원국은 천마의 후손으로 일컬어지는데 피땀을 흘리며 하루에 천 리를 달리는 한혈마의 산지라고 했다. 무제는 명마를 얻기 위해 대원국현 우즈베키스탄의 페르가나에도 정벌의 군대를 보냈고, 이광리는 중국사상 최초로 파미르고원을 넘은 군사가 되었다. 한나라의 위력은 서역에 떨치게 되었다.

중국과 중앙아시아 각 국가의 교류가 시작되었으며, 이들을 통해 서아시아, 심지어 로마대진국大秦國의 문물도 교류되었다. 그 동서 문화 교통로의 이름이 바로 비단길. 이 길을 통해 서역에 전해진 중국의 대표적인 물산이 비단이었기 때문이다. 포도와 석류, 호도, 낙타, 사자, 공작, 향로 등이 중국에 전래되었고 중국의 비단, 칠기, 약재 등이 서역에 전해지게 되었다.

이들 교역품목에서 알 수 있는 것처럼 당시의 교류는 대중적 수요에 기초를 둔 광범한 것은 아니었고, 주로 사치품을 위주로 한 귀족들 상호간의 교류였다. 로마의 귀족들은 중국 비단의 부드러운 감촉과 아름다운 광택에 매료되어 이를 사기 위해서는 어떤 비싼 값도 마다하지 않았다고 한다.

실크로드는 하서회랑을 지나 돈황에서 곤륜산맥을 따라가는 서역남로와 천산산맥을 따라가는 서역북로로 나뉜다. 특히 선제 시기 서역도호부가 설치되면서 빈번히 교류가 이루어졌고 왕망 때 주춤하다가 후한 명제 때에 다시 서역과의 외교가 회복되었다.

비단길을 이야기할 때 후한 대의 반초를 빼놓을 수는 없다. 반초는 궁정 관료 반표의 아들로 《한서漢書》의 저자로 유명한 반고의 쌍둥이 형제다. 전한대의 대역사서인 《한서》는 아버지 반표로부터 시작하여 반고에 의해 저술되었고, 반고가 죽은 후 고대중국의 가장 뛰어난 여성지식인인 그의 누이동생 반소에 의해 완성되었다. 반초는 뛰어난 무장으로 30여 년간 서역의 경영에 주력하여 흉노 치하에 있던 카스피해 이동의 50여 국을 복속하고 비단길을 장악했다. 부하 감영을 파르티아현 이란로 파견하여 정보를 수집하고 로마 사절로 파견하기도 했다. 반초의 아들 반용의 활약도 컸다.

비단길을 통한 동서 교역은 7세기 중엽 당나라 때에 가장 번성하여 당나라의 국제적인 문화를 꽃피우는 동력이 되었다. 동서양의 각종 산물과 함께 각종 종교, 음악, 곡예 등 민간의 기예, 풍습 등도 이 길을 통해 전파되었다.

유교가 제국의 이념으로

: 한무제의 유교 국교화

(기원전 136년)

　중국 문화를 얘기할 때 유교를 빼놓고 얘기하기는 어렵다. 공자의 사상을 핵심으로 하는 유교는 한무제 때 국교로 채택되었다. 물론 시대 상황에 따라 공자의 사상은 재해석되고 변천을 겪었지만 역대 왕조의 지배 이념으로 거의 흔들림 없는 지위를 누렸다. 점차 중국의 향촌사회에도 뿌리를 내림으로써 중국인들의 사고 및 풍습에도 커다란 영향을 미쳤다. 유교가 전파된 아시아 각국 사회에도 공통된 문화적 특성으로 자리 잡게 되었다.

　진나라가 몰락하고 한나라가 성립되자 다시 제자백가의 사상이 고개를 들기 시작했고 정치가 안정되는 휴식의 정치에 힘입어 '무위자연'의 도가 사상이 세상을 풍미했다. 진나라의 가혹한 법치와 오랜 전쟁에 지친 사람들에게는 그야말로 휴식이 필요했던 것이다.

　그러나 한무제 때에 이르러 중앙집권적 국가체제가 완성되자 이에 적합한 통일된 사상체계가 요청되었다. 마침내 무제는 동중서의 건의를 받아들여 국립대학인 태학을 설립하고 교수직인 오경박사를 두었으며, 유교적 덕목에 의해 관리를 등용하는 효렴제孝廉制를 개설함으로써 유교국가의 기초를 마련했다.

기원전 136년 조정에 처음으로 설치된 오경박사는 각자 오경 중에 1경씩을 전공했다. 처음에 50명의 관선학생으로 출발한 태학의 졸업생은 후한 말에 이르면 3천여 명에 달하게 되었다. 효렴제에서 시작한 중국의 관리등용법은 유학자이자 정치인인 학자적 관료로서의 중국적 지식인을 배출하는 계기가 되었다.

공자는 일찍이 "임금은 임금다워야 하며, 신하는 신하다워야 한다. 아버지는 아버지다워야 하며, 아들은 아들다워야 한다"고 말했다. 동중서는 이를 이렇게 치환하였으니, 이것이 유교도덕의 기본 덕목인 삼강三綱이다.

"임금은 신하의 근본이며, 아버지는 아들의 근본이다. 남편은 부인의 근본이다."

공자가 인간사회의 위계적인 질서를 인정한 상태에서 인륜을 얘기한 것을 동중서는 한 걸음 더 나아가서 현 사회 왕 중심의 신분질서는 하늘에 의해 결정된 것이라고 주장했다. 천하통일은 '하늘과 땅의 이치이며, 고금의 원리'이고, 군주는 '나라의 근본'으로 높이 추앙받아 마땅하다는 것이다. 군주와 신하는 본本과 말末, 즉 줄기와 가지의 관계라는 것이다. 유가의 사상에 종교성을 부여하고 여기에 음양오행적인 천인론天人論을 가미함으로써 마침내 군주권을 합리화시키는 데 성공한 동중서의 유교는 무제에게 커다란 환영을 받았다.

그렇다고 무제가 반드시 유교로서만 통치했던 것은 물론 아니다. 《사기》나 《한서》의 〈혹리전酷吏傳〉에는 한무제 때의 법가적 관료에 의해 벌어진, 이른바 '유혈 십 리에 미치는' 주살이 거듭 기록되고 있다.

얼핏 법가와 유교는 서로 상충하는 사상으로 보일지 모른다. 그러나 유교 이념을 표방한 중국의 역대왕조들 중에서 어떤 왕조도 법가적 통치를 포기한 적은 없다. 오히려 이 두 사상은 상호보완적으로 왕조의 지배력을 공고히 함으로써 중국의 전제왕조를 2천 년간 지속시키는 역할을 했다. 유교는 군주의 전제권력을 합리화시켜주었을 뿐만 아니라, '설득에 의한 자발적인 복종'을 실현시킴으로써 통치의 효율성을 높여 주었다.

유교의 경전으로 사서오경이 있다. 사서(四書)란 《논어(論語)》, 《맹자(孟子)》,

공자의 일대기를 묘사한 그림. 위는 공자가 소꿉장난하는 모습, 가운데는 자로와 만나는 장면, 아래는 공자가 사슴의 죽음을 슬퍼하며 탄식하는 장면이다.

《대학(大學)》,《중용(中庸)》을 말하며, 오경(五經)이란《시(詩)》,《서(書)》,《역(易)》,《예기(禮)》,《춘추(春秋)》를 말한다. 5서에서 기원된 것이다. 한 대에는 오경이 중심이었으나, 송 대에 신유학, 즉 성리학이 성립하면서 주희(朱熹)의《사서집주(四書集注)》에 의해 사서가 경전으로서의 확고한 지위를 인정받게 되었다.

오경은 공자가 편찬하거나 저술했다고 전해지는데,《주역》은 고대의 64괘에 의한 점술서이며,《서경》은 노나라에 전해진 주공을 중심으로 한 기록이다.《시경》은 은대 이래의 시 305편이 담겨져 있고,《예기》는 고대의 예에 관한 학설을 모아 기록한 것이다.《춘추》는 공자가 정리한 노나라의 편년체 역사서로, 간단한 연대기적 기록 속에 깊은 뜻이 함축되어 있다. 이에 대한 해설서가 공양전, 곡량전, 좌씨전 이른바 춘추 3전이다.

사서 중 《대학》과 《중용》은 《예기》의 한 편에 불과했으나 점차 중요시되면서 이로부터 독립한 것이다. 《대학》은 유교 교학의 강령들이 담겨 있고, 《중용》은 유교경전 중에서는 가장 철학적이어서 불교사상에 견줄 만한 책이다. 《논어》는 공자의 언행을 기록한 것으로 점차 최고의 경전으로 인정받게 되었다. 《맹자》는 말 그대로 맹자에 대한 기록인데 맹자는 당 중기 한 유에 의해 공자의 계승자로 주목받기 시작했다.

한나라 이후 당대까지는 이른바 훈고학訓詁學이 성행했다. 훈訓이란 경전에 서술된 말을 난해한 것은 쉽게, 옛날의 용어는 현대적으로 풀이한 것이다. 즉, 언어를 연구하여 고전을 바르게 해석함으로써, 그 본래의 사상을 이해하려는 것이다. 훈고학의 발생에는 진시황의 분서사건도 한 몫 한 셈이다. 당태종의 명으로 공영달이 《오경정의五經正義》를 편찬함으로써 여러 유파의 해석을 통일했는데, 과거제의 시행과 더불어 일종의 국정교과서로 채택되면서 유학의 자유로운 발전을 저해했다는 비판도 받는다.

송나라 때에 이르러 신유학, 즉 성리학性理學이 발생했다. 성리학은 노장사상과 불교의 형이상학적인 면을 흡수함으로써 훈고학의 한계를 뛰어넘고자 했다. 이理와 기氣의 개념을 중심축으로 우주와 인간의 생성을 설명하고, 사회 속에서의 인간의 구체적 실천을 제시하고자 했다. 주자로 불리는 주희는 주돈이의 제자인 정호·정이 형제의 사상을 계승하여 《사서집주》를 편찬함으로써 성리학을 완성했다. 그의 이름을 따서 성리학을 '주자학', 혹은 정이 형제의 이름을 함께 따서 '정주학'이라고도 부른다.

유학의 새로운 흐름으로서 주자학과 쌍벽을 이루는 것이 양명학陽明學이다. 양명학이라는 이름은 왕수인의 호인 양명에서 유래하며 명대에 유행했다. 왕수인도 처음에는 성리학에 심취했으나, '성즉리설'을 비판하면서 '심즉리설'을 주장하게 되었다. 우리의 마음속에 우주만물의 이치가 내재하고 있다는 것이다. 앎과 함께 실천으로 나아가는 것, 즉 지행합일을 강조했다. 그러나 깨달음이 주관적이고 실천은 이에 기초한 도덕적인 것이기 때문에 역시 함께 관념주의에 빠질 위험은 있었다.

고증학考證學은 명 말 청 초에 일어나 청대에 성행했다. 창시자인 고염무, 황종희 등은 지나치게 관념적인 종래의 학풍을 비판하고 과학적인 고증과 박학을 통한 실천으로 세상에 도움이 되는 실질적인 학문, 즉 실학을 해야 한다고 주장함으로써 근대 학문에 커다란 영향을 끼쳤다. 그러나 지나치게 고증에 치중하여 실용화 단계에 이르지 못하고 청의 한족 회유책에 이용당했다는 지적을 받기도 한다.

사마천, 중국 역사의 아버지
: 최초의 통사 《사기》 완성
(기원전 91년)

중국인들을 다른 민족과 비교할 때, '역사적'이라는 표현을 자주 쓴다. 최초의 통사인 《사기史記》 이래 그들은 왕조가 교체할 때마다 전 왕조에 대한 역사를 써서 후세에 남기는 작업을 2천 년간 계속해 왔다.

중국 사서의 대명사로 불리는 《사기》가 탄생하기 이전부터 중국인들은 역사기록을 남겨 후세의 귀감을 삼고자 했고, 역사 기록자인 사관은 객관성을 귀중하게 여겼다. 《춘추좌씨전》에 다음과 같은 이야기가 전해진다.

제나라 대부 최저라는 사람이 군주를 살해하고 그 아우를 임금으로 세웠다. 제나라 태사太史가 이를 기록하자 격분한 최저는 그를 살해했다. 죽은 태사의 뒤를 이은 그 아우가 역시 똑같은 사실을 기록했다. 최저는 다시 그를 죽였다. 그러나 또 하나 남은 동생이 태사가 되어 다시 이를 기록했다. 이에 이르러서는 최저도 어쩔 수 없어 기록의 말살을 단념하게 되었는데, 그동안 지방에 있던 다른 사관이 태사가 차례로 살해되었다는 소문을 듣고 기록판을 들고 달려왔다. 그는 기록이 지켜졌다는 사실을 확인하고서야 다시 지방으로 돌아갔다.

《사기》의 사료로서의 가치는 1천 년 전의 은대 계보가 갑골문자와 정확히 일치함으로써 입증되었다. 무엇보다도 《사기》가 2천 년이 지난 오늘날까지 불후의 명작으로 꼽히며 각국어로 번역되어 널리 애독되고 있는 까닭은 유려하고 생동감 있는 문장 속에 무수한 인간 군상의 인생역정이 깊이 있게 서술되고 있기 때문일 것이다. 사마천은 왕에서 서민까지, 성자에서 악인까지, 역사의 주연에서 조연에 이르기까지 참으로 다양한 인물들을 편견 없이 등장시키고 있다. 그는 이 책에 빠져드는 독자로 하여금,

대역사가 사마천. 한무제 때의 사람 사마천은 탁월한 재능과 엄정한 객관성으로 《사기》를 저술하여 후세에 귀감이 되었다.

자신도 모르게 이들 개성적 인물들이 서로 교차하면서 이루어지는 인간관계에 주목함으로써 역사란 어떻게 창조되는가, 인간이란 참으로 어떠한 존재인가를 깊이 성찰하게 만든다.

《사기》는 본기本紀, 표表, 서書, 세가世家, 열전列傳의 5부로 구성되어 있다. 총 130권 중 열전이 70권을 차지하여 높은 비중을 보이고 있다. 기전체란 본기와 열전을 줄여서 부르는 말이다. 사마천에 의해서 새로이 창안된 이 새로운 역사 서술 체제, 즉 기전체는 이후 중국 정사 서술의 모범이 되었다. 본기本紀는 황제 이후 역대 제왕의 일을 연대순으로 기록한 것이고, 세가世家는 제후나 그에 준하는 인물들의 전기이며, 열전列傳은 그 외의 주목할 만한 인간 군상에 대한 전기나 주변 민족들의 역사를 담았다. 표表는 유동하는 역사적 사실을 상호 연관시켜 일람하기 위한 바둑판식의 연표이며, 서書는 정치사에서 다루지 못한 사회 문화의 기초가 되는 역법, 천문, 법, 예법, 경제, 치수 등에 대한 제도사다. 또한 각 편의 말미에 '태사공왈'로 시작하는 사마천 자신의 주관적인 짧은 평론이 본문과 구별되어 실려 있다.

사마천은 전한 경제 때 섬서성 한성에서 태어났다. 그의 집안은 대대로 주

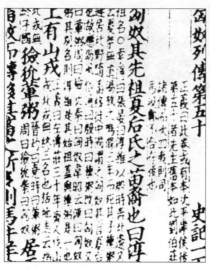
세계 최초의 통사 《사기》는 황제로부터 한무제에 이르는 3천 년의 역사를 기록하고 있는 기전체의 사서로 도합 130권에 이르는 대저다.

의 사관을 지낸 사마 가문의 후손으로 아버지 사마담은 태사령, 즉 천체를 관측하여 역을 만들고 문헌이나 기록을 관리하는 직에 있었다. 사마담은 사관의 지위가 점차 기술직으로 천시되고 옛 기록이 사라져가는 것에 깊은 비애를 느끼고 사서편찬을 계획하고 있었다.

사마천은 어릴 적부터 역사에 흥미를 갖기 시작했으며, 그의 아버지에 의해 의도적으로 역사가로서의 소양을 키워갔다. 그는 이미 10대에 고문서에 통달했으며, 20대에는 전국 각지의 주요 사적지를 직접 현장 답사하여 각지의 전승과 풍속, 중요 인물들의 체험담을 채록하는 등 귀중한 체험을 했다. 그 후 낭중郞中이 되어 무제를 수행하고 사자로서 출장을 거듭하게 되니, 전국 각지에 그의 발길이 미치지 않은 곳이 없었다.

기원전 110년, 아버지 사마담이 죽고 사마천이 태사령의 직에 올랐다. 그는 아버지의 유언에 따라 역사서의 집필을 결심하고 자료를 모으기 시작했다. 당시까지 남아 있던 시, 서, 춘추, 전국책 등과 궁중에 비장되어 있는 각종 서적, 상소문, 국가의 포고문 등을 섭렵하여 사기의 집필을 시작했다. 사마천은 공양학파인 동중서에게 수학하여 일관되게 춘추春秋를 역사서의 모범으로 삼았다.

그러던 중, 예기치 않은 재난이 닥쳐왔다. 흉노에게 패퇴한 명장 이릉을 단죄하는 무제 앞에서 모든 중신들이 침묵을 지키고 있을 때, 사마천이 홀로 이릉을 변호하고 나선 것이다. 이릉은 5천의 병사로 10만의 흉노 기병과 대적하여 흉노 1만을 살상하는 등 분투하였으나 중과부적으로 포로의 신세가 되고 말았다. 화가 난 무제는 사마천에게 사형을 선고했다.

자부심이 하늘을 찌르던 천하의 사마천이 옥에 갇혀 옥리만 보면 공포감에 죄어드는 비참한 체험을 하게 되었다. 그는 '용감하고 비겁하고 강하고 약한 것은 상황에 따라 좌우된다'는 손자의 말에 깊은 공감을 느끼고 옥중의 경험을 통해 인간을 보는 새로운 시각을 얻게 되었다.

사형을 면하는 방법에는 두 가지가 있었다. 그것은 50만 전의 막대한 벌금을 내거나 아니면 생식기를 제거하는 형벌인 궁형을 받는 것이었다. 살아가는 깃도 넉넉지 못했던 사마천은 죽음보다 더한 치욕을 견디며 스스로 궁형을 선택했다. 환관이 된 것이다.

2년여의 옥중생활을 마치고 다시 세상에 나왔을 때, 그는 이미 예전의 그가 아니었다. 그런 그에게 또다시 예기치 않은 일이 닥쳤다. 그가 무제의 신임을 회복하여 환관의 최고직인 중서령에 오른 것이다. 중서령은 황제의 곁에서 문서를 다루는 직책이었다. 운명의 장난이었는지 그것은 그가 환관이 되어 있었기에 가능한 일이었다.

그는 인간의 운명에 대해 깊은 의문을 품게 되었으며, 이를 역사에 대한 깊은 성찰로 승화시켜 나갔다. 무려 10여 년간의 산고 끝에 《사기》가 완성되었으니, 그때가 기원전 91년. 탁월한 재능과 예리한 관찰력, 거기에 인생의 가혹한 체험을 겪은 사마천에 의해 《사기》는 불멸의 역사서로 세상에 태어나게 된 것이다. 사마천은 마치 《사기》를 쓰기 위해 태어난 사람 같았다. 사람들은 그를 중국 역사의 아버지라 부른다.

왕망, 유교적 이상국가를 꿈꾸다
: 신新 왕조의 명암
(AD 8~23년)

한나라는 외척 왕망이 왕위를 찬탈하여 건국했던 신新나라를 기점으로 전한과 후한으로 나뉜다. 전한의 수도는 서쪽의 장안, 후한의 수도는 동쪽의 낙양이었기 때문에 서한과 동한으로 불리기도 한다. 신나라는 왕망 1대 15년에 그친 중국사에서 가장 단명했던 왕조이다. 그는 유교적 이상 국가를 지상에 실현하고자 하였으나 실패하였다. 유교가 국가의 이념으로 채택된 후 유교적 소양을 갖춘 관료층이 두텁게 자리한 상황에서 벌어진 일이다.

왕망은 일찍이 아버지를 여의고 가난한 환경 속에서 유학에 전념했다. 적어도 젊은 날의 그는 유학에 심취한 열렬한 신봉자였으며, 이는 그의 인생에 커다란 영향을 끼쳤다. 그는 유교적 도덕의 실천에도 힘을 기울여 검소한 생활과 어머니에 대한 지극한 효도로 사람들의 칭송을 받았다.

당시는 원제가 죽고 어린 성제가 즉위하여 원제의 황후였던 효원황후 왕정군의 일족이 정권을 장악하고 있었다. 세간에서는 왕씨의 위세를 날아가는 새도 떨어뜨릴 정도라고 일컫고 있었다. 왕망은 효원황후 동생의 아들, 즉 조카였다. 일찍이 관계에 오른 그는 황후의 일족으로서 공정하고 겸양하다는 평판을 받아 순조롭게 승진하였다.

어느 날 왕망의 어머니가 병에 들자 귀족들이 다투어 문병을 갔는데, 사람들은 왕망의 검소한 생활에 깜짝 놀랐다. 마중 나온 왕망 부인의 의복이 너무도 초라하고 겨우 무릎을 가릴 정도로 짧아서 하녀로 착각될 지경이었던 것이다. 한번은 왕망의 차남이 집안의 노예를 죽인 사건이 있었다. 당시는 노예를 죽이는 것은 그다지 중한 죄가 아니었음에도 불구하고 왕망은 아들에게 스스로 목숨을 끊게 했다. 육친조차 용서하지 않는 그의 엄정한 태도는 부패가 만연한 당시 사회에서 사람들의 얘깃거리가 되었다.

성제, 애제가 거듭 요절하고 9살의 평제가 즉위했다. 왕망은 자신의 딸을 황후로 삼고 점차 실권을 장악해 나갔다. 38세에 이미 재상인 대사마가 되어 왕씨 일족을 대표하는 지위에 올랐으며 한나라를 평안히 했다는 안한공安漢公의 칭호를 얻었다. 마침내 평제를 살해하고 두 살배기 선제의 현손 유영을 황태자로 삼은 후 스스로 가황제가 되더니, 이윽고 참위설을 이용하여 자신의 즉위가 하늘의 뜻이라는 여론을 조작하여 진천자가 되었다. '안한공 왕망은 황제가 되라'는 붉은 글씨가 쓰인 흰 돌이 나타나게 한다거나, '왕망이 황제가 되라'는 하늘의 의사표시로 간주되는 새 우물을 출현시키는 등의 신비주의적 작태를 조작하여 자신을 천명天命받은 자로 부각시킨 후, 유영이 자신에게 왕위를 넘겨주는 형식으로 황위에 올랐다. 선양禪讓이라는 유교의 이상적 왕위 계승 방식을 취한 것이다. 이때가 기원후 8년, 신나라가 탄생하게 된 것이다.

왕망의 꿈은 유교적 이상 국가를 실현하는 것이었다. 유교적 이상 국가는 이미 주나라 때 실시되었던 것으로 믿겼고, 모든 것을 주나라의 제도로 복귀시킴으로써 그 꿈은 이루어질 수 있는 것이었다.《주례》에 의거해 관제가 바뀌고 관명, 지명 등이 모두 변경되었다.

그의 정치에서 가장 주목할 만한 것은 왕전제王田制의 실시였다. 이는 주나라의 정전제丁田制를 모범으로 삼아 모든 토지를 왕전국가의 소유로 하여 매매를 금지하고 백성들에게 토지를 고르게 분배하는 것이다. 정전제란 1정의 토지를 아홉으로 구분하여 그 여덟을 여덟 집에 주고, 하나를 공전으로서 공동으로 경작케 하여 이를 조세로 공출하는 것이다. 이는 지방 호족의 대토

왕망의 화폐.

지 소유를 제한하고 자영 농민의 자립을 돕는 것이었다. 가난한 농민들에게는 낮은 금리로 자금을 빌려 주는 사대제도賒貸制度를 실시하였으며 아울러 사노비의 매매 또한 금지되었다.

이러한 개혁은 전한 중기 이후 점차 확대되어 온 대토지 경영의 폐단에 정면으로 승부를 거는 것이었으며, 중국 최초의 토지균분제, 혹은 국유제의 실시로 주목받고 있다. 그러나 그의 이상적인 개혁은 책상 위에서 관념적으로 추출한 복고적인 것이었기 때문에 객관적 현실에서 힘을 얻기 어려웠으며, 관료들의 부패로 시행되기도 힘들었다. 마침내 새로이 부상하는 지방 호족들의 거센 반발에 부딪혀 겨우 3년 만에 폐지되었다.

또 대외정책 면에서 중화사상을 내세워 주변 제국의 왕들을 후로 격하시킴으로써, 각국의 이반을 초래하고 사회혼란을 가중시켰다. 고구려를 하구려로 바꿔 불러 충돌하였고, 한동안 잠잠하던 흉노를 격분시켜 북방에는 다시 전운이 감돌았다. 왕망은 30만의 군대를 파견하여 흉노 정벌을 감행하였다. 이로써 백성들에게 고통을 가중시켜 민심이 이반하는 결과를 초래했다. 적미군과 녹림당으로 대표되는 농민반란이 전국을 휩쓸었다. 번승을 우두머리로 한 북방의 농민군은 눈썹을 붉게 칠해 관군과 구별했기 때문에 적미군으로 불리었는데, 도가적 경향이 강한 비밀결사에 뿌리를 두고 있었다. 왕광, 왕봉이 이끄는 농민군은 호북성 녹림산에 근거를 두었기 때문에 녹림당으로 불리었다.

그러나 막상 권력을 장악한 세력은 호족이었다. 하남 남양의 대표적인 호족인 유연·유수 형제는 녹림군과 연합했다가 점차 주도권을 장악해나갔다. 이들은 일족 중 유현을 임시 황제로 세우고 곤양의 싸움에서 왕망의 대군을 격파한 후 장안으로 향했다.

왕망은 죄수를 풀어 군대를 충당하고 이에 대응했으나, 군 내부에서 쿠데타가 일어나고 성내의 백성들이 봉기군에 가세함으로써 위기를 맞았다.

최후의 순간에도 왕망은 "하늘이 나에게 사명을 주었는데, 한나라의 군사가 나를 어찌하랴"라고 큰소리를 쳤으나, 불타는 궁전을 버리고 이리저리 피해 다니다가 난병에게 살해당했다. 이때가 기원후 23년, 신나라는 불과 15년 만에 역사상에서 사라지게 되었다.

오늘날 왕망은 음흉하고 위선적인 찬탈자로, 혹은 최초의 국가 사회주의자로 매우 상반되는 평가를 받고 있다.

호족 연합정권이 출현하다
: 후한의 성립
(25년)

기원후 25년, 유수가 다시 한나라를 건국하고 황제의 위에 오르자, 어릴 적부터 그를 보아왔던 고향 어른들이 입을 모아 말했다.

"문숙(광무제의 자)이 다만 정직하고 유화할 뿐, 농담도 잘하지 않고 얌전한 보통 청년이었는데, 이렇게 높은 지위에 오를 줄이야…."

이 말을 들은 유수는 "나는 천하를 다스리는 것도, 유화의 길에 의해서 하고자 하노라"라고 말했다.

유수는 한고조 유방의 9세손이라고는 하나, 낙양현령이었던 아버지가 사망한 후에는 고향 남양에서 평범한 생활을 하고 있었다. 장안의 대학에 유학했던 온유하고 정직하며 성실히 농업경영에 몰두하고 있었던 평범한 지주 청년이었다. 그러나 신나라 말기, 반왕망 움직임의 물결을 타고 호족연합군의 대표로 부상하여 후한의 건국자, '빛나는 무공의 황제', 즉 광무제光武帝가 되었다.

그가 새 왕조의 건국자로 성공할 수 있었던 것은 지방 호족豪族들의 지지와 후원 속에만 가능한 것이었다. 유수 그 자신 또한 미약하나마 호족이었으며, 그의 아내 번씨도 명문 호족의 딸이었다. 왕망이 이들 호족세력을 억압하고 대개혁을 추진하여 강력한 중앙집권을 기하려다 실패했다면, 유수는 이들 세력을 인정하고 이들과 손잡음으로써 '유화한' 후한 정권의 수립에 성공했다.

유수는 신나라 말기에 각지에서 군웅이 할거하고 녹림군, 적미군, 동마군 등 농민들의 반란이 전국에 들끓을 때 호족들과 손을 잡고 고향인 하남성 남양에서 거병하였다. 형 유연과 함께 녹림군에 가담했던 유수는 점차 지도력을 인정받게 되었는데, 그의 이름이 크게 떠오른 것은 '곤양의 전투'였다. 이 전투의 승리로 유수는 31세의 나이로 낙양에 도읍하여 한나라를 재건할 수 있었다.

곤양의 전투는 2만의 군대로 42만을 물리친 중국 전투사상 전설적인 전투로 후대에 계속 회자되었다. 왕망이 왕읍, 왕심으로 하여금 42만의 대군을 이끌고 곤양으로 향하게 했을 때 곤양성을 지키는 녹림군은 만 명에 미치지 못했다. 유수는 왕망의 군대가 새까맣게 몰려오자 철수하자고 주장하는 장수들을 설득한 후, 자신은 밤에 단 13기를 이끌고 구원병을 요청하러 성을 나섰다. 반면에 왕읍, 왕심은 다수의 병력을 믿고 급히 곤양성을 공격하였다. 곤양성은 작지만 견고했다. 곧 유수는 만 명 안팎의 구원병을 이끌고 곤양으로 돌아와서 직접 칼을 들고 적진으로 용감하게 뛰어들어 기선을 제압했다. 그리고 뛰어난 지략으로 심리전을 펼쳤다. 완성이 이미 함락되었다는 거짓 소문을 퍼뜨려 왕망 군대를 교란시켰다. 그리고 3,000명의 결사대를 이끌고 비밀리에 곤수를 건너 왕망의 군대를 우회하여 왕심, 왕읍의 본진을 공격했다. 이들은 반란군이 별것 아니라고 방심한 까닭에 각 부대에게 함부로 움직이지 말라고 명령을 내린 후 스스로 만 명의 군대를 이끌고 나가 궤멸했다. 스스로 구원병을 묶어버린 것이다. 왕읍의 군대는 궤멸하고 왕심은 전투 중에 목숨을 잃었다. 왕망의 군대는 도망을 치다가 폭우로 불어난 강물에 빠져 죽은 자가 만 명이 넘었다. 2만으로 42만을 물리친 기적이 이루어진 것이다.

유수는 곤양전투 이후 자신을 부각시키고 형세를 역전시킬 수 있었다. 그러나 이후로도 수없이 전투에 참여하여 여러 번 죽음의 위기에 처했으나 용기와 지략으로 이를 극복하였다. 36년, 각지에 할거한 지방 세력을 통일하기

후한 말기의 분묘에서 발굴된 장원도. 산과 숲으로 둘러싸인 호족의 장원이 있고, 소 두 마리로 쟁기질하는 모습 등 농경·목축 생활상이 그려져 있다.

까지 10여 년이 걸렸다. 유수는 중국의 역대 황제 중에서 가장 전투를 많이 한 사람으로 꼽힌다. 또한 재위기간 동안 이른 아침부터 늦은 저녁까지 성실히 황제의 업무를 보았던 황제 중의 하나이다.

그럼에도 후한 시기에 전한 시기의 영광을 재현하지는 못했다. 후한 시대에도 꾸준히 생산력이 증대되고 인구가 증가했으나, 후한의 절정기에도 중앙정부의 조세대장에 오른 지배민의 수는 전한시기에 미치지 못했다.

전한의 고조 유방이 제국 건설을 마감한 후, 최고 일등공신들에게까지 무자비한 숙청을 가하면서 황제권을 공고하게 했던 일도 다시 일어나지 않았다. 광무제는 공신들뿐만 아니라 저항하다 항복한 이에게도 부득이한 경우를 제외하고는 상당한 지위와 명예를 부여하여 회유했다.

전한前漢과 후한後漢을 가르는 가장 두드러지는 특징은 호족세력이 이제 역사의 전면에 거대한 세력으로 등장했다는 것이다. 후한 정권은 토지 소유의 제한에 대해서는 전혀 손을 대지 못했다. 토지문제에 대한 정부의 무정책을 틈타 대토지 소유는 더욱 확대되고 장원 형식에 의한 소작제도는 더욱 보편화되었다.

우리는 이미 춘추 말기부터 전국시대에 걸친 경제의 발전이 사회의 변화에 얼마나 커다란 영향을 미쳤는지를 살펴보았다. 철제 농기구의 사용, 우경의 보급 등에 기초하고, 국가적 규모의 치수, 관개공사 등에 의한 생산력의 향상은 농경에 있어서 씨족 단위의 집단노동에서 개별 소가족 단위의 경영을 가능하게 하고 토지의 사유제, 씨족공동체의 해체를 촉진했으며, 전제 군주제의 출현을 가져왔다.

그러나 이미 전한 시기에 이르자 소농민 사이에는 부농과 빈농의 계층 분화가 진행되어 심각한 사회문제로 대두되기 시작했다. 이제 지난 시기처럼 주위 농토의 개간을 통해 문제를 해결할 만큼 여분의 토지가 넉넉히 있는 것도 아니었다.

건강한 자영농민 외에 대토지 소유자가 등장하여 새로운 지배세력으로 성장하게 된 것이다. 부농 중에서 개간이나 매입, 혹은 겸병 등의 방법으로 농토를 확대하여 대토지 소유자로 성장한 호족들은 혈연관계와 강고한 동족의식으로 결합하여 향촌의 지배적인 세력이 되었다. 이들 호족은 농지뿐만 아니라 주변의 산림이나 원야, 지소를 사들여 장원을 구축하고 농민을 압박해 들어갔다.

반면, 토지를 잃고 소작인이나 고용농, 심지어는 노비로 떨어지는 농민들이 늘어났다. 살 길이 막연해진 농민들은 고향을 떠나 도적질로 생계를 이어 가기도 하고, 때로는 폭동을 일으켜 전면적인 저항에 나서기도 했다.

후한 시기의 과학기술
: 채윤의 종이 발명
(105년)

문자가 발생하고 기록이 후세에 전해지기 시작하자 인류의 문명은 비약적으로 발전하기 시작했다. 초창기 문자가 새겨진 재료로는 나무나 돌, 찰흙, 동물의 가죽이나 뼈, 금속 등이었으나, 점차 문화적 역량이 성장하고 수요가 증대함에 따라 보다 간편하고 값싼 재료가 요구되기에 이르렀다.

고대 이집트 사람들은 나일강변에 야생하는 파피루스라는 갈대와 비슷한 식물의 줄기를 얇게 잘라서 가로세로로 맞춘 다음, 끈기 있는 액체를 발라서 건조시켜 오늘날의 종이처럼 사용했는데, 당시에는 종이의 수요도 그리 많지 않았고 매우 번거로운 제작 과정을 노예의 노동력으로 충당할 수 있었기 때문에 새로운 기술의 개발은 시도되지 않았다.

세계 최초로 종이를 제작하여 보급한 사람은 중국의 채윤이다. 그는 후한 화제 때의 환관이었는데 수공업 분야의 권위자로 능력을 인정받아 궁중의 수공업품을 원활히 조달하는 임무를 띠고 있었다. 그가 관장하는 무기 제조 공장의 제품들은 매우 정밀하고 견고하기로 이름이 나 있었다. 그가 민간의 종이 제법을 실용화하는 데 성공할 수 있었던 것은 우연이 아니었다. 기록에 의하면, 이미 전한 시대에 여자들이 풀솜의 찌꺼기를 늘려서 종이를 만들었다고 한다. 이러한 사실은 최근 신강성, 감숙성 등지의 고고학적 발굴에서 실물로 확인된 바 있다. 그러나 채윤의 발명보다 200년가량 앞서는 이 종이들은 제조기술이 미숙하고 원료로 삼이나 모시풀 등 비싼 재료를 사용함으로써 대중화에 어려움이 많았다.

채윤은 나무껍질, 헌 옷, 넝마, 폐기된 어망 등 폐품이나 저렴한 원료들을 활용하여 마침내 가볍고 얇고 튼튼하며, 값싸고 대량생산이 가능한 종이를 만드는 데 성공했다. 수집된 재료들을 절구통에 넣어 짓이기고 물을 이용해 제작하는 이 종이는 현대의 제지법 원리와 큰 차이가 없다. 채윤의 종이 제법은 놀라운 속도로 전국에 퍼져나갔고, 사람

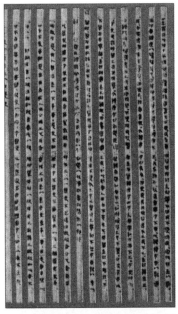

1975년 호북성 운몽헌 11호 묘에서 발굴된 시황제의 죽간. 종이가 만들어지기 이전에는 이처럼 목간이나 죽간에 기록을 남겼다. 시황제 20년(기원전 227년)에 작성된 일종의 공문서로 14매가 하나의 문장을 이룬다. 길이 27.8cm.

들은 이 종이를 채후지라 불러 그의 공을 칭송했다.

종이 발명 이전의 중국에서는 은대 이래의 갑골이나 청동기 외에도, 나무를 이용한 죽간竹簡이나 목간木簡이, 붓이 발명된 이후에는 비단 위에 기록을 남긴 백서帛書가 널리 이용되었다. 간簡은 폭이 약 1cm 남짓하고 길이는 약 20cm 남짓한 얇은 대나무나 보통 나무에 대개 1줄씩 문자를 기록했는데, 이를 끈으로 엮어 둘둘 말아서 두루마리로 보관했다. 간단한 편지 등은 폭이 넓은 나무에 여러 줄을 써서 사용했는데 이는 '독牘'이라 했다. '남아수독오거서男兒須讀五車書'라는 말이 있다. 당나라를 대표하는 시인 두보의 시에 나오는 말인데, 본래는 장자가 그의 친구 혜시가 유학을 떠날 때 수레 다섯 대 분량의 많은 책을 휴대했다 하여 '오거서'라는 말이 유래했다. 혜시는 전국시대 송나라의 사상가로 종이발명 이전의 시기에 활동하였으니 이때의 오거서란 나무로 된 책 다섯 수레분이었을 것이다. 나무 책이라면 사용의 편리 여부를

떠나서 문화를 소수 지배층에 독점시키는 결과를 낳게 되는 것이다. 한 대의 꾸준한 경제력의 신장은 학문 전반의 발달을 촉진함으로써 종이의 발명을 요구하는 문화적 수요자 층을 증대시켰고, 또 종이의 발명은 다시 역으로 문화의 보급과 발달을 촉진했다.

채윤 외에 후한 대의 과학의 발달을 상징하는 인물로 그와 동시대인인 장형이 있다. 장형은 명문가에서 태어났으나 집이 가난하여 고학으로 학문을 닦았다. 그러나 그의 비범한 재능은 일찍이 알려져 이미 청년기에 당대의 유명한 명사들과의 교유를 가능하게 했다. 37살에 태사령이 된 그는 중국 천문학사상 괄목할 만한 성과를 이룩하였다.

장형은 자동 천문 관측기인 '혼천의渾天儀'를 세계 최초로 만들었다. 공 모양의 천구 표면에는 별자리가 가득 새겨져 있으며, 천구의 바깥 둘레에는 지평, 적도, 황도를 표시하는 구리로 만든 바퀴가 둘러져 있었다. 또한 물시계의 원리를 채용하여 수력으로 천구를 자동회전시킴으로써 앉아서 자연계의 변화를 관찰할 수 있게 했다.

그가 55세 때인 132년에 발명한 '지동의地動儀'는 세계 최초의 지진계일 뿐만 아니라, 1950년대의 복원 모형에 의하면, 그 장치가 매우 우수하고 정교한 것으로 알려져 있다. 술 단지 모양의 지동의에는 약한 진동도 감지하는 내부장치가 설치되어 있어서, 지진이 일어나면 지동의 둘레에 8방으로 부착된 용을 움직여 용의 입에 물려진 구리 구슬을 떨어뜨리게 함으로써 미미한 지진도 포착할 수 있게 했다. 중국은 예나 지금이나 지진이 자주 발생하는 나라로 한나라 400년 동안 강진만 28차례 발생했다.

138년, 영대천문대에 설비된 지동의의 정서 쪽 용의 입에서 구슬이 딱 떨어졌다. 지진을 감지하지 못했던 낙양의 사람들은 저마다 빈정거리며 장형을 비웃었다.

"장형이 만든 지동의는 아이들의 장난감밖에 안 되지!"

그러나 며칠 후 감숙성에서 사자가 급히 올라와 감숙성 일대에 대지진이 일어났다는 사실을 보고했다. 장형의 지동의가 500km나 떨어진 곳의 지진을 정확히 포착했던 것이다. 세계 최초의 지진 탐지였다.

장형은 천문학 연구를 종합 정리한 저서 《영헌》을 남겼으며, 중국 최초의 성좌표를 만들기도 했는데, 성좌표에는 황하 유역에서 볼 수 있는 별 2,500개를 기록하고 있다. 현대의 천문학에서도 같은 장소에서 육안으로 볼 수 있는 별은 이와 비슷하다.

　중국의 4대 발명품으로 유명한 제지술은 8세기 중엽, 당나라와 사라센 제국 사이에 벌어진 탈라스 전투를 계기로 서방에 전파되었다. 사라센에 포로가 된 당군 중에 제지기술공이 포함되어 있었던 것이다. 아라비아인들은 다시 제지술을 유럽에 전파함으로써 근대 유럽사회의 형성에 커다란 영향을 미쳤다.

황제의 옆자리, 외척과 환관
: 황건적의 난
(184년)

    궁궐은 국가 최고 권력기구인 황제의 공식적인 집무실이자 사적 생활의 공간이기도 하다. 황제가 평생토록 그의 모든 공사 생활을 영위하는 구중궁궐에는 황제와의 사적인 관계를 이용하여 호시탐탐 대권을 노리는 세력들이 도사리고 있었다. 황후의 일족인 왕의 외척外戚 세력과 후궁을 돌보기 위해 설치된 환관宦官들이 바로 그들이다.

    특히 후한은 중국사에서도 외척, 환관의 전횡이 가장 두드러지게 나타났던 시기로, 이들의 세력다툼 속에서 오랜 기간 황제는 그들의 꼭두각시 정도의 희미한 존재에 불과했다.

    공교롭게도 후한의 황실에는 유전적인 요인이 있었던지, 광무제와 그 아들 명제만 각기 62세, 48세까지 살았을 뿐, 나머지 황제들은 극히 단명했다. 황제가 어려서 죽으면 그 뒤를 잇는 황자는 더욱 어리게 마련이었다. 4대 황제로 직계가 단절되고, 방계에서 황위를 잇게 되니 황실의 위엄은 더욱 손상되었다. 이때부터 외척, 환관의 정쟁이 시작되었다. 화제가 열 살에 제위에 오르자, 그의 어머니 두태후가 섭정을 하게 되면서 그녀의 오빠 두헌 등 일족이 권력을 장악하게 되었다. 장성한 화제는 외척의 세력을 제거하기 위해 측근의 환관 정중에게 의지하게 되었다.

환관제도는 중국뿐 아니라 우리나라나 베트남, 혹은 고대 이집트나 페르시아, 그리스, 동로마 등 여러 나라에서도 발견되는데, 철저히 전제군주에 봉사하기 위해 마련된 제도이다. 성불구자인 환관에게 후궁이 많은 궁궐 안의 연락사무 등을 맡게 한 것이다. 처음에 환관은 궁형을 받은 죄인이나 이민족으로 충당되었으나 점차 황제의 최측근이라는 특성 때문에 권력 장악의 야망을 가진 자들 중에 거세를 자청하는 자도 생기게 되었다. 중국에서는 주대부터 왕조체제가 몰락하는 청나라 말기까지 존속했는데, 적을 때는 수천 명, 많을 때는 만 명이 넘는 경우도 있었다.

후한의 외척세력으로 가장 유명한 이는 양익이다. 그는 순제 황후의 오빠로 순제 때 전권을 장악한 후 충제, 질제, 환제까지 4대에 걸쳐 정치를 전횡했다. 환제는 양익의 누이인 황후가 죽자 다시 환관의 힘을 빌어 양씨 일족을 주살했다. 이때 환제는 환관 단초 등의 마음을 얻기 위해 단초의 팔을 깨물어 흘러나온 피로 선서를 하는 결의를 보이기까지 했다.

이후 후한 최대의 환관 전횡기가 도래했다. 환관은 일족이나 양자를 관리로 중용하고 관료나 호족과 결탁하여 중앙이나 지방의 관계에 세력을 확장함으로써 정권을 독점했다. 그들은 뇌물을 받고 부정한 선거로 관리를 등용하였으며 백성들에게는 혹독한 가렴주구로 일관하여 호화 방탕한 생활을 일삼게 되니, 부정과 부패가 사회에 만연했다.

한편, 후한 대의 지방 유력자들인 호족 중에는 시류에 편승하여 외척이나 환관과 결탁한 자들이 있는가 하면, 유교적 논리로 무장하여 명예와 정절을 중시하면서 부정부패의 척결을 강력히 주장하는 사람들이 있었다. 이들은 스스로를 청류淸流라 부르고, 환관 일파를 탁류濁流라고 지칭했다. 태학의 학생이거나 관리, 또는 재야 지식인이었던 이들은 세간에 광범한 여론을 조성하였다. 중앙이나 지방의 관리를 품평하여 청절한 관료를 선정한 후 이들을 적극 지원함으로써 환관 일파와 대립하게 되었다.

후한에 이르면 유교가 뿌리를 내려 낙양의 태학 학생은 3만 명에 달했고, 태학의 건물도 여러 번 증축되어 말기에는 24동에 1,850개의 교실을 갖게 되었다. 지방에서도 각각 사숙이 만들어져 이름 있는 학자를 스승으로 하는 동문의 학생들이 배출되었다. 유교적 의식에 고취되고 정상적인 관리 등용문이 가로막힌 이들은 반환관 운동에 앞장섰다.

환관파와 반환관파의 대립은 '당고의 금(黨錮之禁, '당고의 옥'이라고도 불림)'으로 불리는 2차례의 대탄압으로 청류 지식인들이 관계에서 일소되었다. 이는 진시황의 '분서갱유'와 필적되는 커다란 사상탄압 사건으로 잘 알려져 있다. 이로써 표면적으로는 환관파의 완승으로 끝나는 듯이 보였으나, 지방에 세력을 갖고 있는 청류 지식인들은 재야의 잠재세력으로 광범하게 뿌리를 내려, 위진남북조 시대에는 귀족층으로 성장해 나갔다.

166년의 1차 당고에서는 청류파 관료의 대표 격인 사예교위현 경찰총장 이응을 비롯한 2백여 명의 관료와 지식인들이 투옥되었다. 이응은 환관의 비리를 엄중이 다스리던 중, 악행을 거듭하던 환관 장양의 아우 장삭을 추적하여 형의 저택에 피신하여 기둥 속에 숨은 그를 끝내 체포함으로써 환관들에게 충격을 주었다. 이응 등의 죄목은 '태학의 학생, 각 군의 생도들과 왕래하면서 당을 만들어 정부를 비방하고 사회의 풍기를 문란하게 한다'는 명목이었다. 이들은 이듬해 사면되어 고향으로 돌아갔으나 종신 금고형, 즉 관직추방과 영원한 관리등용 금지의 처분을 받게 되었다.

이어 169년의 2차 당고에서는 당인 100명이 사형을, 그 외 600명이 유형이나 금고에 처해지는 등 대숙청이 이루어졌다. 심지어 당인을 은닉했다고 의심이 가는 집에까지 처형의 손길이 뻗쳤다.

한편, 농민들은 부패한 정권과 잇따른 정쟁 속에서 서서히 몰락해갔다. 호족과 부패한 관료세력에 의한 토지겸병은 날로 심각해졌으며, 메뚜기 떼와 홍수와 가뭄 등으로 인한 거듭된 대기근은 생존에 대한 위협으로 다가왔다. 《사서》는 '쌀값은 치솟고 사람이 서로 잡아먹으며 노약자는 길에 버려지고 있다'고 기록하고 있다.

좌절과 실의에 빠진 농민들 사이에서 태평도太平道, 오두미도五斗米道 등의 도교적 신흥종교가 유행병처럼 번져갔다. 태평도는 부적을 살라서 물에 타 마시면 병이 낫는다고 하여 절망적 가난 속에서 질병의 공포와 불안에 시달리던 농민들의 마음을 사로잡았다. 오두미도는 곡물 다섯 말을 바치면 된다고 했다. 뒷날 도교의 뿌리가 된 장각張角의 태평도는 하북성 거록에서 일어난 지 불과 10여 년 만에 화북 동부에서 양자강에 걸쳐 수십만 명의 신자를 얻었다.

184년에 일어난 황건적黃巾賊의 난은 이 태평도의 각 지부가 군사조직으로 전환되어 일어난 대규모 농민봉기이다. 중국의 전통적 오행설에 의하면 불에서 흙이 생성된다. 이들은 화덕火德에 해당하는 한나라는 곧 몰락하고 이어서 토덕土德에 해당하는 황건의 세상이 다가올 것이라고 굳게 믿고, 머리에 새 세상을 상징하는 황색의 띠를 동여매었다. 치밀한 사전계획에 의해 한꺼번에 36만이 봉기한 이 전대미문의 항쟁은 들불처럼 광대한 지역에 번져 나갔다. 황건군은 그해 가을 주모자 장각이 죽고, 동생 장량, 장보 또한 전사하는 등 유능한 지도자를 잃고 주력군이 쇠미해졌으나, 각지에서 약 30년간 끈질긴 항쟁을 벌였다.

대규모 농민봉기에 봉착한 지배층은 즉시 권력투쟁을 중지하고 당고를 해제하는 등 호족세력을 무마하여 항쟁의 진압에 안간힘을 썼으나, 유명무실한 왕조체제를 유지할 뿐이었다. 마침내 220년 조조의 아들 조비가 한의 왕위를 찬탈하여 위나라를 세우니, 이로써 후한 광무제로부터 196년, 전한고조로부터 422년간 존속했던 고대제국 한나라는 완전히 막을 내렸다.

새로이 펼쳐지는 세상에서는 진·한과 같은 강력한 중앙집권적 고대제국은 다시 출현하지 못했다. 더구나 농민들이 꿈꾸었던 새 세상도 쉽게 열리 는 것은 아니었다. 황건 난의 진압과정에서 실력을 자각한 호족세력들의 시대가 당분간 지속되었다.

황건적의 난. 후한 말에 일어난 대표적인 농민반란. 장각을 지도자로 하여 수십만 명이 황색 두건을 머리에 두르고 한 왕조에 반기를 들었다.

진한제국으로 중국적인 고대 세계가 완성되었다면 수당제국에서는 중국이 새로운 세계제국으로 발돋움하였다. 그것은 민족의 대이동을 동반한 대변혁기인 위진 남북조 시기가 없었다면 불가능한 일이었다. 이 시기에 농경문화인 중화적 세계에서 명백히 구분되어 생활해 왔던 유목민족들, 이른바 오호(흉노, 선비, 저, 갈, 강)가 대거 만리장성을 넘어 중원을 장악함으로써 화북지방에서 민족과 문화가 혼용되었으며, 중원을 빼앗긴 화북의 한인들은 강남으로 쫓겨 와 역사의 변방으로 치부되었던 강남지방을 개발하고 강남 지역민들과 함께 독특한 귀족문화를 창조하였다. 중국적인 세계가 지리적으로, 민족적으로 확대되는 가운데 유목민족의 진취적이며 개방적인 문화특성이 가미됨으로써 중국 문화는 보다 포용적이며 세계적인 문화로 발전하게 되었다.

제3장
중세

CHINA

적벽대전, 천하를 삼분하다

: 삼국시대
（220~280년）

 동아시아 사람이라면 누구나 그의 평생에 한 번쯤 만화, 소설, 혹은 드라마로 각색된 《삼국지》의 세계를 접할 것이다. 그 원형은 원말 나관중에 의해 쓰인 소설《삼국지연의》로, 이는 역사가 진수의《삼국지》를 토대로 내용을 재구성하고 소설적 재미를 덧붙여 완성되었다. 삼국지는 위지 30권, 촉지 15권, 오지 20권으로 구성되어 있으며《사기》,《한서》,《후한서》와 함께 중국 전사사前四史로 불리는 중요한 역사서이다. 영웅 조조나 도원의 결의로 맺어진 의형제 유비현덕, 관우, 장비, 하늘이 낸 군사 제갈공명 등은 소설적 허구의 세계에서만 존재하는 가상의 인물이 아니라 실제로 존재했던 역사적 인물들이다.

 시대가 영웅을 낳는다는 말이 있듯이, 아무리 뛰어난 개인이라 할지라도 시대를 초월할 수는 없다. 한 말 이후의 어지러운 시대는 유비나 손권, 조조로 대표되는 위대한 영웅들을 낳았다. 그러나 위魏・촉蜀・오吳 삼국 중 가장 강한 나라는 위나라였으며 조조는 현실적으로 가장 능력 있는 무장이요 정치가였다. 당대의 유명한 인물 평론가 허소는 무명의 청년이었던 조조에게 '난세의 영웅, 치세의 간적'이라는 의미심장한 말을 던졌다. 조조는 문장

호북성 가어현에 있는 적벽. 208년 이곳의 수전에서 조조의 대군이 유비·손권의 연합군에게 참패함으로써 천하가 삼분되었다.

도 뛰어나서 두 아들 조비·조식과 함께 '삼조'라 불린다.

184년, 황건의 대란이 일어나자 이들 군웅들은 토벌대의 이름으로 역사의 전면에 등장하게 되었다. 조조와 손견은 장교로서 이름을 떨치기 시작했고, 유비도 대상인의 원조를 받아 관우, 장비와 함께 토벌에 나섰다. 이때 조조와 손견의 나이 30세, 유비의 나이는 24세였다.

토벌에 나섰던 각지의 호족들도 스스로의 힘에 놀라고 자신의 실력을 자각하게 되었다. 그러나 난이 일단 진압되자 중원은 다시 정쟁에 휩싸였다. 외척 하진은 동탁을 끌어들여 환관 세력을 일소하려 했으나 오히려 환관에 의해 제거되고 낙양의 시민들에게 포악한 동탁의 횡포만을 더해주게 되었다. 첫 번째의 군벌 동탁이 거리에서 그의 부장 여포에게 살해되자 시민들은 환호성을 지르며 뛰어나와 살찐 그의 배꼽에 불을 켰던 바, 그 불은 다음 날 아침까지 꺼지지 않았다고 한다. 물론 이 비유는 소설에서만 가능한 과장된 표현법이다.

다음의 실력자는 명문 구세력의 대표 원소였다. 그는 환관 2천 명을 제거하고 구질서의 회복을 꾀했으나, 200년 관도의 대전에서 신진 세력인 조조의 군대에 격파되었다. 조조는 재빨리 방황하는 후한의 어린 황제 헌제를 맞아들여 명분을 얻었으며, 일종의 국가 소작제인 둔전제를 실시하여 중원의 새로운 지배자로 부상했다. 둔전제란 정부가 직접 몰락한 농민들을 불러 모아 황폐해진 농경지를 할당해 주고 정착시키는 제도로, 종래에 군대의 자급자족을 위해 변방에 실시되었던 것을 민간에 적용시킨 것이다. 196년 하남성에 처음으로 실시된 후 각지에 확대되었다. 조조는 현실적인 정치가에게 필요한 문무의 자질을 모두 겸비한 뛰어난 인물이었다.

한편 강남에서는 손견의 아들인 손권이 양자강 동쪽의 기름진 지대에서 세력을 확장하고 있었다. 그는 젊은 나이에 요절한 형 손책만큼 용감하거나 무공에 뛰어나지는 않았으나 주유, 노숙 등 인재를 고루 등용하고 토착 호족 세력과의 연합에 성공하는 등 정치적 자질을 보였다.

유비는 중국인들이 말하는 유덕한 인물이 흔히 그렇듯이 귀가 매우 커서 스스로 자신의 귀를 볼 수 있을 정도였다고 하는데, 아무리 삼고초려三顧草廬의 정성을 기울였다고는 하지만, 황건 토벌의 공으로 말단 관직에 봉직했을 뿐 20년 세월을 조조, 원소 등의 밑에서 전전하여 뚜렷한 세력기반이 없는 그에게, 가문의 보존을 위해 융중에 칩거해 있던 제갈량이 마음을 움직였던 것을 보면 상당한 매력이 있는 인물이었음에는 틀림이 없다.

그는 환관을 양조부로 하고 뇌물로 승진을 거듭한 아버지를 둔 조조와는 달리, 전한 경제의 후손이라는 것에 커다란 자부심을 느끼고 있었다. 그러나 경제는 그의 시대와 너무 떨어져 있어 사실을 확인할 길은 없다. 그는 일찍이 고아가 되어 돗자리를 짜서 생계를 유지하는 가난한 생활을 했다.

제갈량은 자가 공명으로 명성이 높아 와룡선생臥龍先生이라고도 불렸다. 그는 형주의 유표에 의탁하고 있던 유비에게 흉중胸中 대책, 이른바 천하 삼분의 계략을 토로했다. 그는 유비가 천연의 요새이자 양자강 중류의 요충지인 형주와 기름진 평야지대인 익주를 장악하여 터전으로 삼아야 하며 이를 위해서는 일단 동쪽의 손권과 연합하여 북방의 조조에 대항해야 한다고 주장했다.

원소를 물리치고 화북을 장악한 조조의 백만 대군이 천하통일의 꿈을 안고 형주를 향해 남하할 때, 공명은 조조의 위력 앞에 망설이는 손권을 뛰어난 정세분석으로 설득해 내 연합에 성공하였다. 조조는 유표가 급사하여 손쉽게 형주를 차지한 후 달아나는 유비를 추격하여 양자강을 따라 동쪽으로 이동하고 있었다. 그러나 조조의 북방군은 대군이지만 투지가 없는 정복민이 많은 데다 남방의 풍토병에 시달리고 있었다. 손권은 주유의 지휘하에 3만의 군대를 내었고 양자강 남안의 적벽에서 조조군과 손권·유비의 연합군은 서로 대치하게 되었다.

주유의 부장 황개는 조조군에 위압당한 듯이 거짓 항복의 깃발을 꽂고 조조의 진영으로 나아갔다. 그를 따르는 10척의 배에는 마른 섶과 갈대가 가득 실려 있었다. 이를 까맣게 모르는 조조의 군사가 환성을 지르는 순간, 조조의 진영에 가까이 접근한 황개는 재빨리 신호를 올렸다. 때마침 세찬 동남풍이 불어 대자 불붙은 선단은 조조의 함대에 돌입하여 대선단을 모두 불태워버렸다. 온 천지가 불에 뒤덮이고 조조는 군대를 모두 잃고 겨우 목숨만을 건져 화북으로 도망쳤다. 이것이 유명한 208년의 적벽대전이다.

조조군의 참패에 치명적이었던 것은 모든 배가 서로 연결되어 도망할 겨를도 없이 몽땅 소실되었다는 것이다. 수전에 익숙하지 못했던 조조는 군사의 도망을 막고 뱃멀미를 줄이기 위해 전선을 모두 쇠고리로 연결하여 한 덩어리로 만들어놓았다.

조조는 216년부터 위왕을 칭하였으나 제위에 오르지는 않았다. 220년 조조가 66세의 파란만장한 생을 마감하자 그의 아들 조비는 헌제를 압박하여 선양의 형식으로 위나라의 황제가 되었다. 이후 유비가 촉한을, 손권이 오나라를 세우게 되니, 중국의 천하는 명실공히 삼국시대에 돌입하게 되었다. 삼국의 국력을 비교하자면 단연 위가 압도적으로 우월했으며, 촉한의 세력이 가장 미미했다. 유비마저 죽고 미력한 그 아들 유선이 위를 계승했을 때, 제갈량은 명문장으로 유명한 《출사표出師表》를 바치고 장장 7년에 걸친 6차의 북벌전에 나섰다가 마침내 진중에서 병사했다.

'신, 은혜를 입고 감격을 이길 길 없어 이제부터 출진하려 하옵는 바, 표를 바치려 하니 눈물이 앞을 가려 사뢸 바를 모르겠나이다.'

이 같은 서두로 시작하는 출사표는 상주문이라기보다 오히려 유언장에 가까운 것이었다. 유비보다 20살 아래였던 제갈량은 뛰어난 지략과 충성된 신하의 모범으로 후세에 널리 숭앙받고 있다.

이때의 북벌전에서 제갈공명과 지략을 다툰 위의 명장이 사마의였다. 그는 끝까지 촉의 공격에 응수하지 않고 성을 굳게 지켜 지구전으로 나아감으로써 물자가 부족한 촉의 자멸을 이끌었다. 263년 촉한은 멸망했다. 그는 무공 외에 회하 유역의 둔전에도 성공함으로써 사마씨 정권의 기초를 마련했다. 그의 손자 사마염은 마침내 진晉나라를 세우고 280년에는 오를 멸망시킴으로써 전국을 통일했다. 삼국시대가 끝난 것이다.

흔히 삼국시대를 영웅들의 활약이 돋보이는 낭만적인 시대로만 보기 쉬우나, 생사기로의 전쟁이 끊이지 않았던 시대였음을 상기할 필요는 있다. 한편, 삼국의 경쟁 속에서 내륙의 국토는 더욱 확장되고 개발되었으며, 특히 위나라에서 시작된 여러 제도, 일종의 국영농장인 둔전의 토지제도, 관리 추천제인 9품관인법 등 선진적인 여러 제도는 위진남북조 시대의 한 전형이 되었다.

민족 대이동과 강남 개발
: 5호의 침입과 동진의 성립
(317년)

220년 고대제국 한나라가 멸망하고 589년 수나라가 다시 중국을 통일하기까지의 수세기에 걸친 대분열기를 우리는 '위진남북조魏晉南北朝' 시기라고 부른다. 물론 사마씨의 진西晉나라가 삼국을 통일한 시기가 있었지만 그 기간은 4대 37년에 불과했다.

'위魏'는 삼국 중 강성했던 조조의 나라 이름을 딴 것이고, '진晉'은 통일 왕조인 서진西晉과 유목민족들에게 북중국을 빼앗기고 강남에 수립한 이른바 동진東晉을 합친 사마씨의 정권을 일컫는다. 이후의 중국은 대략 북중국에서는 유목민족의 정권들이, 남중국에서는 한족의 정권들이 각기 변천을 거듭했다. 이를 통틀어 '남북조'라고 부른다.

화북 지방은 여러 유목민족이 난립했던 5호 16국을 선비족의 북위北魏가 통일했다가 서위와 동위, 이어서 북제北齊와 북주北周로 계승되었다. 강남에서는 동진 이후 송宋, 제齊, 양梁, 진陳의 왕조가 이어졌다. 흔히 부르는 6조라는 별칭은 여기에 삼국의 오吳를 포함한 것으로 강남에 세워졌던 여섯 왕조를 가리킨다.

이 시기는 단순한 혼란과 분열이라는 이름으로 불릴 수 없는 중국역사상의 대변동기였다. 중국적인 세계가 확대되고 농경문화와 유목문화가 섞이면서 중국의 문화가 더욱 개방적이고 포용적인 모습으로 변모해 갔다. 중화의 세계에서 한갓 오랑캐胡로 치부되었던 북방의 유목민족들이 화북지방을 장기간 통치하게 되면서 중국의 문화에는 유목민족의 요소가 가미되었다. 중원을 빼앗긴 화북의 한인들은 강남으로 쫓겨 와 역사의 변방으로 치부되었던 강남지방을 개발하고 강남 지역민들과 함께 독특한 귀족문화를 창조하였다.

그것은 유목민족의 대이동으로부터 시작되었다. 마치 서양 고대에서의 게르만 대이동처럼 유목민족들은 장성을 넘어 중원을 점령함으로써 중국사에 새로운 바람을 일으켰다. 로마가 라티푼디움이 성행하고 자영농민이 몰락함으로써 쇠퇴의 조짐을 보이다가 게르만족의 대이동이 결정적 계기가 되어 제국의 종말을 맞는 것과 유사한 현상이 중국에서도 나타났다.

유목민족들의 중국 이주는 이미 한말부터 서서히 진행되고 있었는데, 이들은 중국 사회의 최하층에서 지방 호족의 노예적 예농으로, 혹은 소모품적 병사로 고된 나날을 보내고 있었다. 일찍이 극도로 궁핍해진 화북의 농경민들의 행렬이 남으로 남으로 이어져서 양자강 유역 특히 호북, 사천 두 성 일대는 이러한 '난민'으로 들끓었으며, 이들이 떠난 화북의 자리는 북방의 유목민족들로 채워지고 있었다.

그런데 팔왕의 난이 일어났다. 서진西晉의 황족, 사마씨 8명의 왕들이 제위 계승 문제로 10여 년간의 내란에 휩싸인 것이다. 이들은 군사력을 확보하기 위해 주변의 유목민족들을 용병으로 고용하여 정쟁에 투입했다. 스스로 호랑이들을 불러들인 꼴이었다. 점차 서진의 실체가 결코 강력하지 않다는 것을 깨달은 유목민족들이 서서히 독립하게 되었다. 그중 첫 번째 인물이 남흉노의 족장 출신인 유연이었다.

304년 유연이 한漢, 후에 조趙로 바뀌어 전조前趙라 불리는 나라를 건국했다. 중국 최초의 이민족 지배기인 5호 16국 시대가 개막된 것이다. 유연의 아들 유총은 거병하여 낙양을 함락시키고 회제를 자신들의 근거지인 평양으로 잡아다가 죽이고, 서진의 군사 10여만 명도 학살하였다. 이를 회제의 연호를

중국의 북조 기마민
족을 묘사한 그림.
돈황 막고굴 뒤, 서
위시대의 285굴 남
벽의 벽화부분으로,
도적과 싸우는 왕군
을 소재로 한 그림
이다.

따서 영가의 난이라고 부른다. 이에 황족들은 강남으로 피하여 남경에 도읍
하고 동진東晉을 세우게 된다.

5호란 흉노, 선비, 저, 갈, 강의 다섯 유목민족을 일컫는다. 흉노는 서쪽으
로 옮겨 가지 않고 남아있던 남흉노이고, 갈족은 흉노의 별종이다. 선비는
동북방에서 온 몽고계로 돌궐족 설이 있다. 저족과 강족은 티베트계로 전해
진다. 사실은 이들에 의해 동시에, 혹은 시차를 두고 건국되었던 나라들은
16개국이 조금 넘는다. 그중 우리 역사와 관련해서 선비족의 전연前燕과 저
족의 전진前秦이 잘 알려져 있는데, 전진왕 부견은 5호 16국의 가장 위대한
군주로 꼽힌다.

놀라운 것은 유목민족이 한족을 지배했던 이 최초의 시기에서조차 한족의
문화는 보호되고 육성되어 다음 시대에 계승되었다는 사실이다. 이는 서양
에서 게르만의 이동 이후 로마의 문화가 거의 단절되었던 것과 비교해 볼 때
중국문화의 저력을 새삼 깨닫게 하는 것이다. 중국의 통치제도가 상당히 유
용하고 우수한 제도였다는 이야기도 될 것이고, 역으로 생각하면 유목민족
들이 자신들의 강건한 기풍과 독자적인 문화를 잃고 중국화한 경향을 지적
할 수 있다.

특히 439년 북중국을 통일하여 중국 내에 최초로 안정된 유목민족의 왕조
를 건설했던 북위北魏는 한족의 지배를 위해 중국의 효율적인 지배체제와 문

화를 수용하지 않을 수 없었다. 이를 본격적으로 실시한 사람이 효문제이다. 균전제 등 개혁정책의 시행으로 북위 중흥의 군주로 불리는 효문제는 일찍이 할머니 풍태후로부터 유가적 교양을 배웠고 도읍을 북방의 평성(산서성 대동시)으로부터 중원의 낙양으로 옮기면서 농경사회에 바탕을 둔 이른바 한화정책을 실시했다. 그는 선비족 고유의 부족사회와 문화의 고수를 주장하는 세력을 진압하면서 이들에 의해 추대되었던 자신의 아들 황태자 순까지도 처형했다. 그는 스스로 부족 이름에서 전용된 성 '탁발拓跋'을 '원元'이라는 한족풍의 성으로 바꾸었으며, 선비족의 전통적 풍속, 심지어 언어까지 폐지시켰다. 본관을 낙양으로 옮기고, 죽은 후에도 북방 들판으로 돌아가 매장하는 것을 금지했다.

그러나 이들 유목민족에 의해 중국의 문화가 보존되었다는 사실만을 주목한다면 이 시기의 역사를 제대로 파악했다고 볼 수 없다. 일찍이 황하문명의 발생 이래 중국의 문화가 이때처럼 이질적인 문화의 충격을 받은 시기는 없었다. 유교라든가 하는 중국적 편견에 오염되지 않은, 보다 진취적이고 소박한 유목민족의 문화는 중국문화를 새로운 활력으로 가득 차게 했으며, 수·당의 보다 개방적이고 풍요로운 문화의 밑거름이 되었다.

한편, 경제적 후진지역이었던 강남(양자강 유역)지역이 화북의 혼란을 피하여 대거 남하한 한족에 의해 대부분 개발됨으로써, 농업생산력이 크게 향상되고 새로운 경제적 중심지로 부상하게 되었다. 귀족들은 급격히 늘어난 노동력을 이용하여 둑을 쌓는 등 대규모의 수리공사를 일으킴으로써 새로운 농토를 확대했다. 벼농사가 부적당한 땅에는 보리농사가 크게 장려되기 시작한 것도 이 시기의 일이다. 농업이 발달함에 따라 상업과 수공업도 발달해 양자강 유역에 대규모 상업도시가 출현했는데, 특히 6조가 차례로 도읍으로 삼았던 건업(남경)은 남부 지역 정치, 경제, 문화의 중심지로 부상했다.

위진남북조 시기 변천을 거듭하는 왕조 속에서 사회를 주도해갔던 계층은 귀족이었다. 이들 귀족은 한말의 청류에 뿌리를 두고 있다. 지방 호족豪族이었던 이들은 후한 말 외척과 환관의 전횡에 반대하면서 중앙정치를 지배하기 시작한 이후 구품관인법 등의 시행으로 세습적인 지위를 확보함으로써 중앙의 귀족이 되었다. 문벌귀족門閥貴族 사회가 성립한 것이다. 이들 귀족은 서양 중세의 영주에 비견될 수 있지만 반드시 장원이나 군사력을 보유한 것은 아니라는 점에서 구별된다. 이들의 지위는 왕조의 부침에도 흔들리지 않았으니 어떤 면에서는 오히려 황실을 능가하는 것이기도 했다.

송나라 8대의 황제 중에서 암살을 모면한 자는 불과 3인뿐이었으며, 48년간의 안정된 통치를 했던 양무제도 결국은 북위의 수비병 출신인 후경侯景의 난으로 유폐되어 굶어죽었다.

귀족들에게 집중된 엄청난 부는 찬란한 귀족문화를 꽃피웠으나, 그들의 사치스런 생활은 상상을 초월하는 것이었다. 사마염 때의 공신인 하증은 매일 1만 전의 비용을 들인 식사를 하면서도 아직 부족하다고 했는데, 그의 아들 하소는 급기야 2만 전으로 올려 정했다고 한다.

도교와 불교가 발달하다
: 도교의 성립
(444년경)

절이나 탑 등 도처에 산재해 있는 불교적 건축물들은 마치 중국의 산천이 처음 생성되었던 그때부터 함께 있어 왔던 것처럼 중국적 풍광에 너무도 자연스럽게 어우러져 있어서 불교가 중국문화와는 대조적일 만큼 이질적인 이국 종교였다는 것을 기억해내는 것이 새삼스러울 정도이다.

그러나 불교는 신유학의 서단을 열었던 당대의 거유 한유가 비판했던 것처럼, 인도에서 발생한 이적의 종교로서 중국적 관습과는 대립되는 요소가 많았다. 승려의 독신주의와 고행으로 육체를 괴롭히는 수도생활은 대를 이어 조상의 제사를 받들어야 하는 중국적 가족제도, 조상으로부터 받은 신체를 온전히 보존해야 한다고 생각하는 중국적 전통 사고방식을 뿌리째 흔드는 것이었다.

공자는 일찍이 죽음에 대해서 묻는 제자에게 이렇게 대답했다. "살아가는 것도 알지 못하는데 어떻게 죽은 후의 것을 알겠는가?"

공자의 가르침을 따른다면 구원의 문제를 중요시하는 어떠한 종교도 무지한 대중을 현혹시키는 비합리적인 미신에 불과하다.

이러한 불교가 위진남북조 시대에 중국인들을 열광시키고 중국인의 정신

북위 왕조에서 만개한 불교를 상징하는 용문(룽먼)석굴. 이 석굴은 돈황의 막고굴, 운강석굴과 함께 3대 석굴로 손꼽히는 중요한 유적이다. 낙양으로 천도한 494년 이후부터 당나라 때까지 조성되어 불상만도 10만 개를 넘는다.

세계에 새로운 활력을 불어넣을 수 있었던 배경에는 이 시기 화북에 왕조를 세웠던 유목민족들에게 중국적 편견이 없었던 점, 또한 거듭되는 전란과 정치적 분열 속에서 이미 제국의 학문으로 뿌리를 내린 유교가 힘을 잃고 사상적 공백을 보이고 있었던 점 등을 들 수 있을 것이다.

사람들 사이에서는 계층 상하에 관계없이 종교의 세계에 침잠하여 정신적 안정을 구하고자 하는 경향이 널리 퍼졌다. 이국 종교인 불교뿐만 아니라 중국 전통의 도가사상도 다시 부각되면서 나타난 중국사상의 대약진은 앞서의 춘추전국시대를 연상시키기에 충분한 것이었다.

제국이 붕괴하고 가닥이 잡힐 것 같지 않은 정치적 혼란이 거듭되자 지식인들은 사회로부터 시선을 거두어 자신의 내면세계를 관조하기 시작했다. 유교적 교양을 갖춰 관료가 되는 길은 이미 차단되어 있었고, 어지러운 세상은 절망과 인생에 대한 허무감을 안겨주었다. 경제적 여유 집단인 이들은 세속을 떠난 개인적 완성이나 구원의 문제에 빠져들었고 자연스레 도가의 사상이 다시 부상되었다.

그 대표적인 것이 이른바 죽림 7현이라고 불리는 은둔자 집단의 청담사상淸談思想이다. 청담淸談이란 '더러운 세속을 초탈한 맑은 이야기' 정도의 의미로, 이들은 세상일을 등지고 자연에 묻혀 살면서 자신의 감정을 시나 칠현금, 술을 빌어 표현하기도 하고, 기이한 충동적 행적을 일삼으면서 사회적·정치적 환멸에 응답했다. 종교로서의 도교는 엄밀하게 말하면 본래 의도가 사상과는 거리가 있다. 도교는 오늘날까지도 유달리 건강에 관심이 많은 중국인들 사이에서 널리 염원되어 왔던 질병과 죽음으로부터의 해방, 즉 불로장생의 염원이 담긴 신선사상을 중심으로 음양오행설, 참위설, 혹은 민간의 잡다한 신앙들이 뒤섞인 것이다.

진시황 이래, 도교에 심취해서 불교 대탄압을 단행했던 당무종에 이르기까지 불로장생을 구하는 황제들의 행렬은 그치지 않았으며, 이들 중에는 연금술로 만들어진 중금속을 불로장생약으로 잘못 믿어 하늘이 내린 제명도 제대로 누리지 못하는 경우가 많았다.

연금술에 대한 관심은 4세기 초, 이 분야의 기념비적인 저작인《포박자》를 출현시켰고, 민간에서는 불로장생을 가져온다는 호흡 조절법과 술과 고기 등을 피하는 섭생법이 널리 유행했다.

도교의 성립 시기를 정확히 단정하기는 어려우나, 교단 조직 등 최초의 조직화된 움직임은 후한 말 황건적의 난의 모체가 되었던 장릉, 장로의 오두미도와 장각의 태평도를 들 수 있다. 그 후 여러 파로 나뉘어져 통일적인 교리나 조직을 갖추지 못하고 있던 도교가 민간종교로 완성되는 과정에서 고등종교인 불교가 미친 영향은 매우 큰 것으로 보인다. 도교의 승려인 도사가 보통 결혼이 허용되는 것은 불교와 다르지만, 도교의 경전(도장道藏)이나 사원(도관道觀) 제도는 불교의 경전이나 사원 제도를 많이 닮아 있다. 실제로 민간에 이르면 도교와 불교는 신화와 미신, 주술 등이 뒤섞여 구별이 모호한 것이 사실이다.

한편, 북위 태무제는 유교가 이적시하는 유목민족의 중국 지배를 정당화하기 위해 444년 새로이 도교를 국교로 삼았다. 이때 오두미 계열의 도사였던 구겸지에 의해 도교의 세력이 정비되었다. 이 시기를 전후하여 도교가 민간종교로서 완성되었다고 본다.

전승에 의하면, 불교는 64년 후한 명제의 꿈에 현몽함으로써 중국에 처음 전래되었다고 한다. 이를 말 그대로 믿기는 어려우나 대체로 이 시기에 상인, 혹은 승려들에 의해 전래되었다고 보인다. 가장 위대한 전래자는 구마라습이다. 그는 인도인을 아버지로 하여 중앙아시아에서 태어났으며, 382년경 중국인 원정대에 포로로 잡혀 중국에 끌려온 후 방대한 역경사업을 이끌었다.

운강(윈강)석굴. 운강석굴은
산서성 대동시 무주천의 남
쪽 단애에 약 1km에 걸쳐
있는 석굴군이다.

　불교는 외래문화에 대한 편견이 적은 북조 상류층에서 널리 성행하기 시
작했다. 5호 시대에 뿌리를 내리기 시작하여 북위 왕조에서 만개하게 되었
는데, 그 상징물이 바로 돈황 막고굴과 함께 3대 석굴로 꼽히는 운강, 용문의
석굴사원이다. 석굴 조성의 가장 강력한 후원자는 황제였으며, 운강雲岡 석
굴은 북위 최초의 수도였던 산서성 대동, 용문龍門석굴은 두 번째 수도였던
낙양에서 멀지 않은 곳에 위치하고 있다.

　운강 석굴사원은, 사암층의 단애를 따라 약 40개의 동굴이 약 1km에 걸쳐
장대하게 조성되어 있는데, 조각된 불상이 자그마치 5만 개 이상이 된다. 그
중 제16굴부터 20굴, 이른바, '담요 5굴'에 있는 위풍당당한 5불은 당시 북위
의 황제인 문성제와 그의 선조인 다섯 황제를 상징하여 460년경에 제작된
것으로, '제왕이 곧 여래'라는 지배이념의 표현이다. 이제 불교는 황제권과
손잡고 국가 불교로 정착하면서 폐불의 위기를 넘길 수 있었으며, 황제는 불
력의 힘을 벌어 스스로 부처로 군림함으로써 자신의 세속적인 지배를 정당
화하고자 했다. 이를 주도한 승려가 담요였다.

　이후의 불상에 새겨진 명문에서 '황제 폐하를 위하여', '국가를 위하여'라
는 글자를 확인하는 것은 그리 어려운 일이 아니다. 불교를 이용해 황실의
절대적 권위를 확립하려는 북위 황제의 의도는 훌륭히 달성되었다고 보이
며, 이러한 현상은 중국을 통해 불교를 전해 받은 우리나라를 비롯한 동아시
아 각국에서도 나타났다.

국가 불교로 재해석된 불교의 윤회설輪廻說을 현실에 적용하면, 민중들의 고난에 찬 삶은 지배층의 억압에서 비롯된 것이 아니라 전생에서의 자신의 잘못된 행위(업業)의 결과, 즉 인과응보이므로 누구를 탓할 것이 못 된다. 그러므로 민중의 저항은 부당한 것이 되고, 현실에서의 불평등한 사회질서는 정당화되는 것이다. 불교가 널리 성행함에 따라 진리를 구하기 위해 목숨을 걸고 인도 순례를 감행하는 구법승이 줄을 이었다. 8세기까지 약 200명의 승려 명단이 알려져 있다. 그중에 9명이 우리나라의 승려로 확인되었는데, 혜초가 처음에는 중국의 승려로 알려졌던 것에서 알 수 있듯이 좀 더 있을 것으로 보인다.

우리에게 친숙한 인물로는 5세기 초의 법현, 7세기 전반의 현장, 7세기 후반의 의정 등이 있다. 이들은 모두 여행기를 남겨 정확한 연대기적인 기록이 적은 인도의 역사를 밝히는 데 뜻밖의 중요한 자료를 제공하고 있다. 특히 현장은 우리가 《서유기》에서 만나는 삼장법사의 모델로 유명하다. 삼장법사는 본래 경전번역가를 일컫는 말이다.

예술을 위한 예술, 귀족 문화의 탄생
: 왕희지의 난정서 (353년)

'글을 보고 그 사람을 안다'라는 말이 있지만, 중국 사람들은 글을 담아내는 글씨 또한 사람의 인품을 나타낸다고 생각한다. 이는 예를 존중하는 중국적 사고방식에서 기인할 터이지만, 표의문자인 한자가 갖는 독특한 회화성도 한몫하여 '서예'라는 독립된 예술분야가 개척되었다.

왕희지가 그 선구자로, 사람들은 그의 이름 앞에 서성書聖이라는 칭호를 붙여서 서예가의 대명사로 그를 떠올리는 데 주저함이 없다. 그는 놀라운 끈기와 정열로 한·위의 비문을 연구하여, 예서隷書 외에도 당시까지 미진했던 해서楷書, 행서行書, 초서草書를 예술적 서체로 완성해냈다. 그의 글씨는 힘이 있으면서도 전아하여 귀족적이라는 평을 받는다.

그가 처음 글씨를 배웠던 어린 시절에는 솜씨가 또래들에 미치지 못할 정도였으나 남다른 외골수의 집념으로 일가를 이루어냈다. 그의 머릿속은 공부할 때나 식사할 때, 길을 걸을 때 등 언제나 서체에 관한 생각으로 가득했고, 한번 글씨에 열중하면 흠뻑 삼매경에 빠져들어 아무것도 그를 방해할 수 없었다.

당태종도 그의 글씨를 사모하여《난정서蘭亭序》를 자신의 무덤에까지 가지

난정의 모습. 정전에는
왕희지 상이 안치되고
묵화정에는 당·송 이래
의 《난정서》 견본이 있
다. 소흥시의 서남 교외
에 있다.

고 갔다고 하는데, 능이 도굴되었기 때문에 그 진품은 유실되었다.

난정은 거울 같은 시내와 울창한 대숲으로 둘러싸인 회계 땅의 명소다.

353년의 어느 늦은 봄날, 왕희지는 41명의 명사들을 난정에 초청하여 시의 향연을 벌였다. 시인들은 냇가 돌부리에 걸터앉아 술잔을 기다리고, 술을 가득 담은 술잔이 마치 나뭇잎처럼 냇물 위로 일렁이며 내려온다. 술잔이 시인의 앞에 다가오면 단숨에 이를 들이켜고 이내 시 한 수를 적었다. 갑자기 한 권의 시집이 완성되었고 왕희지가 서문을 썼으니, 이 글이 바로 《난정서》로 중국 행서의 대표작이다.

낭만적인 이 장면의 연출은 왕희지가 당대의 귀족 중에서도 최고로 꼽히는 명가 출신이었기 때문에 가능한 것이었다. 그는 동진의 최고 명족인 낭야 왕씨로, 사마의의 증손인 사마예가 동진을 세운 후 3대에 걸쳐 왕조의 기초를 세우는 데 헌신한 왕도 사촌동생의 아들이었다. 현재 남경시 교외의 상산에는 약 5만 평에 달하는 왕씨 일가의 묘지와 전실묘가 있어 이들의 권세를 짐작하게 한다.

위진남북조 시대를 귀족사회로 부르는 이유가 여기에 있다. 귀족들은 일정한 지역을 구획할 정도로 넓은 대농장을 갖고 있었으며, 위나라 이후의 관직 추천제인 9품중정법을 통해 관직을 독점했다. 9품중정법은 위문제 때인 220년에 처음 실시된 위진남북조 시대의 관리등용제로 과거제에 의해 대체되기 전까지 계속 시행되었다. 군에는 소중정이 있어 언행이 훌륭한 자를 선발하여 주의 대중정에게 보내고, 대중정이 이를 다시 살펴 중앙의 사도에게 추천하면 사도가 이들을 평가한 후 상서에게 올려 임용하는 방식인데, 이때 중정관은 대상자를 9품으로 나누어 추천하였다. 그러나 실질적으로는 가문의 높고 낮음이 추천 등급의 기준이 될 수밖에 없었다. 특히 상위의 3품은 문벌 귀족 출신이 차지하였다. 대등한 집안끼리만 통혼이 이루어지고 귀족의 가문은 세세로 이어졌

왕희지. 서예라는 독립된 예술 분야를 개척, '서성'으로 불리는 왕희지는 해서, 행서, 초서를 예술적인 서체로 완성해냈다는 평가를 받고 있다.

다. 명실상부한 귀족사회가 성립하게 됨에 따라 귀족문화가 개화하게 되었다.

20세기의 대문호 노신은 남조를 '예술을 위한 예술의 시대'로 지칭했다. 서예뿐만 아니라 문학, 회화도 이때에 비로소 독립된 예술 분야로 정착했으며 각 분야의 평론도 활발하게 이루어졌다. 시를 상중하 3품으로 품평한 종영의 《시품》, 현존하는 가장 오래된 화론인 사혁의 《고화품록》 등이 등장했다.

양나라의 소명태자는 육조의 시와 문장을 모아 《문선》을 편찬했다. 4자 6자의 대구로 이루어지는 이른바 4·6 병려문騈儷文은 시각적 형식뿐만 아니라, 청각적으로도 사성의 격식을 따지는 고도의 형식미, 완성미를 강조함으로써 그 귀족적 성격을 유감없이 보여준다. '병騈'이란 나란히 달리는 두 마리의 말을, '려儷'는 남녀의 동반자를 일컫는다.

전원시인 도연명은 당시의 부패한 정계에서 관리가 된다는 것은 스스로 '새장에 갇힌 새'의 신세로 떨어질 뿐이라 생각하여 세 번 관직에 올랐다가 세 번 물러났다. 이때 그가 남긴 글이 유명한 《귀거래사歸去來辭》인데, 당시 불교에서 유행했던 《귀거래찬》을 바탕으로 한 것이다.

중국 회화사상 최초로 굵은 획을 그으며 등장한 화가이자 이론가인 고개

지도 동진 때의 사람이다. 당시에는 산수화보다 인물화가 유행했지만, 눈에 보이는 형상보다 내면의 정신을 표현하고자 하는 중국화의 기본정신이 그에게서 비롯되었다.

그의 대표작으로는 364년 수도 건강의 와관사 벽에 그린 유마거사상이 꼽힌다. 와관사를 짓는 데 당대의 명사, 고관들이 10만 전 정도의 시주를 했는데 가난한 고개지가 백만 전을 약속하여 사람들을 휘둥그레 놀라게 했다. 그는 주지에게 다만 절 가운데의 벽면 한쪽을 부탁하고는 유마거사상을 그리기 시작했다. 유마거사는 산스크리트어로 '청정무구'를 뜻한다. 깊은 묵상으로 정신을 몰입한 고개지가 마지막으로 눈을 찍어 점정함으로써 거사상을 완성하는 순간, 유마거사가 마치 되살아난 듯 자비스러운 눈으로 법당 안을 지켜보고 있었다. 감동한 신도들은 너도나도 전대를 풀어 시주하니 지켜질 것 같지 않았던 그의 약속은 실행되었다.

그의 작품 중에 우리에게 잘 알려진 《여사잠도女史箴圖》는 장화가 지은 《여사잠》이라는 책에 삽화 식으로 그려 넣은 그림이다. 여사잠은 서진의 혜제 때 권력을 휘둘렀던 가황후 일족을 경계하여 궁중의 여인들의 본분을 교훈적으로 적은 책이다. 이 그림은 현재 모사본만 남아 대영박물관에 소장되어 있다.

대륙의 동맥 대운하의 건설
: 수나라의 재통일
(589년)

후한이 몰락한 이후부터 장장 360여 년간의 분열을 끝내고 중국이 재통일되었다. 만일 수나라가 중국을 재통일하지 못했다면 오늘날의 거대 중국은 존재할 수 있었을까? 신라와 발해가 남북국을 통일하지 못했고 지금도 남북으로 분단되어 있는 우리나라로서는 더욱 의미심장한 질문이다. 수나라를 세우고 중국을 재통일했던 수문제 양견은 최초로 중화제국을 통일했던 진시황에 비견될 수 있는 중국사에서 매우 중요한 역사적 인물이다.

양견은 북조의 서위西魏에서 태어난 한인이다. 아버지 양충은 독고신과 함께 우문각이 쿠데타를 통해 선비족 정권인 북주北周를 세우는 데 큰 공을 세웠다. 양견은 독고신의 딸 독고가라(뒤의 독고황후)와 결혼했고 자신의 딸은 우문윤과 결혼했다. 우문윤은 선제로 즉위했고 손자 우문천이 일곱의 나이로 정제에 즉위하자 섭정을 하다가 권력을 빼앗았다.

양견은 유명한 무천진 군벌의 유력 가문 출신으로 스스로도 훌륭한 무장이었다. 선제 시기에 화북의 절반을 차지하고 있던 북제北齊를 공격하여 북중국을 통일하였다. 정제의 섭정 시기에는 우문씨 다섯 왕들의 도전을 제압하고 581년에 수나라를 건국한 후 통일전쟁을 수행했다. 형주의 후량後梁을 복속하고 589년에는 남조의 진陳왕조마저 멸망시킴으로써 마침내 남북조를 통합하는 통일 제국을 이루었다.

문제는 통일의 힘으로 발휘되었던 백성들의 측정할 수 없는 열기를 토대로 정치에 힘써 괄목할 만한 성과를 이루었다. 특히 당제국의 기초가 되고 후대의 모범이 되며 동아시아 각국에 커다란 영향을 미쳤던 각종 제도들은 바로 수문제가 북조의 각 제도를 수렴하고 정비해 낸 것들이다.

균전제와 이에 기초한 부병제와 조용조의 세제, 문벌에 의한 9품관인법을 대신하여 중소 지주층의 관계진출의 길을 연 과거제, 3성 6부의 중앙 관제 등이 실시되었다. 주, 군, 현의 지방행정 조직이 간소화되어 주현제로 정착하게 되었고, 인보제를 실시하여 백성들에 대한 통제를 강화하고 장악할 수 있었다.

그는 개혁에 반대하는 문벌귀족들의 저항을 물리치고 다시 강력한 중앙집권적 국가체제를 확립하였다. 각지에 국가의 통치력이 미치고 강남의 풍부한 경제력이 확보됨에 따라 국가의 재정은 넉넉해졌다. 통일 후 17년이 지나자 수의 호적 대장에 등재된 호구 수가 400만 호에서 900만 호로 불어났다. 수도 장안의 창고에는 조정이 5, 60년은 족히 사용할 만한 곡물과 피륙이 쌓이게 되었다.

문제는 반찬 하나뿐인 식사를 하기도 하고 자신을 모독한 사람도 법조문의 규정 이상으로 처벌하지 않는 등 사치를 금하고 법을 엄격하게 집행하고자 노력을 기울였으며, 따로 후궁을 두지 않고 독고황후와의 사이에서만 다섯 아들을 두었다. 수양제 양광은 문제의 둘째 아들로 어린 시절부터 뛰어난 용모와 재능으로 부모의 사랑을 독점했다. 그는 13세에 이미 진왕에 봉해졌는데, 마침내 형 양용을 죽이고 황위에 올랐다. 일설에는 문제도 그의 손에 의해 살해되었다 한다.

문제가 무력으로 중국을 통일하는 데 성공했다면, 양제는 대운하를 개통하여 남북 문물교류를 활발히 함으로써 남북의 분열을 통합하고 통일을 실질적으로 완성했다. 최초로 중국의 통일을 이루었던 진의 상징물이 만리장성이라면, 수의 중국 재통일을 상징하는 것으로는 대운하를 꼽을 수 있다.

남북조 이래 강남의 경제적인 중요성은 이미 중원을 능가할 정도로 증대됨으로써 대운하의 완성을 재촉했다. 특히 양자강 유역의 쌀을 수도인 장안과 동도 낙양 등에 직송하는 문제는 중요한 것이었다. 양제는 대운하의 완공으로 보급로가 정비되자 곧 고구려 대원정을 감행할 수 있었다.

대운하를 이용, 양주로 순행에 나선 수양제. 용 모양의 뱃머리를 한 용주의 오른쪽 아래에 양제가 타고, 왼쪽 위에 황후가 타고 있다.

중국의 지형은 서고동저형으로, 주요 강들은 3,000m가 넘는 서쪽의 산지에서 발원하여 동으로 흘러간다. 황하는 곤륜산맥에서 발원하여 5,463km를 흐르며 양자강은 청해성에서 시작하여 장장 6,300km를 흘러 서해로 간다. 강은 중요한 운송의 수단이 되기도 하고 지역을 남북으로 가르는 경제 및 문화의 경계선이 되기도 한다. 대운하는 이들 주요 강, 이른바 백하, 황하, 회수, 양자강, 전단강, 즉 5대 강의 하류를 남북으로 연결하는 것이다. 605년부터 610년까지 4차의 공기로 나뉘어 건설된 대운하는 북으로 북경, 남으로 항주에 이르는 장장 2,000km의 거대한 물길이다. 이로써 실핏줄처럼 얽혀 있던 각 강의 지류들이 서로 연결되어 중국이라는 거대한 몸체를 관류하는 대동맥의 역할을 담당하게 되었다.

관용 수로로 출발했던 대운하를 따라 점차 민간교역도 활발하게 이루어지게 되었으며, 활발한 사람들의 왕래는 중국 내 문물의 교류를 더욱 촉진하여 사회의 통합을 재촉했다. 물론 이러한 결실은 거대한 중국의 다른 문물이 그러하듯이 백 년쯤 지난 당대에 맺어질 수 있는 것이었다.

만리장성처럼 대운하도 역시 그동안 역대왕조에게서 개별적으로 추진되던 것을 통일국가에서 완결을 본 형태이지만, 이 운하의 건설에 바쳐진 백성들의 고통은 대단한 것이었다. 대운하의 양 언덕에는 죽어나가는 백성들의 시체가 여기저기 뒹굴었으며, 사람들은 죽음에 이르는 노역을 피하기 위해 스스로 팔다리를 잘라서 복수복족福手福足이라는 말까지 생겨났다.

참으로 고래의 웅대한 문화유산들은 오로지 전제국가들이 무수한 노동력을 강제 징발할 수 있었기에 가능한 일이었다. 백성들은 대운하의 건설에 매월 100여만 명, 만리장성의 보수·축성에 10만 명, 동도 낙양과 이궁의 건설에 200만 명이 동원되었다. 가령 강남의 훌륭한 목재 한 개를 낙양에 운반하려면 2,000명의 인부가 동원되어야 했다.

낙양은 동주시대 이래 중요성은 인정되었지만, 대개 역대왕조에서 천혜의 군사요충지이자 관중의 곡창지대를 거느린 장안의 세에 눌려 있었다. 그러나 강남의 경제가 개발되고 대운하가 건설되는 즈음에 이르러서는 남북의 운하가 합류하는 낙양의 중요성이 더욱 부각되었다. 지금도 낙양 주위에는 큰 건물이 들어갈 정도의 대형 곡물창고들이 발굴되고 있다.

고구려와의 전쟁
: 수나라의 멸망
(618년)

　수나라라는 초강대국의 출현으로 동아시아는 팽팽한 긴장상태에 들어갔다. 한반도에서는 삼국이 눈부신 발전을 거듭하여 중국의 분열을 이용하여 고도의 양면 외교를 펼칠 만큼 독자적인 세력으로 성장해 있었다. 특히 삼국의 선두주자이며 거란이나 말갈족의 지배를 두고 중국과 국경을 다투는 만주의 실력자 고구려의 존재는 수나라에게 눈엣가시 같은 존재였다. 한편, 서북의 돌궐도 북주와 북제의 분열을 틈타 강력한 유목국가로 성장했다.

　수나라는 통일의 기세를 몰아 돌궐과 고구려를 주시하였다. '왼쪽 눈으로 돌궐을 무섭게 쏘아보고, 오른쪽 눈으로는 고구려의 동정을 주의 깊게 주시'하는 형국이었다. 때마침 돌궐은 '가한'이라고 불리는 제왕의 지위를 둘러싼 내분에 휩싸였고, 수는 이를 교묘히 이용함으로써 제국을 동서로 분열시키는 공작에 성공했다.

　고구려는 수왕조가 수립되자 곧바로 사절을 보내 수의 책봉체제에 들어갔으나, 남조의 진 왕조와의 교섭도 단절하지 않은 채 사태를 관망하고 있었다. 중국의 책봉에서 고구려가 받은 칭호는 '요동군공 고구려왕' 정도였다. 그러나 진이 멸망해버리자 고구려는 방위체제를 강화하는 한편, 돌궐과 연합을

수양제의 대군이 무참
히 격파된 을지문덕의
살수대첩. 수나라는 이
싸움에서 대패함으로
써 망국의 길을 걷게
된다.

꾀하면서 적극적인 대비책을 강구하였다.

수나라가 고구려의 영향권에 있는 거란·말갈 등에까지 세력을 뻗쳐옴에
따라, 요서방면으로의 진출을 노리는 고구려와 충돌을 빚게 되었다. 영양왕
은 598년 요서를 공격하였고 수문제는 30만 대군을 일으켜 수륙으로 침공해
들어왔다. 결과는 수의 참패였지만 고구려 측의 손실도 컸다. 고구려는 다시
형식적인 사죄 사절을 보내 사태를 진정시켰다.

양제는 다시 아버지의 뒤를 이어 고구려 침공에 매달렸다. 607년의 어느
날 양제가 돌궐 가한의 막사를 방문했는데 때마침 그곳에 머물고 있던 고구
려 사자와 마주치게 되었다. 돌궐과 고구려의 결탁은 수로서는 커다란 위협
이었으며, 게다가 고구려의 남하를 경계한 백제와 신라의 요청은 좋은 명분
을 제공했다. 뒷날, 수는 백제에게 고구려의 동정을 탐색하는 일을 의뢰했으
나 백제는 막상 수의 침공 때에는 중립을 지켰다.

612년 1월, 드디어 양제는 고구려를 '군신의 예를 어기는 자'라고 힐책하
면서 대규모 원정을 감행했다. 대운하의 북쪽 종점인 북경에는 113만의 대
군이 집결했고 보급부대의 숫자는 그 2배를 넘었다. 병사들의 행렬은 장장
480km에 달해 출발에만 40일이 걸렸다. 수군 정예부대 4만 명도 산둥반도
를 떠나 평양으로 진격했다.

육군은 요하를 건너 요동성을 공격함으로써 서전을 장식했다. 그러나 요
하를 건널 때부터 이동식 다리인 부교가 설계 착오로 짧게 만들어져 전쟁도
하기 전에 많은 사상자를 낸 데다가, 요동성의 철통같은 방비는 대군의 3개

월간의 공격에도 끄떡도 하지 않았다. 수군도 대동강을 거슬러 평양 외곽까지 진격했으나, 고건무가 지휘하는 결사대 500명의 습격을 받아 대패했다. 수나라 군대는 할 수 없이 30만 정예로 별동대를 편성하여 평양성 공격에 나섰다.

이때 고구려의 총지휘관 을지문덕은 수의 별동대를 깊숙이 끌어들인 후 일시에 섬멸하는 작전을 세워놓고 예정된 후퇴를 거듭했다. 수나라 군대는 하루 7번 싸워 7번 이기는 승전을 거듭하며 평양성에 닿았다. 회심의 미소를 띠며 평양성 북방 30리에 병영을 설치한 수의 명장 우중문에게 을지문덕의 시 한 수가 날아왔다.

> **귀신같은 책략은 천문을 꿰뚫고 기묘한 계산은 지리를 통달했도다.**
> **싸워서 이긴 공이 이미 높았으니 만족함을 알아서 그치기를 바라노라.**

우중문은 서둘러 총퇴각을 명령했으나 그의 깨달음은 너무 늦은 뒤였다. 고향을 멀리 떠나온 수나라의 병사들은 이미 지칠 대로 지쳐 있었고, 고구려의 복병은 퇴각하는 수나라의 병사들을 사면에서 공격해 댔다. 고구려는 패주하던 수나라 군대가 살수(청천강)를 반쯤 건넜을 때 막아놓았던 강물을 일시에 터뜨림으로써 수나라 군대를 거의 전멸시켰다. 30만 별동대 중에 살아서 돌아간 자는 2,700명에 불과했다. 이것이 세계 전투사에 빛나는 살수대첩이다.

1차 원정에서 뼈아픈 참패를 당한 양제는 다음 해에도, 또 그다음 해에도 고구려 원정을 감행했으나 번번이 실패했다. 수나라 백성들 사이에서는 '요동에 가서 개죽음당하지 말자'는 노래가 유행했다. 백성들은 더 이상 무모한 고구려 원정에 동원되어 헛되이 인생을 마감하기를 원치 않았다. 민심이 떠난 것을 알아챈 지방의 유력자들도 수 왕조를 외면하기 시작했다. 2차 고구려 원정에서 수군이 급거 철수하게 된 것은 보급을 담당했던 양현감의 반란이 있었기 때문이었다.

수나라는 거듭된 고구려 원정의 실패를 계기로 몰락의 길을 치닫게 되었다. 그러나 그 몰락의 근본적인 원인은 외부의 고구려가 아니라 중국 내부에 있었다. 각지의 반란으로 궁지에 몰린 양제는 강도에서 시국을 점치고 있던 중, 결국 자신의 친위대장 우문화급에게 살해당함으로써 50년의 생을 마쳤다. 그때가 618년, 수가 건국된 지 불과 2대 37년이 경과하고 있었다.

"주모자가 누구냐?"

죽음 직전, 양제의 호통에 들리는 대답은 다음과 같은 것이었다.

"온 천하가 똑같이 원망하고 있습니다. 어찌 한 사람에 그치겠습니까?"

수 말기에 반란을 일으킨 세력은 200개가 넘는다.

동아시아 세계가 완성되다
: 당 태종, 정관의 치
(626~649년)

동아시아 세계를 하나의 문화권으로 보는 시각에서는 그 공통점으로 한자, 유교, 불교 등의 보편 문화, 율령적 지배체제, 책봉과 조공으로 엮인 국제질서 등을 꼽는다. 이러한 특성들은 당의 제국 속에서 더욱 공고해졌다. 618년 당고조 이연은 수나라 말의 반란에 가담하여 양제를 몰아내고 황태손 양유를 황제로 삼았다가 마침내 권력을 찬탈하여 당나라를 건국했다. 그는 왕조 수립 이후에도 전국의 군웅을 굴복시키는 데 평생을 보냈다. 실제로 당 제국의 기틀을 확립하고 동아시아를 제압하는 세계제국으로서의 면모를 갖춘 사람은 태종이었다.

당태종의 이름은 이세민이다. 그는 이미 20대에 뛰어난 지략과 대범한 성품으로 왕세충, 두건덕 등 쟁쟁한 군벌을 제거하는 무공을 세움으로써 당 왕조 창업의 숨은 실력자가 되어 있었다. 그러나 그는 둘째 아들로, 이른바 왕조 계승의 정통성은 그의 형 건성에게 주어져 있었다.

태종은 꾀를 내어 아버지 고조를 찾아가서는 형 건성과 동생 원길이 자신을 제거하려는 음모를 꾸미고 있다고 멋들어진 연극을 했다. 깜짝 놀란 고조가 이들을 급히 부르게 되고 다음 날 새벽 현무문을 들어서던 이들 형제는 무참히 살해되었다. 현무문은 장안성의 북문으로 황제가 거처하는 대명궁에 출입하려면 반드시 통과해야 하는 문이었다. 세민은 건성의 심복이었던 현무문의 수비대장 상하를 미리 매수해두었던 것이다. 이를 '현무문의 변'이라고 한다. 이때 그의 나이는 28세였다.

연호를 따서 '정관의 치貞觀之治'라 불리는 태종의 통치기는 요순우 삼대에 버금가는 태평성대로 평가되며 그의 탁월한 정치는 후대 제왕들의 모범으로 추앙받게 되었다. 그가 치세 23년간 신하들과 나눈 문답을 기록한《정관정요貞觀政要》는 제왕학의 전범으로 알려져 있다.

젊은 시절 타고난 무장으로서의 재능을 보였던 그는 황제가 된 이후에는 항상 책을 가까이하였고 '천하는 한 사람의 것이 아니며 만인의 것이다'라는 말을 자주하며 백성들의 살림을 살폈다. 그의 용인술은 한고조 유방에, 그의 지략과 용병술은 위의 조조에 견주어진다. 태종은 스스로 검소한 생활에 힘썼으며, 전통 명족과 한문 서족 출신의 인재를 고루 등용하여 신구 세력의 조화 속에서 군주의 정치력을 발휘했으며, 대신들의 반대 여론에 귀를 기울여 일인통치의 한계를 최소화하고 훌륭한 인재라면 건성의 책하였던 위징까지도 높이 등용하는 담대한 포용력을 보였다. 중국사 전체를 통틀어 청의 강희제와 함께 왕으로서의 직무에 적합한 보기 드문 개인이었다.

637년 정관율령격식이 편찬되어 종래의 법 개념을 율령격식律令格式의 형태로 완성했다. 율령 체제란 형법인 율律과 행정법인 령令을 근본법으로 하는 성문법 체제이다. 격格은 율령의 보충 규정이고, 식式은 율령의 시행 세칙이다. 중국에서는 이미 춘추시대에 법전을 공시한 형정刑鼎이 주조되었고, 이회의 법경法經의 실재 여부를 떠나서 국가권력이 강화되기 시작한 전국시대에는 이미 법전이 존재했을 것으로 추정된다. 진율, 한율이 있었고, 특히 북제의 하청율령에서 기본구조가 확립된 후 당률로 완성되었다. 율령적 지배체제는 왕조국가라는 전제하에서의 합리성과 효율성을 최대화한 것으로 동아시아 각국의 율령과 국가지배체제에 많은 영향을 주었다.

3성 6부로 권력을 나누어 입법·심의·집행하는 중앙관제, 18세 이상의 장정에게 토지를 고르게 나누어주는 균전제의 토지제도, 이로부터 추출되어

조공을 바치러 오는 당나라
주변국가 사절의 모습.

국가 재정의 기반이 되는 조용조의 세제, 농민들이 평상시에는 농사를 짓고
전쟁이 일어나면 출병하는 부병제의 병제 등이 율령체제의 근간이다.

국내체제를 정비한 태종은 대원정을 감행했다. 북방 돌궐의 분열을 유도
하여 세력을 약화시키고 서방 토욕혼과 서남 토번, 멀리 서역의 고창, 구자까
지 정복함으로써 이민족 추장들로부터 '천가한天可汗'이라는 칭호를 얻었다.
천자인 동시에 가한인, 즉 한족의 황제인 동시에 북방민족의 맹주라는 의미
였다. 이로써 중국은 '화이대동華夷大同'의 명실상부한 세계제국으로 군림하
게 되었다.

세계 제국 당의 수도 장안성, 110개의 방이 남북 11개, 동서 14개의 도로를
중심으로 격자형으로 질서정연하게 배치된 장안성에는 활발한 비단길의 동
서교역, 조공 무역을 통해 들어온 세계 각지의 진기한 물건들로 가득 찼다.
호한 융합 정권인 당제국의 개방성과 당태종 때 이룬 국력의 성장은 강대국
중심의 동아시아의 국제질서, 즉 조공朝貢과 책봉冊封제도가 다시 강화되는
계기가 되었다.

책봉이란 본래 주나라에서 시작된 것으로 중국의 천자가 그 일족이나 공
신을 왕·후에 봉건하는 중국의 국내체제였는데, 이것이 점차 한나라 때부
터 동아시아 제국의 군주에게 확대되었다. 책봉을 받은 제후는 천자에게 사
절을 보내 예물을 바쳤는데 이것이 조공이다.

종래에 조공 책봉 체제는 중국과 주변국이 맺은 중국 중심의 국제질서의
상징으로 얘기되었으나 최근에는 이것이 동아시아 국가들 간의 우호를 상

징하는 하나의 의례로 평가되고 있다. 한나라도 흉노에게 많은 공물을 바쳐 화친을 도모했다. 한무제 등 중국의 국력이 강성할 때 주변국이 조공과 책봉의 체계를 수용한 것은 실질적으로 중국의 속국이 된 것이 아니라 이를 통해 중국의 선진문물을 교류하고자 한 것이었다. 흉노나 서역의 나라들은 책봉을 받지도 않고 필요에 따라 사절을 보냈는데 한나라는 이를 조공사절로 이해하기도 했다. 북조의 북주와 북제는 물론 수와 당도 처음에는 돌궐에 대해 스스로 신하라 일컬으면서 조공 사절을 보냈다. 중국이 유목민족들에게 공주를 보내 화평을 도모한 사례는 매우 빈번한 일이며 이른바 이들 '화번공주 和蕃公主'는 당을 통틀어 18명이나 되었다. 당태종도 티베트를 통일한 토번의 손첸캄포에게 문성공주를 보낸 바 있다.

고구려는 중국 중심의 동아시아 질서에 편입되지 않았던 대표적인 나라였다. 수는 책봉관계의 의무 불이행을 이유로 거듭 고구려를 침략했고, 당태종도 연개소문의 쿠데타를 문책한다는 이유로 직접 군사를 이끌고 고구려 원정에 나섰다. 그러나 그의 꿈은 고구려 서북방의 요충지 안시성에서 좌절되었다. 안시성의 군민들은 굳게 단결하여 당군에 포위된 상태에서 1년여의 공방전을 버티어냈다. 때마침 겨울이 닥쳐오자 태종은 어쩔 수 없이 철군 명령을 내려야 했다. 이것이 유명한 안시성의 전투이다. 이를 이끈 성주 양만춘은 국내에서는 연개소문의 독재를 반대했던 인물이었다. 철수하던 태종은 격심한 악천후를 만나 전쟁 이상의 피해를 보았다.

이후에도 재차 원정군을 파견했으나 번번이 실패했던 태종은 대원정을 준비하던 중에, 51세의 나이로 죽음을 맞았다. 사인은 수은 중독이었다고 한다. 불로장생을 가져다줄 것으로 믿었던 묘약이 사실은 극약이었다.

중국 최초의 여황제 측천무후
: 무주혁명
(688년)

　중국사에서 측천무후처럼 독보적인 위치를 차지하는 여성은 없다. 그녀는 현종의 할머니로 '개원의 치'로 불리는 현종 전반기 번영의 기초를 쌓은 여걸이며, 무엇보다도 중국사에서 전무후무한 최초 최후의 여황제였다. 우리 역사와 관련해서는 신라와 연합해서 고구려를 멸망시켰던 고종의 비이다.

　중국사에서 여성들은 '여자와 술은 가까이하면 안 된다'는 등 유교적 여성관이 덧칠해진 모습으로 등장한다. 은이나 서주의 몰락에는 달기와 포사라는 여인이 있었다. 그녀들은 빼어난 미모로 왕의 정신을 흐리게 하였다. 때로 정치적 영향력을 구사했던 여후나 서태후 같은 여성들도 있었으나, 대부분 어린 아들의 뒤에서 섭정이라는 형식을 취했다. 그러나 측천무후는 고종과 함께 '2인 천자'로 불리는 실력자가 되었음에도 스스로 황제가 되기로 결심하고 이를 결행했다. 황실 안팎의 반대파를 제거한 무후는 690년 예종을 폐위시키고 자신이 직접 황제가 되어 나라 이름을 '대주大周'라 하고 수도를 장안에서 낙양으로 옮겨 '신도神都'라 이름을 바꿨다. 역사가들은 이를 고대의 주나라와 구분하여 '무주武周'라고 부른다. 무주 혁명이 일어난 것이다.

　측천무후의 이름은 무조, 그녀의 아버지는 지방의 목재상으로 수양제의 대토목공사 때 거부가 되었고 당고조의 거병에 협력해 건국공신이 되었다.

뛰어난 용모와 재기를 지닌 그녀는 14세의 어린 나이에 태종의 후궁이 되었고, 뒷날 고종이 된 태종의 아홉째 아들 이치의 눈에 들었다. 고종은 태종이 죽은 다음 관례에 따라 비구니가 된 그녀를 다시 궁중에 불러들여 총애했다. 소의가 된 그녀는 소숙비, 왕황후를 차례로 누명을 씌워 살해한 후 마침내 655년 32세의 나이로 황후가 되었다. 중국에서는 흔히 '무측천武則天'으로 불린다.

고종은 병약하고 우유부단한 극히 평범한 인물이었다. 바로 이 점이 구귀족들의 눈에 들어 황제로 추대되었다. 신구귀족의 균형 속에 강력한 황권을 구사했던 태종에게 불만이 많았던 구귀족들은 황후의 세 아들 중 가장 평범한 셋째 이치를 선택했다. 첫째는 동성애로 황태자에서 폐위되었고 둘째는 태종을 닮아 너무 유능하고 야망이 컸던 관계로 제외되었다.

측천무후는 고종의 지병인 간질병을 이유로 정치에 개입하였는데 뛰어난 정치력으로 차츰 고종을 능가하는 실력자로 떠올랐고, 664년부터는 수렴청정의 형식으로 실질적으로 중국을 통치했다. 그녀는 구귀족에 대한 냉혹한 숙청을 서슴없이 감행하고 과거 출신의 능력 있고 한미한 가문의 사람들을 대거 관리로 등용함으로써, 황제권을 강화하고 국가의 공적인 기능을 확대하여 국력을 신장시켰다.

최근 낙양의 당 유적을 복원하던 중, 성 밖의 함가창성 유적에서 수백 개의 땅속 움막이 발굴되었다. 낙양은 대운하를 통해 들어온 강남의 미곡이 집산하는 곳이었고 이것은 곡물창고였다. 이곳에서 나온 기록에 의하면, 비축 곡량이 가장 충실했던 시기가 바로 측천무후와 현종의 집권기였다. 이것으로 중국 역대왕조의 숙원 사업이었던 고구려의 정벌도 이루어졌으리라.

측천무후가 말년에 이성 편력이나 도가에 심취하는 등 혼미한 모습을 보이기는 했지만, 황제로서 그녀의 역량은 자신의 두 아들 중종과 예종을 폐위시킨 야심을 추하게 보이지 않게 할 만큼 매우 뛰어난 것이었다. 무후는 반대파를 매우 엄격히 감시하고 통제하는 공포정치를 실시했지만, 상대적으로 백성들의 생활은 안정되었다. 통치 50년간 대규모 농민반란은 한 번도 일어

고종과 측천무후의 합장릉인 건릉. 서안의 서쪽 80km 지점의 양산에 있다. 배총인 영태공주묘, 장회태자묘 등은 발굴되었으나 건릉은 미발굴 상태다. 비석은 비림으로 옮겨졌는데 측천무후의 비에는 글자가 없다. 그녀의 큰 공덕을 표현할 글을 찾지 못한 까닭이라고도 하고, '찬탈'의 경력을 넣지 않고는 기록할 수 없었기 때문이라고도 한다.

나지 않았다. 뒤늦게 그녀를 폐출시키려 했던 고종의 시도는 좌절되었고, 권신들도 속수무책으로 그녀가 빨리 노쇠해지기만을 기다릴 뿐이었다.

705년 재상 장간지 등은 와병 중인 그녀를 핍박하여 중종을 복위시킴으로써, 다시 당 왕조는 복귀되었다. 이때 무후의 나이는 82세였다. 이후 중종의 황후인 위씨 등이 그녀를 흉내 내어 제2의 측천무후를 꿈꾸었으나 실현되지 않았다.

여황제의 군림은 전통적 한족사회에서는 매우 이례적인 일이었다. 이 또한 수당제국의 개방성, 즉 호한 융합의 혈통과 문화에서 비롯된 것이다. 수양제나 당고종이 아버지의 비를 취한 것, 도용에 보이는 기마 여인상, 나아가서 제국의 개방적인 문화가 가능한 이유다.

북주, 수, 당 제국의 통치자들을 관롱關隴집단이라 부르는데, 이들에게는 실제로 유목민의 피가 흐르고 있었다. 한족과 호족이 몇 차례의 통혼관계를 통해 융합된 것이다. 관롱집단이란 무천진을 동향으로 한, 관롱 지방의 무력과 지력을 갖춘 호한胡漢영웅들을 일컫는다. 관롱 지방은 서위의 본거지로서 섬서, 감숙성의 위수를 따라 있는 위수분지 일대, 즉 관중지방을 가리킨다. 무천진은 선비족의 왕조였던 북위의 토착 엘리트들의 거점인 6진의 하나였다.

이들 관롱 집단의 시조 격인 인물은 서위의 우문태로, 그의 자는 흑달(검은 수달), 선비화한 흉노계의 부족 출신이다. 그의 아들 우문각은 마침내 정권을 탈취하여 북주를 창건했다. 재미있는 것은 우문태의 협력자로 선비족 최고의 명가를 이룬 독고신이란 존재인데, 그는 장녀를 우문태의 장남에게, 4녀를 북주 최고의 명가인 이병에게, 7녀를 대장군 양충의 아들 즉, 수문제 양견의 황후로 줌으로써, 북주 · 수 · 당 3대에 걸친 외척이 되는 기록을 남겼다. 이병의 아들 이연이 바로 당고조이니, 수양제는 이종사촌이었다. 당태종의 할머니, 어머니, 부인도 모두 선비족이었다.

서역으로의 관문 돈황

: 당삼채와 신라 사신

(7~8세기)

　현장이나 혜초가 인도로 구법 여행을 떠날 때, 고구려의 후예 고선지가 티베트 정벌을 나설 때, 장안을 출발한 이들이 새로운 세계를 예감하는 첫 관문은 돈황이었다. 이들에게 돈황은 비단길의 시발지였으며, 낙타에 짐을 가득 싣고 험난한 천산산맥을 넘어온 중앙아시아의 상인들에게는 이제 안도의 숨을 내쉴 수 있는 비단길의 마지막 기착지였다.

　현재 약 1만여 명의 주민들이 살고 있는 감숙성 돈황현, 그 동남쪽에 명사산鳴沙山이 있다. '모래가 우는 산'이라는 이름을 가진 모래산이다. 그 산 중턱에 약 1.8km에 걸쳐 석굴들이 떼 지어 있다. 5호 16국 시기인 366년, 전진의 승려 낙준이 처음으로 석굴을 파고 수행을 시작한 이래로 11세기 북송 시기에 이르기까지, 수많은 사람들이 굴을 파고 수행을 하여 천여 개의 어마어마한 석굴군이 조성되었다. 현재 492개가 발굴돼 일반에 공개되고 있는데, 굴 안에는 사방 벽면과 천장에 휘황한 불교회화가 장식되어 있고 수많은 불상이 조각되어 있어 '천불동千佛洞'이라고 부르기도 하고 '돈황 막고굴莫高窟'이라 불리기도 한다. 돈황 문화는 이곳을 거쳐 간 동서양의 서로 다른 민족과 종교가 서로 교차하면서 직조된 독특한 세계적인 문화특성을 보이고 있다.

특히 벽화들은 동양미술의 뿌리로 일컬어지는데 초기에는 민간신화가 주로 등장하고 불교 전래 이후에는 석가의 일생, 열반상, 극락세계 등과 보살상, 비천도 등이 묘사되었다.

비단길이 가장 번성했던 당나라의 석굴사가 232개나 되는데, 그중 당 말에 조성된 한 석굴사에서 놀라운 보물들이 쏟아져 나왔다. 이에 대한 연구에 학자들의 발길이 이어지니 돈황학이라는 전문연구분야가 생길 정도였다.

1900년경, 아무도 돌보는 이 없는 제17굴에 자칭 도사라는 왕원록이라는 이가 살고 있었는데, 어느 날 동굴 보수를 하다가 조그만 밀실 하나를 발견했다. 놀랍게도 그 안에는 고문서와 불경, 불화 등이 천장까지 켜켜이 가득 차 있었다. 기원전 4세기에서 11세기에 걸치고 자그마치 5만 점이 넘는 분량이 나와 '장경동藏經洞'이라 불린다.

어찌된 이유일까? 침략이 임박했던지 막고굴 승려들이 황급히 동굴에 보물들을 모은 후 밀봉을 했던 것으로 보이는데, 아마도 11세기 서하의 침략 무렵이 아닐까 추정되고 있다. 그 후로 승려들은 어떤 연유인지 이곳을 찾을 수 없는 형편이 되었을 것이다. 그리고 아주 오랜 시간이 지난 후에 이 보물들이 훼손되지 않고 우리에게 전해질 수 있었던 것은 사막의 건조한 기후가 이들을 세월의 침탈로부터 지켜주었기 때문이리라.

왕 도사가 이 사실을 중국 당국에 보고했으나 아무런 적절한 조처가 없었다. 당시 중국의 형편은 문화재를 돌볼 겨를이 없는 시기였다. 1907년 헝가리 출신의 유태인으로 비단길 탐험을 위해 영국 국적을 갖고 있었던 오렐 스타인은 그에게 접근하여 1만 점이 넘는 고문서와 불화를 불과 말굽은 4장, 약 200냥을 주고 구입했고 나중에 재차 방문하여 500냥을 주고 남아 있는 보물들을 가져갔다. 그 공적으로 스타인은 영국 왕실로부터 경의 칭호를 수여받았다. 이것이 그를 돈황학의 아버지라 부르고 오늘날 우리가 이 유물들을 대영박물관에서 만나게 되는 이유이다. 다음 해에는 한학에 조예가 깊은 프랑스의 펠리오가 와서 혜초의《왕오천축국전》을 포함한 중요한 문서 1만 점을 입수해서 프랑스국립도서관으로 가져갔다.

당나라의 문화가 다른 시기보다 개방적이고 국제적일 수 있었던 까닭은 당의 국력에 대한 자신감이라든가 지배층 내부의 진취적 성향 등 내부적 요인과 함께, 비단길을 통한 서역과의 교류가 활발히 이루어졌기 때문이다.

당나라에서는 외국인들도 빈공과를 통해 문무의 관직을 얻어 활동하였다. 외국인들은 상인에서 학자에 이르기까지 각 분야에서 기량을 발휘하여 당의 세계적 문화의 발달에 기여했다. 조로아스터교, 마니교, 네스토리우스교 등 외래 종교도 유입되었다. 네스토리우스교, 즉 경교의 유행을 알려주는 '대진 경교 유행 중국비'가 명 말에 발견되어 현재 섬서성 박물관 비림에 보관되어 있다. 당 전기의 황제나 귀족의 무덤에서는 당삼채라는 독특한 도용이 다량으로 발굴되었는데, 그 모습이 이국적이어서 주목을 끌고 있다. 당 황실의 능묘는 장안의 교외, 위하 북쪽의 구릉지대에 광대하게 펼쳐져 있다. 동서로 장장 150km. 이른바 '관중 18릉'으로 불린다. 당대의 능묘는 한대 이래의 전통을 이어받은 분구식, 즉 지하 깊은 곳에 현실을 마련하고 지상에 거대한 사각 추대형의 분구를 쌓은 것과 자연산의 중턱에 묘의 갱도를 뚫고 현궁을 구축한 형식이 있다. 대체로 태종의 무덤인 소릉부터 노동력과 재력이 다소 절약되는 후자의 방식이 채택되었는데, 이는 위진 시대부터 널리 이용되었던 방식이다.

거대한 고분의 마지막 시대를 장식하는 당의 능묘는 불행하게도 거의 도굴당했다. 그 대표적인 도굴자는 오대 시대 후량의 절도사였던 온도. 그는 능묘 안의 금은보화를 탈취하는 데 전력을 기울여 거부가 되었는데, 그는 도굴의 기록까지를 남기는 대담함을 보였다. 그의 손에 걸려들지 않았던 유일한 무덤이 서쪽 끝에 있는 고종과 측천무후의 합장릉인 건릉이다. 이 거대한 능묘가 발굴되는 날, 우리는 당 융성기의 훌륭한 벽화와 풍부한 문물을 고스란히 파악할 수 있을 것이다.

1971년, 건릉을 에워싸고 있는 수많은 황실과 귀족의 배총陪冢 중에 장회태자, 의덕태자, 영태공주의 3묘가 발굴되었다. 영태공주의 묘에서는 도굴자의 시체가 벽에 기댄 채로 발굴되었는데, 아마도 분배의 몫에 눈이 어두웠던 일행이 그를 남겨둔 채 도굴 갱을 닫아버렸던 모양이다. 발견되면 사형, 도굴범들은 신속하게 금은의 부장품만을 챙긴 채 무덤을 나왔다.

악대를 태운 낙타. 서안시 선우정해묘에서 출토. 낙타의 높이는 58.4cm, 무용의 높이는 25.1cm. 높은 코의 호인들과 비파 외에 세 가지 악기도 호계통의 것이다.

3묘가 모두 도굴당했지만, 무덤의 주인을 알리는 묘지와 풍부한 벽화, 그리고 화려한 당삼채 도용은 남았다. 당삼채唐三彩란 여러 색깔을 입힌 연질 도기로, 녹색과 붉은색, 흰색의 3색인 경우가 많았고, 이상하게도 안사의 난 이전의 당 시기에만 나타났다가 홀연히 사라졌기 때문에 당삼채란 이름이 붙여졌다. 주로 무덤 부장용 명기로 제작되었다.

당삼채 그릇 중에는 페르시아의 금속기와 모양이나 디자인이 닮은 것이 많다. 삼채 도용에는 다양한 모습의 기사용이 많은데 여자가 탄 모습도 눈에 띈다. 눈이 움푹하고 코가 높으며 턱수염을 기른 서역의 마부용도 있고, 아마도 당시에는 유행의 첨단을 걸었을 서역풍의 의상을 입고 화장을 한 중국 귀부인의 모습도 보인다. '악사를 태운 낙타'가 걸작인데, 낙타의 등에는 장방형의 카펫이 낙타의 배를 가릴 정도로 덮여 있고 그 위에 5명이 타고 있다. 그중 3인은 수염을 기른 어김없는 서역인인데, 4명이 서로 등을 맞대고 앉아서 각기 악기를 연주하고 있다. 이들은 아마도 장안 시내를 떠돌아다녔을 거리의 악사나 가수였을지 모른다.

장회태자 이현은 학식과 인품이 뛰어난 황태자였으나, 어머니 측천무후에 의해 서인으로 폐출된 후 32세의 나이에 자결했다. 일설에 의하면, 그는 측천무후의 언니 한국부인과 고종 사이에서 태어났다고도 하는데 무후는 태자의 마구간에서 수백 벌의 갑옷을 발견했다는 구실로 그를 폐출시켰다. 의덕태자와 영태공주는 남매 사이로 말년의 측천무후가 사랑하던 미소년 장씨 형제를 모함했다는 이유로 할머니 무후에게 주살되었다.

장회태자는 중종의 형이요, 의덕태자와 영태공주는 중종의 자녀다. 중종은 젊은 나이에 요절한 이들의 죽음을 애달피 여겨 장중한 무덤을 조성했다. 따라서 3묘의 부장품이나 벽화 등은 모두 당대 일류 장인들의 작품으로 여겨진다. 벽화는 돈황 벽화가 불교적인 색채를 많이 띠는 데 비해 일월성신도, 사신도 등 도교적인 주제가 강하다. 특히 출행도, 의장도, 궁녀도, 타구도 등의 그림은 당나라 황실의 일상생활을 그대로 재현하고 있다.

그중에서도 장회태자 이현의 묘에 그려진 '예빈도禮賓圖'의 한 사절이 시선을 집중시킨다. 그는 깃털 2개를 꽂은 모자를 썼으며, 하얀 도포에 흰 띠, 헐렁한 바지에 황색 구두를 신고 있다. 그의 옆에는 움푹한 눈에 높은 코, 커다란 털모를 쓴 다른 나라 사절들이 있다.

고구려의 풍속을 《구당서》〈고려전〉은 다음과 같이 표현하고 있다. '관직이 높은 사람은 청라로 관을 하고, 다음 직위는 비라로써 한다. 두 개의 깃털을 꽂고 금과 은으로 장식한다. 윗도리는 통소매이며 바지는 폭이 넓고, 흰 가죽의 띠, 황색의 가죽신을 신는다.'

아울러 신라, 고구려, 백제의 풍속, 형법, 의복은 모두 같다고 했고, 이현의 장례 당시에는 이미 신라만이 있었으니, 이 사신은 아마 신라 사신이었을 것으로 추정되고 있다.

시를 노래하다, 이백과 두보
: 귀족 문화의 절정
(8세기)

대당 제국의 영화와 몰락을 상징하는 시점에 현종이 서 있다. 그의 지배기에 수도 장안은 인구 백만을 자랑하는 세계 최대의 도시였다. 질서 정연하게 구획된 계획도시 장안은 세계 도처의 사람들이 모인 인종 전시장과 같았으며 당의 개방적이고 국제적인 문화의 산실이었다. 그러나 그의 말년에는 제국 몰락의 서곡인 안사의 난이 일어났으며 당의 국력은 다시는 전과 같은 영화를 회복할 수 없었다.

중국인들은 이를 놓치지 않고 현종과 양귀비의 아름다운 사랑과 그 비극적 말로를 주제로 삼아 몰락하는 제국의 쓸쓸한 황혼을 즐겨 노래했다.

당현종은 예종의 셋째 아들로 이름은 이융기이다. 당시 이씨의 황실은 할머니 측천무후가 시작한 새로운 전통을 계승하고자 하는 야망에 가득 찬 여성들, 즉 중종의 비인 위황후와 무후의 막내딸인 태평공주, 그리고 그들 뒤에 버티고 선 명문 구세력과 과거로 진출한 신흥 세력 간의 갈등 등으로 매우 불안정한 상황이었다.

마침내 위황후는 고기만두에 독을 넣어 중종을 시해했다. 이때 25세의 나이로 쿠데타를 일으켜 큰어머니 위황후를 제거하고 아버지 예종을 복위시킨 실력자가 바로 현종이다. 황위를 계승한 현종은 실력자인 고모 태평공주를 제거하고 타고난 총명함과 정성으로 정무를 돌봐 '개원의 치開元之治'라고 불리는 8세기 전반 성당기의 번영을 구가했다. 민생안정을 꾀하고 경제를 충실히 하였으며, 신병제를 정비하고 국경지대 방비를 튼튼히 하였다.

그러나 즐겨 시를 짓고 서역의 음악까지 흡수하여 음악을 작곡하는 등 예술적 감각과 재능이 뛰어났던 현종은 점차 정치에 싫증이 났다. 노년의 그는 명문 구귀족 출신인 이임보에게 정치를 도맡긴 채 도교에 빠지고 양귀비와의 사랑놀음에 빠졌다.

양귀비의 이름은 양옥환이고 귀비는 황후 다음가는 비의 칭호다. 황제의 부인들은 황후, 귀비, 부인, 육의, 미인, 재인으로 서열이 매겨져 있다. 그녀는 백거이의《장한가長恨歌》의 표현을 빌린다면, '구름 같은 머리카락, 꽃 같은 얼굴에, 눈동자를 돌려 한 번 웃으면 백 가지 사랑스러움이 생기는' 아름다

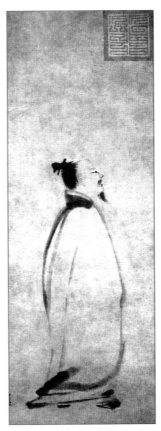

이백음행도. 당나라 시인 이태백이 시를 읊조리면서 걸어가고 있는 모습을 그린 이 이백음행도는 남송 영종시대 1201년 화원 양해의 작품이다.

운 여성이었다. 그러나 아름다움의 기준은 시대에 따라 변천하는 것이다. 궁중에서 그녀의 경쟁자들이 '뚱뚱보 계집'이라고 불렀다 하니, 그녀는 당삼채 도용에서 보는 것처럼 풍만한 미인이었던 것 같다. 그녀에 대해서는 고아였다고도 하고, 당시 장안에 들어와 있었던 수많은 서역의 미인들 중의 한 명이 아니었겠나 하는 이야기도 있다.

그녀는 본래 현종의 아들 수왕의 비였는데, 현종은 그만 그녀의 미모와 훌륭한 가무에 정신을 빼앗겨, 급기야 그녀를 여도사로 만들었다가 다시 귀비로 삼고 화청궁華淸宮에서 환락에 젖은 나날을 보냈다.

어느 날, 시성 두보는 길을 지나다가 화청궁에서 벌어진 이들의 향락적인 주연을 목격하게 되었다. 순간 두보의 뇌리에 고통 속에 나날을 살아가는 민중의 고달픈 삶이 교차되어 지나갔다. 장안 네거리에 굶어 얼어 죽은 시체가 연상되었다. 그는 이를 '부잣집엔 술 고기 썩어나는데 길가에는 얼어 죽은 시체 널렸네'라는 단 두 줄의 세련되고 생동적인 시어로 표현했다.

　중국 시문학의 쌍벽을 이루는 이백과 두보는 모두 이 시기에 활약한 인물이다. 태백이라는 자로 더 유명한 이백은 두보보다 10살 위였고, 두 사람이 대조되는 삶과 시 세계를 갖고 있음에도 불구하고, 함께 명승지를 주유하면서 시작 활동을 하던 시절을 그리워했다. 두 사람은 모두 조국의 웅휘한 자연의 아름다움을 발견하고 노래했으며, 어두운 시대를 극복하려는 애국적 열망을 갖고 관계에 진출하여 조국에 기여할 수 있기를 바랐다. 하지만 말단의 이름뿐인 관직에 올라서 백성들의 고통 치유를 기대하기에는 너무나 부패한 정계를 목도했을 뿐이다.

　어느 날 이백은 현종과 양귀비의 모란연회에 궁정시인의 자격으로 불려와 작시를 요구받았다. 굴욕감과 분노에 가득 찬 그는 당대의 유력한 권신인 환관 고력사에게 신발을 벗기게 했다는 일화가 있다. 고력사와 양귀비의 미움을 산 이백은 짧은 벼슬 생활을 마치고 다시 천하를 주유하게 된다.

　두 사람의 작품에는 그들이 함께 살았던 동시대의 아픔이 담겨 있다. 그러나 이백이 타고난 자유분방함과 아름다움에 대한 뛰어난 감각으로 인간의 기쁨을 드높이 노래했다면, 두보는 인간의 고뇌에 깊이 침잠하여 시대적 아픔을 깊은 울림으로 노래했다.

　이백이 두보의 표현대로 '한 말 술을 마시면 곧 백 편의 시'를 짓는 격렬하고 낙천적인 성품으로, 인생과 자연의 불가사의를 즐겁게 노래하는 도가적 경향의 시인임에 비해, 두보는 '티끌만 한 유감도 남길 수 없는' 경지에 달하기 전에는 작품에서 손을 떼지 않는 엄정함을 지닌 유가적 경향의 시인이었다. 흔히 이백을 시선詩仙으로, 두보를 시성詩聖으로 부르는 까닭이 여기에 있다. 이백이 부유한 상인의 가계에서, 두보가 빈궁한 관료의 가계에서 자랐던 영향도 있을 것이다.

'달과 술과 노래'로 지칭되는 이백의 삶은 사람들에게 그가 받아 온 사랑만큼 많은 일화와 전설을 낳았다. 물속에 비친 달을 건지려다 익사했다는 그의 사망에 대한 전설은 그의 이러한 삶을 극적으로 보여주는 것이다.

두보는 조국의 웅대한 자연을 배경으로 한 그의 사실주의적 시 안에서 민중과 조국에 대한 끝없는 사랑을 표현하고 있다. 탁월한 시어와 절제된 감정과 사색의 깊이로 중국인들에게 널리 사랑받아 왔다. 그는 귀족 시인들에게 민중들의 처절한 삶과 사회적 모순에 관심을 쏟는 새로운 시각을 제공한 선각자이기도 하다.

이백은 구비문학과 굴원, 장자, 도연명 등에 의해 넓혀져 온 낭만주의의 전통을 확립했으며, 두보는 시경과 악부 민요의 전통을 확장하여 사실주의의 경지를 개척했다. 후세 사람들은 당나라를 중국 시문학의 황금시대로 평가한다.

절도사, 무인들의 시대로
: 안사의 난
(755~763년)

안녹산의 체중은 200킬로그램. 어찌나 뚱뚱했던지 뱃살이 늘어져 무릎을 덮을 정도였다. 어느 날 현종이 그의 배를 가리키면서 물었다.

"그 배 속에는 도대체 무엇이 들어 있기에 그리도 뚱뚱한가?"

안녹산의 대답인즉,

"예, 오직 폐하에 대한 일편단심만이 가득 들어 있습니다."

참으로 혀를 내두르지 않을 수 없는 세기적 아부다. 그는 현종의 사랑이 쏠려 있는 양귀비에게도 양아들로 행세했는데 그의 나이는 양귀비보다 10여 살이나 위였다. 이러한 능수능란한 처세로 말미암아 그가 세상을 뒤흔드는 대란을 일으켰을 때에도 현종은 이 사실을 쉽게 믿으려 하지 않았다.

안녹산은 그의 이름이 말해주듯이, 이란계 소그드인을 아버지로 돌궐인을 어머니로 하여 태어났다. 그의 성씨인 '안'은 중국에 귀화한 이란계를 표시하며, '녹산'이라는 이름은 소그드인에게 흔한 이름으로 '빛'을 의미하는 소그드어의 한자표기이다. 소그드인의 탁월한 중개무역 솜씨는 일찍부터 널리 알려져 있다. 안녹산의 사회생활도 역시 한족과 이민족 간의 중개상인으로 시작되었다. 그는 익살스럽고 소탈한 성격을 타고난 데다 6개 국어에 능통했기에 점차 상인으로서의 솜씨를 인정받게 되었고, 그 과정에서 유주 절도사의 눈에 들어 군인으로의 새로운 인생을 살게 되었다.

절도사란 변방에 설치된 전문직 군관으로 710년 처음으로 설치되었다. 사실 현종 때는 외형적으로는 화려했으나, 내면적으로는 초기의 지배체제를 지탱해온 율령제가 변질되어 자영 소농민층이 서서히 붕괴되면서 토지를 상실하고 유민화되어 갔던 시기이다. 균전제에 기반한 병농일치의 부병제가 무너지고 직업군인 체제인 모병제가 출현하게 되면서 유목민족이 전문 군인으로 다수 충원되었으며, 중국의 변방도 위구르, 토번, 거란, 발해 등의 세력이 결집하고 있는 상황이었다. 점차 중앙의 권력이 약해짐에 따라 절도사들은 떠도는 농민과 이민족을 모아 세력을 강화해 나갔다. 절도사의 권한은 군정뿐만 아니라 정치 전반에 미쳐 '번진藩鎭'이라고 부르는 지방군벌로 변화해갔다.

명문귀족 출신인 재상 이임보는 정치에 싫증이 난 현종에게 전권을 위임받아 당대 최고의 권신으로 군림하고 있었다. 사람들은 그를 '입가에는 꿀, 마음에는 칼'을 가진 자로 일컬었는데, 그는 귀족세력의 반대를 견제하고자 이민족이나 서민 출신을 절도사로 임명했다. 안녹산은 이임보의 지원 속에 평로, 범양, 하동 삼번진의 절도사가 되는 파격적 대우를 받았다. 그러나 권신 이임보가 죽고 양귀비의 6촌 오빠인 양국충이 재상에 오르자 그의 출세가도에는 먹구름이 끼게 되었다.

마침내 그는 간신 양국충을 토벌한다는 명분으로 삼번진의 용병 군단을 이끌고 대반란의 기치를 올렸다. 이때가 755년, 그의 병력은 20만에 달했다. 반란군은 이렇다 할 저항도 받지 않고 파죽지세로 남하했다. 안녹산은 낙양에서 즉위하여 국호를 대연, 연호를 성무라 칭한 후 장안으로 병력을 몰아갔다. 현종은 72세의 늙은 몸으로 서쪽의 촉 땅으로 피난길에 올랐다. 마외역에 도착했을 때에는 성난 호위 병사들의 요구로 사랑하는 양귀비와 양국충 일족에게 죽음을 내려야만 하는 상황에 이르렀다. 연도의 백성들은 현종의 피난 행렬을 막으며 반란에 적극 대처해 줄 것을 요구하고 있었다. 마침내 현종은 아들에게 양위하게 되니, 그가 숙종이다.

안녹산의 난을 피해 촉(사천성)으로 가는 현종을 그린 명황행촉도. 장안성을 출발한 다음 날 성난 병사들에 의해 양귀비는 목숨을 잃었다.

점차 각지에서도 의병이 조직되어 반격이 시작되었으며 위구르에 원군도 요청했다. 이때 서예가로 더 잘 알려져 있는 안진경의 활약이 돋보였다. 그는 당시 평원 태수로 있었는데 위진 이래의 대표적인 명족 출신이었다. 그의 글씨는 왕희지의 '왕체'를 대신하여 '안체'라고 불리는 성당기의 서도를 대표한다. 흔히 당나라 사람들은 '안진경의 글씨에는 힘줄이 있고, 유공근의 글씨에는 뼈가 있다'로 표현했는데, 그의 글씨가 호방하고 중후하면서도 탄력이 넘쳐 힘줄처럼 느껴지기 때문이다. 뒷날, 당 왕조에 반기를 든 회령의 지방관 이희열을 설득하는 사자로 파견된 후, 그의 회유책에도 뜻을 굽히지 않다가 76세의 나이에 교살당했다.

한편, 안녹산은 반란을 일으킨 후 시력이 나빠져서 완전히 실명에 이른 데다가 악성 종양까지 생기는 등 건강이 크게 악화되었다. 그가 애첩의 소생인 안경은을 후계자로 삼으려 하자, 이를 미리 알아챈 적자 안경서가 먼저 안녹산을 죽이는 것으로 시작된 반란군의 내분은 관군의 반격보다 치명적인 것이었다. 이어 안경서 토벌군이 일어나고, 안경서를 지원했던 안녹산의 부장 사사명이 안경서를 죽이고 대연황제라 칭했다. 그의 아들 사조의가 다시 사사명을 죽이고 즉위한 후, 패전을 거듭한 끝에 763년 자살했다. 이로써 안녹산, 사사명의 반란, 줄여서 '안사의 난'이라고 불리는 당 중기의 대반란은 마감되었다.

안사의 난 이후로도 당 왕조는 150여 년간 명맥을 유지하게 되나, 이제 중국사회는 전혀 새로운 국면을 맞이하게 되었다. 변경에만 설치되었던 절도사제가 전국에 확산되고, 이들이 점차 자립화하여 중앙권력에 도전하게 되니, 세계제국으로서 당의 풍모는 어디서도 다시는 찾아볼 수 없게 되었다.

균전체제의 붕괴
: 양세법兩稅法의 실시
(780년)

중국의 농민들은 최초의 국가가 발생한 이래, 오로지 나라에 백성 된 의무로 국가가 필요로 하는 모든 물자와 노동력을 제공해왔다. 특히 농민들에게 가장 큰 부담을 주는 것은 병역이었다.

중국에서 최초로 발달한 법은 율律, 즉 형법이었다. 이것은 국권에 도전하는 반란세력에 대응하는 조처인 한편, 농민들의 저항을 억압하기 위한 것이었다. 저항한 농민은 노비로 팔려가게 되거나 잔인한 죽음을 맞거나, 혹은 신체의 일부가 잘리는 가혹한 형벌을 받았다. 율에 이어 행정법인 령令이 제정되고 한대 이래 정비되었던 율령 제도는 국가통치의 기본지침이 되었다. 수나라 때 일종의 임시법인 격格, 시행세칙을 담은 식式이 가미되어 이른바 율령격식의 체제가 마련되었다. 흔히 당을 율령국가로 일컫는 것은 율령이 그때 가장 완결적 모습으로 정비되었기 때문이다.

국가는 평민인 성인 남자들에게 삶의 가장 중요한 생산 수단인 토지를 고르게 분배한다. 농민들은 그 대가로 국가운용에 필요한 모든 것, 즉 조용조의 세역과 병역을 제공한다. 조용조의 세역이란 곡물, 노동력, 지방 특산물을 제공하는 것이다. 또한 농민들은 농한기에 군사훈련을 받고, 유사시에는 군대의 병사로 충당되었다. 이 부병제하에서 농민들은 정남이 된 18세부터 59세까지 아주 오랫동안 빈번하게 차출되어 병역을 부담해야만 했다.

국가가 실제로 장정들에게 일정한 토지를 지급했는지의 여부는 논란이 되고 있

당나라 초의 이수의 묘에서 발굴된 벽화.

지만, 근래에 발굴된 '돈황 고문서' 등은 균전제가 일부 지역에서 적어도 문서상으로는 불완전하나마 시행되었다는 사실을 알려주고 있다.

중국의 왕들은 주나라 때 시행되었다는 정전제를 이상으로 삼아 토지의 고른 분배를 꿈꾸고 있었으나, 사회주의 혁명 이전의 어느 시기에도 그것이 현실적으로 실현된 적은 없었다. 춘추전국 시대에 토지의 사유화가 시작된 이래 진한 대에는 이미 대토지 소유가 확대되고 있었다. 무제 때의 동중서는 이미 '부자의 밭두둑은 연달아 있고, 가난한 자는 송곳 꽂을 땅도 없다'라고 표현하고 있다. 전한시대부터 토지의 상한을 정하는 한전법限田法 논의가 나오기 시작했으나, 그 시도는 언제나 실패했다.

균전제가 시행되었던 시기에도 귀족들의 대토지 소유가 부정되었던 것은 아니며, 국가가 토지를 소유한 상태에서 개인에 대한 토지의 수여와 회수를 전적으로 주관했던 것은 아니었다. 균전제 역시 국가의 토지제도의 이상을 관념적으로 반영한 형태였으며, 단지 국가의 공권력이 강성했을 때에는 귀족들의 부당한 대토지 확대를 어느 정도 견제할 수 있었다.

안사의 난 이후 당의 지배체제가 급격히 무너지고 변경의 번진이 내지로 확산되자 농민들은 당왕조와 번진의 이중 착취구조에 시달려 유망, 전호화, 사병화 추세가 격증함에 따라 국가 재정 수입도 급격히 줄어들게 되었다. 이의 타개책으로 새로이 등장한 것이 양세법兩稅法이다. 이미 종잇조각에 불과한 균전법령이 폐지되었던 것이다.

양세법은 종래에 국가에 의해 적어도 관념적으로는 포기되지 않았던 평등의 원리에 기초한 율령 지배체제를 공식적으로 포기하는 것으로, 중국사회의 질적인 전환을 상징하는 것이었다. 이제 세금은 농민이 아니라 토지에, 고르게 부과되는 것이 아니라 자산의 많고 적음에 따라, 개인이 아니라 가구별로 배당되게 되었다.

국가는 엄청난 재산의 격차를, 즉 대토지 소유제를 처음으로 공식 인정하게 되었다. 자급적 소농을 기반으로 한 조용조의 세제는 이미 농업생산력과 화폐 경제가 크게 발전한 당 중기 이후에 적합하지 않았다. 사회구조의 변화에 대응하는 새로운 세법이 출현하게 된 것이다. 이제 한전법에 대한 논의는 사라지게 되었고 지주제는 국가의 제한을 받지 않은 채 발전하게 되었으니, 송대의 지배적인 지주-전호제의 싹은 여기서 시작되었다.

양세법은 780년 재상 양염楊炎의 건의로 처음 행해져 명나라가 일조편법一條鞭法을 실시할 때까지 시행되었다. 농민들의 직역이나 요역이 완전히 사라진 것은 아니지만, 원칙적으로 세금은 토지나 상업소득에 대한 재산세로 일원화되었다. 국가는 세금수입으로 직업군인을 양성하게 되었다. 중국은 농민의 인신 수탈에 보다 크게 의존했던 율령국가에서 점차 재정국가로 이행해갔으며, 농민들의 지주·국가에 대한 예속관계도 보다 경제적인 개념으로 바뀌어갔다.

양세법이라는 명칭은 세금을 보리의 수확기인 6월과 쌀의 수확기인 11월, 두 차례에 걸쳐 징수했기 때문에 붙여진 것인데, 이것 자체가 당시 경제 발전을 반영하는 것이다. 농업생산력의 발전에 따라 일 년에 한 번 수확하는 시대는 이미 지나갔다. 상업은 더욱 발달하고 그에 따라 화폐경제도 더욱 발달하게 되니 장차의 새로운 시대가 예고되고 있었다.

9세기 중국의 생활상, 신라방, 견당사

: 일본 승려 엔닌의 일기 (838~847년)

세계 3대 동방 여행기로 마르코 폴로의 《동방견문록》, 현장의 《대당서역기》, 엔닌의 《입당구법 순례행기》를 꼽는다. 《대당서역기》는 7세기 인도, 그리고 《입당구법 순례행기》와 《동방견문록》은 9세기와 13세기의 중국의 역사에 대한 귀중한 자료이다. 이들 여행기는 엄정한 역사기록물은 아니지만 당시의 생생한 인간의 숨결을 전해줌으로써 색다른 감흥을 안겨준다.

《동방견문록》은 서양세계에 중국을 처음으로 소개한 서적으로 당시의 유럽 사회에 커다란 파문을 던졌지만 너무나 이질적인 문화권에서 온 상인 마르코 폴로의 눈에 불교는 '우상숭배' 정도로 간단히 치부되기도 하였다. 게다가 이 기록은 그가 여행을 마친 지 수년이 경과한 다음에 어렴풋한 기억에 의존하여 쓰였다. 이에 비해 일본 승려 엔닌圓仁의 순례기는 놀랄 만큼 상세하고 그려낸 듯 정확하다. 그는 불교와 한자문화를 공유한 동아시아 문화권의 일원이었기에 예리한 관찰력으로 그때그때 일기형식으로 기록을 남김으로써 여행기의 새로운 경지를 개척했다.

838년 그는 46세의 적지 않은 나이에 견당사의 일원으로 중국 순례의 길에 나섰다. 일본은 쇼토쿠 태자가 통일국가 체제를 정비해 나가던 7세기 이

섬서성 장회태자 이현의 묘 벽화 일부인 외국사절도. 왼쪽의 세 사람이 외국사절로, 새 깃 2개를 꼽은 조우관을 쓴 이가 신라사절이다.

후부터 견당사遣唐使를 파견하기 시작하여 총 13회 파견하였다. 견당사는 중국의 문물을 직수입하는 주요한 통로였기 때문에 조공 형식으로 파견된 이 대규모 사절단에는 많은 지식인들이 승선하고 있었다.

견당사의 파견은 국가적 대사였으나 조난이 우려되는 매우 위험한 일이었다. 더구나 당시 일본은 신라와의 사이가 좋지 않았기 때문에 신라의 공해상을 직접 통과하는 위험한 항로를 선택할 수밖에 없었다. 엔닌 일행이 세 차례의 시도 끝에 어렵게 중국에 도착했을 때, 4척의 배에 651명으로 출발했던 사절단 중 391명만이 생존하고 있었다.

엔닌은 당나라에 발을 디딘 후 최초로 목도한 거대 도시 양주로부터 수도 장안에 이르러 당나라 황제를 알현하기까지 거쳤던 크고 작은 도시와 촌락, 관료와 민중들의 구체적인 생활모습들을 생생하게 기록하고 있다.

그런데 재미있는 것은 그의 일기에 등장하는 신라인의 존재다. 그의 일기에서 일본인들을 발견하는 것은 매우 어려운 일이나 신라인들은 중국인과 비등하게 자주 나타나고 있다. 신라인들은 당나라에 머무는 여러 외국인 중에서 가장 많은 수를 차지하고 있었다. 제일 먼저 등장하는 신라인은 견당사절의 배에 탑승했던 신라 통역 김정남인데, 그는 사절단의 통관절차를 보다 용이하게 하는 역할을 했으며 사절단의 귀행에서도 선박을 보충하고 수리하거나, 우수한 신라 선원의 탑승 등을 주선했다.

흔히 당 말기에 중국의 관료조직이 크게 흐트러졌을 것으로 추론하는데,

엔닌의 증언에 의하면 당 말에는 한 말 같은 혼란은 보이지 않았다. 9세기에도 중국은 세계에서 가장 정연한 고도의 관료행정조직을 유지하고 있었다. 엔닌이 양주 절도사로 있던 거물 정치인 이덕유에게 천태산행의 허가를 요청하자, 그는 정중하지만 확고하게 이를 거절했다. 이 밖에도 그가 만났던 관리들은 규정에 따라 모든 것을 문서로 남겨놓으려는 획일적이고 융통성 없는 태도를 보이며 복잡한 절차로 엔닌의 여행을 지연시키기는 했으나, 뇌물을 받고 직권을 남용하는 부정한 방법은 거의 통용되지 않았다.

엔닌 일행은 여행하는 동안 도로나 거리의 정확한 정보를 얻지 못하여 불편을 느낀 적은 좀처럼 없었다. 당시 중국은 수도 장안에서 변방의 국경에 이르기까지 훌륭한 도로와 수로가 방사선상으로 그물눈처럼 연결되어 있었으며, 5리마다 표식을 세우고 10리마다 다시 하나의 표지를 세워 이를 '리격주'라 불렀는데, 표지는 흙을 사각으로 쌓아올려 위를 뾰족하게 하고 아래를 넓힌 모양이었다.

식량이나 숙박의 문제로도 거의 고생을 하지 않았다. 중국은 주요도로를 따라 공식적인 여행자들의 편의를 위해 역이 설치되어 있었다. 그는 육로 통행에서는 '매 역마다 나귀를 빌려 문서 보따리를 운반했다'고 기록하고 있다. 통행증을 지닌 여행자들은 주변에 딸린 점이나 관으로 불리는 관영, 혹은 민영의 숙박시설에 머물 수 있었다. 또한 승려였던 그는 절을 발견하면 그곳에 머물렀으며, 불교신자들에게 개인적인 후원을 받기도 했다.

불교는 당시 널리 민간에 유행하였다. 도교가 황실의 비호로 성행하였으나 도관의 수는 사원의 1/3에 불과했다. 절은 변두리 마을이나 산지에서도 흔히 발견되었으며 불교신앙은 사회에 깊숙이 뿌리를 내리고 있었다. 그러나 한유 등 새로이 등장하는 신유학 관료들 중에서 외국 종교인 불교를 규탄하는 움직임이 시작되더니, 무종 대에 불교에 대한 전면적이고 폭압적인 탄압이 자행되었다. 엔닌은 장안에서 이를 직접 목격했다. 842년 시작된 불교 탄압은 경제적인 이유에서 비롯되었다. 종래에도 사원의 면세토지의 증가나 면역이 되는 승려 수의 증가는 종종 국가의 제한조처를 불러왔었다. 사원 재산의 몰수나 젊은 승려의 환속 등 조처가 있었고, 사원 내의 불상이나 종 등

현장 삼장. 인고의 구법승으로서 풍모가 그림에 잘 표현되어 있다.

의 쇠붙이가 거두어져 농기구나 동전으로 주조되었다. 그러나 무종이 도교를 광신하게 되면서 845년 회창폐불會昌廢佛이라 불리는 불교계의 비극이 닥쳤다. 북위 도무제, 북주 무제, 후주 세종 대의 불교탄압과 함께 가장 대표적인 것이다. 큰 절 4600개와 작은 절 4만여 개가 모두 폐쇄되고 26만 명의 승려가 환속되었다.

엔닌은 귀국의 도정에서 참담히 파괴된 무수한 사원을 만났으며, 그중에는 적산법화원도 예외가 아니었다. 엔닌은 다시 신라 친구들을 만났고 그들의 보호 속에 그동안 모아온 귀중한 불경이나 만다라를 보존할 수 있었다. 마침내 846년 무종이 도교의 불로장생의 약을 잘못 먹어 죽음에 이른 연후에야 불교 탄압은 막을 내렸다.

847년 9월 2일 정오, 엔닌 일행은 신라인 김진의 배를 타고 산동의 적산포를 출발하여 귀국 행로에 올랐다. 남해안을 돌고 규슈를 거쳐 9월 17일 엔닌의 출발지였던 하카다만에 도착했다. 9년 3개월 만의 귀향이었다.

우리는 당 왕조와 다르다

: 소금장수 황소의 난
(875~884년)

881년 1월 8일 이른 아침, 대당의 수도 장안에서는 새로운 역사가 펼쳐지고 있었다. 장안성의 서문으로는 황제 희종의 피난행렬이 허둥지둥 줄행랑을 치고 있었고, 동문으로는 반란군의 수령 황소가 금으로 장식한 수레를 타고 위풍당당하게 입성하고 있었다. 성문을 지키던 친위부대조차 이미 전의를 상실했고, 장안의 백성들은 조수처럼 길 양쪽에 밀려들어 환호성을 지르며 황소의 군대를 환영하고 있었다.

백성들을 향해 황소의 부장 상양이 큰 소리로 외쳤다.

"황왕이 군사를 일으킨 것은 오로지 백성들을 위한 것, 당 왕조와는 다르다. 백성들을 절대 학대하는 일이 없을 것이니, 안심하고 각자의 생업에 힘쓰라!"

반란군은 엄정한 군기를 지켜 민폐를 끼치지 않았을 뿐만 아니라 장병들은 가난한 백성들을 보면 의복과 금품을 나누어주었다. 이들도 가난한 농민 출신으로 황소군의 주력을 이루고 있었다. 황소는 스스로를 하늘로부터 보임된 민중의 평등한 삶을 실행하는 대장군, 천보평균대장군天補平均大將軍이라 칭하였다. 그날 백성들의 눈에 비친 반란군의 모습은 해방군의 그것이었

장안에 무혈입성하는 황소. 희종은 도망가고 마중 나온 시녀 등의 안내를 받으며 황소는 무혈입성한 후 태극전에 올랐다.

으며, 백성들은 그들이 자신들을 당 왕조의 가혹한 지배로부터 탈출시켜줄 것이라 믿고 있었다.

그러나 황소 역시 스스로 황제가 되어 백성들 위에 군림하기 시작했고, 창졸간에 장안을 빼앗긴 귀족들도 다시 세력을 정비하여 장안을 탈환한 후 다시 백성들에게 반군에 협조했다는 죄목을 씌워 보복을 자행했다.

반동군에 되밀린 황소군은 후퇴하면서 금은보화를 길바닥에 뿌리는 작전을 폈다. 관군이 다투어 이를 줍느라 정신이 없는 틈을 타서 황소는 가까스로 군대를 이동시켰다. 반란군은 다시 최초의 봉기 때처럼 동에 번쩍 서에 번쩍 신출귀몰하게 치고 빠지는 전술을 구사해서 관군의 토벌을 어렵게 했다.

이들의 엄청난 조직력과 금력의 배경은 무엇이었을까? 그것은 바로 소금이었다. 19세기 중국을 방문한 서양 사람은 중국의 소금값이 엄청나게 비싼 것에 놀랐다. 중국에서는 소금 산지가 일정 지역에 편중되어 있기 때문에, 이를 독점할 수만 있다면 엄청난 부가 보장된다. 일찍이 이를 기반으로 국가가 일어나기도 했고, 소금을 쟁탈하기 위해 전쟁도 빈번하게 일어났다. 특히 한무제 이후 정부에서는 이를 전매함으로써 부족한 재정을 메우고 있었다.

당나라도 안사의 난 이후 소금 전매에 의존하여 극심한 재정난을 타개하고자 했다. 소금 전매수입은 총 재정수입의 절반 이상을 차지했다. 전매 이전에는 한 말에 10전 하던 소금값이 110전으로 오르더니, 급기야 300전에 달

소금 전매는 밀매상인들의 암약을 불러왔다. 그림은 해주의 소금을 계량 출하하는 장면이다.

했다.

소금이 인간 생존의 필수품인 이상, 가장 커다란 피해자는 물론 농민들이었다. 안사의 난 이후 기울어질 대로 기울어진 당의 궁중에서는 다시 독버섯처럼 환관들의 세력이 자라나 허약한 황실을 쥐고 흔들어 대니, 황제는 이들에 의해 세워지고 폐해지게 되었다. 그 속에서 농민들의 시름은 더욱 깊어져 당 말에 이르면 거의 목불인견의 참상을 보였다.

살 길이 막막해진 농민들은 포악한 관리들을 습격하여 울분을 표시하거나, 부유층의 물산이 집산하는 농촌의 초시를 약탈하는 등 산발적인 저항을 끊임없이 되풀이하고 있었다. 이를 전국적 대봉기로 이끌어내는 데 소금 밀매 조직이 커다란 역할을 했다.

언제나 그렇듯이, 소금값이 급등하게 되면 자연히 암거래가 생겨나고 점차 그들의 비밀결사가 결성된다. 정부는 비밀경찰을 동원하여 이들을 추적하고 추적망에 걸려든 자들은 사형 등 가혹한 중형을 당하게 된다. 이렇게 되면, 소금 밀매조직들은 보다 적극적인 자위책을 찾아 무장봉기의 길에 나서게 된다.

875년 봉기의 선두에 나선 황소와 왕선지는 하남성 접경에 가까운 산동성, 교통이 편리한 황하 연변에서 사염 밀매에 종사하고 있었는데, 여러 차례 과거시험에 낙방한 후 봉기를 결심하게 되었다. 즉각적으로 실업자 농민 수만명이 가세하고, 북방의 돌궐, 위구르 출신 전문 병사들이 가담했다. 광범한 농민병사의 지지 속에 이민족 군인의 전투력, 비밀결사의 조직력과 자금력이 결합했으니 반란군의 기세는 참으로 대단했다. 이들은 전국적 조직을 이용하여 일정 거점을 두지 않고 끊임없이 이동하는 작전을 펼쳤고, 때로는 동시에 여러 주를 공격하는 위력을 과시하기도 했다.

그러나 황소군에게 치명적이었던 것은 주온의 배신이었다. 그는 사태를 저울질하다가 당 왕조 쪽으로 자리를 바꿔 섰는데, 이러한 지도층의 한계는 주온에게게만 한정된 것은 아니었다. 황소도, 왕선지도 그랬다. 이들은 자신에게 고위관직이 확실하게 보장만 된다면 언제든지 농민들을 저버릴 준비가 되어 있었다.

황소는 자신의 부장이었던 주온과 터키계 사타족의 수장 이극용 군대와 맞서 싸웠으나, 마침내 호랑곡 전투에서 참패하여 자결로써 일생을 마쳤다. 그때가 884년. 황소의 난으로 불리며 10년간 전국을 들끓게 했던 농민 대봉기는 비틀대는 당 왕조에 마지막 일격을 가하면서 또다시 이렇게 좌절되었다.

당 왕조는 주온의 공을 인정하여 요직을 주고 전충이라는 이름을 새로 내렸는데, 그가 장차 290년간의 당 왕조를 멸망시킬 인물이라고는 추호도 생각지 못했을 것이다. 주전충은 907년 당의 마지막 황제 애제로부터 선양禪讓의 형식으로 즉위하여 후량을 세움으로써 5대 10국 시대를 열었다.

당에서 송으로 넘어가면서 중국은 다시 큰 변혁을 이룬다. 송나라 때에 과거제도가 정착하면서 좀 더 실력에 근거한 관료 중심의 사회가 마련되었다. 이들을 종래의 문벌 귀족과 대비시켜 사대부라고 부른다. 절도사들, 즉 무인의 시대는 가고 문치주의가 시대를 지배하였다. 황제 독재 체제가 다시 확립되었다. 때마침 북방에서는 거란, 여진, 몽고족이 제국을 이루어 연이어 만리장성을 넘어 침략해 들어왔고, 송은 이들에게 화북의 일부, 화북 전체, 중국 전체를 정복당하였다.

몽골 제국은 유라시아 대륙에 걸친 세계 역사상 최대의 제국을 이루어 하나의 제국 속에서 동서문화의 교류가 더욱 확대되었다. 요, 금, 원 특히 원나라의 지배기에 중국 문화의 다양성과 개방성은 더욱 확대되었으며, 송대에 이루어진 농업생산력의 비약적 발전은 상업과 도시의 발달로 이어져 서민문화가 싹트는 계기가 되었다. 서민문화는 원나라 때 더욱 발달하였다.

제4장
근세 전기

CHINA

문치주의와 군주 독재체제의 확립
: 5대 10국과 송의 건국
(960년)

907년 황소의 부장이었던 주전충이 당 애제로부터 선양의 형식으로 제위를 물려받아 후량後梁을 세운 이후, 중원지역에서는 후당·후진·후한·후주의 다섯 왕조가 이어지고, 그 외의 지역에서는 오·남당·오월·민·형남·초·남한·전촉·후촉·북한의 10국이 할거했다. 이 시기를 우리는 5대, 혹은 5대 10국 시기로 지칭한다. 960년 후주의 노장 조광윤은 공제로부터 역사상 최후로 선양 형식을 밟아 송을 건국함으로써 이 시기를 마감하였다.

중국 최후의 대분열기였던 이 시기는 무장들의 혁명으로 점철되어 가히 지방적 할거의 절정을 이루었던 때로, 왕조사적인 시각을 군이 고집하지 않는다면 당 말의 연장선상에 있는 시기였다. 때문에 우리는 흔히 이 시기를 당말오대라고도 부른다.

이때는 정치사적인 입장에서는 혼란기였음에 틀림없으나, 중국의 분열을 맞아 북방 유목민족들이 두드러지게 흥기함으로써 동아시아 국제관계에 새로운 기류가 형성되는 시기였다. 오대의 여러 왕들 중에도 유목민족 출신들이 많이 섞여 있었다. 후진을 세운 석경당은 돌궐 출신으로 후당과의 대결에서 거란의 힘을 빌린 후, 거란에 신하의 예를 갖추고 북방의 연운 16주를 떼어 바침으로써 유목민족의 중국 지배의 서단을 열었다.

한편 이 시기는 경제가 비약적으로 발전했으며, 절도사 등 지방 세력의 할거 속에서 위진 이래의 문벌귀족들이 대거 몰락함으로써 송대의 새로운 사회가 등장할 수 있는 기반이 마련되었던, 중국사회의 구조적 변혁기였다.

송의 태조 조광윤. 후주의 세종 밑에서 일하다가 그가 죽은 후 제위에 올랐다. 분열된 천하를 통일하고 중앙집권을 추진했다.

이 시기가 낳은 가장 흥미 있는 인물로 풍도라는 정치인이 있다. 그는 5대 중 4대에 걸쳐 정계의 원로 자리를 지켰던 처세의 달인으로, 장락로자서長樂老自敍라는 글을 통해 '아침에는 진나라에 벼슬하고, 저녁에는 초나라에 벼슬했던' 자신의 생애를 자랑스럽게 술회했다. '장락로'란 그가 스스로를 칭했던 이름이다.

후주의 명군 세종世宗이 직접 진두지휘하여 군사 강국인 북한과의 결전에 나섰다. 그때 중대한 고비마다 언제나 알쏭달쏭한 태도를 취하던 풍도가 갑자기 튀어나와 이를 만류하고 나섰다. 그러나 북한군을 격퇴했고, 풍도는 그 해에 병사했다. 그러나 절의를 중시하는 유가와 다른 시각에서 보면 풍도가 5대의 빈번한 왕조 교체기에 야기될 수 있는 빈번한 전쟁과 혼란을 방지하는 역할을 하였다고 해석되기도 한다.

세종은 처음 10년간은 천하를 평정하고, 다음 10년간은 백성들의 생활을 안정시키고, 마지막 10년간은 나라를 부강하게 하여 태평성대를 이룩한다는 통치 청사진 속에서 천하통일의 꿈을 키워나갔다. 그는 내정에 충실을 기하고 거란을 공격하여 연운 16주의 일부를 회복하는 등 눈부신 활약을 보였으나, 재위 6년 만에 39세의 젊은 나이로 병사하고 말았다.

그가 뿌린 통일의 씨앗을 거두어들인 자는 송태조 조광윤이었다. 가난한 군인의 아들로 태어나 하루 끼니를 걱정하던 그는 난세를 만나 3백 년 송나라의 태조가 된 것이다. 세종이 죽고 그의 아들 공제가 7세의 나이로 즉위하자, 당시 금군 사령관이었던 조광윤이 쿠데타를 일으켜 황위를 찬탈하고 송 왕조를 개창했다. 중국의 통일은 조광윤의 동생으로 2대 황제인 태종 때 인 979년 북한을 쓰러뜨림으로써 완성되었다.

5대 시기를 거쳐 집권에 성공한 송태조가 맨 처음 착수한 일은 군벌의 제거였으며, 이로써 송대의 문치주의의 전통도 윤곽을 드러내기 시작했던 셈이다. 무장 시절에도 항상 수레에 책을 가득 싣고 다녀서 뇌물로 오해를 받았다는 일화처럼 그가 개인적으로 책을 가까이 했던 영향도 없진 않았을 것이다. 본인 자신이 절도사 출신이었던 태조는 군벌의 생리를 너무도 잘 알고 있었다. 여전히 지방에 잔존하는 군벌의 존재는 그에게 커다란 위협이었다. 그는 군벌의 제거라는 최대의 현안에 정면 승부를 걸었다.

어느 날, 태조는 석수신 등 장군들을 모아 잔치를 베풀었다.

"그대들이 아니었던들 짐은 도저히 황제가 될 수 없었을 것이오. 그러나 황제의 자리도 그리 즐거운 것만은 아니어서, 밤에도 안심하고 잠을 이룰 수가 없소."

석수신 등은 당황해서 그 이유를 물었다.

"황제가 되고 싶지 않은 사나이가 어디 있겠는가?"

"폐하, 무슨 말씀이시옵니까? 폐하의 지위는 이미 하늘이 정한 것이오니 여기에 이론을 제기할 사람은 아무도 없습니다."

"알고 있소. 여기에 있는 경들이야 그런 생각을 하지 않을 것이지만, 경들의 부하 가운데는 더 출세하고 싶어 하는 자도 있을 것이오. 만약 경들의 부하가 왕관을 내밀면 어떻게 하겠소. 고개를 저을 까닭이야 없지 않겠소?"

다음 날 석수신을 비롯한 장군들은 모두 중병이라는 이유로 자진해서 군사에서 손을 떼고, 군대의 통수권을 태조에서 넘겼다. 어찌됐든 태조는 당태종만큼이나 고도의 정치력을 구사했던 인물로 평이 나 있다. 태조는 이들을 지방의 한직으로 좌천시켰으며 그들의 군대를 중앙의 금군과 지방의 상군으로 재편함으로써 군대의 통수권을 장악했다.

아울러 재상권을 약화시키고 군정, 민정, 재정을 분담시켜 각기 추밀원, 중서성, 삼사에서 관할하게 했다. 당시 로, 주, 현의 지방제도에서 모든 단위의 지방관은 모두 문관 출신으로 황제에 의해 임명되었다. 지방에서도 역시 모든 관료들의 권한은 분산되었다. 가령, 주의 장관인 지주도 차관격인 통판이 재정권을 관장하게 됨으로써 주의 모든 권한을 장악할 수 없었다. 모든 관리의 권한은 철저히 분산, 제한되어 제도로서 확립되었다. 또한 이 모든 것은 황제권의 강화로 귀결됨으로써 송대 황제의 독재적 권력을 그 어느 시기보다 안정된 위치에 자리 잡게 했다.

한편, 문신관료들을 과거로 선발하게 됨에 따라 과거는 수나라에서 처음 시작된 지 수백 년이 경과한 송대에 이르러 비로소 정착하게 되었다. 특유의 유교적 학식으로 단련되고 과거를 통해 전제 황권과 절묘하게 결합한 신흥 사대부들은 비록 당쟁은 했을망정 황제권을 넘보지는 않게 되었으니, 사대부 관료의 보좌 속에 송대의 전제 황권은 더욱 확고한 위치를 차지하게 되었다. 아울러 학자적 관료가 사회를 주도하는 문치주의의 전통이 확립되기에 이르렀다.

북방 유목민족들의 건국과 남하
: 거란의 건국과 전연의 맹
(1004년)

　중국문명이 탄생한 이래, 중국민족과 북방 유목민족과의 대립은 역사상 중요한 주제의 하나였다. 일찍이 진한 대에 유목민족 최초로 제국을 이룬 흉노와의 전쟁은 중국사에 큰 파장을 일으켰으며 북조 시대에 시작된 호한 융합의 정권은 수당에 이르러 더욱 개방적인 문화를 이끌었다.

　그런데 당말 오대의 변혁기에 이르러 새로이 중국 북방의 유목민족들이 크게 일어나 독자적인 국가체제를 수립하고 중국을 정복해 들어가기 시작했다. 유목민족들이 지속적으로 남하한 원인으로는 당시 동아시아의 연평균 기온이 계속 낮아진 이유도 있었다. 거란족의 요遼, 여진족의 금金, 몽고족의 원元으로 이어지는 유목민 정복왕조의 행렬은 중국의 일부, 절반, 끝내는 중국 전역을 송두리째 지배하게 되었다. 중국사에서 만리장성 이북의 유목민 왕조가 만리장성을 넘어 중국 영역을 점령한 것은 이때가 처음이었다. 우리는 이들을 정복왕조라고 부른다. 잇따른 전쟁 속에서 각국의 민족주의는 더욱 고양되었으며 송대의 중국은 남북조 이래 다시 한번 유목민족들의 강력한 영향력 속에 격변의 시기를 맞이하게 되었다.

　유목민족들은 유라시아 대륙의 내륙부, 건조한 기후대를 따라 목축과 수

발해의 유적인 청해 토성. 동서 500m, 남북 340m 정도의 장방형으로 생각되는 이 성벽은 높이 2m의 토두이다. 발해는 926년 거란에게 멸망당했다.

렵활동을 하고 있었다. 이들은 천막 속에서 살았고 목초지를 따라 이동 생활을 했다. 이들의 재산이라면 수백, 수천의 양 떼와 말에 불과했다. 말은 여름철에 수많은 양 떼를 효과적으로 관리할 수 있게 했으며 겨울에는 부족원들의 사냥에 커다란 도움을 주는 중요한 재산이었다.

'그 옛날, 흰 말을 탄 신인이 토하(랴오허강) 상류로부터 내려오고, 검은 소달구지를 탄 선녀가 황허(시라무렌강)의 상류로부터 내려왔다. 마침내 두 남녀는 두 강의 합류점인 목엽산 기슭에서 만나 부부가 되었고, 아들 여덟을 두었는데 이들이 각각 거란 8부의 조상이 되었다.'

거란의 건국신화이다. 거란족은 만주 시라무렌 유역에서 유목생활을 하던 몽골계 종족으로 8개의 대부족으로 구성되었다. 중국 사서에는 이미 4세기부터 등장한다. 유목민족인 그들에게 말이나 소는 매우 중요한 동물이었을 터이고, 아마도 수말과 암소를 토템으로 하는 집단이 결합하여 국가를 건설했던 것으로 보인다. 당과의 접촉기에 강성했던 두 성씨, 즉 야율 성과 심밀성은 각기 말과 소를 상징하는 씨족명의 한자 표기이다.

916년 부족연합의 대칸이었던 야율 성의 아보기耶律阿保機가 세습적인 지위를 확보하여 전제국가 체제를 갖추고 '거란국'을 건설했다. 도읍은 현재 내몽고 자치구인 소오달맹으로 920년에는 거란문자를 창제해 보급하였다. 탕구트와 위구르의 부족들을 제압하여 외몽골에서 동투르키스탄에 이르는 지역을 확보하였고, 926년에는 만주에 약 230년간 군림했던 해동성국 발해를 멸망시켜 만주 전역을 장악하였다.

야율아보기의 뒤를 이은 태종은 만리장성을 넘어 중국으로 영역을 넓혔다. 그 첫 번째가 연운 16주의 획득이다. 후당後唐의 하동절도사 석경당이 이 땅을 넘기기로 하고 군사지원을 요청하였던 것이다. 석경당은 후당을 멸망시키고 후진後晉을 세운 이다. 거란의 연운 16주 획득은 북방 유목민족이 만리장성을 넘어 중국의 영역을 차지한 최초의 사건으로 우리가 거란을 중국 최초의 정복왕조로 부르는 이유는 여기에 있다.

연운 16주는 북경과 대동을 중심으로 한 화북의 일부 지역으로 이 중원의 땅이 이민족의 수중에 들어갔다는 것은 중국인들로서는 매우 자존심이 상하는 일이었다. 송은 이 실지의 회복을 위해 여러 차례 북벌을 시도했으나 모두 실패했다. 이 무렵 거란족은 농경민으로부터 단순히 물자를 약탈하는 차원에서 이미 벗어나 있었다. 약탈보다는 농업이나 수공업 기술자의 획득에 치중하여 국력을 다져 가고 있었다. 장성 이북의 유목지대에도 많은 도시적 집락이 만들어졌고, 가구 수는 연운지방의 호수에 필적하는 것이었다.

거란의 국력은 6대 성종聖宗 대에 이르러 최고수준에 달해 동아시아 강국으로서 이름을 떨쳤다. 성종은 12살 나이로 황위에 올라 소태후蕭太后의 섭정 기간 동안 대대적 국정 개혁을 통해 다져진 국력으로, 소손녕으로 하여금 고려를 침략하게 하고 직접 송을 공격하여 송나라 조정에 위기감을 조성했다. 송 조정에서는 천도론까지 대두했으나 재상 구준이 끝까지 싸울 것을 주장하여 진종이 마침내 친정에 나서게 되었다. 그러나 황하를 사이에 두고 요군과 대치하게 된 진종은 전쟁터가 가까워질수록 두려움에 떨며 일말의 전의도 없이 화의만을 모색할 뿐이었다. 한편, 보병 위주의 송군은 초원의 야전에서는 기마병인 요군을 당해내지 못했으나 성을 거점으로 싸울 때는 완강한 저항력을 보였다. 때마침 송과의 교전에서 명장을 잃은 요군은 사기의 하락을 우려하여 전연에서 화의에 응하게 되니, 이것이 이른바 '전연의 맹', 1004년의 일이었다.

이 조약에서 송은 형의 나라라는 명분은 얻었으나, 요에게 연운 16주의 지배를 인정하고, 매년 비단 20만 필, 은 10만 냥을 바치기로 했다. 이로써 거란의 재정은 풍족해지고 경제와 문화가 크게 발달한 반면, 송의 국력은 크게 피폐해지게 되었다. 이는 빈번한 전쟁보다는 나은 차선의 선택이었다고 하나 다른 유목민족들과의 관계에서 하나의 선례가 됨으로써 송의 재정을 압박했다. 진종은 자신의 위신을 회복하기 위해 하늘이 내린 글을 위조하여 봉선례의 의식을 성대하게 거행했으나 송의 실추된 권위는 회복되지 않았다.

거란은 이미 태종 때 후진의 수도 개봉까지 점령한 상태에서 한인들을 회유하기 위해 민족 색채가 강한 거란국의 명칭을 '대요'로 바꾸었고, 장성 이남의 화북 농경지대에는 한인 관료에 의한 중국식 군현제를 유지시키는 남면관, 장성 이북의 유목지대에는 거란의 관습에 따라 통치하는 북면관 제도를 시행하는 이원적 지배체제를 취하였다. 또한 불교를 도입하여 중국인과 거란인의 일체화를 도모하고, 대장경의 간행 등 불사를 활발히 일으켰다. 불궁사 석가탑은 중국 내에 현존하는 최고의 목탑으로 유명하다.

그럼에도 요나라의 중심은 명백히 장성 이북의 유목지대였으며, 그곳에서 거란족 독자의 체제를 구축하여 중국과 구별되는 민족의식을 뚜렷이 하고 있었다. 단적으로 그들의 민족의식은 그들이 창제한 거란문자에서 뚜렷하게 나타나는 것이었다. 한문을 바탕으로 만들어진 것으로 여겨지는 거란문자는 대자와 소자로 나뉘는데, 표의 문자인 대자는 야율아보기가 920년 공표했고, 표음문자로 보이는 소자는 그의 동생 야율질라耶律迭剌가 위구르 문자를 참조하여 만든 것으로 전해진다. 여진 문자에도 영향을 미쳤을 것으로 추정되나 남겨진 자료가 적어 완벽하게 해독되지 않은 상태이다.

과거제의 정착과
사대부 사회의 성립
: 지주 전호제의 확대 (11세기)

송대에 과거제가 정착되면서 사대부가 새로운 사회 주도층이 되었다. 사대부는 과거를 통해 유교경전 실력과 문장력을 인정받아 관리로 등용된 학자적 관료층으로, 진한의 호족, 위진남북조 · 수 · 당의 문벌귀족과는 구별된다. 과거는 이미 수당 시기에도 시행되었지만 송대에 비중이 크게 강화됨으로써 '가문'보다는 '실력'을 중시하는 사회 기풍이 자리 잡게 되었다. 그러나 과거는 오랜 수련을 필요로 하는 매우 어려운 관문이었기 때문에 중소 지주층 이상의 경제적 기반이 있어야 했다.

위진 이래 당대까지의 사회 주도층이었던 전통 문벌귀족들은 보다 개인적인 경제력에 의존하여 가문 대대로 세습적인 지위를 누렸다. 이를테면 당대의 명문가인 안진경의 가문을 더듬어 올라가면 위진 시대의 문벌을 만날 수 있다. 왕조가 여러 번 바뀌었어도 지방의 토착 대부호로서 그들의 지위에는 큰 변화가 없었다. 관리는 '시험'에 의해 선발되는 것이 아니라, '추천'에 의해 등용되었다.

한나라 때 인물 본위의 추천제인 향거이선제鄕擧里選制가 있었으나 호족들의 성장을 촉진하였고, 위나라에서 처음 시작한 구품중정법九品中正法도 이후의 문벌귀족 사회의 토대가 되어 '상품에 한문寒門 없고, 하품에 세족勢族 없다'라는 말이 생기게 되었다.

과거제는 수나라 때 처음 실시되었고 당나라 때 점차 확대되었다. 당나라 때의 과거에는 명경, 진사, 수재 등 여러 과목이 있었으나, 그중 진사과가 가장 주목되었다. 지방의 향시에 합격한 인재들은

송대의 사대부 생활을 주제로 한 그림. 형세호이자 사대부인 이들의 교양은 거문고, 바둑, 서예, 그림의 네 가 지로 대표된다. 비단 바탕에 채색. 29x27.8cm

중앙에서 회시를 통과해야 했다. 예부에서 행하는 시험을 먼저 통과한 후에도 이부에서 실시하는 신언서판身言書判, 즉 풍채와 외모, 언변이나 말투, 글씨체 등을 보는 까다로운 절차가 남아 있었다. 이부는 당대 제일의 명문 엘리트들이 모여 있는 곳으로, 가난한 가문의 진사가 이 관문을 통과하기란 하늘의 별따기만큼이나 어려운 것이었다. 한유와 같은 대문호도 세 번이나 실패했다.

973년 송 태조는 과거의 최종단계에 새롭게 전시를 추가했다. 전시란 임금이 직접 시험장에 나가 진사의 서열을 결정하는 것으로, 이때의 성적이 진사의 임관과 승진을 좌우했다. 이에 합격한 진사는 감격하여 임금에의 충성을 맹세하게 되고, 황제의 지위는 더욱 절대적인 것이 되었다.

당말 오대의 변혁기에 몰락했던 전통귀족을 대신해서 성장하고 있던 재지 지주층들이 과거를 통해 대거 관계에 진출함으로써 새로운 지배층으로 떠오르기 시작했다. 이들은 당 중기 이래 절도사의 지배하에 들어가 관청사무를 보좌하고 몰락한 농민들을 흡수하면서 세력을 확대하고 있었다.

태조 때 수십 명에 불과하던 과거 합격자는 점차 수백 명으로 확대되어 과

송대의 경작도. 파종, 거름 주기, 김매기, 물대기, 탈곡, 정미까지
1년 동안의 벼농사 장면이 그려져 있다. 남송 초 유수가 쓴 《경작》
에 합치되는 그림이다.

거제는 관리등용의 중추적인 지위를 확보했다. 새로이 등장한 신흥 지주 관료들의 재력은 고위관직을 획득함으로써 가장 확실히 보장되는 것이었기 때문에 뒷날 치열한 당쟁이 벌어지는 원인이 되었다.

송나라 때는 과거제가 확산됨에 따라 각종 학교가 발달하였다. 공립학교인 주현학과 사립학교인 서원이 있었다. 북송 중엽 정도가 되면 주나 현 등 행정 단위마다 하나씩 공립학교가 개설되었고, 당말오대에 등장하기 시작한 서원은 신유학이 발달하면서 더욱 성행하여 남송 중엽이 되면 관학을 대신하여 교육의 중심으로 부상하게 되었다.

당대까지의 유학은 주석에 치우치는 훈고학의 전통을 잇고 있었기 때문에 철학적인 관심은 불교나 도교를 통해 표출되었지만, 송대에는 성리학性理學이 출현하여 유교에 대한 새로운 해석을 시도하면서 철학적 깊이를 더하게 되었다. 오경을 대신하여 사서가 더욱 중요시되었으며 인성론이나 우주론 등 심오한 철학적 논쟁이 대두되었다. 신유학은 북송 말 정호·정이 형제가 등장한 이래 남송 대에 주희가 이를 집대성하였기 때문에 정주학, 혹은 주자학이라고도 부른다.

한편, 피지배계층은 당대에는 천민과 양민으로 대별되어 있었으나, 송대에는 대부분의 노비와 부곡민이 해방됨으로써 양민이 대부분을 차지하게 되었다. 신흥 지주관료들도 법적으로는 같은 양민의 신분에 속했다.

양민은 농지를 소유한 주호와 소작인인 객호로 구분되었는데, 객호가 대체로 전체의 1/3을 차지하고 있었다. 주호는 자산액에 따라 5단계의 호등으로 나뉘어졌는데, 그 상등호가 형세호, 혹은 관호라고 불리는 지주적 신분에 속했고, 4, 5등급의 하등호는 이들 지주에게 의존할 수밖에 없는 영세 농민층으로 그들 이 주호의 과반수 이상을 차지하고 있었다. 주호는 국가의 조세부담의 대상이었기 때문에 하등호의 생활이 반드시 객호보다 나았던 것은 아니었다.

대체로 송대의 사회는 지주-전호의 관계로 정착되었다. 형세호는 관계에 진출하여 관직을 차지하고 장원을 더욱 확대해나갔다. 국가는 왕안석의 개혁이 실패했듯이 주호의 몰락을 방지하기 위해 노력했으나 뚜렷한 성과를 거두지는 못했다. 남송기에 이르러 지주관료의 지배력은 더욱 굳어지고 전호의 신분은 농민들의 더욱 일반적인 생활 양태가 되었다.

당시의 법률 또한 지주계층의 이익을 반영하고 있다. 11세기 후반의 형법에 의하면, 지주가 전호에 대해 범죄를 저질렀을 때 그 죄가 장죄 이하일 경우에는 아예 처벌되지 않고, 도형 이상인 경우에는 일반인보다 한 등급 감형되었다. 남송 초기가 되면 다시 한 등급을 더해, 즉 합계 2등급이 감형되었다. 반대로 전호가 지주에게 죄를 저질렀을 때는 2등급 가중되었다. 이러한 상황에서 농민들의 집단적인 저항, 즉 항조 운동이 개시되었다.

성리학의 등장과 사대부들의 문화
: 문인화의 세계
(11~13세기)

　송대의 사회를 주도했던 사대부들은 당의 지배이념이었던 불교나 도교를 비판하면서 유학을 중심사상으로 발전시켰다. 유학자들은 도교의 은둔 경향과 불교의 세속을 떠난 출가를 가정과 사회의 윤리 기강을 무너뜨리는 요인으로 보고, 이들을 공허한 학문으로 비판하면서 참된 학문으로서의 성리학을 일으켰다.

　성리학은 이상적 도학정치를 이루는 실천의 학문으로서, 과거를 통해 위정자가 되려는 사대부 계층의 이상을 일반화시키는 데 성공하였다. 이들은 개인의 수양과 국가의 통치를 위한 행위 규범으로, ≪대학≫에 나오는 여덟 개의 항목, 즉 격물格物 · 치지致知 · 성의誠意 · 정심正心 · 수신修身 · 제가齊家 · 치국治國 · 평천하平天下를 중시했다. 사회 윤리인 예를 강조하고 우주 본체, 인간 심성과 같은 철학적 탐구를 심화시킴으로써 도교나 불교를 형이상학적으로 비판할 수 있는 근거를 마련하였다.

　성리학은 자구해석에 치중했던 한당의 훈고학에 비해 형이상학적인 면이 강하다. 성리학은 일찍이 우리나라에 들어왔으나 남송의 주희에 의해 집대성된 뒤 고려 말 신진사대부층에게 받아들여져 조선건국의 지배이념이 되었다. 주희의 성리학이 이理를 강조하였기 때문에 이학理學이라 부르고, 뒷날 육구연·왕수인의 양명학은 상대적으로 마음을 강조하였기 때문에 심학心學이라 부른다. 우리나라에서는 이학인 성리학이, 일본에서는 심학인 양명학이 주류였던 것이 대조적이다.

성리학의 집대성자 주희는 ≪대학≫·≪논어≫·≪맹자≫·≪중용≫의 사서를 경전화시킴으로써 그 지위를 격상시켰다. 사서의 정립을 통하여 공자·증자·자사·맹자라는 유학 도통의 계보가 정리되었으며, 사서에 주를 달아 새로운 해석학적 틀을 제공함으로써 신유학이 탄생되었다.

성리학은 인간을 우주의 보편타당한 법칙을 부여받은 존재로 보고 인간의 본성을 신뢰하는 학문이다. 인간은 자신의 부족한 기질을 교정하면 선한 본성을 찾을 수 있다고 주장한다. 때문에 격물치지함으로써 사사물물에 깃들어 있는 이치를 궁구하여 인간의 앎을 확장할 것을 제시하였으며, 자신의 마음을 항상 반성적으로 살피고, 본성을 기르며, 남들이 보지 않는 곳에서도 스스로를 신중히 할 것 등이 요구되었다. 성性은 마음의 본체로 인·의·예·지로 구성되어 있으며, 성이 밖으로 표현된 것이 정情이다. 성리학에 의하면 불교는 마음의 극단을 치달으며 도교는 기의 극단을 치닫는다.

성리학을 신봉하는 문인 사대부들에 의해 문인화의 세계가 개척되었다. 문인 사대부들은 군자의 수양과정의 일환으로 자신들의 고도의 철학적 사유와 심미적인 정신세계를 표현함으로써 시, 서, 화 삼절을 이루기를 소망했다. 그들은 모름지기 서재에서 시를 읊고 글을 쓰며 사군자를 그리는 것 이 가장 고상한 여가생활이라고 생각했다. 사대부들의 이러한 특성으로 인해 문인화는 시, 서, 화가 일치되는 독특한 예술의 한 분야를 개척했을 뿐 아니라, 작가의 주관적인 가치를 사물에 의탁한 사의思意 중심의 그림이라는 특성을 동양회화에 부여하였다. 그들은 기교에 얽매이지 않고 사물의 진수를 꿰뚫어 이를 표현하는, 이른바 사대부의 교양과 품성이 서린 '문기文氣'있는 그림을 강조하였다. 자신들은 그림을 즐겨 그리면서도 그림을 전문으로 하는 화업은 여전히 천기로 취급하고 있었다.

송대의 문인화란 사대부의 의취를 담은 매란국죽梅蘭菊竹의 사군자화를, 나아가서는 문인 사대부들이 그린 그림 일체를 일컫는다. 사군자는 사대부들에 의해 즐겨 그려졌던 주제이며, 화원의 시험에서도 대나무 그림의 배점이 제일 높았다.

문인화에 가장 큰 영향을 끼친 인물로 북송의 소식과 그의 친구들이 있다. 즉 서예가 황정견, 서화가 겸 감식가인 미불, 묵죽화가 문동 등이다. 우리나라에도 잘 알려진 소식, 즉 소동파는 직업적 화가들이 기교를 중시하고 실제의 대상을 얼마나 닮게 그리느냐에 치중하는 것과 달리, 눈앞의 현상보다는 사물의 본질을 꿰뚫은 다음, 다시 그것을 초월하여 흉중의 뜻을 담아내야 한다고, 이른바 '문기 어린' 그림을 그려야 한다고 주장했다. 이러한 주장은 일찍이 고개지도 회화를 논하면서 이른바 '전신傳神', 즉 정신을 전하는 것을 회화가 추구해야 할 사명으로 얘기한 바 있다.

가령 대나무를 그린다면, 마디로 분절해서 치밀하게 그리는 것이 아니라 대나무를 깊이 관찰하여 그 본질을 마음에 담아낸 다음, 땅에서 가장 꼭대기까지 한 획으로, 그 속도가 마치 '토끼가 뛰는 듯, 솔개가 급강하하면서 덮치듯이' 그려내야 하는 것이다.

문인화뿐만 아니라 송대에는 회화가 특히 발달하였다. 송대에는 점차 불교가 쇠퇴하면서 조각에 쏟아졌던 중국인들의 예술적 정열이 회화로 옮겨지게 되었다. 왕실의 궁정화가에 의해, 혹은 종교의 부속화로 종속되어 있던 회화가 하나의 독립된 예술분야로 정착하게 되어 높은 예술성을 보이는 작품들이 출현했다. 중국의 회화는 송대에 황금기를 맞으며 화원, 사대부, 재야 직업 화가들의 활약이 활발했다. 송대의 국립 미술 기관인 한림도화원은 중국 화원 사상 가장 완벽한 화원제도로 평가받으면서 훌륭한 화원들을 배출했다.

특히 송대에는 수묵 산수화가 독보적인 수준에 도달했다. 사대부나 전문화원들은 앞다투어 아름다운 수묵산수화를 그렸다.

동양의 산수화, 즉 풍경화는 사의寫意를 강조하는 까닭에 흔히 '동양화는 읽는 그림'이라고도 하고, '시는 소리 있는 그림이요, 그림은 소리 없는 시'라는 표현도 쓴다. 그렇기 때문에 실제로 좋은 시에 붙여 그림을 그리고, 좋은 그림에 돌려가며 감상을 쓰는 것이 유행했다. 물론 이러한 결합은 이 둘이 먹과 붓의 동일한 도구를 사용했기 때문에 가능했을지도 모른다.

흔히 동서양의 풍경화를 비교하여 그들의 상이한 자연관이 반영되어 있다고 한다. 동양인이 자연의 내재적 질서를 중시하고 그 '운동태'를 중시해서 선적인 미술을 창조했다면, 서양인은 자연을 정복의 대상으로 파악하여 '존재태'를 중시함으로

곽희의 작품으로 추정되는 민산청설도. 회화는 송대에 와서 하나의 독립된 예술분야로 정착했으며, 특히 문인화는 송대 회화의 독특한 경지를 개척했다.

써 면적 미술을 창조했다. 서양화에서는 한 화면에 하나의 시각과 하나의 시간만이 존재하는 반면, 동양화에는 여러 개의 시각과 시간의 경과까지가 표현되고 있다. 예컨대, '끝없는 강산' 같은 종류의, 화폭에 도저히 표현할 수 없을 것 같은 주제의 표현이 가능해지는 것이다. 중국의 산수화에서는 근경, 전경, 원경이 잘 구분되어 나타나는 경우가 많다. 근경은 위에서 내려다본 시각이고, 전경은 옆에서 본 시각이며, 원경은 아래에서 올려다본 시각을 잡았다. 서양 사람들이 자연보다 인간이 중심이 되고, 그것도 개인의 시점에서 자연을 표현했다면, 동양 사람들은 자연을 중심으로 해서 자연의 하나로서의 인간이 표현되고 있다.

중국의 회화는 우리나라의 회화에도 커다란 영향을 끼쳤다. 북송시대 사대부화, 즉 문인화의 정신은 고려시대에 받아들여져 공민왕과 이제현 등의 작품으로 남아 있으며, 조선 초의 문인화가 강희안의 작품도 잘 알려져 있다. 조선 후기에 중국으로부터 남종화가 유입되어 강세황, 이인상, 조영석 등에

크게 영향을 주었고, 추사 김정희에 이르러 조선의 문인화는 그 절정에 이르게 되었다.

조선 전기 대표적 화원인 안견 등에 커다란 영향을 주었던 곽희는 전문 화원 출신으로, 북송기를 대표하는 화가이자 고개지 이래 7백 년의 뛰어난 화론을 이룬 평론가였다. 그는 자신의 화론을 담은 《임천고치 林泉高致》에서 말하기를, '산은 가까이에서 보면 이와 같고, 멀리 몇 리 밖에서 보면 또 이와 같으며, 멀리 수십 리 밖에서 보면 또 이와 같다. 매번 멀어질수록 매번 다르니, 산의 모습은 걸음걸음마다 바뀐다', '두 눈으로 천 개의 산을 빼앗고자 함에 '걸음걸음마다 모두 돌아보지 않으면', '천 개의 산'을 '두 눈으로 빼앗을 수' 없다'고 얘기하고 있다.

일반적으로 북송의 곽희파, 남송의 마하파의 그림을 비교해보면, 북송의 그림은 여백이 강조되고 부드러운 남송의 그림보다 산봉우리가 꽉 짜여 있고, 낮은 산이라기보다 준령이 첩첩하며, 습기가 느껴지는 부드러운 느낌보다는 건조하고 메마른 느낌을 준다.

이러한 경향은 화풍의 차이에도 기인하지만 화북과 강남지방의 자연이 이처럼 차이가 있기 때문이기도 하다. 즉, 중국인들은 어디까지나 실경을 그렸던 것인데, 이를 받아들인 우리에게는 가경佳景이 되는 것이다. 뒷날, 우리나라의 화단에 실경을 그리는 화풍이 등장하여 이를 '진경산수화'라 부르게 되는 연유가 여기에 있다.

42 산업의 대약진과 인구의 증가
: 농업생산력의 비약적 발전
(10~13세기)

10세기를 전후한 시기, 당말 오대에 시작된 농업생산력의 발전은 송대에 비약적으로 발전하고 산업 전반에 확대됨으로써 송대 사회의 대변혁을 초래했다. 도시가 발달하고 서민문화가 싹텄으며 인구가 처음으로 1억을 돌파하게 되었다.

진종 997년 즉위 때의 중신이었던 장영이란 이가 처음 진사에 급제하여 산간 도지인 숭양현 지사로 발령되었다. 어느 날, 그는 고을 안의 시장에서 채소를 사들고 돌아오는 농민을 발견하고 개탄해 마지않았다.

"농사꾼이 시장에서 채소를 사다 먹다니 고약한 일이로다. 필시 게으름뱅이 농사꾼이 틀림없을 것이다."

그러나 조사해본 결과, 고을 근교 일대에는 그 채소를 재배하는 농민이 없었다. 이러한 경향은 당시 일반적인 양상이었다.

6세기에 저술된 현존 최고의 체계적 농서인 《제민요술齊民要術》에 의하면, 당시 화북에서 주곡은 아직 조였으며 조와 밀의 재배는 별개의 농지에서 1년 1모작의 형태로 재배되었다. 그러나 당대 이후 밀의 분식이 널리 성행하여 대규모 제분업이 출현하게 되면서 밀이 주곡으로서의 위치를 차지하게

10세기에서부터 12세기에 걸쳐 번영을 과시한 북송의 도읍 변량을 묘사한 《청명상하도》. 장택달 작으로 알려져 있는 귀중한 그림. 북송 12세기 초.

되었다. 이때 같은 농지에서 밀과 조를 2년 3작하기 시작하여 이후 화북 농업의 기본적인 형태로 정착했다.

송대에 화중·화남지역의 벼농사는 더욱 획기적으로 발전하여 1세기 만에 생산량이 배가되기도 하였다. 인구의 폭발적인 증가도 수반되어 1102년경에는 중국의 인구가 처음으로 1억을 돌파했다. 나라 경제와 국가재정의 중심은 이제 명백히 강남지대로 이행하여 '소호가 풍년이 들면, 천하가 족하다'라는 속담이 생겼다.

대체로 남조기까지 강남의 벼농사는 파종 전에 잡초를 모두 태워 버리고 볍씨를 직접 뿌리는, 그리고 1년 휴한을 수반하는 농법을 시행하고 있었다. 그러나 송대에 이르면 모내기법, 인분, 퇴비, 참깨 찌꺼기 등을 자연 비료로 사용하는 시비법, 저습지대의 기름진 진흙을 농토에 넣는 객토법 등의 기술이 크게 확대되고, 용골차로 불리는 관개용 수차를 비롯한 각종 새로운 농구가 출현하는 등 생산기술의 비약적인 발전을 보였다. 이에 따라 벼와 보리의 1년 2모작이 널리 시행되었고, 화남에서는 벼의 1년 2기작이 시작되었다. 벼의 품종도 다양화되고, 특히 베트남 남부에서 유래되어 그 지명을 딴 점성도가 도입되어 점차 도시 하층민의 식량으로 널리 보급되기 시작했다.

또한 우전, 위전, 호전 등으로 불리는 농경지가 크게 확대되어 벼의 생산량이 급증했다. 가령, 남경 부근 하천의 주요 범람원에 대규모 제방이 설치되니

제방 안쪽으로 너른 농토가 생겨났다. 소주에 인접한 태호로부터 양자강 하류의 저습지대에는 크리크를 통해 배수하고, 파낸 흙으로 제안을 쌓아 수전을 보호했다. 또 호수나 소택의 일부를 제안으로 에워싸 수전화하기도 했다.

농업생산의 비약적 발달과 지역적 분화는 점차 자급자족적 단계에서 상품 생산의 경향을 띠기 시작했고, 쌀과 보리까지 광범한 물자유통 과정에 편입되면서 상업의 발달이 촉진되었다. 대중적인 수요의 증가에 따라 각종 수공업이 농업에서 분리되어 지역 특화 산업으로 발전했다. 해상무역의 성행은 차, 비단, 도자기로 대표되는 중국 산물의 생산도 증대되었다.

차는 본래 인도의 야생식물이었으나, 중국에 전래되어 처음에는 약용으로 쓰이다가 삼국의 오나라에서 기호식품으로 사용하기 시작하여 점차 일반화됐다. 당 중기에 이르면《다경》이라는 책자가 발간될 정도로 일반에 널리 보급되었으며, 송대에는 대중적 음료로서의 지위를 확보하였다. 차의 재배는 중요한 산업으로 자리 잡았으며 중국의 대표적인 산물이 되었다. 차의 맛에 한번 길들여진 사람들은 그 맛을 잊지 못했다. 거란 등 북방 유목민족들도 차를 몹시 즐기게 되어 차를 수입하고 말을 수출했다. 복건, 강서, 사천 지방에는 차의 재배를 전업으로 하는 농가가 속출했다.

견직물은 여전히 중국의 대표적인 대외 수출품으로서, 또한 중요한 내수 용품으로서 생산량이 급증했다. 비단은 중국 상류층들의 수요를 충당하는 화북지방의 최고품으로부터 신흥 도시민, 중소지주, 중소상인을 겨냥한 강남의 하급품 등으로 대략적 분업이 이루어져 대량생산되기 시작했다. 12세기경에는 면화도 재배되어 중국의 직물 자원을 추가시켰다.

특히 도자기업이 송대에 커다란 발전을 보여 가히 황금시대를 창출했다. 북송기에는 정요, 여요, 관요, 가요, 균요 등 화북의 이른바 5대 도요지가 이름을 날렸고, 남송기가 되면 강남의 경덕진과 용천 등이 요업의 중심지로 각광받아 중국 도자사상 최고 수준의 청자와 백자를 생산했다. 대중적 수요에 상응한 일용품의 대량생산도 시작되었다.

또한 오늘날 하북성 제일의 요업지로 각광받는 자주요의 도자기는 석탄을 동력으로 사용했다고 하는데, 석탄은 이미 오래전부터 중국인들에게 알려져 있었고 당 말부터 연료로 사용되기 시작했다. 송의 수도 변경에는 어느 집이고 석탄을 사용하지 않는 집이 없었다고 한다.

이러한 산업 전반의 놀라운 발전을 동력으로 송대의 새로운 역사가 전개되었다. 그러나 이러한 산업의 발달이 반드시 일반민의 생활향상으로 귀결되지는 않았다. 생산의 증진 속에 농민 간의 계층 분화가 더욱 촉진되어 송대의 일반적인 지주-전호제가 확립되었다. 신흥 지주층이 대규모 수리 관개공사를 주도한다든가 소 등의 가축, 혹은 용골차 등의 새로운 농구를 독점하면서 새로이 성장하여 위진 이래의 문벌귀족에 대신하는 송대의 새로운 지배층이 되었다. 이들이 사대부이다.

상업도시의 발달과
서민 문화의 대두
: 지폐 교자의 공인 (1023년)

　북송의 수도 변경(지금의 개봉)의 도시생활을 그린《청명상하도淸明上河圖》를 보면, 사람들이 서로 몸을 부딪힐 정도로 빽빽하게 들어찬 완자한 거리에서 도시민들의 활력이 느껴진다. 맹원로는《동경몽화록》에서 북송 말 변경의 상업 및 민간의 풍속에 관해 자세히 기록하고 있다. 당시 변경에는 백만 명 이상의 사람들이 살았고 유동 인구가 많아 각종 음식점이 즐비하였으며 야시도 성황을 이루고 있었다.

　마치 근대의 여느 도시인 양 어떻게 이처럼 화려한 도시생활이 12세기 이전에 가능했던 것일까? 도시민들 중에는 부재지주, 사대부, 하급관료나 서리, 서숙의 교사, 상인 배우, 창녀에 이르기까지 참으로 다양한 계층들이 존재하였을 터이다.

　중국의 도시는 당대까지의 정치 도시적 성격에서 탈피하여 상업도시로의 대전환이 이루어지고 있었다. 당대에는 10만 호 이상의 대도시가 10여 곳에 불과하였으나 북송대에는 40여 곳으로 늘어났으며, 전국 각지에는 시, 진이라고 불리는 중소 상업도시가 널리 출현하게 되었다.

　당의 장안은 큰길로 반듯반듯하게 구획된 백수십 개의 방으로 나뉘어지

와자. 송대 상설 오락거리인 와자에서 공연된 만담의 모습.

고 방마다 담장이 둘러쳐져 있는 폐쇄적인 도시였다. 통제도 자심해서 서민들은 큰길을 향해서는 문을 열지 못하고 방문으로만 출입할 수 있게 되어 있었는데, 해가 진 후부터는 성문, 방문이 모두 폐쇄되었다. 상업 활동은 동서에 설치된 두개의 구획, 즉 시로만 제한되어 있었으며 역시 야간영업은 불가능했다.

그러나 송대, 1038년에는 방벽이 무너지고 시의 제한은 없어졌다. 상점들이 성 안의 각 곳에 진출하여 도로 양측에 즐비하게 되니 성내 전체가 번화가로 변해버렸다. 각종 물품을 전문적으로 취급하는 전문상점가가 출현하고, 상인 조합인 행行, 수공업자 조합인 작作이 더욱 활발히 조직되었다. 야시장도 서서 밤에는 찬란한 등불이 대낮과 같이 거리를 밝혔으며, 새벽에만 반짝 섰다 사라지는 도깨비 시장도 섰다. 성벽 밖에까지 인가가 넘쳐나 이를 보호하기 위해 새로 바깥 둘레에 성벽을 쌓으니, 그 규모는 장안의 3배에 달했다.

도시의 구조는 완전히 개방되고, 도시민들의 생활은 보다 자유로워졌다. 시민들이 향유하는 각종 서비스업이 출현하게 되었다. 와자라는 오락거리에는 수천 명을 수용할 수 있는 극장이 생겼고 거리에는 야담, 마술, 곡예, 씨름, 연극 등 온갖 구경거리가 손님을 기다리고 있었다. 수십 개의 음식점, 술집, 찻집이 즐비한 골목도 생겨났으며, 그중에는 수백 명의 창녀를 고용한 요정도 있었다. 곳곳에는 각종 일용품이나 애완동물 외에도 서적, 문방 구류 등도 판매되고 있었다.

서적이 거리에서 판매되기 시작했다는 것은 이 시기의 매우 새로운 현상이었다. 그 배경에는 당대 이후의 사설 서당과 서원의 증가, 특히 송대의 과거제 확대와 인쇄술의 발달이 있었다. 송대에는 문화의 향유층이 보다 확대되고, 적어도 법적으로는 과거제도가 서민층에게 열려 있었던 것처럼 평등주의의 실현이 전대에 비해 진전되었다. 물론, 서민들 중에 그 어려운 한자를 터득하는 오랜 수련을 거쳐 과거에 합격한 사람은 매우 드물었다.

　서민 문화가 송대에 싹트기 시작했다. 시와 희곡의 중간적 위치를 차지하는 사詞가 널리 유행한 것은 송대 문학의 새로운 경향을 대표한다. 서정시에서 유래하는 사는 도시의 찻집이나 주점 등에서 대중가요로 불려지게 되었다. 사는 음조에 따라 자유롭게 구사되며 구어체를 많이 사용했는데, 점차 문장가들의 홀대로부터 벗어나 소동파를 비롯한 송대의 유명한 시인들도 적어도 몇 편의 사는 남기는 정도가 되었다.

　도시의 구란이라는 연예장에서는 잡극이 공연되기 시작하여 고전연극이 출현하게 되었으며, 전문가수나 예인도 출현하였다. 지방의 소시장이나 촌사, 사묘 등지에서도 편력배우에 의한 연극이 출현하여 농민들의 마음을 사로잡기 시작했다.

　경제의 성장과 인구의 증가, 보다 정확히 말한다면, 그중에서도 능력 있는 구매자의 성장으로 이제 상품생산에 돌입한 각 분야의 생산물은 보다 광범한 수요자를 맞아 활발히 교환되었다. 상품도 소수 지배자의 사치품 단계에서 벗어나 좀 더 일용적이고 대중적인 것으로 확산되었다.

　농업생산의 지역적 분화가 전국적 유통망의 확대를 요구하는 가운데 대외무역의 획기적인 증대가 가세하니, 송대의 상업은 가히 상업혁명이라고 불릴 만큼 커다란 질적인 전환을 이루게 되었다. 이 시기에는 북방의 유목 민족과의 무역도 증가했지만, 해상무역로를 통한 아시아 각국과의 무역이 크게 확대되었다. 이제 비단길은 서서히 전성기를 마감하고 해양무역이 개시되어 광동 등 중국 남부에 대무역 도시를 탄생시켰다. 신라나 아라비아 인들에 의해 주도되었던 남해무역이 중국인들의 손에 장악되기 시작했으며, 대양항해에는 나침반이 사용되었다. 송대의 화폐는 무역로를 따라 일본에서

북송의 도읍 변량의 번화가를 그린 장택서의 《청명상하도》. 흥청거리는 주점과 성문을 나서는 관리, 낙타 등이 보인다.

동아프리카에 이르기까지 널리 발견되고 있다.

상업혁명은 화폐경제의 발달을 수반하여 엄청난 금속화폐가 주조되기에 이르렀다. 당 현종 말기에 연간 30만 관의 동전이 주조되었으나, 송의 신종 대인 11세기 말에 이르러서는 500만 관으로 폭증하여 사상 최고의 수준에 달했다. 북송 대에 중국은 동전이 전국에 걸쳐 유통되는 화폐 경제권으로 통합되기에 이르렀다.

상업량이 폭증함에 따라 세계 최초의 지폐인 교자가 발행되는 등 유가증권의 발행도 촉진되었다. 교자는 성도의 16대 부호들이 당시 사천 지방에서 통용되던 철전의 불편한 점을 개선하고자 대신 유통시켰던 지폐. 당국에서는 1023년 사천에 교자무를 설치하여 지폐를 흡수하고 이를 공식화했다. 이밖에도 금은포, 전호 등의 금융기관이 나타났으며, 수도 변경에는 일종의 환전소가 생겨 상인들이 이곳에 현금을 넘기고 영권, 즉 수표를 받아간 다음, 다시 지방에서 현금으로 바꿀 수도 있었다. 주판도 발생하여 계산기의 역할을 톡톡히 하게 되었다.

그러나 이러한 새로운 현상들은 인플레를 야기하고 농촌의 희생을 강요하는 것이었으며, 서양의 근대에서와 같이 독립된 시민 계층의 출현으로 나아가는 것은 아니었다. 행·작 등 상공업 단체들도 도시행정에의 참여를 추구하지는 않았고, 오히려 국가에 의한 물자조달의 청부기관으로서의 측면을 강하게 띠는 것이었다. 놀랍게도 이미 중국의 관료제도는 이 모든 변화를 탄력적으로 흡수할 만큼 고도의 수준에 달해 있었다. 오히려 중국정부는 국내 상업의 수입과 대외무역의 관세 등을 추렴하여 단단한 재정수입을 조달할 수 있게 되었다.

한편, 상품화를 기초로 하는 도시문화의 성장 속에 여성들의 지위는 더욱 하락했다. 도시문화는 농촌에 비해 여성의 노동력이 덜 중요시될 수밖에 없는 조건에 있었고, 여성의 상품화가 진전되어 창녀가 증가하고, 축첩의 제도가 널리 성행했던 반면 과부의 재혼을 반대하는 사회의 관습이 강화되었다. 특히 상류층 사이에서 전족이 유행하기 시작했다. 전족은 이미 오대의 남당에서 시작된 풍습으로 점차 확산되어 20세기에 이르기까지 중국적 병폐로 남아 있었다. 전족이란 한창 뛰어놀 소녀 시절에 엄지발가락을 제외한 나머지 발가락을 아래로 향하도록 꽁꽁 묶어두고 조그만 신에 고정함으로써 기형적인 발을 만든 것이다. 이로써 여성의 발은 정상적인 발의 반 정도에서 성장을 멈추게 되고 뒤뚱거리며 겨우 걷게 되는데, 전족은 남성의 노리개로 전락한 여성의 지위를 상징적으로 보여주고 있다.

신법당과 구법당, 당쟁이 계속되다
: 왕안석의 개혁
(1069~1074년)

왕안석은 22세에 과거에 급제한 후 강남에서 16년간 지방관 생활을 하면서 관개 사업과 재정 관리에서 뛰어난 능력을 보여 이름을 널리 알렸다. 그는 만언서에서 오랜 지방관 생활을 통해 피부로 절감했던 당시의 위기 상황과 이에 대처할 개혁의 이상과 구체적 정책을 수립하여, 당송팔대가로 불리는 명문장으로 표현하고 있다.

송 왕조는 건국 후 100년이 경과한 인종 무렵, 대내외의 여러 문제들이 표출되어 심각한 위기 상황에 봉착하고 있었다. 거란과는 전연의 맹 이후 평화로운 관계를 유지하고 있었으나, 새로이 서북방에서 티베트계의 탕구트족이 강성하여 다시 중국을 위협하고 있었다. 그들의 본거지는 황하 상류 오르도스 지방으로 당 말 황소의 난 진압에 협조한 후 중국으로부터 이씨 성을 받고 복속하고 있었다. 그러나 이원호라는 뛰어난 인물이 등장하더니, 1038년에는 스스로 황제를 칭하고 국호를 '대하'라 했다. 중국인들에게는 서하라 불리었던 이들은 독자적 문자를 제정하고 가공할 군사력으로 중국을 침공하여 커다란 타격을 주었다.

7년간의 전쟁을 마치고 1044년에 맺어진 양국의 화의에서, 서하는 송에게 신하의 예를 다시 취한다는 명분을 주면서, 해마다 비단 13만 필, 은 5만 냥, 차 2만 근의 세폐를 받는 실리를 택했다. 송은 화의를 주선해 준 요나라에게 다시 비단 10만 필, 은 10만 냥의 세폐를 추가하기로 했다.

유목민족의 끊임없는 침입으로 인한 군사비의 증강, 여기에 송의 군사제도의 모순이 겹쳐 군사비는 엄청나게 증액되고 있었다. 태조 때 37만이었던 군대는 인종 때에 이르면 125만에 달했고, 군사비는 정부예산의 8할을 차지하게 되었다. 당시의 군대는 수적으로 비대했을 뿐 질적 수준은 매우 낮은 것이었다. 군대는 다분히 실업자 구제의 성격을 띠게 되어 흉년이 들면 재민을 구재하기 위한 모병이 이루어지곤 했으며, 제대 제도가 없었기 때문에 노병이 많았다.

송의 권력분산 정책과 3년마다 치러지는 과거로 인해 관료의 수는 급증했다. 게다가 진종의 봉선의식 등 황실의 경비 또한 격증했다. 이른바 3용, 즉 용병·용관·황실의 용비는 송의 재정 지출을 크게 확대했으나, 대지주 관료들의 토지확장으로 농민들의 유망은 격심해져서 재정 수입은 크게 감소하고 있었다. 마침내 송의 재정은 적자로 반전되기에 이르렀다.

1067년 19세의 청년 신종이 즉위하면서 전면적인 대개혁이 시도되었다. 일찍이 왕안석의 정견에 깊이 공감하고 있던 신종은 1069년 왕안석을 전격 기용했고, 왕안석은 신종의 전적인 신뢰 속에 잇따라 과감한 신법을 발표하여 송의 국력은 다시 회복되는 듯이 보였다.

신법은 농촌정책으로서의 청묘靑苗·모역법募役法, 상업정책으로서의 균수均輸·시역법市易法, 병제개혁으로서의 보갑保甲·보마법保馬法, 그리고 농전수리법, 방전균세법 등으로, 이를 통해 대지주·대상인의 횡포로부터 중소농민·중소상인들을 보호 육성함으로써 부국강병을 도모하고자 하는 것이었다.

청묘법과 시역법은 각기 가난한 농민과 상인들에게 2할의 저리 융자를 주어 당시 10할을 초과하던 고리대금으로부터 이들을 보호하려는 것이었다. 보갑법은 농민을 10가, 50가, 500가 단위로 편제하여 치안유지 조직으로 삼은 것인데, 농한기에 군사훈련을 실시하여 병농일치의 민병조직으로 발전시

왕안석의 초상. 왕안석은 신법이라 일컬어지는 행정과 재정개혁을 추진했으나 사마광을 영수로 하는 구법당 의 저항에 부딪쳐 결국 좌절당하고 말았다. 중국역사박물관 소장.

킴으로써, 군사력을 강화하고 양병비를 절감하려는 것이었다. 농전 수리법은 수리시설의 신설이나 보수 때 그 비용을 주민이 공동으로 부담하거나 정부가 대부해 지주가 독점하지 못하도록 한 것이다. 특히 논란이 되었던 모역법은 양세법 체제에서 화폐화되지 않고 남아 농민들을 괴롭혔던 노역을 화폐화하여 그로 인한 몰락을 막고자 한 것이었다. 즉, 노역을 제공하던 민들에게 등급을 매겨서 화폐를 징수하고, 면역의 특권을 받던 관호로부터도 농촌의 반액인 조역전을 징수하여 그 돈으로 전문적 대리인을 고용하는 것이었다.

이와 같은 개혁은 근본적으로는 지주제를 부정하지 않았고 장기적으로는 오히려 이를 옹호하는 정책이었으나, 눈앞의 이익을 삭감당한 대지주, 대상인, 고리대금업자 등의 강력한 반발에 부딪히게 되었다. 이들을 왕안석의 개혁을 지지하는 신법당과 구별하여 구법당으로 부른다.

신종은 이들의 반발을 무마하기 위해 왕안석을 잠시 지방장관으로 좌천시키기도 했다. 그 후 왕안석은 재기용되었으나, 그의 뜻을 펼치기에 지주 관료들의 세력은 너무나 완강했다. 거기에 출세에 눈이 먼 여혜경의 변신, 개인적으로는 동생과 아들을 연이어 잃는 슬픔도 겹쳐 왕안석은 모든 관직을 사임하고 강녕남경의 종산에 은거하다가 쓸쓸한 죽음을 맞았다.

구법당의 인물로는 사마광, 구양수, 소동파 등이 있다. 그중에도《자치통감》의 편자이자 지주관료들로부터 '살아 있는 부처'로 칭해졌던 사마광이 대표적 인물이다. 사마광은 왕안석의 개혁이 추진되자 이를 반대하여 관직에서 물러난 후《자치통감》의 편찬에 주력하여 19년 만에 완성하였다. 이 책은 주나라로부터 오대의 후주 세종까지를 편년체로 정리한 중국 통사로 우리나라에서도 널리 읽혔다. 사마광은 신동으로 불리던 어릴 적의 일화를 담은 《소아격옹도》의 주인공으로도 잘 알려져 있다.

사마광은 왕안석보다 두 살 위로, 강남 출신의 신흥관료였던 왕안석과는 달리 대대로 진사를 내었던 화북의 대표적인 지주관료 출신이었다. 당시의 중앙고관은 화북 출신의 전통 지주관료들, 즉 구법당이 대세를 이루고 있었다. 한편, 11세기 전반에는 강남의 눈부신 발전을 배경으로 강남 출신의 신흥관료의 진출이 두드러지게 나타나고 있었으니, 왕안석의 개혁은 그와 같은 배경 속에서 이루어졌다.

1085년 개혁의 군주였던 신종이 죽고 철종이 즉위하자, 사마광이 재상으로 등용되어 모든 신법은 폐지되고 개혁은 원점으로 돌아갔다. 구법당이 정권을 잡은 뒤 이들이 또 분파로 나뉘어 서로 대립하였고, 철종이 어머니 선인태후의 섭정을 마감하고 친정에 나서서 신법당을 중용하고 구법당을 추방하자 신법당은 대대적인 구법당 보복에 나섰다. 휘종 대에 양대 세력의 화합이 도모되었으나 이미 당쟁의 골이 너무 깊어 회복이 불가능한 상태였다. 북송 말기, 개혁은 실종되고 구법당 신법당 사이의 당쟁의 깊은 골만 남게 된 상태에서 민중들의 반란이 이어짐으로써 북송의 지배체제는 크게 동요되고 송나라는 중대한 위기 국면으로 치닫게 되었다.

화약·나침반·인쇄술
: 심괄의 몽계필담
(1093년경)

송대의 3대 발명품으로 화약, 나침반, 인쇄술을 꼽는다. 이슬람 세력을 통해 서양에 전해진 이들 발명품들은 서양의 근대사회를 재촉했다. 화약은 중세의 기사계급을 몰락시켰고, 나침반은 지리상의 발견을 가능하게 했으며, 인쇄술은 새로운 문화를 시민계급의 손에 쥐어주는 역할을 했다. 송대의 중국은 분명 세계 어느 나라도 따라갈 수 없는 최고의 문명국이었다. 자연과학, 인문과학 할 것 없이 과학기술이 전반적으로 발달하고, 그것을 뒷받침으로 해서 산업이 급격히 발달하고 있었다.

그 배경은 무엇이었을까? 송대에는 중국이 유목민족들의 침입으로 국토의 일부를 내주고 나름대로 시련이 컸던 시기였다. 그러나 오히려 이러한 시련이 도전과 자극이 되어 새로운 기술이 다투어 촉진되고 경제 및 산업 전반이 크게 발달하였으며 해외무역도 활발히 일어났다.

화약은 초석, 유황, 목탄 등을 혼합하여 만들어지는데, 이미 당초의 어느 도사는 이들의 배합을 기록하고 있다. 화약이 무기로 처음 사용되었던 것은 당 말이었으며, 그 제작과 사용법이 널리 발달한 것이 송대였다. 1161년 남경 부근까지 남하한 금군과의 전투에서 폭발력이 강한 화약이 처음으로 사용되었다. 당시는 종이로 만든 용기에 화약을 담고 점화한 다음 손으로 던졌으나, 13세기에는 철제 용기가 출현하여 통 모양의 용기에 넣고 정확히 조준 발사하는 장치가 발명되어 명중률은 더욱 높아지게 되었다.

화약은 13세기 중엽, 이슬람 제국에 출정한 십자군에 의해 유럽에 전달되었고, 유럽은 14세기 전반부터 화약을 제조하게 되었다. 그러나 명나라 말기 중국에 나타난 서양인들의

중국의 화약제조 기술은 12세기 말 서양에 전해져 기사 계급의 몰락 등 사회변화에 크게 영향을 미쳤다. 그림은 〈금병매〉 1643년판에 실린 목판의 불꽃놀이 광경.

손에 들린 화약무기는 옛 중국인들의 그것과는 비교가 안 될 만큼 위력이 강한 것이었다.

중국인들은 일찍부터 자석의 원리를 알고 있었으며, 11세기에는 자침이 정확히 남북을 가리키지 않고 한쪽으로 약간 기울어져 있다는 것까지 알고 있었다. 이러한 원리는 송대에 해상무역이 활발해지면서 나침반의 제작을 이끌어냈다. 낮에는 태양, 밤에는 별을 기준 삼아 원시적인 항해를 해왔던 항해기술이 급격히 진전하여 원양항해에 커다란 전기를 마련했다.

한편, 인쇄술이 급격히 발전했다. 송대에는 산업의 발달에 따라 문화층이 확대되고 과거제가 정착되어 수험용 참고서 등 서적의 수요가 크게 증대되고 있었다. 중국에는 일찍이 제지술이 발달하였고 제지업이 발달한 곳을 따라 인쇄업도 발달했다. 서적이 상품으로 팔리기 시작한 것은 이미 당 말부터였다고 한다.

1041년, 필승이 찰흙을 아교로 굳혀 최초로 움직이는 활자를 만들었다. 목판으로는 다른 책을 인쇄할 수 없는 데 비해, 활자는 철판 위에 글의 순서대로 배열하여 인쇄를 한 다음, 다른 책을 찍을 때는 또다시 배열하여 사용할

수 있다. 그러나 중국의 문자는 표음문자가 아니라 표의문자이고 글자의 수가 무수히 많다 보니 활자가 널리 사용되는 데는 어려움이 많았다.

송대에는 각 분야의 서적출간이 매우 활발히 일어났다. 대표적인 역사서로는 구양수의《신당서》, 사마광의《자치통감》이 있다.《신당서》는《구당서》의 오류를 바로잡고자 한 기전체紀傳體의 저술이고,《자치통감》은 사마광이 19년간 편찬한 통사로서 편년체編年體로 되어 있다. 송대에는 역사서술에서의 새로운 방법, 즉 사건의 본말을 중심으로 기술하는 이른바 기사본말체紀事本末體가 출현했다. 금석학이 새로이 개척되어 구양수의《집고록》, 조명성의《금석록》등이 발간되었다.

송대의 과학을 논하면서 빼놓을 수 없는 인물이 심괄이다. 그는 11세기 왕안석과 비슷한 시기에 살았던 정치가이자 다방면에 박학했던 과학자로서 당대의 천문학 · 수학 · 물리학 · 생물학 · 약학 · 기술학 등의 과학 분야뿐만 아니라 문학 · 예술 · 역사 · 행정 · 군사 · 지리 · 행정 분야의 성과를 깊이 있게 일괄하는 백과사전적 저술인《몽계필담》을 남겼다. 몽계夢溪는 그가 관직에서 물러나 살았던 곳이다. 대략 1086년에서 1093년 사이에 완성되었다고 알려져 있다.

그는 고대에 있어서의 기후의 변동과 해류의 변동을 추정해냈고 각종 천문기계를 제작했다. 태양력의 사용을 주장했으며 자침이 정남북을 가리키지 않는 것에 유의하여 입체 모양의 지도와 천하도를 만들었다.

송자는 중국 최초의 법의학 저서인《세원집록洗冤集錄》을 1247년에 완성했다. 그는 법관으로 있을 때 청렴하게 법정을 펼쳐, 간악한 자를 엄징하고 백성들의 원한을 풀어주었다. 형정과 사법 경험을 총괄하고 많은 관련문건들을 검토하여 법의학의 검시법, 응급처치 및 해부, 생리, 병리, 및 외과 수술의 성과를 종합하였는데, 특히 법의학 검험檢驗에 관한 것은 근대 과학원리와도 부합되는 점이 많아 중요한 자료로 알려지고 있다.

여진족의 화북 지배
: 북송의 멸망
(1127년)

　만주에는 퉁구스계의 여진 부족이 널리 분포되어 반농반목의 생활을 하고 있었다. 이들은 일찍이 발해의 지배하에 있었는데, 발해 멸망 이후에는 요의 영향을 받고 있었다. 그들 중 이미 요의 지배하에 편입된 세력은 '숙여진', 그렇지 않은 부족들은 '생여진'으로 불리었다. 생여진 중에 하얼빈 남쪽 아십하 阿什河강 유역에 거처하던 완안부完顔部가 추장 완안아구타를 중심으로 급격히 성장하여 12세기 초 동아시아에 돌풍을 몰고 왔다.

　여진 부족의 통합은 아구타의 할아버지 오고내 때 시작되어 숙부인 영가盈歌 때 가속화되었다. 아구타阿骨打는 취약한 요의 내부를 간파한 후 마침내 1115년, 여진족 최초의 국가를 건설하고 국호를 대금이라 하니, 그가 금태조이다. 금은 하늘을 찌를 듯한 기세로 요의 진압군에 연전연승하였으며 요동·요서로 남하하여 종횡무진으로 세력을 떨쳐나갔다. 요나라 황제인 천조제 야율연희는 70만의 대군을 편성하여 금나라를 공격했으나 대패했다. 당시 요나라는 서하와의 잦은 전쟁으로 백성들의 불만이 높았으며, 황실 내부의 권력 다툼도 치열해 정치적으로 매우 불안정한 상태였다. 금태조는 이를 틈타 꾸준히 세력을 확대해 나갔다.

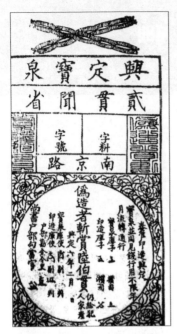

금대의 교초 흥정보천. 금왕조는 해릉왕 시대부터 교초를 발행, 동전과 함께 사용했다. 흥정보천은 2관이 은 1냥에 상당하며 위조자는 사형에 처했다.

태조는 여진 전통의 씨족 구조인 맹안·모극 제도를 군사조직으로 재편함으로써 발전의 토대로 삼았다. 맹안은 1000을 뜻하는 여진어의 '민간', 모극은 100을 뜻하는 '무게'의 음역이다. 태조는 300호를 1모극, 다시 10모극을 1맹안으로 삼아, 1모극에서 100명의 군사를 뽑아 1모극군을, 10모극군을 모아 1맹안군을 만들었다. 맹안모극제로 사회·행정조직과 군대가 일치되고 유목민 특유의 강한 결속력이 가미되어 금군은 맹위를 떨칠 수 있었다.

한편, 이 무렵 송나라는 왕안석의 개혁도 실패하고 당쟁은 격화되어 급격하게 국력이 쇠퇴하고 있었다. 휘종은 정치에는 뜻이 없어 그가 신종의 아들이라는 것이 도무지 믿기지 않을 정도였다. 이 틈에 채경 같은 처세술에 능한 관료가 환관 동관과 결탁하여 온갖 부정부패를 일삼았다. 휘종은 도성 동북 면에 인공산을 만들고 향락생활에 빠져 들었고 채경과 동관은 이를 부추겨 전국의 기화요초와 괴석들을 수집하게 되니, 이를 운반할 때 민간집의 담장이나 집이 방해가 되면 허물어버렸다고 한다.

신흥국 금나라의 소식을 접한 송은 형세를 오판하여 연운 16주를 회복할 심산으로 금나라와 동맹을 맺어 요를 협공하게 된다. 1120년의 이 동맹은 육지의 요를 피해 해상으로 사신을 교환하였기에 '해상의 맹약'으로 불린다. 금태조는 요의 수도 상경과 중경을 연이어 함락시키며 파죽지세로 대승을 올렸으나 송은 연경 공격에 연패하여 금나라에 원군을 요청하는 지경이 되었다. 송은 방납의 난이 일어나 그 군대를 국내에 투입할 수밖에 없었다. 방납은 강남의 분노한 백성들을 이끌고 한때 대운하의 종점인 항주를 점령하는 등 세력을 떨쳤다. 한편, 산동의 양산박에서는 송강의 난이 일어나 관군을 크게 괴롭혔는데, 이들이 바로 유명한《수호지》에 등장하는 양산박 108명 호걸들의 모델이다.

해상의 맹약에 따라 금나라는 장성 이북의 땅을 모조리 점령했지만 송나라는 연경조차 점령하지 못했다. 송의 요청으로 연경마저 점령한 금군은 연경 출병 대가로 은 20만 냥, 비단 30만 필, 전 100만 관, 군량 20만 석을 요구했고 송은 이를 수락하지 않을 수 없었다.

금군은 거의 독자적 힘으로 요의 본거지를 석권했다. 요의 마지막 황제 천조제는 서쪽으로 도망하여 한때 서하에 몸을 의탁했지만, 1125년 금나라에 체포되고 말았다. 첫 번째 정복왕조 요는 건국 이래 210여년 만에 멸망했다. 요의 귀족들이 서쪽으로 도망하여 요나라를 재건하였는데 이를 서요라고 부른다.

요나라가 멸망하자 송은 금나라와의 약속을 지키지 않았다. 일단 회군했던 금군은 다시 남하하여 송의 수도 변경을 향해 밀어닥쳤다. 당시 금의 군대가 도성에 육박했다는 보고를 들은 휘종은 신하들의 손을 잡고 말하기를, "금나라가 설마 우리 도성을 공략해 올 줄은 꿈에도 생각지 못했다".

그는 이 말을 마치고 기절하고 말았다. 백성들은 채경 등의 처벌을 요구하면서 결사대를 결성하여 목숨을 버려서라도 도성을 사수할 것을 결의하였다. 그러나 당황한 휘종은 스스로 퇴위하고 장남인 조환을 즉위시키니 이가 흠종이다. 흠종도 두려움에 떨며 마지못해 도성에 머무를 뿐이었다.

결국 송은 금나라가 요구하는 모든 굴욕적 조건들인 황금 5백만 냥, 백은 5천만 냥, 비단 1백만 필, 우마 1만 마리 등을 바치기로 하고, 흠종이 금나라 황제의 조카가 될 것 등을 수락하였다. 그러나 금군이 철수하자 다시 이를 파기함으로써 금군을 격분시켰다. 금의 대군이 또다시 처내려와 수도 변경을 함락시키니 송나라는 멸망하고 말았다. 이때가 1127년이다. 후대의 사가들은 당시의 연호를 따서 이를 '정강의 변'이라고 부른다. 이로써 변경에 도읍했던 북송은 멸망했다. 휘종과 흠종, 3천 명의 종실들은 포로로 잡혀 옛 땅으로 유배되었으며, 그곳에서 쓸쓸한 여생을 마쳤다.

때마침 금에 사신으로 가기 위해 수도를 떠나 있던 휘종의 아홉째 아들 강왕이 금의 추격을 피해 강남으로 이동하여 임안(항주)을 수도로 삼고 송의 피난정권을 수립하였다. 그가 고종이다. 남송 시대가 시작된 것이다.

이제 중국은 북중국을 완전히 빼앗기고, 회하를 경계로 금과 대치하게 되었다. 이후에도 양국 사이에는 수없이 전쟁이 되풀이되었다. 화북지방에도 여러 의병장들이 활약했다. 송은 주전파와 강화파로 나뉘어 서로 대립하게 되었는데, 강화파 진회가 악비, 한세충 등 명장들을 제거하고, 1142년 다시 금과의 화의를 수립함으로써 종결되었다. 이때 송이 금에게 제출한 서약서에는 대대로 신하의 절개를 지킨다는 약조가 담겨 있었다. 이전까지의 중국에서는 상상도 하지 못할 일이었다.

민족의식이 고조되었던 중국인들에게 악비는 영원한 민족의 영웅으로 두터운 사랑을 받았으며, 그를 투옥한 후 끝내 옥사시켰던 진회는 대표적 매국노로 낙인찍히게 되었다. 진회는 주전파였으나 북송 멸망 당시 금의 포로로 잡혔다가 귀환한 후부터 강화파로 돌변함으로써 세간의 의심을 받았다. 악비는 가난한 농민 출신으로 북송이 멸망할 무렵 의용군에 참전하여 전공을 세웠으며 남송 때 무한과 양양을 거점으로 대군벌이 되어 유광세, 한세충 등의 군벌과 힘을 합쳐 금군을 회하 진령에서 저지하는 등 용맹을 떨쳤다. 그러나 강화파인 재상 진회가 악비의 군대지휘권을 박탈하여 중앙군으로 개편하고 저항하는 악비를 무고한 누명을 씌워 투옥한 뒤 살해했다. 악비의 나이 39세였다. 그는 진회가 죽은 후 명예 회복되었으며 중국인들의 중원 복귀의 꿈을 상징하는 인물로, 구국의 영웅으로 널리 사랑을 받았다. 관우와 함께 무장을 대표하는 인물로 무묘에 합사되었다.

한편 금나라는 연운 16주를 지배했던 요나라와는 비교할 수 없는 광대한 지역, 화북 지방을 지배하게 되었으나, 점차 여진족 고유의 질박함을 잃어버리고 중국문화에 동화되었다. 대체로 북방민족 중에서 여진족이 거란이나 몽고에 비해 중국화 경향이 더 컸다.

중국화를 가속시킨 왕은 4대 해릉왕이었다. 쿠데타로 집권한 그는 중국식 국가조직과 황제독재체제를 수립하고 한인들을 중용하였으며, 수도도 발상지인 상경 회령부에서 오늘날의 북경인 중도로 옮기고 여진인을 대거 화북에 이주시켰다. 그는 1161년 무리하게 남송까지 지배하려 친정을 일으켰다가 남송의 강력한 저항에 부딪혀 참패한 후 훗날 부장에게 살해당했다. 해릉왕 이후 집권한 세종은 내치에 힘쓴 명군으로 일컬어진다. 그는 가난한 여진인들에게 토지를 분배하였으며, 여진족 고유의 기풍을 진작시키고 여진문자를 장려하여 민족의식을 고취하였다. 여진문자는 태조 때 완안희윤이 거란문자를 참고하여 여진대자를, 희종 때 희종 스스로 여진소자를 만들었다. 명나라 때까지도 쓰이다가 사라져서 청나라 때는 몽골문자를 차용하였다.

　금나라의 몰락은 몽골 초원에서 새로이 일어난 강력한 영웅, 칭기즈칸에 의해 재촉되더니 마침내 건국 120년 만인 1234년에 마지막을 맞았다. 훗날 그들의 후손들은 다시 금나라를 세워 한인들을 아주 오랫동안 지배하였다. 청나라가 바로 그 나라다.

초원의 폭풍 칭기즈칸
: 몽고의 유라시아 제패
(13세기)

1162년 금나라에 세종이 즉위하여 최성기를 구가할 무렵, 시베리아 남단 해발 1,400m의 몽고 초원에서 한 아이가 태어났다. 그의 이름은 테무진, 몽골어로 '최고의 쇠로 만든 사람'이라는 뜻으로 '눈에 불이 있고 얼굴이 빛나는' 아이였다. 그가 장차 몽고족을 통일하고 유라시아를 제패하는, 세계 사상 최대의 제국을 이룩하리라고는 아무도 생각하지 못했다.

전설에 의하면, 몽고족은 하늘에서 내려온 푸른 이리가 흰 사슴을 아내로 맞아 건설한 나라이다. 북방의 혹독한 추위와 거친 유목 생활은 그들을 강인한 체력과 끈질긴 인내심을 가진, 매우 독립적이고 용맹한 개인으로 키워 냈다. 이들은 어릴 때부터 평생을 말안장 위에서 생활했다.

테무진은 용맹한 몽고 부족장 예슈게이와 호엘룬 사이에서 태어났으나 그가 9살 때 아버지 예수게이는 타타르족에게 독살당하고 말았다. 당시 몽고고원에는 몽고족 외에도 몽고계·투르크계의 여러 유목 민족들이 서로 각축을 벌이고 있었는데, 그 대표적인 부족은 타타르·메르키트·케레이트·옹구트·나이만 등이었다.

아버지를 잃은 테무진은 어머니 슬하에서 고난에 찬 어린 시절을 보냈다.

그러나 점차 장성하면서 부족 재건의 투지를 불태웠고, 그의 용맹함은 주위에 널리 알려지게 되었다. 그는 여러 차례 죽을 고비를 넘기면서 몽고고원을 통일해 나갔다. 한번은 메르키트 부족에게 아름다운 아내 보르테를 빼앗겼던 적도 있었는데, 그것은 예슈게이가 메르키트 청년의 아내 호엘룬을 탈취해갔던 것에 대한 복수였다. 유력한 부족의 신부를 얻는다는 것은 당시 부족 간의 경쟁에서 유리한 고지를 차지하는 하나의 전략이었다.

마침내 1206년, 몽고의 부족장들은 부족 연합회의인 '쿠릴타이'를 개최하여 이미 백전의 경험을 가진 뛰어난 전략가 테무진을 '칭기즈칸'으로 추대했다. 칭기즈칸이란 몽고어로 '강력한 군주'라는 뜻이며, 쿠릴타이는 '집회'라는 뜻이다. 새로운 나라의 이름은 '예케 몽골 울루스', 즉 '대몽골제국'이었다. 그는 부족 간 납치나 몽골인을 노예로 삼는 등의 악습을 폐지하고 법의 우위를 선포하였으며, 능력에 따른 합리적인 인사를 통해 평등하고 효율적인 조직을 만들었다. 이제 한 부족의 명칭에 불과하던 몽고는 몽고고원 일대에 거주하는 종족 전체를 지칭하는 명칭으로 확대되었다.

그는 종래의 씨족제를 해체하고, 사회를 천호·백호제로 재편했다. 이는 금의 맹안·모극제와 매우 유사한 것이다. 당시 총 95개의 천호 중 88개의 천호장에는 '나라를 함께 세우고 함께 고생해온 전사'가 임명되었고, 칭기즈칸은 피로써 다져진 충성스런 전사조직을 일사불란하게 지휘하며 대정복 전쟁을 효과적으로 수행할 수 있었다.

1215년, 먼저 동으로 진격하여 금의 연경을 공략하여 하남으로 밀어낸 칭기즈칸은 말머리를 서방으로 돌려 그야말로 질풍노도와 같이 광대한 유라시아 대륙을 제패해나갔다.

요의 망명정권 서요를 대신한 나이만 왕국이 쓰러졌고, 중앙아시아 최대 강국으로 사마르칸드에 도읍하고 있었던 호라즘 왕국이 쓰러져갔다. 1225년까지 남으로는 인더스강 유역에서 서로는 카스피해를 넘어 남러시아에 이르는 중앙아시아 거의 전역이 몽고의 지배하에 들어갔다. 귀향한 칭기즈칸은 1227년 마침내 서하를 무너뜨리고, 금으로 진공을 꾀하던 중 병영에서 대정복으로 점철된 66년의 생애를 마감했다. 몽고족의 풍습은 매장 후 봉분을 하

세계제국을 건설한 만년의 칭기즈칸 초상. 이슬람 역사가에 의하면 만년의 칸은 건강하며 고양이 눈을 하고 통찰력과 이해력이 넘쳤다고 한다.

지 않기 때문에 고향에 묻힌 그의 묘소를 확인할 길은 없다.

칭기즈칸에게는 정실 소생의 4아들 주치, 차가타이, 오고타이, 툴루이가 있었는데, 그의 영토는 몽고풍습에 따라 이들에게 분할 상속되었다. 대칸의 위는 오고타이, 그의 아들 구유크, 툴루이의 아들 몽케, 몽케의 동생 쿠빌라이에게 이어졌다. 오고타이 사후 권력 분쟁이 이어졌으나 칭기즈칸의 정복사업은 그 자손들에게 훌륭히 계승되었다.

오고타이는 1239년, 마침내 숙적 금을 멸망시켰고, 몽케는 1258년 세계 최고의 문명 발상지이자 고도의 이슬람 문명국인 서아시아의 압바스 왕조를 무너뜨렸다. 칭기즈칸의 5대 대칸 쿠빌라이는 1279년, 마침내 동아시아 최대의 문명국 송을 멸망시킴으로써 제국의 최대판도를 이루었다. 동해에서 남러시아에 이르는 인류 역사상 전무후무한 세계 최대의 제국이었다.

몽고군의 전술은 마치 초원에서 사냥을 할 때 포위망에 들어 있는 짐승을 압축하듯이 추호의 사정이 없었다. 정복당한 나라의 백성은 기술자를 제외하고는 모두 잔인하게 살육되었다. 그들은 전진하는 몽고군의 후방을 괴롭힐 수 있기 때문이다. 살육당하지 않은 정복민은 다음 전쟁터로 끌려 나가 위험한 노역에 동원되는 등 몽고군의 방패막이로 쓰러져갔다. 몽고군이 지나간 도시는 철저히 파괴되어, 수천 년 귀중한 문화유산들이 영원히 사라져갔다. 몽고군의 말발굽 소리만 듣고도 사람들은 공포에 떨었다.

몽고군의 이 파괴적인 위력은 신출귀몰한 기마전술에 크게 의존하고 있었으나, 금을 통해 취득한 송의 화약 무기, 지렛대의 원리를 이용하여 성벽 도시에 큰 돌을 쏘아 넣는 투석기, 성벽을 무너뜨리는 특수 수레 등 신기술 들이 동원되었기 때문이다. 특히 남송 말기에 총과 유사한 화약무기가 발명되었는데 몽고는 대나무 통을 금속관으로 교체하여 화총이라 불렀다.

몽고의 대제국은 몽고 본토 및 중국은 황제의 직할령으로, 그 나머지 땅은 이른바 4개의 한국으로 나뉘어 다스려졌다. 남러시아에는 킵차크한국, 서아시아에는 일한국, 중앙아시아에는 차가타이한국, 서북 몽고에는 오고타이한국이 건설되었다.

일한국은 몽케의 동생 훌라구가 세웠다. 그는 1258년 바그다드를 함락시켜 500년 이상 지속된 압바스조 칼리프를 멸망시키고 이슬람 세계를 정복하였다. 몽케가 죽고 둘째 형인 쿠빌라이와 동생 아릭부케 사이의 칸위 계승 다툼 소식을 듣고서 귀환을 단념하고 일한국을 세웠다. 킵차크한국은 오고타이 때 주치의 아들 바투에 의해 건설되었는데, 바투는 1238년 모스크바를, 1240년에는 남러시아의 키에프를 점령한 데 이어 신성로마제국, 폴란드, 헝가리를 점령함으로써 유럽을 공포의 도가니로 몰아넣었다. 1241년 신성로마제국과 폴란드의 연합군을 대파한 '리그니츠' 전투는 어찌나 죽은 자가 많았던지 '죽은 자의 도시'라는 뜻의 '발슈타트'로 바뀌게 되었다.

몽고의 대제국 속에서 동서의 문물은 매우 활발히 교류되었으며, 몽고의 문화는 그들의 지배력이 뻗쳤던 유라시아의 각국에 지울 수 없는 커다란 영향을 끼쳤다.

약탈자에서 지배자로
: 원 왕조의 성립
(1271년)

　대제국을 건설한 몽고족에게는 참으로 어려운 숙제가 하나 남겨졌다. 그
것은 어떻게 고도의 문명국들을 다스리는가 하는 문제였다. 몽고족은 초원
의 목동이자 전사였고, 정복민인 중국은 세계 최고의 문화전통을 자랑하는
나라였다. 게다가 몽고족은 수적으로도 열세를 면치 못했다. 그 과제는 오랜
진통 끝에 달성되었으나 결과적으로는 몽고족의 건강한 풍습을 해침으로써
마침내 제국의 지배를 종식시키는 결과를 초래하였다.

　순수 유목민인 몽고인들에게 중국의 농경문화는 너무나 이질적이고 생소
한 것이었다. 몽고인들의 중국 지배관을 바꾸어놓은 이가 야율초재였다. 그
는 거란 황실 출신의 금나라 최고의 학자요 정치가로, 몽고가 금나라로부터
얻은 최고의 보물이었다. 그는 칭기즈칸으로부터 오고타이 때까지 30여 년
간 재상으로 활약했다. 그는 몽고인들에게 농토와 농민의 중요성을 인식시
키고, 토지가 생산해내는 풍부한 생산물을 세금으로 확보하여 국가재정을
확충하는 방법을 처음으로 가르쳐준 외국인이었다.

　1259년 몽케가 남송 정벌 도중 전염병에 걸려 사망하자, 대권을 두고 쿠빌
라이와 아릭부케 간의 4년여에 걸친 대립이 있었다. 몽고의 전통귀족들의 대

부분은 아릭부케를 중심으로 결집했으나, 소수파에 불과했던 쿠빌라이가 중국대륙의 광대한 힘을 기반으로 승리할 수 있었다. 그는 일찍이 중국문화와 접촉했던 중국통으로, 그 가치를 충분히 인식하고 있었던 몇 안 되는 몽고인의 한 사람이었다.

그러나 이후에도 몽고인들은 전통의 고수와 중국화의 기로에서 끊임없이 갈등했다. 그것은 쿠빌라이와 오고타이의 아들 카이두의 항쟁으로 표출되었다. 그들은 죽을 때까지 20여 년간에 걸쳐 대립 항쟁했다. 실제로 4한국 중에서 쿠빌라이의 동생 훌라구가 건설한 일한국만을 제외하고 모든 한국들이 카이두를 지지하고 있었다.

쿠빌라이는 몽고의 전통 도시 카라코룸을 두고, 제국의 근거지를 중국 영내로 옮겼다. 수도는 금의 수도였던 대도 북경으로 옮겨졌고, 1271년에는 국호를 '시초', 혹은 '근원'이라는 뜻의 '원元'으로 칭했다. 이는 중국의 고전인 《역경》에서 자구를 딴 것이다. 남송 정벌의 대장정이 다시 결행되어 1279년에는 마침내 남송을 멸망시킴으로써, 몽고족은 중국인을 송두리째 정복한 최초의 민족이 되었다.

원제국은 중서성中書省을 최고관청으로 하는 중국식 중앙관제를 약간의 손질을 가해 그대로 운용했다. 그러나 과거를 통해 관리를 뽑을 필요는 없었다. 대부분의 고위 관직자들은 '몽고인 제일주의'에 의거하여 반드시 몽고인으로 충당되었다. 한인들의 거듭된 요구로 14세기에 십여 차례 과거가 시행되기는 하였으나 민족별로 인원이 정해져 있어 큰 의미는 없었다.

지방의 행정기구로는 예전의 주현제를 그대로 두고, 그 위에 부, 로를 설치했는데, 각 단위에는 다루가치라는 몽고인 감독관을 파견했다. 전국은 10여 개의 지역으로 묶이고, 각각 '행중서성行中書省'을 두었는데, 그 뜻은 '중서성의 파견기관' 정도의 의미이다. 이를 줄여서 '행성行省', 더 뒷날에는 '성省'으로 불리었다. 명청 대에 성省이 지방 행정구역으로 된 것은 여기에서 유래한다.

원은 백성들을 크게 4개의 신분으로 구별하고 철저한 차등을 두어 다스렸다. 물론 최고의 신분은 몽고인이었다. 몽고인 제일주의는 다수의 문화민인

공성전에 나선 몽고 군. 이들이 사용하는 공성기계는 만고넬이라고 불리었는데, 1273년 독일인에 의해 중국에서 만들어진 것이라고 한다.

중국인을 지배하기 위해 피할 수 없는 선택이었다. 제2신분은 색목인色目人. 색목인이란 '여러 인종이 섞여 복잡하다'는 뜻으로, 서역 계통의 종족들을 일컫는다. 이들은 원의 제국 확장이나 중국 통치에 일찍부터 중요한 협력자 역할을 해왔다. 몽고인들에게는 이들이 중국문화와는 아주 이질적인 이슬람 문화권에 속해 있다는 것, 그리고 뛰어난 상업·재정 능력을 보유하고 있다는 것이 아주 매력적이었다. 상업 활동에 종사하던 이들에게도 몽고의 대제국 속에서 대상로가 확보되고 상업상의 이득이 확대되는 것은 매우 바람직한 일이었다.

중국인들은 몽고의 지배 속에서 가장 커다란 차별을 받고 있었는데, 제3 신분인 한인과 최하 신분인 남인으로 구별되었다. 한인은 금의 지배하에 있던 화북의 중국인들로 말단의 관직에 봉직할 수 있었으나, 최후에 정복된 남송 지배하의 강남의 중국인들, 즉 남인에게는 그것조차 주어지지 않았다. 중국 지식인들의 지위는 급격히 하락하였다. 지방에서 수령관이나 서리가 되어 행정의 실무를 담당하거나, 그것도 아니면 일찌감치 벼슬을 포기한 채 재야에 묻혀 시서화에 탐닉하여 은둔하였다. 중국의 자연을 담은 산수화를 비롯한 문인화는 원대에 가장 발달하여 걸출한 작품들을 남겼다. 잡극이라는 새로운 문학 분야를 개척하기도 하고, 그도 저도 아니면 일반 민중과 거의 차별이 없는 존재가 되었다.

한편, 몽고인들은 점차 유목민족 특유의 강건한 기풍과 용맹한 군사력을 상실해갔다. 칸의 계승권 다툼은 갈수록 심화되어 성종에서 마지막 황제 순제 사이의 26년간에는 무려 8인의 제왕이 교체되었다. 게다가 황실의 라마교 신봉은 원제국의 몰락을 재촉했다.

라마교, 즉 티베트 불교는 대승불교에서 갈라져 나온 밀교의 한 갈래이다. 밀교는 중생 구제를 강조하는 보살 개념이 강조된 대승 불교가 힌두교의 주술적이고 현실 긍정의 논리와 결합하여 6세기경 만들어졌다. 이 세상 전체를 부처의 몸으로 보면서 주술과 수행을 위한 다양한 의례와 도구, 만다라 등을 갖추게 되었는데, 라마교는 여기에 티베트 고유종교인 본교가 다시 결합되어 10세기경 성립되었다. 오늘날까지 티베트는 성스러운 불교의 성지로 잘 알려져 있다. 중국인 중 라마교 최초의 신자는 쿠빌라이로, 그는 티베트 원정에서 살가파 교주인 파스파의 설법에 감동하여 그의 열렬한 신도가 되었다. 파스파는 쿠빌라이를 불교 경전에 등장하는 이상적인 군주, 전륜성왕에 비유하였다. 쿠빌라이는 그를 황제의 스승으로 초빙하여 전국의 승려들을 통솔하게 하고 티베트의 행정 장관으로 삼았다. 티베트문자를 변형하여 제작한 파스파문자는 몽고의 공문서에 사용되었다.

수백 회에 이르는 빈번한 라마교의 불사와 황실의 퇴폐적인 생활은 재정난을 더욱 악화시켰다. 이에 교초가 남발되니 폭발적인 물가상승 속에서 백성들의 불만은 점차 고조되었다.

원의 침입과 고려, 일본, 베트남
: 2차 일본원정
(1274, 1281년)

1274년, 마산부두에서는 일본정벌을 떠나는 900척의 군단이 출정준비를 하고 있었다.

고려와 몽고의 첫 접촉은 1219년, 평양성까지 쫓겨 온 거란족을 함께 물리치는 것으로 시작되었다. 이후 고려인들은 무리한 공물을 요구하며 오만불손한 태도를 일삼는 몽고사신들에게 커다란 반감을 갖게 되었다. 때마침 1225년 교만한 몽고사신 저고여가 공물을 싣고 귀국하던 중, 압록강변에서 피살되는 사건이 발생하였다. 몽고는 이를 문책한다는 빌미로 고려 침략을 개시했다.

1231년의 1차 침입부터 1270년 개경환도까지 몽고는 6차에 걸친 침략 외에도 크고 작은 침탈을 계속했고, 그에 맞선 고려 백성들의 30여 년간의 끈질긴 항쟁은 세계 역사상 매우 드문 것이었다. 몽고의 초토화 작전에 따라 전국의 국토는 남김없이 유린되어 폐허가 되었고, 그 속에서 황룡사 목탑 등 귀중한 문화재들이 소실되었다. 불력으로 몽고의 침입을 물리치기 위해 팔만대장경이 조판되기도 했다.

강화도로 천도했던 무신정권이 무너진 후, 고려 왕실은 몽골에 항복하고 개경으로 환도하였다. 이후에도 고려의 항쟁은 삼별초의 항쟁으로 이어졌다. 고려 백성들의 끈질긴 항쟁으로 몽고의 직접 지배는 면했으나, 공민왕이 반원정책을 펼칠 때까지 약 70여 년간 고려는 몽고의 간섭과 수탈을 받게 되었다. 몽고의 공주와 결혼하여 몽고왕의 사위가 된 후에야 즉위할 수 있었던 고려왕의 이름 앞에는 '충忠'자가 붙여졌다. 엄청난 공물이 요구되고, '결혼도감'이 설치되어 고려의 여자까지 몽고에게 공물로 보내야만 했다. 왕은 몽고 옷을 입고, 머리 주위를 둥글게 깎아 중앙의 머리만을 땋아 길게 늘어뜨린 변발을 했다. 몽고의 풍습은 상류사회에 먼저 유행하였고 시간이 지나면서 민간에도 깊숙이 침투되어 전통문화도 일부 변질되었다. 족두리도 본래 몽고의 풍습이었고, 목마장이 설치되었던 제주도에는 몽고어의 잔재가 지금까지도 남아 있다.

몽고의 수탈은 이에 그치지 않았다. 죽음이 그를 제약할 때까지 평생 정복전쟁을 계속했던 쿠빌라이는 일본원정을 계획했다. 그 방법은 몽고의 전쟁방식, 즉 피정복민을 방패막이로 삼는 대리전이었다. 몽고는 고려를 기지로 삼아 일본원정을 감행했다.

1274년 1차 일본원정을 위해 고려는 9백 척의 병선, 무기, 군수품 등 모든 물자를 담당해야 했다. 이때 병선 공사의 감독관 홍다구는 고려인들의 증오의 표적이었다. 그의 아버지 홍복원은 고려 국경 수비대장으로 몽고의 침입 때 가장 먼저 항복하여 침략의 앞잡이가 되었던 인물이었다. 때문에 그는 더욱 악랄하게 고려인들을 채찍질했다.

마침내 몽고군 2만과 고려군 5천으로 구성된 일본원정군은 마산항을 출발하여 대마도와 이키를 소탕하고, 하카타만의 이마즈에 상륙하는 데 성공했다. 정벌군은 화약으로 만든 대포, 석화시 등 신예무기를 동원하여 일본 무사들을 혼비백산케 했다. 이윽고 밤이 되고 야습을 걱정했던 원정군은 함선에 올라 아침을 맞기로 했다. 그러나 이것이 결정적인 실수였다. 때마침 불어닥친 폭풍우로 인해 막대한 피해를 입은 원정군은 철수하게 되었다.

1281년 2차 원정이 감행되었다. 이번에도 고려는 9백 척의 병선제조를 강요받았고 남송을 멸한 후였기 때문에 강남지방에서 또 많은 병력이 차출되

몽고군의 일본 침공. 가마쿠라 막부 시대 말기에 원과 전투하는 모습을 그린 것으로, 위는 지가노시마 해전도, 아래는 수에나카 전투를 묘사했다.

어 총 15만, 4400여 척의 배가 다시 일본으로 향했다. 그러나 이번에는 일본이 단단히 방비하고 있었던 데다 또다시 몰아닥친 태풍으로 정벌군은 일본 땅에 상륙도 못 한 채 퇴각했다.

2차에 걸친 원정으로 고려의 국력은 더욱 피폐해갔고, 일본으로부터는 침략자의 낙인이 찍혔다. 일본인들은 자신들을 보호해 준 폭풍우를 '신풍神風' 즉, 가미카제로 부르면서 스스로를 '신의 보호'를 받는 국민으로 자처하게 되었다.

그러나 진정으로 일본인들을 구해준 것은 베트남, 자바 등지에서 벌어진 끈질긴 대몽항쟁이었다. 3차 일본원정을 준비하고 있던 쿠빌라이는 일본으로 향할 병력을 이쪽으로 투입할 수밖에 없었다.

당시 베트남은 대월국으로 진왕조가 지배하고 있었다. 1283년 원군은 해로로 참파를 함락시켰으나 그 선단은 폭풍으로 괴멸되었으며 다시 증원된 선단도 역시 폭풍으로 괴멸되었다. 원군은 대월의 지배하에 있던 참파를 칠 터이니 '길을 빌려줄 것'을 요구했으나 거절당했다. 화가 난 쿠빌라이는 1284년 말부터 4년간 계속해서 대군을 증파하여 수도 하노이를 점령했다.

그러나 몽고의 날랜 기병도 동남아의 저습지에서 무더위와 악전고투하는 일은 감당하기 어려웠다. 반면 베트남인은 고향의 익숙한 산천지리를 적절히 이용하여 끈질긴 저항을 펼친 끝에 마침내 원군을 격퇴시켰다. 이때 저항군을 지휘했던 이가 왕족 진흥도로, 그는 오늘날까지 민족적 영웅으로 널리 사랑받고 있다.

중국 국내에서도 계속된 원정에 반대하는 소요가 일어나고, 카이두계의 반발도 끊이지 않았다. 이어 1292년에는 자바가 입공을 거절하고 나섰다. 자바에 상륙한 원군은 역시 쉽게 왕도를 점령했으나, 민간의 끈질긴 항쟁 속에 아무 전과 없이 철수해야만 했다. 패보가 계속되는 가운데 쿠빌라이는 1294년 파란만장한 생을 마감했다.

몽고와의 전쟁으로 각국의 민족의식은 더욱 높아졌다. 고려에서는 자주의식이 강화되어 단군을 부각시킨 《삼국유사》와 《제왕운기》 등의 저술이 활발해졌다. 대월에서는 몽골의 침략을 막아냈다는 민족적 자부심이 드높아졌다. 《대월사기》가 편찬되었고 베트남 문자 쯔놈으로 쓰인 '쯔놈문학'이 크게 유행하였다. 일본에서는 몽골과 고려 연합군의 두 차례에 걸친 침입을 막아준 태풍을 '가미카제'로 부르며 자신의 나라는 신이 지켜준다는 신국 의식이 자리 잡게 되었다.

하나의 제국, 동서 교류의 확대
: 마르코 폴로, 동방견문록
(1299년)

마르코 폴로의 중국 여행기 《동방견문록》은 중세 말, 근대 초기의 유럽사회에 신선한 충격으로 다가와 커다란 파장을 일으켰다. 그러나 그는 기록을 남겼을 뿐 당시 중국을 여행한 유일한 유럽인도 아니었으며 그가 거쳤던 육상·해상의 무역로가 대단히 새롭고 위험한 것은 아니었다. 물론 자연적인 장벽이 만만한 것은 아니었으나, 이미 몽고라는 하나의 세계제국 속에서 유라시아의 온갖 인위적인 장벽들은 제거되어 있었다.

광대한 제국의 원활한 통치를 위해 몽고는 역참제가 정비되어 여행자들의 편의를 도왔다. 수도 카라코룸으로부터 초원과 사막을 포함한 전 지역을 연결하는 도로망을 따라 약 30km마다 말과 숙소를 갖춘 역이 배치되어, 황제가 발행하는 특허장인 배자만 있다면 어느 역에서든지 역마와 숙소를 마음대로 사용할 수 있었다. 원의 영역에만 약 1,500개가 있었다. 쾌적한 숙소에는 고급침상까지 놓여 있었다. 마르코 폴로를 비롯한 여행자들을 감동시키기에 충분했다.

해상무역도 발달하여 주요항구에는 시박사가 설치되어 무역을 관장했다. 시박사는 당나라 현종 때 처음 등장하지만 남해무역이 활발해졌던 송대 이후에 광주, 천주, 항주 등 해안 주요 도시에 설치되었다. 마르코 폴로가 세계 최고의 해상무역 도시로 소개한 천주泉州에는 아라비아 상인들의 집단 거류지도 있었다. 이로부터 동으로는 동아시아 각국과의 교역이, 서쪽으로는 동남아시아를 거쳐 인도, 서남아시아, 북아프리카에 이르는 교역이 활발히 이루어졌다. 천주는 명 중기 이후 부근에 복주나 하문이 개항되면서 쇠퇴하였다.

교역망이 정비되고 교역 물량이 증대되자 단일화폐의 필요성도 높아져 교초交鈔가 널리 통용되기에 이르렀다. 중국에서 지폐가 처음 발행된 것은 송나라 때의 교자交子였다. 금나라 때 이를 이어받아 교초를 발행하기 시작했는데 태환 준비금을 넘어 발행량이 증가하면 백성들에게 고통이 전가되었기 때문에 교초의 전용을 강제해도 민간에서는 은을 더 신뢰했다. 몽골에서는 태종 때 교초를 발행하기 시작하였고 세조 쿠빌라이 때 금·은 준비금을 확보한 후 중통원보초 10종류를 발행하였다. 당시 교초는 언제든 은과 교환될 수 있었기 때문에 광범위하게 국내외에 유통되었다.

마르코 폴로는 보석상인 아버지와 삼촌을 따라 동방으로의 기나긴 여행을 떠났다. 1271년 고향 베니스를 출발한 그는 흑해를 횡단하고 파미르 고원과 타림 분지를 지나 원의 수도 북경에 다다랐다. 그때 원의 황제는 쿠빌라이였다. 젊은 상인 마르코 폴로는 그의 신임을 받아 1275년부터 1292년까지 17년간 중국의 지방 행정직에 봉사하면서 중국의 문물을 두루 익혔다. 그는 중국 남방의 최대 무역항 천주를 출발하여 남지나해, 말라카 해협, 인도양, 아라비아해, 페르시아만의 호르무즈항에 기항한 후 1295년에야 다시 고향 땅을 밟았다.

돌아온 고향 베니스는 제노바와의 전쟁에 휩싸였고, 이 전쟁에 참전했던 그는 포로의 몸이 되어 제노바의 한 감옥에 수감되었다. 이곳이 바로《동방견문록》의 산실이 되었다. 함께 감옥에 있던 작가 루스티치아노가 마르코 폴로의 기행담을 정리함으로써 유럽에 중국의 문물을 처음으로 소개하는 계기가 되었다.

《동방견문록》은 이탈리아어, 라틴어, 프랑스어 등 각국 언어로 번역되고

①마르코 폴로, ②구술 《동방견문록》 초판본 삽화, ③쿠빌라이에게 선물을 바치는 마르코 폴로, ④베네치아를 출발하는 마르코 폴로.

널리 필사되어 선풍적인 인기를 얻었다. 현재 120종의 필사본이 남겨져 있을 정도이다. 낯선 세계의 이색적인 풍광, 다양한 산물, 독특한 문화는 상대적으로 낙후되어 있던 중세 말의 유럽인들에게는 그야말로 '신비한 세계'였을 것이다. 그러나 중국의 신기술이나 색다른 문물들, 산에서 캐내는 불타는 검은 돌인 석탄, 소액까지 9등급으로 발행되어 널리 통용되는 지폐, 세계에서 가장 훌륭하고 고상한 도시 항주 등 이 모든 이야기들을 보지도 않고 그대로 믿어버리기에는 중국의 문물은 새롭고 선진적인 것이었다.

때문에 마르코 폴로라는 말은 당시의 유럽인들에게 '터무니없는 말'의 별칭으로 사용되었다. 그러나 콜럼버스는 이 책의 사본을 구해 밑줄을 긋고 토를 달면서 열심히 읽었고, 마침내 이 신비한 동방의 나라를 찾아 나설 것을 결심했다. 그는 또한 지구가 둥글다는 당시에는 확인되지 않았던 가설을 믿었기 때문에 서쪽으로의 대항해에 나서게 되었고, 아메리카 대륙에 발을 디딘 최초의 유럽인이 되었다.

마르코 폴로는 동방을 여행한 유일한 유럽인도 아니었다. 유럽인 중에도 교황의 사절이었던 카르피니, 루브르크, 그 외에도 기록을 남기지 않은 많은 유럽의 상인들이 이 길을 통해 동서양의 무역에 종사했다.

특히 원대 상업 활동의 주역이자 이를 통해 동서 문물교류에 가장 공헌한 이들은 색목인, 즉 몽고가 한족을 차별하면서 각별히 대접했던 서역인들, 중

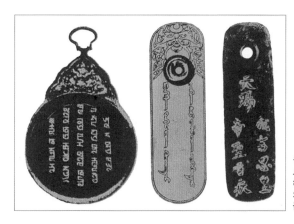

원대의 해청패. 원대의 여권 격으로 출장에서 수레, 배 등을 이용하는 증명서. 왼쪽은 파스파문자의 원패, 오른쪽은 칭기즈칸이 발급한 금패찰과 은패.

앙아시아나 인도양을 경유해 건너온 아랍계·페르시아계의 이슬람교도 들이었다. 그들은 일찍이 당나라 때부터 산동의 신라인들처럼 광주 등지에 자신들의 집단 거류지를 건설하고 치외법권적 지위를 누리면서 해상 무역에 종사했다. 송대 이후 해상교역이 더욱 성해짐에 따라 고려까지 와서 우리나라의 로마자 표기명 'Korea'의 유래를 제공했다는 사실도 잘 알려져 있다. 그들은 몽고제국에 이르러 황실의 절대적 신임 속에 중국 내외의 상업 활동을 거의 전담하게 되었다.

모로코인 이븐 바투타는 마르코 폴로보다 약 70년 후에 중국을 방문했다. 그는 중국에서 만났던 아랍인의 동생을 사하라 사막에서 만났다고 한다. 당시 아랍인들은 중국을 가장 정확하게 인식하고 있었던 외국세력이었다.

이들을 통해 서아시아의 선진 과학기술이 전해져 중국의 과학기술이 더욱 발달했다. 자말 웃딘 등이 전수한 천문·역법의 지식은 곽수경의 '수시력'을 탄생시켰는데, 이는 종래 중국의 어떠한 달력보다도 우수한 것으로, 1년을 365.245일로 정확히 계산하고 있었다. 알라 웃딘과 이스마일이 만든 회회포는 150근의 쇳덩이나 돌을 먼 거리에 발포하여 성벽을 격파하는 등 위력을 발휘했다. 중국인들은 이슬람교를 '회교回敎'라고 부르는데, 이슬람교가 회홀, 즉 중앙아시아의 위구르족을 통해 중국에 전해졌기 때문이다. 회회 의학, 회회 음악, 회회 요리 등이 중국 사회에 널리 알려졌다.

다양한 동서양의 종교와 세력이 교류하면서 중국문화의 다양성도 더욱 확대되었다. 경교와 이슬람교, 크리스트교가 발달하고 대도시에 성당이 지어지기도 했다. 몽고 제국 속에서 각지의 종교가 대거 유입되어 함께 공존할 수 있었던 배경으로는 북방민족들이 본래 다신교 신앙을 가지고 있었기 때문에 새로운 종교에 대해 커다란 거부감을 보이지 않았던 이유도 있다. 잘 알려져 있듯이 쿠빌라이는 티베트 불교인 라마교의 열렬한 신자였으며 이후 원 황실은 대대로 라마교를 신봉했다.

원대에 오늘날 회족回族이라고 불리는 소수민족이 중국 내에 자리 잡는 계기가 되었다. 많은 이슬람교도들이 몽고족이 펼친 종교 관용 정책 속에서 한족에 동화되어 중국에 정착했다. 오늘날 청진사淸眞寺라는 간판이 붙은 이슬람 모스크는 특별히 회족자치구가 아니더라도 전국 곳곳에서 발견되고 있다.

문명 발생 이래 수천 년간 독자적인 발전을 해오던 세계 최고의 문명권, 동아시아와 서아시아 세계가 이처럼 깊은 영향을 끼치며 서로 교류했던 일은 일찍이 없었다. 그 옛날 스키타이인이 개척했던 '초원길', 중앙아시아의 오아시스 대상들이 담당했던 '비단길'을 통한 교류와는 비교할 수도 없는 광범한 것이었다.

희곡과 소설의 개화
: 원대 서민 문화의 발달
(13~14세기)

중국 근대문학의 선구자 호적胡適, 후스 등이 백화白話문학 운동을 벌이게 되면서 원대의 문학이 새롭게 주목받기 시작했다. 전통적인 귀족문학이 운율이나 고도의 형식미를 추구하는 문어체였던 것에 반해, 원대를 대표하는 희곡이나 소설은 일상 언어에 가까운 구어체, 즉 백화로 쓰인 자유로운 통속문학었다.

송대에 도시시민을 중심으로 싹트기 시작한 서민적 문화가 원대에 이르러 더욱 발달하였다. 원대에는 전통적으로 정계진출을 의중에 두고 있던 중국의 지식인들에게 그 길이 제도적으로 막혀 있었다. 그러기에 그들의 재능과 분노가 새로운 문학형식을 통해 표출되었다. 그들은 서회라는 일종의 작가 클럽을 구성하여 창작활동을 펴기도 했다. 또 이러한 구어체 문학은 중국의 고전적 지식이나 교양에 익숙하지 못하고 소박한 생활태도를 지녔던 원나라 지배층의 정서에도 부합하는 것이었다.

여기에 원대에 더욱 진전된 도시의 발달, 인쇄술의 보급 등은 이러한 경향을 촉진시켰다. 새로이 성장한 도시의 신지식층 중에서도 작가가 등장했고, 도시서민에게 확산된 문화는 향촌에도 널리 퍼져 민중의 숨결을 담아내게 되었다. 이제 문학의 주인공은 고급 관료 학자나 과거의 뛰어난 영웅에 제한되지 않고, 이름 없는 서민이나 군인 등으로 확대되고 있었다.

원대의 희곡을 시대를 대표하는 문학으로 여겨 흔히 '원곡元曲'이라고 표현한다. 한부漢賦 · 당시唐詩 · 송사宋詞라고 하듯이. 원곡이란 잡극이라고 불리는 연극의 대사다. 잡극은 영국의 엘리자베스 시대처럼 무대장치나 소도구가 없는 무대에서 연기자들의 춤과 노래로 공연되었는데, 비파를 주악기로 하는 관현악도 등장하였다. 말하자면 연극과 오페라의 중간 정도의 것이라고 할 수 있다. 대개 4막으로 구성되었고 도시의 극장에서 널리 공연되었다. 잡극은 이미 송대에 유행하기 시작하였고, 원곡도 송대부터 내려오던 것이 정리된 형태가 많다. 흔히 작가의 출신지나 노래의 격조에 따라 남 · 북곡으로 분류되기도 하는데, 1000여 편에 달하는 연극의 이름이 전해져 내려온다. 명나라 때 장진숙이 명작만을 모아 《원곡선백인집》을 간행했는데, 북곡으로는 관한경의 《두아원》, 마치원의 《한궁추》, 왕실보의 《서상기》가, 남곡으로는 고칙성의 《비파기》가 대표작으로 꼽힌다.

《서상기》는 남녀 간의 사랑의 정서를 표현함으로써 봉건윤리에 대한 저항을 나타내고 있으며, 《비파기》는 주인공 왕사가 본처를 버리고 권문세가에게 재가하여 부귀영화를 꾀하는 배금주의적 모습을 풍자하고 있다.

관한경은 많은 소재를 훌륭히 소화하여 사람들에게 깊은 감동을 주는 희곡 63편을 남김으로써 중국 연극사상 커다란 자취를 남겼다. 그는 13세기 후반 대도를 중심으로 활약하였다. 그는 꾸밈없는 대사와 정교한 구성으로, 이름 없는 서민의 마음을 대변하고 어루만지면서 잡극의 융성을 주도했다. 특히 사회의 최하층으로서 사회적 모순에 노출되어 학대받는 여성들을 주인공으로 하는 작품들을 많이 써서 서민들의 공감을 받았다. 후세 사람들은 그를 잡극의 창시자로 주목하고 있다.

그는 《불복로》의 대사를 통해 자신의 사회에 대한 저항과 서민 지향적 삶을 이렇게 표현하고 있다.

'나는 아무리 찌거나 삶아도 부드러워지지 않는다. 아무리 때리고 볶는다 해도 끄떡없는 생생한 완두콩이다.'

《두아원竇娥寃》은 그의 대표작으로 꼽힌다. 일찍이 고아가 된 두아에게 슬픔은 끝없이 펼쳐진다. 그녀는 외동아들을 둔 채씨 부인의 민며느리로 팔려가고, 19살에는 남편과 사별한다. 비통한 마음을 추스르고 시어머니와 함께 열심히 살아보려는 그녀에게 이번에는 음흉한 장여아가 그의 아버지와 함께 들이닥쳐서 결혼을 강요한다. 두아가 이를 완강히 거절하자, 장여아는 양고기 수프에 독약을 넣어 채씨 부인을 독살하려다가 그의 아버지가 이를 잘못 마셔 즉사하게 된다. 다시 결혼을 거절당한 장여아는 두아에게 살인죄의 누명을 씌워 관에 넘긴다. 이미 뇌물을 두둑이 받은 초주 태수는 갖은 구타와 물고문으로 허위자백만을 강요한다. 그럼에도 끝까지 저항하는

원대 배우의 모습. '잡극'이라 불린 원대의 연극은 송대에서 일어나 독특한 형식으로 크게 발전했다. 휘파람을 부는 배우의 웃음이 즐거움을 준다.

두아에게 이번에는 그녀의 효심을 이용하여 채씨 부인을 고문하려 한다. 두아는 일단 물러났다가 다른 재판관의 무죄판결을 기대했으나 역시 마찬가지, 두아에게 사형이 선고된다.

"천지신명이시여, 그대는 어찌하여 세상의 옳고 그름을 그렇게도 분간할 줄 모른단 말씀이오. 땅이여, 너는 어째 그리 선악을 분간하지 못한단 말인가. 그러고도 땅이라 할 수 있는가?"

형장으로 끌려가는 두아의 울부짖음이다. 그녀의 마지막 유언처럼 그녀의 목이 잘리는 순간 하늘에서는 갑자기 먹구름이 일며 눈이 펄펄 날리고, 그녀의 피는 한 방울도 땅을 더럽히지 않고 깃대의 흰 천 위에 흩뿌려졌다. 초주에는 3년 동안 한발이 계속된다.

잡극이 주로 도시를 배경으로 성장했다면, 소설은 구래의 이야기가 직업적 만담가들에 의해 정리되어 일반 민중들 속으로 깊이 파고들어갔다.

우리에게 널리 알려진 《삼국지연의》, 《수호지》등의 틀이 이 시기에 마련되

원대 회화의 4대가 중한 사람으로 꼽히는 조맹부의 〈조량도〉, 예리하고 정확한 필선으로 검은 말과 마부를 표현했다. 대북고궁박물관 소장.

었다. 《삼국지연의》는 진수의 역사서 《삼국지》를 낭만적 형태로 소설화한 것이고, 《수호지》는 송휘종 때의 민란세력인 양산박의 송강 등을 소재로 한 모험소설이다. 《삼국지연의》는 나관중, 《수호지》는 시내암이 지었다고 하는데, 이들은 모두 14세기에 활동한 인물들이니, 대체로 이 작품들이 원 말 명 초에 오늘날과 같은 형태로 정리된 것으로 보아 틀림이 없을 것이다.

이들 문학은 중국문화의 위대한 생명력을 아낌없이 보여주는 것으로, 명청 대의 지식인들에게는 크게 환영받지 못했으나, 이미 서민 대중의 가슴속에 깊이 파고들어 수없이 개작·보충되면서 중국문학에 커다란 전환점을 마련했다.

미륵불의 하생을 염원하는 백성들
: 홍건적의 난
(1351년)

북방 유목민인 몽고족이 중국을 지배하는 동안 한족들은 매우 고통스러운 나날을 보내야 했다. 민족에 따라 차별적인 통치방법을 썼던 원의 지배 아래서 한족들은 가혹한 처지에 있었다. 특히 양자강 이남의 옛 남송지역 사람들은 몽고에 끝까지 저항한 것에 대한 보복으로 심한 차별대우를 받아야 했다.

원 말기 각지에서 일어난 한족의 저항 운동 가운데 가장 강력한 것은 1351년 일어난 홍건적의 난이었다. 홍건적의 난은 백련교라는 종교적 비밀 결사를 기반으로 하여 일어났다. 백련교는 혜원이라는 남북조 시기 동진 승려의 영향으로 성립한 불교의 한 종파로 미륵불을 숭배하는 신앙이다. 미륵불은 석가모니불에 이어 중생을 구제한다는 미래의 부처이다. 희망을 찾을 수 없는 깜깜한 어둠의 나락을 헤매던 민중들에겐 갑자기 눈앞이 훤히 트이는 구세주와 같은 존재이다. 미륵 신앙은 중국뿐만 아니라 불교가 전파된 아시아 여러 나라에서 왕조 말기의 절망적인 상황 속에 등장하여 민중들에게 뜨거운 호응을 불러일으키곤 했다. 미륵불이 출현하여 세상을 개벽하고 평등하고 살 만한 세상을 만들어 줄 것을 간절히 바랐다. 원 말기의 백련교는 원나라의 가혹한 지배에서 벗어나고자 하는 한족의 염원의 상징이 되었고,

원말 홍건적의 수령 곽자흥. 지방 토호 출신이었던 그의 군문에 탁발승이었던 주원장이 참가하여 두각을 나타냈고 결국 명을 건국해 태조가 되었다.

홍건적은 백성들의 곤궁함과 이러한 간절한 염원을 배경으로 세력을 확장해 나갔다.

홍건적의 난을 일으킨 중심인물은 한산동과 유복통이다. 한산동은 스스로를 미륵불로 자처하여 세력을 불리던 중, 1351년 대범람을 일으킨 황하의 수리를 위하여 수많은 농민과 노동자가 징발되고 민심이 동요되는 틈을 타서, 자신이 '송나라 휘종의 8대손'이라는 이야기를 퍼뜨리며 한족의 옛 왕조 송을 부흥한다는 깃발 아래 대규모 봉기를 시작했다. 송 왕조가 화덕火德으로 나라를 다스렸다고 보았기 때문에 그 뜻을 계승하는 의미로 불을 상징하는 붉은색 머리띠를 둘렀다. 이로 인해 이들은 '홍건적'이라는 이름을 갖게 되었다.

그러나 원나라와 대결하려고 한 계획이 사전에 흘러나가 제대로 싸워보지도 못한 상태에서 한산동이 잡혀 처형되었다. 그의 부하 유복통이 간신히 영주로 피신하여 후일을 도모하게 되었다. 처음에는 수없이 일어나는 농민반란 정도로 생각하던 원나라도 홍건적의 규모가 점차 늘어나 10여만 명에 이르게 되자 대대적인 토벌에 나섰다. 1355년 홍건적도 유복통이 한산동의 아들 한림아를 황제로 세우고 나라 이름을 송으로 하는 등 체제를 재정비하였다. 원의 토벌군은 홍건적의 중심부인 박주를 포위 공격하기에 이르렀다. 원의 공격을 받은 홍건적은 박주를 버리고 안풍으로 피한 후 군대를 세 갈래로 나누어 원을 공격하였다. 밀고 밀리는 접전이 여러 해 계속되었다. 한때 홍건적의 일파가 원나라의 수도인 북경을 공격하기까지 했다. 그러나 원나라의 사령관 차칸테무르의 공격을 받은 홍건적의 주력부대는 관중의 농지방에서 포위를 당해 백 일을 갇혀 있다가 황제인 한림아 등 몇몇 주동자들만 간신히 탈출하여 안풍으로 밀려났다.

원나라의 계속된 공격으로 마침내 핵심 거점인 안풍이 포위되고, 홍건적은 호주에서 반원 운동을 펼치고 있던 주원장에게 도움을 요청했다. 주원장은 처음에는 백련교 조직과 관련이 있었으나 홍건적에 포함된 세력은 아니었다. 주원장의 군대가 도착하기 전인 1363년 유복통은 원의 군대에 패하여 죽었다. 한림아는 겨우 탈출하여 주원장의 보호를 받게 되었는데 그의 생애 마지막 부분은 잘 알려지지 않았다. 이로써 홍건적의 난은 실패로 돌아가고 반원 운동의 열매는 주원장에게 넘어가게 되었다.

원나라의 공격으로 만주로 밀려난 홍건적의 일파는 1359년 겨울, 얼어붙은 압록강을 넘어 고려를 공격하였다. 1361년의 2차 침공 때 원나라의 대대적인 공격에 밀린 홍건적 20만 명이 고려에 쳐들어 왔다. 고려는 한때 개경이 함락되어 공민왕이 경상도 안동까지 피신하는 등 타격을 받았으나 이내 반격을 하여 홍건적을 괴멸시켰다. 한편 홍건적의 침입은 고려의 몰락에 하나의 원인을 제공하였다.

중국의 명청 시대는 서양 세력이 지리상의 발견을 이루고 근대의 새로운 변혁을 모색하는 시기였다. 중국도 경제의 성장이 면면히 이어지고 세금의 은납화가 이루어지는 등 상품화폐 경제가 발달하는 등 사회변환의 동력이 형성되었으나, 조정은 그들이 고안한 황제 독재 체제를 더욱 강화하고 해금정책을 실시하는 등 중앙정부의 폐쇄적인 대응이 족쇄가 됨으로써 중국 사회의 발전을 저해했다.

오랜 북방민족의 지배를 벗어나 한족의 왕조를 부흥시킨 명은 중화의식을 더욱 강화하고 주변 나라들에 조공체제를 강요함으로써 북로남왜의 침입에 시달렸고 황제 독제 체제에 기생하는 환관의 폐해를 불러왔다. 만주족이 다시 일어나 명나라를 멸망시키고 청나라를 세웠다. 청나라는 만주족, 몽고족, 한족을 통합한 다민족 국가로 출범하여 강희제·옹정제·건륭제의 시기에 전성기를 맞았다. 청나라는 명의 제도를 계승하여 중국의 전통 문화를 완성하였다.

제5장
근세 후기

CHINA

한족, 다시 중국 대륙의 주인으로
: 주원장의 명明 건국
(1368년)

중국사에서 농민 출신으로 왕조를 개창한 예는 일찍이 한나라를 세운 유
방이 있었다. 주원장朱元璋 또한 농민 출신으로 명을 건국하여 태조가 되었
다. 가난한 농민이었던 그는 반란세력을 규합하여 원나라의 오랜 지배를 벗
어나 한족의 왕조를 다시 세웠다.

주원장은 강남 지방의 농민 중에서도 아주 가난한 떠돌이 소작농의 막내
아들로 태어났다. 배울 수도 없었고 17세 때 악질과 기근으로 부모형제마저
잃고 혈혈단신으로 황각사라는 절에 의탁하여 생활하였다. 절이라고 끼니
가 충분할 리 없었다. 말이 탁발승이지 비렁뱅이 생활을 하던 중, 25세 되던
해에 홍건적의 반란군을 만나게 되었다. 그의 잠재된 능력이 빛을 발하게 된
순간이다.

주원장은 안휘성에서 봉기한 홍건적 곽자흥의 수하로 들어갔다. 처음에는
첩자로 오인된 적도 있었으나 곽자흥이 그의 생김새가 기이하다며 풀어 주
었다는 일화가 있는데, 그는 곽자흥의 눈에 들고 숨은 능력을 발휘하여 2인
자가 되었으며 곽자흥의 양녀인 마馬씨를 아내로 삼기에 이르렀다. 이 여성
은 원래 마씨 성을 가진 사람이 유괴하여 곽자흥에게 팔아넘긴 까닭에 마씨

성을 갖게 되었다는데, 후일 주
원장이 황제가 된 후 황후가 되
었다. 마황후는 주원장의 정치에
많은 도움을 준 지혜로운 황후로
알려져 있다.

곽자흥 세력이 원나라 토벌대
의 공격으로 크게 약화되자 주원
장은 고향으로 가서 군대를 모집
하였다. 굶주린 농민들은 먹을 것
만 해결해 준다면 쾌히 군대에
들어왔다. 군을 모아 다시 돌아
왔을 때는 곽자흥 군 내부에 분

명태조 홍무제. 가난한 농민의 아들로 태어난 주원장은
원 말의 난세를 평정하고 중국을 통일, 한족의 왕조를 다
시 세웠다.

열 조짐이 있었다. 주원장은 곽자흥을 떠나 독자적으로 활동하기로 하고 자
신의 군대를 이끌고 남하하였다. 세력 근거인 남경을 장악했을 때에는 2만여
명의 군대를 거느리게 되었다. 1364년 주원장은 스스로 오나라의 왕을 칭하
게 되었다. 남경을 근거지로 삼은 까닭은 아직 양자강 이북은 원나라의 지배
력이 미치고 있었고, 강남 지방의 높은 농업생산력이 식량 문제를 해결하는
데 좋은 조건을 갖추고 있었기 때문이다.

강남 지방의 경제력은 이미 강북을 뛰어넘어 원나라 재정의 80퍼센트를
담당하고 있었다. 하지만 '남인'이라 불리며 정치적으로는 가장 낮은 대우를
받고 있었으니 이들이 차별을 감당해야 할 이유는 없었다. 이들 지역민과 손
잡은 양자강의 해적들이 강남에서 강북으로 가던 세금 운반선들을 차단해
버리자, 원 나라의 재정은 급속도로 악화되었다. 중앙에서는 토벌대를 계속
보냈으나 본래 몽골군이 수전에 약한 데다가 이미 군 기강이 문란해져 성과
를 내기 어려웠다.

그 무렵 주원장은 장사성, 진우량과 함께 3대 군벌을 형성하고 있었다. 훗
날 주원장은 "장사성은 재정이 풍부하고 진우량은 병력이 강했다. 내게는 특
별히 내세울 장점이 없었다"라고 말할 정도였다. 그러나 원나라에서 천대받

으며 묵묵히 학문에만 정진해 온 강남의 선비들이 주원장을 찾아왔다. 그만의 포용성이 힘을 발휘한 것이다. 송렴, 유기, 장일, 섭침 등 '4대 선생'을 비롯한 선비들은 주원장에게 "명분을 뚜렷이 내세우고 민심을 잡으라"는 조언을 했다. 주원장은 이를 받아들여 명목상 송나라의 후예라는 소명왕 한림아를 떠받드는 한편, "절대로 백성들을 괴롭히지 마라. 백성을 괴롭히는 자는 아무리 지위가 높아도 처단하겠다"는 엄명을 내렸다.

주원장은 성급히 원나라 조정과 맞서 싸우지 않고 강남지방의 평정에 힘을 기울였다. 소주·항주·복건·강서 등은 중국경제의 중심을 이루는 지역으로 예로부터 '소주·항주에 풍년이 들면 천하가 풍요롭다'는 속담이 있을 정도였다. 주원장은 진우량이 장사성과 연합을 제의하여 위기에 빠졌으나 급히 진우량을 선제공격하고 파양호에서 벌어진 세기의 결전에서 승리하였다. 이후 장사성과 1년여의 공방전 끝에 1367년 어렵게 승리를 이룸으로써 강남을 평정할 수 있었다. 그 사이에 홍건적은 원나라에 격파되었고 홍건적과의 10여 년간의 싸움으로 지칠 대로 지친 원나라는 주원장의 공격에 쉽사리 무너지게 되었다.

마침내 주원장은 1368년 남경에 나라를 세워 '명明'으로 하고 황제의 자리에 올라 연호를 '홍무洪武'라고 정했다. 이후부터 중국의 황제가 자신의 재위기간 동안 하나의 연호만을 사용하는 '일세일원一世一元'의 원칙이 세워지게되었다. 때문에 명태조 주원장은 '홍무제'라고도 불린다.

이제 마지막으로 북경의 원나라를 정벌하는 일만 남게 되었다. 명나라는 원을 정벌하기 위하여 약 20만여 명의 군대를 동원했다. 원나라는 명나라가 공격해 오는데도 대항할 계책도 없이 내분에 시달리고 있었다. 원제국의 수도인 대도와 상도, 그리고 본래의 수도 카라코룸에서 이어지는 황족끼리의 골육상잔으로 피바람이 그칠 날이 없었다. 1368년 명나라 군대는 커다란 저항 없이 원나라의 수도인 대도북경를 점령하는 데 성공했다. 명나라를 건국하고 북벌군을 조직하여 북벌에 나선 지 8개월 만에 원나라를 몰아낸 것이다. 1215년 칭기즈칸이 금나라를 격파하고 북경을 점령한 지 150여 년 만의 일이었으며, 일찍이 후당에게서 거란이 이 땅을 빼앗은 937년으로부터는

430여 년 만에 북경이 다시 한족의 땅이 된 것이다.

주원장은 북경에 입성한 후, 싸우지 않고 북경을 떠나간 원의 마지막 황제에게 '하늘의 명에 따라 싸워서 될 것이 아니라는 것을 알았다'고 높이 받들어 '순제'라는 칭호를 주었다.

원의 마지막 황제 순제는 밤에 몰래 성을 버리고 몽골 본토로 떠나갔다. 고려의 공녀로 와서 원의 황후까지 올랐던 기황후가 바로 순제의 부인이다. 기황후는 고려가 원군을 보내지 않는 것을 원망하였다고 한다. 피난 중에 순제는 51세의 나이로 세상을 마치고 기황후의 아들 아이유시리다라가 뒤를 이었다. 막북카라코룸으로 옮겨 얼마간 명군과 항쟁을 계속하였으나 쇠퇴하여 1388년 멸망하였다. 이를 북원北元이라 한다. 기황후의 최후에 대한 기록은 남아 있지 않다.

중원을 통일한 태조 홍무제는 명실상부한 '중화의 회복'을 위해 노력했다. 북방민족 특유의 '호복변발'을 일체 금지하는 등 한족의 문화를 부흥시키려고 노력하였다. 과거제가 다시 부활되었고, 유교의 가르침을 장려하여 이른바 육유六諭를 반포했는데, 내용은 '부모에게 효도하라, 웃어른을 공경하라, 자식들을 바로 가르쳐라, 이웃끼리 화목하라, 각자의 직무에 충실하라, 옳지 않은 일을 옳다고 하지 마라'이다. 이를 각 동네里마다 매월 여섯 번씩 전체 동민들이 모여 낭독하도록 했다. 이는 여러 형태로 동아시아의 많은 나라에서 답습되었다.

경제적으로는 상업이 발달했던 원나라와 달리 유교적인 '농본억상農本抑商'의 정책을 장려하였다. 전국적인 토지조사사업을 벌여 작성된 토지대장은 물고기 비늘魚鱗이 촘촘히 늘어선 것처럼 보인다 하여 '어린도책魚鱗圖冊'이라 불렸다. 송나라 때에 비해 상당히 꼼꼼하고 철저한 것으로 평가된다. 인구조사도 행해졌고, 이 자료를 기초로 세금을 거두었다.

국가가 나서서 개간과 둔전 사업을 적극적으로 벌이고, 치수와 관개 사업역시 힘썼다. 이렇게 농민의 생활수준을 향상시키고 농업을 기반으로 국가를 운영하도록 했으며, 상업은 최소한으로만 허용한다는 뜻에서 화폐 유통을 대부분 금지시키고 대외무역 역시 금지했다. 몽골제국 시절 유럽에서 극동까지 하나로 연결되어 바닷길과 초원길을 각국의 상인들이 바쁘게 오가던 모습은 더 이상 찾아볼 수 없게 되었으며, 자급자족을 목표로 하나의 울타리 안에서 내실을 기하며 살아가는 세상이 도래했다.

한편, 중앙집권화를 강화하기 위해 지역 토호 및 공신세력을 숙청하였는데 공신들의 대량 숙청 과정에서 비정상적인 공포정치를 펼쳤다는 부정적인 시각도 존재한다. 개국공신이던 승상 호유용과 이문충, 천하제패의 계책을 수립했던 '4대 선생', 통일의 최고 공훈자인 노장군 서달 등 수만 명이 뚜렷한 증거 없이 독살되거나 제거되었다.

승상 제도가 폐지되고 6부를 황제에게 직속시켰으며, 군사행정의 핵심인 대도독부도 황제에게 직속되도록 하여 문무의 통치권을 쥔 강력한 황제가 출현했다. 지방에는 아들들을 포함한 황족들을 왕으로 봉하여 두루 파견했는데 원나라 때와는 달리 독자적인 행정권, 조세 징수권을 일체 갖지 못했고, 단지 그 지역의 군사지휘권만을 가졌다. 사실상 모든 권력은 황제에게 집중되는 강력한 전제정치가 실현되었다. 아울러 일명 '문자의 옥'이라 불리는 사상 검열이 강화되었고 법률도 엄해졌다. 그가 집대성해 반포한 대명률大明律은 과거의 법률에 비해 한층 엄격했다.

황제의 집 자금성
: 영락제의 즉위
(1402년)

명태조 홍무제가 피바람의 숙청을 거쳐 강력한 황제권을 확립해 놓았으나 예기치 않게 황위 계승자인 큰아들 주표가 갑자기 죽었다. 어린 손자에게 황위가 이어져야 할 상황이 되었다. 불안감이 커질수록 숙청은 더욱 가혹하게 행해졌다.

어느 날, 그의 손자가 너무 심하지 않느냐는 간언을 했다. 홍무제는 아무런 대꾸도 하지 않고 다음 날 손자를 조용히 불러 가시 많은 나무를 맨손으로 잡아보라고 했다. 손자가 가시 돋친 나무를 집어 드는 것을 주저하자 태조는 손자를 향해 말했다.

"가시가 있으면 손을 찌른다. 내가 살아 있을 때 가시들을 모두 없애 너에게 전해주려는 것이다."

이것이 숙청을 위해 무수한 인명을 살상했던 태조 주원장의 내심이었다.

1398년 홍무제는 30년의 치세를 마치고 71세의 나이로 숨을 거뒀다. 황제의 자리는 그의 손자 주윤문에게 계승되었다. 그가 바로 명의 제2대 황제인 건문제다. 그러나 건문제 통치 시기에 황제의 자리를 위협한 것은 태조 주원장이 염려했던 개국공신들이 아니라 황실 내부에 있었다. 태조에게는 26명이나 되는 많은 아들이 있었다. 그 혈족 간의 피비린내 나는 싸움이 시작된 것이다.

그중 가장 야심만만한 사람이 태조 홍무제의 넷째 아들이며 나중에 영락 제가 되는 주체였다. 그는 연왕으로 책봉되어 북평(북경)을 다스리게 되었는 데 오랜 전란으로 황폐해진 이 지역을 번왕국 중에서 가장 부강한 나라로 만 들었다. 태조 주원장도 주체의 능력을 알고 있었기에 큰아들이 죽자 주체에 게 황제의 자리를 잇게 하려 했으나 신하들의 반대로 실현하지 못했다. 태조 홍무제는 못내 아쉬워 통곡했다고 한다.

22세에 황제의 자리를 계승한 건문제는 지방의 번왕으로 임명된 황족들을 눌러 중앙의 권력을 강화시키고자 했다. '번藩'이라는 것은 황제가 관장하지 않고 황족이나 그 지역의 실력자들에게 통치를 위임한 일종의 지방자치지역 이다. 번이 존재한다는 것은 아직 황제의 세력이 절대적인 지위를 확보하지 못했다는 반증인 셈이다. 중국사에서 중앙의 권력 강화 시도와 지방 세력의 저항은 역사적으로 되풀이되어 나타났다. 한나라 때의 '오초 7국의 난'이나 청나라 때의 '3번의 난' 등이 그것이다.

건문제가 첫 번째로 제거하려 했던 것은 태조의 다섯째 아들, 그러니까 건 문제의 막내 삼촌으로 주왕에 봉해진 주수였다. 주왕 주수는 체포되어 운남 지방에 유배되었다. 이어서 제왕 주부, 대왕 주계가 번왕의 직위에서 쫓겨나 평민이 되었고 상왕 주백은 자살했다.

건문제가 가장 두려워한 존재는 역시 연왕 주체였다. 주체는 한여름에 화 롯불을 껴안고 산다거나 시궁창에서 잠을 자는 등 거짓으로 미친 척하며 건 문제의 견제를 피해 가면서 때를 기다렸다. 땅굴을 파고 그 안에서 무기를 만들며 땅 위에서는 거위 떼를 길러 그 꽥꽥대는 소리로 무기 만드는 소리를 감추었다고 한다. 주체는 만만히 앉아서 당할 사람이 아니었다. 이렇게 만반 의 준비를 갖춘 그는 1399년, 북평에서 먼저 군사를 일으켜 남경으로 군대를 움직이기 시작했다. 이른바 '정난靖難의 변'이다. '황제를 에워싸고 있는 간신 들을 처단하여 나라를 바로잡는다'는 명분으로 황제권에 도전한 것이다.

북평의 군대는 정예병이었으나 수도 남경의 황제군에 비해 수적으로 크게 열세였다. 그러나 황제의 군대에는 전투를 효과적으로 지휘할 수 있는 인물이 많지 않았다. 태조 홍무제가 황실의 안전을 위해 개국공신들을 거의 숙청해버렸기 때문이었다. 우세한 군사력을 가지고 초반에 승리하던 황제의 군대는 연왕의 군대에게 밀리기 시작했다. 무장들을 제거하여 황실의 안전을 도모하려 했던 홍무제는 결국 자기 꾀에 넘어간 꼴이 되었다.

마침내 주체의 군대는 남경의 성곽에 도달했다. 전세가 연왕에게 유리하게 돌아가자 수도 남경의 수비대 내부의 불안감은 커졌고, 살 길을 찾아 많은 사람들이 연왕 주체의 손을 들어 주었다. 남경의 성문이 연왕과 내통한 자에 의해 열리고 군인들이 마구 성안으로 쏟아져 들어오고 있을 때 황제 곁에 남아서 황제를 끝까지 지키려는 신하는 거의 없었다. 건문제는 궁성에 불을 지르고 승려의 복장으로 변장하여 성을 탈출하였다고 한다. 남경에 입성한 연왕은 사흘 동안 궁궐 안을 샅샅이 뒤졌으나 불탄 황후의 시신밖에 찾을 수 없었다. 정화의 대원정도 잠적한 건문제를 찾아내기 위한 것이라는 설도 있다.

1402년, 연왕 주체는 3년여의 공방전 끝에 남경을 함락시켰다. 조카를 제치고 황위를 차지하게 된 것이다. 이가 바로 성조 영락제이다. 우리나라로 치면 조선 세조와 비견될 수 있는 인물이다. 정권이 안정될 때까지 또 많은 사람들이 피를 흘렸다. 건문제의 스승이자 당대 최고의 학자로 존경받던 방효유가 대표적 인물이다. 연왕은 그를 옥에 가두었으나 정중히 대접하도록 하였다.

마침내 옥좌에 앉은 영락제는 방효유를 불러 부드러운 말로 자신의 즉위 조서를 쓰라고 명했다. 잠시 생각에 잠겨 있던 방효유는 순순히 붓을 들고 글씨를 쓰기 시작했다. 그가 쓴 글은 단 네 글자, '연적찬위燕賊簒位!'였다. 화가 머리끝까지 난 영락제가 "네가 정녕 구족을 멸해야 말을 듣겠느냐?" 소리치자 방효유는 눈썹 하나 까딱하지 않고 말했다. "구족이 아니라 십족을 멸한다 해도 역적과는 손을 잡을 수 없다!" 영락제는 정말로 십족을 멸해, '십족을 멸한다'는 살벌한 고사를 만들었다. 혈연관계도 아닌 제자, 친구, 선후배 등 방효유와 친분관계가 있는 사람, 방효유의 문집을 애독한 사람들이

자금성. 영락제가 북경으로 천도하면서 짓기 시작한 자금성은 완성되기까지 15년간 백만 명의 인원이 동원되었다.

'열 번째 일족'이라 하여 모조리 처형장으로 보내졌다. 이때 처형된 사람들이 10만여 명에 달한다고 한다. 물론 방효유는 처형되었고 처와 자식들은 자신의 집에서 자결하여 화를 면했다. 방효유 등을 처형하게 된다면 충신이 사라질 것이라는 일부의 경고에도 그는 '나의 패륜은 세월이 흐르면 비바람에 잊히겠지만, 나의 위업은 역사에 오래 기록될 것'이라 말했다고 한다.

즉위한 지 4년이 지난 1406년부터 자금성 건설의 대역사가 시작되었다. 만리장성 이후의 최대의 역사로 불리는 자금성의 건설에는 총 15년간 백만 명의 인원이 동원되었다. 현존하는 세계 최대의 궁궐인 자금성은 정전인 태화전을 중심으로 남북을 축으로 건물이 배치되어 있으며 남문인 정문의 이름이 천안문이다. 영락제는 자금성이 완성된 1421년 북평으로 천도하여 북경으로 고쳐 부르고, 자금성에 머물기 시작했다.

8백여 개의 건물과 10m의 높은 성벽, 50m 너비의 거대한 해자로 구성된 거대한 궁궐 자금성에는 1억만 개의 벽돌, 2억만 개의 기왓장이 사용되었다고 한다. 때로는 200톤에 이르는 돌이 수십 킬로 떨어진 채석장에서 운반되었으며 사천지방에서 자란 나무가 기둥으로 쓰이기 위해 4년에 걸쳐 운반되기도 하였다.

자금성 바닥에는 걸을 때 경쾌한 발소리를 내는 특별한 벽돌이 깔려 있다. 이 벽돌의 효과는 음향만이 아니었다. 땅 밑에서 뚫고 올라올지 모를 침입자를 막기 위해 40여 장의 벽돌을 겹쳐 쌓았다. 성 안에는 후원을 제외하고는 나무가 전혀 없다. 암살자가 나무에 숨을 수 있기 때문이다.

명·청 대에 걸친 500여 년간 자금성에서는 24명의 황제가 살았다. 가장 단명했던 황제는 즉위 29일 만에 사망한 명광종 태창제이고, 가장 오래 재위한 황제는 청고종 건륭제로 60년 동안 황제의 직을 수행하였다. 궁궐은 국사가 결정되는 중요한 공간이자 그들의 집이기도 했다. 그리고 궁궐에는 이들 황제 일가에 봉사하는 수천 명의 궁녀와 내시들이 살았다. 오늘날 해마다 600~800만 명의 관광객들이 이곳 자금성을 방문하고 있다.

원양 항해, 아프리카까지 도달하다
: 정화의 남해원정
(1405~1433년)

　성조 영락제는 황실 내부의 혈투를 거쳐 조카를 몰아내고 황제 자리를 빼앗은 야심 찬 인물이었다. 그 야심은 대내 및 대외정책에서 그대로 반영되어 나타났다. 대내적인 문화적 성과물로는 《영락대전永樂大典》을, 대외적으로는 '정화의 대원정'을 꼽을 수 있을 것이다.

　영락제의 명으로 편찬된 《영락대전》은 일종의 대백과사전으로 천문, 지리, 역사, 사상, 정치제도뿐만 아니라 의학이나 연극에 이르기까지 말 그대로 중국의 문화유산을 집대성한 귀중한 자료이다. 망라된 책에서 관련사항을 발췌하여 이를 내용별로 분류한 다음 운자의 순서대로 배열하여 찾아보기 쉽게 하였다. 해진 등 2,000여 명의 학자들이 참여하여 본문 2만 2877권, 목록 60권의 방대한 규모로 1407년 완성되었다. 원본과 함께 사본인 정본과 부본이 잇달아 제작되었는데 명나라의 멸망과 함께 모두 소실되고 다행히 1부만이 남아 청나라에 전해져 《사고전서四庫全書》의 편찬에 참조가 되었다. 그러나 근대에 열강의 침입이 가속화되고 북경이 함락되면서 약탈되고 소실되어 극히 일부만 남아 있다.

　영락제는 팽창정책을 펼친 대표적인 군주이다. 황제 스스로 직접 말을 달려 북방의 초원과 사막의 정벌에 나섰으며 다섯 번째 북벌 중이었던 1424년 진중에서 사망했다. 중국 황제의 위세는 아시아를 넘어 아라비아와 아프리카에까지 이름을 떨치게 된다.

북으로는 몽골의 고향으로 퇴각하여 이미 힘이 쇠약해진 북원을 끝까지 추적하여 제압하였으며, 동으로는 만주의 여진을 복속시키고 일본 무로마찌 막부의 3대 쇼군인 아시카가 요시미쓰를 일본국왕으로 책봉함으로써 다시 조공 관계에 편입시켰다. 서쪽으로는 티베트로부터 조공을 받고, 남으로는 베트남의 진조가 내란이 일어난 틈을 타서 일시 점령하였다. 주변국에게 조공과 회사 형식의 조공 무역만을 허가하고 민간의 교역은 철저히 통제하는 해금정책을 펼쳤다. 조선, 일본, 베트남, 류큐 등 아시아의 각국은 조공과 책봉이라는 중국적 질서 속에 편입되었다.

그의 정복욕을 보여주는 대표적인 것이 정화의 남해 원정이었다. 당시 정화의 함대는 역사 이래 최대의 선단으로 평가된다. 1405년부터 1433년까지 모두 7차례에 걸쳐 대항해에 나서 동남아시아, 인도, 아라비아 반도, 아프리카 동해안의 케냐까지 이르렀다.

정화는 아직 원나라의 잔존세력이 지배하고 있었던 운남성 곤명에서 태어났다. 그의 아버지 마합지는 함양왕으로서 원나라와 긴밀한 관계를 맺고 있었다고 한다. 메카 순례까지 다녀온 독실한 이슬람교도였고 혈통도 색목인으로 분류되는 중동 계통이었던 것으로 보인다. 그는 명의 정복군이 공격해왔을 때 끝까지 저항하다 전사했다. 곤명의 성인 남자들은 학살당했고 어린 소년들은 거세당했다. 열두 살의 마화도 생식기를 거세당하는 징벌을 당한 채 연왕 주체의 전리품이 되었다. 주체는 마화의 비범함을 알아본 사람이다. 주체가 권력을 장악하는 과정에서 마화는 많은 공을 세웠고 주체는 그에게 정화라는 이름을 내렸다. 주체가 황제가 되자 정화는 환관의 최고 직위인 태감의 자리에 오르게 되었다.

영락제는 자신의 야심을 채울 대규모 해외원정단의 총지휘자로 정화를 선택했다. 1405년의 1차 원정 때 선단의 규모는 배 60여 척에 탑승선원의 숫자가 3만 명에 육박했다. 큰 배는 약 8천 톤 규모였다. 90년 뒤 서양의 바스

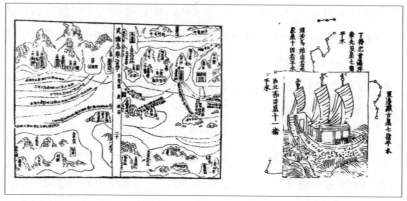

정화의 항해도와 배 그림. 운남성 출신의 이슬람교도였던 정화는 환관으로, 영락제의 명으로 1405년부터 대선단을 이끌고 7차에 걸쳐 남해 원정에 나섰다.

코 다가마가 희망봉을 도는 신항로를 발견할 때 타고 갔던 배의 크기가 고작 120톤 정도인 것과 비교해보면 그 규모가 어느 정도였는지 짐작이 간다.

정화는 정박하는 곳마다 무력시위를 하며 중국과의 조공관계를 요구했다. 대부분의 국가는 명나라 대함대의 위력에 굴복해 평화적인 방법으로 서로의 습속을 인정하고 교류하는 우호관계를 맺었다. 수십 년 후 서양세력이 지리상의 발견 이후 정복지역에 가한 일방적인 폭력의 행사와는 대비가 되는 대목이다. 이때 중국의 선단이 가지고 가서 팔았던 물건들은 주로 도자기, 비단 등이었으며, 사들인 외국 물품은 향료, 후추, 진주, 그리고 서역지방의 말 등 중국에서는 희귀한 지역의 특산물들이었다.

항해 때마다 대개는 무력시위에 그치고 직접적인 싸움에 이르지는 않았으나, 3차 원정 때는 실론스리랑카과의 싸움이 있었다. 스리랑카의 왕이 명 황제의 신하국이 되는 책봉을 거부하자 정화는 기습공격으로 왕궁을 함락시키고 왕을 인질로 잡아 굴복시켰다.

4차 원정 때는 아라비아 반도까지 갔으며 5차에는 동아프리카까지 갔다.

6차 원정을 끝내고 귀국하던 1423년의 귀항 때는 1200여 명이 넘는 외국 사절들과 동승하고 있었다. 정화의 마지막 원정은 선덕제 즉위 후 이루어져 케냐까지 이르렀다.

명나라 때 행해진 정화의 남해원정은 중국인들의 해외 교류 활동을 자극

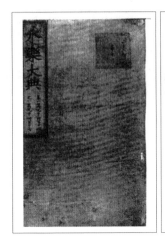

영락제에 의해 편찬된 《영락대전》. 중국의 문화유산이 망라된 일종의 백과사전으로 2,000여 명의 학자들이 3년간의 작업 끝에 완성하였다. 1900년 서양세력의 침입으로 대부분 불타거나 외국에 유출되었다.

하여, 화교들이 각지에 정착하는 계기가 되었다. 지금도 동남아시아의 경제와 정치를 장악하고 있는 사람들 중에는 중국 화교들이 많다.

영락제가 사망한 후 홍희제는 대원정이 엄청난 국력을 소모시킬 뿐이라는 유교관료들의 의견을 들어 다시 해금정책으로 돌아갔다. 그 뒤를 이은 선덕제는 애써 이룩한 해군력이 사라지는 것을 안타깝게 여겨 다시 원정을 지시했던 것이다. 정화는 61세의 노구를 이끌고 다시 거친 바다에 올랐다. 그러나 그것이 마지막이었다. 1433년 정화는 호르무즈 근방에서 병을 얻어 세상을 떠났으며, 그의 시신을 싣고 돌아온 함대는 두 번 다시 출항하지 못했다. 명은 다시 해금정책으로 돌아왔고 이후 중국사에서는 바다에서 세력을 떨쳤다는 이의 이름을 찾을 수 없게 되었다.

베트남의 선택, 조공의 역사
: 중국의 베트남 정복
(1407년)

베트남은 인도차이나 반도에서 제일 큰 나라이며 장구한 역사를 자랑하는 나라이다. 일찍이 우리나라의 고조선 같은 반랑국이 있었다. 단군과 같은 시조가 훙 브엉雄王이다. 건국 신화에 의하면, 훙 브엉의 아버지 락 롱꿘은 용의 종족이고 어머니 어우 꺼는 산의 종족이다. 어우 꺼가 낳은 커다란 알 속에서 아들이 100명이 나왔다. 락 롱꿘과 어우 꺼가 각기 50명씩 데리고 바다와 산으로 떠났는데 어우 꺼를 따라 산으로 간 아들 중 가장 강한 자가 훙 브엉이었다.

광동에서 북부 베트남에 이르는 지역에 어우락 왕국이 일어나, 기원전 275년 베트남 최초의 국가였던 반랑국을 멸망시켰다. 진시황이 중국을 통일한 후 양자강 이남지역에 3개의 군을 세웠는데 그중 이 지역에 세운 것이 남해군이었다. 남해군의 용천현령이었던 중국 관리 출신 조타(趙佗 찌에우 다)가 진 말 한 초의 혼란기에 월족의 지지를 바탕으로 기원전 203년 남비엣을 세우고 어우락 왕국을 멸망시켰다.

남비엣, 즉 남월南越에서 베트남의 이름이 유래한다. 남비엣의 건국자인 찌에우 다조타는 중국 관리에서 시작하였지만, 비엣족의 토착문화에 익숙하고 자신을 현지인들과 동일시하면서 중국의 한나라와 대립하였기 때문에 베트남인들은 조타를 중국의 침략에 대항한 위대한 황제로 여긴다. 한나라의 세력이 안정되어가면서 중국의 군현으로 통합하려는 움직임이 이어지는 속에서 조타가 죽었다. 남월 내부에서는 중국의 선진문물을 수입하기 위해 조공을 하려던 왕이 제거되는 등 내란이 일어나고 중국과의 긴장관계가 계속되었다. 남비엣은 농경과 해상 무역을 통해 성장하여 한과 대결하였다. 한무제는 남쪽 변방을 안정시키고 물소 뿔, 상아 같은 남방의 산물을 얻기 위해 남비엣을 침략했다. 5대 국왕 조건덕은 한무제의 침략에 맞서 싸웠으나 이듬해인 기원전 111년에 중국에 정복당하고 말았다. 5대 93년 만이었다. 이 무렵 고조선도 멸망했다.

이후 베트남은 10세기까지 약 천 년 동안 중국의 지배를 받았다. 당나라 때 안남도호부에 속해 있었기에 '안남'이라고 불렸다. 당나라 멸망 후 5대 10국의 분열기를 맞아 다시 독립을 도모하여 939년 토착세력인 응오꾸엔吳權이 응오吳왕조 수립에 성공했다. 베트남의 역사에서 처음으로 베트남인에 의한 국가가 수립된 것이다. 이후 딩, 레黎 왕조로 이어졌다.

975년 송나라는 내분으로 왕이 살해된 것을 빌미로 레黎 왕조의 베트남을 침공했다. 베트남은 수륙 양면으로 공격해 들어오는 송나라 군대를 격파하여 중국의 침입을 저지시켰으나 대립관계를 지속시키기는 어려웠다. 이듬해 베트남은 사절단을 파견하고 중국과의 조공관계에 들어가게 된다.

송나라 왕안석이 다시 베트남 침공 계획을 수립하던 중, 낌새를 알아챈 베트남이 역습을 가하는 사건이 발생했다. 당시 베트남은 레 왕조를 이어 리꽁우언이 1009년에 세운 리李 왕조 시기였다. 1054년 국호를 대월大越로 정한 베트남은 송의 남쪽 국경지역을 공격하여 상당한 지역을 빼앗고 10만여 명을 죽이거나 포로로 잡아갔다. 일격을 당한 송은 그에 대한 앙갚음으로 반격을 가했으나 베트남군에게 패하고 말았다. 송군을 격퇴한 후 다시 베트남은 조공관계를 회복했다.

원의 세조 쿠빌라이는 남쪽의 참파국을 치겠다며 길을 터줄 것을 요구했다. 쩐 왕조가 이를 거절하자 원은 세 차례에 걸친 대대적인 침략을 감행했

쩐흥다오. 원의 침략을 물리쳐 베트남의 승리를 이끌어낸 인물이다. 오늘날까지도 국민적 영웅으로 칭송받는다.

다. 원은 모두 수도를 점령하기는 했지만, 왕을 사로잡지도 못하고 끝까지 저항하는 월남인들을 제압하지도 못한 채 철수해야 했다. 이때의 베트남의 민족 영웅이 쩐흥다오(진흥도)다. 그는 하노이까지 함락되었던 2차 침입 때 격장사라는 유명한 글로 사기를 북돋아 전세를 반전시켰으며, 3차 침입 때에는 유명한 바치당강(백등강) 전투에서 만조를 이용해 몽고군을 끌어들였다가 간조 때 적군을 궤멸시켜 대승을 이루었다. 몽고의 침입을 물리친 이후 쩐 왕조는 곧바로 원과의 조공관계를 회복했다. 이렇게 베트남은 중국의 침략에 단호하게 대응하여 그들을 격퇴한 다음, 불리하지 않은 조건에서 조공관계를 열어 그들의 독립성을 확보하면서 평화를 유지했다.

명의 영락제 시기에 베트남에서는 정변이 일어나 진씨 왕조가 무너지고 호씨 왕조가 들어섰다. 명은 이를 징벌한다는 명분으로 1407년 베트남을 침공하여 약 20년간 지배하였다. 이후에도 저항이 계속되다가 영락제 사후, 레 러이黎利를 중심으로 10년에 걸친 저항 끝에 1428년 드디어 레 왕조後 黎朝를 수립했다. 레 왕조는 1788년까지 베트남 역사에서 가장 수명이 긴 왕조로, 베트남의 민족 문화가 융성하였다.

4대 타인똥聖宗은 역사상 보기 드문 안정과 번영을 이끌었다. 토지제도를 개혁하고 당율을 근간으로 베트남 고유의 관습법을 반영한 베트남 최고의 성문법 〈국조형률〉을 만들어, 유교이념을 바탕으로 황제 중심의 중앙집권적 관료제를 실현하고, 오랜 경쟁자였던 남쪽의 참파를 무너뜨렸다.

그러나 16세기 후반 막씨의 권력 찬탈 이후 찐鄭씨, 응우옌阮씨가 남북으로 2세기 이상 대립했다. 오랜 대립과 전란으로 농촌이 황폐해졌고 1771년 대규모 농민봉기인 떠이썬西山 봉기로 찐가와 응우옌가가 모두 무너지고 명목뿐인 왕의 자리를 차지하고 있던 레 왕조가 청을 끌어들여 청나라가 베트남을 공격하기에 이르렀다. 그러나 베트남인들은 단결하여 20만의 청군을 크게 격파하였다. 청군을 물리친 응우옌후에가 1788년 떠이썬 왕조를 잠시 세웠으나 응우옌푹아인이 프랑스 세력을 업고 떠이썬 군을 물리친 후 베트남 마지막 왕조인 응우옌 왕조(완씨 왕조, 1802~1945년)를 열었다. 이때 오늘날과 비슷한 베트남의 영토를 확보하였으며 국호를 비엣남越南이라 하였다. 우리나라는 이를 베트남이라고 발음한다.

19세기에 접어들어 인도차이나 반도를 식민지로 개척하려는 서양 세력의 침략이 가속화되면서 1884년 베트남은 결국 프랑스의 식민지가 되었으며, 이후 20세기 중반까지의 베트남의 역사는 프랑스의 식민통치를 벗어나려는 저항으로 점철되었다. 이후로도 2차 대전 막바지에 있었던 일본의 침공, 전후 프랑스의 지배야욕, 미국의 개입과 내전이라는 고난의 시기를 극복하고 1975년 마침내 통일 국가를 이루었다.

베트남의 역사는 오랜 세월 동안 외세의 침략에 던져졌으나, 끈질기게 이를 극복해 낸 베트남 국민들에게 찬탄을 금할 수 없게 하는 그 어떤 것이다.

황제 위에 올라탄 환관
: 토목의 변
(1449년)

　황제 한 사람에게 집중된 강력한 권력은 으레 독버섯처럼 황제 측근의 누군가에게 비정상적인 권력의 개입을 유혹하고 허용하곤 했다. 환관이 그중 하나이다.

　환관들이 정치에 개입하기 시작한 것은 이미 춘추전국시대부터라고 하는데, 진나라의 조고라는 환관이 유명하다. 조고는 진시황이 죽은 후 유언을 위조하여 큰아들 부소가 물려받아야 할 왕위를 우둔한 막내아들 호해에게 계승시킨 후 권력을 휘둘러 진의 몰락을 재촉한 인물이다.

　한나라에 들어오면 환관들이 아예 무리를 지어 하나의 당파로서 위세를 부리게 될 정도에 이른다. 후한 대에 이르면 환관이 작당하여 황제를 세우는 데 결정적인 역할을 했을 뿐 아니라, 충성스럽고 강직한 기질을 지닌 선비들을 모함하여 몰살시키기에 이르렀다.

　환관들이 이렇게 엄청난 권력을 휘두를 수 있게 되는 배경은 당연히 그들이 황제를 가장 가까이에서 보필하는 신하였기 때문이다. 다른 신하들과 달리 궁궐에 함께 거처하기 때문에 자연스레 황제와의 사적인 관계가 형성되어 때로는 황제가 의지하는 존재가 되기도 한다. 황제는 환관에게 중요한 정책의 결재나 명령을 대신 작성하게 하기도 하고 비정상적인 공작정치나 궁중의 은밀한 연락 등을 맡기기도 한다.

특히 명나라 때에는 환관이 중요한 위치를 차지하게 되었다. 명나라는 황제가 공식적인 정책결정 과정을 배제하고 황제의 전제황권을 강화하였기 때문이다. 최고관직인 내각 대학사가 정책 수립에 필요한 건의안을 올리면 황제는 이 건의안에 대한 생각이나, 승낙 혹은 반대의 뜻을 써서 내려주

명나라 초기의 청화 용당초문천구병. 높이 41.4cm. 송강미술관 소장. 명초의 건국이념은 '중화의 회복'에 있었으며, 따라서 문화도 송의 문화를 계승하였다.

었다. 그러나 실제로 그 일을 하는 것은 황제가 아니라 환관이었다. 글을 환관이 대필하는 것이다. 따라서 황제가 중요한 결정을 내릴 때 가장 가까이서 그것을 지켜볼 수 있는 존재가 바로 환관이었다. 황제가 절대적인 권력을 가지게 되면 될수록 만일 환관이 황제의 절대적인 신임을 얻는다거나, 인의 장막을 쳐서 신하들의 접근을 막을 수만 있다면 황제의 절대적인 권력을 환관이 대신 행사할 수 있는 가능성이 열린 것이다.

이미 한나라와 당나라가 환관의 횡포로 말미암아 나라가 망할 지경에 이르게 된 경험이 있었기 때문에 명태조는 이러한 과거 역사 경험을 거울삼아 환관들을 제어하기 위한 제도적 장치를 마련했다. 그는 궁문에 '내신환관은 정사에 관여할 수 없다. 정치에 개입하는 자는 참형에 처한다'라고 새겼으며 환관의 숫자를 100명 이하로 줄였다. 또한 봉급도 아주 낮게 주었다. 이는 건문제 때도 계속되었는데, 이에 불만을 품은 자가 '정난의 변' 때 영락제와 내통하여 영락제의 황제 즉위에 공을 세우기도 했다. 영락제는 이에 대한 보답으로 환관에 대한 대우를 개선시켰다. 남경을 떠나 북경으로 도읍을 옮기면

서 궁전을 넓히고 환관의 숫자를 수천 명으로 늘인 데 이어 위계질서에 따른 환관의 직책을 만들었다.

그중 최고위직이 사례감이었다. 공식문서에 황제 대신 대필하는 병필태감도 사례감에서 나왔다. 나중에는 궁중뿐만 아니라 지방장관 아래에 감찰관으로 파견되기도 했으며 정보를 수집하는 밀정으로 활용되기도 했다. 영락제의 밀실정치에는 관료보다 환관의 활용도가 컸다. 영락제는 그의 집권 시기에 환관이 대두하기 시작했다는 비판을 면할 수 없게 되었다.

환관의 횡포가 문제되기 시작한 것은 5대 황제인 영종 정통제 때부터다. 영종은 9세의 어린 나이로 황제에 올랐다. 섭정을 하던 할머니 태황태후가 사망하자 영종은 황태자 시절 그의 스승이었던 환관 왕진을 기용하였다. 왕진은 영종의 신임을 업고 전횡을 하였는데 영종은 그의 의견에 반대하는 일이 거의 없었다고 한다.

왕진의 횡포는 시간이 흐를수록 심해졌다. 궁궐 동쪽에 어마어마한 대저택을 지어 위세를 떨치는가 하면 임의로 외국에 군대를 파견하기도 했다. 명나라는 바야흐로 왕진의 손아귀에서 놀아나게 된 것이다. 이를 비판하는 관리나 학자는 어김없이 쫓겨나거나 좌천되었다. 심지어 팔다리를 잘라 죽이기도 했다.

이때 몽고의 일족인 오이라트가 세력을 키워 명나라를 위협하였다. 오이라트는 서몽골로 칭기즈칸의 직계가 아니기 때문에 지도자는 칸이라는 칭호 대신 타이시太師 칭호를 썼다. 15세기 초에 오이라트의 토곤이 몽골초원을 제패하고 명나라를 위협했다. 명은 오이라트와의 충돌을 피하기 위해 조공을 받는 형식을 취했지만 실제적으로는 손해를 보면서 말을 사주는 것이 관례가 되어 있었다. 오이라트가 명나라에 말을 조공으로 바치면 말값은 명나라가 지불하는 것이다.

1448년 오이라트는 조공사절단으로 2500명을 보낸다고 명에 통보했다. 실제 파견되는 숫자보다 많은 수인 것을 알면서도 묵인하는 것이 관례였지만 왕진은 실제로 온 숫자만큼만 상금을 내리고 그들이 가져와서 부른 말값도 1/5만 계산해주었다. 이에 분노한 토곤의 아들 에센이 기세를 몰아 명을 침공하였다. 왕진은 천자에게 친히 군대를 이끌고 원정에 나설 것을 요청했으며, 그 의견을 받아 영종은 군대를 이끌고 떠났다. 그러나 오이라트의 세력에 눌려 겨뤄보지도 못하고 철수하다가 토목보(土木堡, 하북성 회래현)에서 오이라트군의 포위를 받아 수만 명의 군사가 죽고 황제가 사로잡히는 지경에 이르게 되었다(1449년). 이 싸움에서 왕진은 황제의 호위장교에게 맞아 죽었다. 이를 '토목의 변'이라 부른다.

토목의 변 이후 북경의 명 황실은 황급히 영종의 아우를 황제로 올리고 방어책을 세웠다. 왕진의 죄가 문책되어 그 족당들이 모조리 죽임을 당하고 재산이 몰수되었다. 이때 왕진의 집에는 금과 은이 창고 60여 채에 가득 차 있었다고 한다. 물론 이 모든 보물은 그의 권력을 배경으로 관리들이나 백성들로부터 착취한 것이다.

왕진 이후로도 환관의 크고 작은 횡포는 그치지 않았다. 중국의 왕조정치에서 환관의 횡포는 구조적으로 피하기 어려운 면이 있었다.

대상인 집단의 출현과 사민평등
: 양명학의 성립
(1500년 전후)

명 말에 저술된 《천공개물天工開物》에는 삽화까지 곁들여 명나라의 발달한 산업과 과학기술상을 망라해 수록해 놓았다. 평야지대의 강을 막는 '언', 산간 지대에 계곡물을 막는 '피' 등의 수리시설과 수차가 보인다. 명대에 수리시설이 발달하여 개간지가 확대됨으로써 농업 생산량이 크게 늘어났다.

특히 황무지가 널려 있었던 호광, 즉 호남·호북 지방이 대표적인 곡창지대로 떠올랐다. 호광지방에 풍년이 들면 전국이 풍족하다는 말까지 유행하게 되었다. 15세기에서 16세기에 걸친 200년간 호북 지방의 경지증가율은 310퍼센트에 달했다. 유랑하던 농민들이 호광지방에 정착하기 시작하여 쓸모없는 땅을 농토로, 박토를 옥토로 바꾸어갔다. 개간한 땅은 소유권을 인정받을 수 있었으며 몇 년간의 세금도 면제받을 수 있었다.

농업의 발달에 힘입어 상업과 수공업이 획기적으로 발전하였다. 중국의 경제는 송대에 이미 상업도시가 출현하고 상인조직이 등장하였으며 지폐가 유통되고 있었다. 명대에는 전국적 규모로 상권을 장악하는 대상인 집단이 출현하게 되었다. 대표적인 집단이 휘주상인과 산서상인이었다. 명초의 산서상인은 북쪽 국경의 군량을 곡물로 조달하고 소금 판매권을 부여받아 재부를 쌓았다. 그런데 1492년부터 곡물 대신 은으로 납부하도록 제도가 바뀐 틈을 타서 휘주상인들이 새로이 부상하였다. 이들은 소금뿐만 아니라 호광의 쌀, 화북의 면화, 안휘의 목재 등 각 지방의 특산물들을 전국적으로 유통시켰고 이익의 대부분을 고향에 송금하여 토지를 구입하였다.

이 무렵에 성리학을 비판하면서 새로이 등장한 유학의 일파가 양명학이다. 명대에 성리학은 더욱 융성하였다. 성리학은 그 자체

양명학을 일으킨 왕양명(1472~1528년). 왕양명은 유배 중에 형식화된 주자학을 비판하고 새로이 양명학을 창시했다. 양명학은 사민평등과 도덕적 실천을 강조하는 '지행합일'의 학문이다.

로 완벽한 사상 체계를 갖추고 있었기 때문에 이를 거스르는 새로운 사상의 출현은 기대하기 어려운 듯 보였다. 그런데 명나라 중엽에 홀연히 왕양명이 나타나서 양명학陽明學을 일으켰다. 그의 본명은 왕수인이며 양명은 그의 호이다. 남송의 육구연의 사상을 계승하여 마음을 중요시하는 심학心學을 대성시켰다.

왕양명은 1472년 절강성에서 태어났으나 관료였던 아버지를 따라 10살 때부터 북경에서 자랐다. 그도 과거를 준비하였고 자연히 성리학을 공부하게 되었다. 그러나 그에게 성리학에 대한 회의가 찾아왔다. 이理가 사사물물事事物物을 깊이 연구함으로써 구해지는 것이라는 주자의 격물치지설格物致知說이 납득되지 않아 신경쇠약이 걸릴 정도였다. 28세에 진사시에 합격한 그는 35세에 중앙정부에 비판적인 글을 올려 멀리 귀주에 유배되었다. 당시 세도를 부리던 환관 유근의 노여움을 산 것이다. 머무를 집조차 없어 스스로 집을 지어 생활해야 했고, 수행하는 시중이 병들어 도리어 그를 간호해야 하는 처지가 되었던 궁벽하고 고독한 산골 생활 중에 그는 깊이 궁구하여 양명학을 탄생시켰다.

그는 '성인의 도는 나의 성에 구비되고 있으니', '사물을 통해 깨달으려 하는 것은 오류'이고 '이가 사물에 없다면 그것은 나의 마음에 있다'고 주장하게 된다. 〈심즉리〉설이 이렇게 확립되어 마침내 양명학의 근간이 되었다. 이는 주자의 〈성즉리〉설과 대비되는 것이다. 주자가 분석적이라면 왕양명은 직관적이다. 주자는 인간의 마음을 성性과 정情, 즉 본성과 현실태로 나누고, 성을 제대로 실현하기 위해서는 정을 규제해야 한다고 보는 반면, 양명은 인간은 본래 선천적으로 '양지良知'를 갖추고 있기 때문에 자연의 심정에 준해서 행동한다면 성을 실현할 수 있다고 생각했다. 양지란 《맹자》의 '깊은 궁리를 하지 않고서도 알 수 있는 것'이다.

성리학에서는 성인의 경지는 배워서 도달할 수 있는 것임에 반해, 양명학에서는 인간이 태어날 때부터 지니고 태어난 것을 자연스레 발현함으로써 도달할 수 있는 것이다. 예를 들어 효라고 하는 것은 효에 관한 덕목을 배워서 알게 되는 것이 아니라, 어버이를 공경하는 자연스러운 마음의 원리가 실현되는 것으로 보았다. 구체적인 실천을 통해 양지에 도달할 수 있다는 도덕적 실천을 강조한 것이다. 즉 앎이란 실천의 시작이고 실천이란 앎의 완성이다. 이로써 양명학은 도덕적 실천을 강조하는 '지행합일'의 학문으로 불린다.

성리학이 출현했던 송대는 농업중심의 자급자족 경제의 범주를 벗어나지 않는 단계였기에 사대부 중심의 신분질서가 확고한 상태였다. 주자학의 사상체계는 이를 반영하여 사농공상의 구별을 명확히 하였다. 사람은 태어날 때부터 하늘의 이치에 의해 그의 직분이 정해져 있다는 것이다. 그러나 명 중기에 이르면 상품화폐경제가 크게 발달하여 상인층이 크게 대두하면서 농업 위주의 자급자족 경제는 흔들리고 사농공상의 구별이 명확했던 주자학 체계도 도전을 받게 되었다.

왕양명은 이러한 사회 경제적 변화를 반영하여 사민평등을 주장하였다. 모든 사람은 선천적으로 도덕적 자각능력인 양지良知를 갖고 태어났기 때문에 누구나 성인이 될 수 있다고 보았다. 그의 제자들은 여기에서 한 걸음 더 나아가 사농공상의 신분 이동, 재물이나 색의 추구 등을 인간의 자연스러운 욕구로 긍정하는 데까지 이르렀다. 양명학의 강학 장소에는 상인과 수공업

자들이 모여들어 열광하였으며 서민
층에도 선풍적인 지지를 받았다.

백성들을 보는 관점도 다르다. 《대
학》에는 다음과 같은 구절이 나온다.
'대학의 도는 명덕을 밝힘에 있으며,
백성을 새롭게 함에 있으며新民….' 주
희는 신민新民으로 보았던 이 구절이
본래는 친민親民이었다. 주희가 '親' 자
를 '新' 자로 본 것은 백성을 교화의 대
상, 즉 지배층에게서 가르침을 받아야
할 대상으로 보고 있다는 것인 반면,
왕양명은 본래대로 백성을 친하게 한
다고 해석하여 백성을 단순히 지배층

왕양명이 진압한 유륙·유칠 형제의 반란. 대규
모의 농민반란으로 1510년 하북에서 봉기했다.

의 교화의 대상이 아닌 함께해야 할 대상으로 보고 있다.

양명학은 기존 질서에 안주하고자 하는 성리학자들로부터 선학禪學이라
거나 사회질서를 무너뜨리는 원흉으로 비판받기도 했으나, 맹자의 선천적인
도덕심, 즉 양지를 강조함으로써 자신의 마음속에서 진리의 기준을 삼고, 사
민평등과 사회정의를 실현하고자 하는 유교 철학으로서 사상계에 새로운 기
풍을 불어넣었다. 주관적이고 형이상학적인 성격으로 인해 성리학의 범주를
크게 벗어나지 못했다는 지적도 없지는 않다.

한 조각의 널빤지도
바다에 띄우지 마라
: 해금정책과 북로남왜의 화 (1449~1571년)

명의 멸망을 재촉한 중요한 요인 중 하나는 외적의 침입이었다. 북쪽에서는 몽골이, 남쪽에서는 왜구가 명을 침략하여 국가 존립을 위협했다. 이를 '북로남왜의 화'라고 한다. 그러나 명 왕조 자체의 폐쇄성과 방어적이며 수동적인 대외정책도 큰 몫을 했다.

명태조 주원장이 대도를 함락하고 몽골인들을 만리장성 밖으로 몰아냈다고 하나, 장성 이북으로 몰아냈을 뿐이지 사라진 것은 아니었다. 몽고족은 엄연히 건재하고 있었으며 시시때때로 이합집산을 거듭하면서 장성 이남을 넘보고 있었다. 그러나 태조는 황제권을 강화하는 과정에서 많은 무신들을 제거했다. 모반 가능성을 제거하기 위해 군대통수권도 분할시켰다. 왜구를 막는다고 해금정책을 쓰고 조공무역만을 허용하는 바람에 그동안 쌓아 올렸던 원양항해의 기술력이나 제해력을 잃고 대외정세의 변화에 어두워져, 격변하는 세계정세에 원활히 대처하지 못하고 뒤처지게 되었다.

북쪽에서 명을 위협했던 오이라트와 타타르는 모두 몽고의 일파였다. 1449년 영종 정통제가 오이라트의 원정에 나섰다가 에센에게 포로가 되는 수모를 겪은 '토목의 변'이 있은 후 만리장성을 다시 쌓고 변방을 방어했음에도 불구하고 몽골의 침략은 이어졌다. 에센은 주변 몽고세력을 통합하여 칸의 지위에 올랐으나 오래가지 못하고 부하에게 살해되었다. 그 뒤 오이라트와 경쟁관계에 있던 타타르가 다얀이라는 강력한 지도자의 등장으로 몽골 전체를 통일하여 세력을 떨쳤다. 다얀 칸의 손자였던 알단 칸은 제2의 쿠빌라이가 되겠다는 야심을 실행에 옮겨 중국을 침공해 들어왔다.

그들은 삭주를 거쳐 하북 지방 깊숙이 침투하여 무수한 인명을 살상하고 2백여만 마리의 가축을 약탈해갔다. 그 후에도 타타르의 침략은 연례행사로 되풀이되어 명나라의 피해는 이루 말할 수 없을 정도였다. 1550년의 침입 때에는 북경을 포위 공격하는 지경에까지 이르렀다. 이를 '경술의 변'이라고 한다. 이때 중국 각 지방의 원군이 모여들어 북경의 함락만은 면했다.

북경에 대한 포위공격이 있은 이듬해, 명에서는 타타르와 타협의 한 방편으로 몽고와의 말 거래를 허용했다. 말 시장을 열어 몽골의 말을 사줄 수밖에 없는 처지가 된 것이다. 원래 명나라에서는 명나라의 책봉을 받은 나라에 한해 조공무역을 허락했는데, 이는 형식적으로 몽골이 명나라의 책봉을 받아 조공국이 되었다는 것을 의미한다. 그러나 실제로 명나라로서는 막대한 손실이었다. 결국 몽골은 형식적인 책봉관계를 맺고 유목민의 생존에 필수 불가결한 말 판매처를 확보하였고, 명은 몽골의 침략 위협으로부터 어느 정도 한숨을 돌릴 수 있는 타협이 이루어진 것이다.

몽고는 말 무역의 특권을 확보하면서 생활기반을 어느 정도 안정시켰지만 한편으로는 현실에 안주하며 대외팽창의 의지를 잠재우게 되었다. 때문에 훗날 새로이 흥기한 만주족에게 대륙의 주도권을 넘겨주게 되었다.

이와 비슷한 시기에 명나라를 괴롭힌 또 다른 세력은 왜구였다. 이들은 원 말기부터 극성을 부리고 있었다. 중국의 해안에 왜구가 출몰하게 된 근본적인 배경은 일본의 가마쿠라 막부(12~14세기), 무로마치 막부(14~16세기) 시기에 상공업 활동이 활발해진 것과 관련이 있다. 일본 국내의 상업 활동만으로는 상업적 욕구가 충족되지 않았기 때문에 중국에까지 그들의 활동범위를 넓혀간 것이다. 그러나 중국은 제한된 조공무역만을 허용하였기 때문에 밀무역을 하고 해적이 될 수밖에 없었다. 이것이 왜구이다. 명이 일본에게 허용

왜구를 막기 위해 연안에 방어선을 구축한 것을 보여주는 '절강빈해지도'. 이 지도는 청조 중기에 그려진 것으로 잦았던 왜구의 침략상을 짐작하게 해준다.

한 조공무역은 제한되어 특권계급들의 수요만 충족시킬 수 있었다. 따라서 일본의 지방호족들이나 상인들은 이러한 조공무역의 혜택을 볼 수 없게 됨으로써 양국 상인들 간에 밀무역이 싹틀 소지가 마련되었다.

명태조 주원장은 일본에 사신을 파견하여 왜구를 단속해줄 것을 요청했다. 영락제에 이르러서 아시카가 요시미쓰足利義滿를 일본국왕에 봉함으로써 조공 무역이 재개되었다. 해적선을 중국 해안에 출몰시켰던 일본 남서부의 봉건 영주들을 장악함으로써 중국과의 무역을 독점할 수 있게 된 것이다.

그러나 1467년 오닌의 난 이후 막부가 통제력을 상실하고 일본이 전국시대에 접어들면서 왜구의 횡포는 더욱 기승을 부리게 되었다.

지방의 실력자들이 독자적으로 중국과 무역거래에 나서게 되었다. 어느 해 일본 지방 세력의 하나인 오우치 쪽에서 배 3척을 중국에 파견했는데, 다른 실력자였던 호소가와 쪽에서 보낸 배가 거의 동시에 광동에 입항하게 되어 두 세력들 간에 집단 난투극이 벌어졌다. 일부 일본인들이 배에서 내려 명의 영파 등 해안지대를 약탈하고 파괴하는 사건이 발생하기도 했다.

명나라는 밀무역자를 색출하여 처벌하게 되고, 그에 반발하여 중국 상인들 및 일본인들이 약탈과 살인을 자행하기도 했다. 실제로 왜구에는 왜구를 가장한 중국 상인들도 다수 포함되어 있었다. 1533년, 한 무리의 왜구들이 동남해안을 따라 절강 · 항주 · 안휘성 등 강남지방의 성들을 차례로 휩쓸면서 잔혹하기 이를 데 없는 살인과 약탈을 서슴지 않았다. 왜구 무리들은 80여 일 동안 약 4천여 명의 농민들을 살해했다. 왜구들의 횡포는 중국에서 뿐만 아니라 조선에서도 빈번히 일어났다.

절강의 지방관 순무로 부임한 주환은 1548년부터 왜구 토벌에 적극 나섰다. 그러자 밀무역으로 이익을 취하던 신사층을 비롯한 지역 유력자들이 격렬히 저항하여 주환을 궁지에 빠뜨리고 마침내 음독자살케 했다. 명 조정은 대대적으로 왜구를 토벌한 후 1567년 해금을 다소 완화하여 상인들이 동남아에서 해외 무역에 종사할 수 있도록 하였다. 무역의 자유화는 송대 이후의 불가피한 시대적 추세였다. 비단, 도자기, 차 등 중국의 수출품은 이미 유럽에까지 수요층을 확대하고 있었다.

그러나 명나라는 해금정책을 실시하고 제한된 조공무역만을 허용함으로써 스스로 무역상의 이익을 포기했다. 조공무역으로 중화의 권위의식을 만족시킬 수는 있었을지 모르나, 조공받은 물자보다 더 많은 물자를 상대국에 하사함으로써 경제적 손실이 컸다. 이미 경제는 국가가 모든 것을 통제할 수 있는 상태를 벗어나 있었다.

해금령海禁令은 명 건국 당시인 1368년 처음 반포되어 1684년 폐지될 때까지 300년 넘게 이어졌다. 명 태조는 '한 조각의 널빤지도 바다에 띄우지 마라'로 하여, 개인이 선박을 만들어 무역에 종사하는 일도 금지시켰다. 만주족의 청나라도 북방민족인지라 바다에 대한 인식이 결여되어 있었고 대만을 근거지로 한 반청 세력을 약화시키기 위해 해로를 계속 봉쇄했다. 명청 시대에 명 영락제의 남해 원정은 오히려 예외적인 현상이었다.

예수회 선교사들의 활동
: 마테오 리치, 곤여만국전도 제작
(1602년)

마테오 리치. 중국이름 이마두. 이탈리아 사람으로 명 말에 천주교를 전파할 사명을 띠고 중국에 들어온 예수회 선교사인 이 사람이 근대 중국과 조선에 미친 영향은 참으로 크다. 그는 천주교 그 자체였고 서양 과학 그 자체였다. 《천주실의天主實義》를 통해 천주교를 접했던 동아시아 지식인들은 목숨을 버릴 각오로 신앙을 고백하거나, 〈곤여만국전도〉 등을 통해 확대된 지리 지식을 접한 후 중국 중심의 세계관을 벗어던지는 의식의 혁명을 이루었다. 서양의 과학 문물을 이해하고 적용하려는 새로운 움직임이 싹트게 되었다.

한문으로 된 천주교 교리서인 《천주실의》는 '하느님에 대한 참된 토론'이라는 뜻으로 가톨릭 사상가인 서양 선비와 유학을 비롯한 불교·도교에 박학한 중국 선비가 토론하는 형식으로 되어 있다. 불교나 도교에서 말하는 공空이나 무無는 천주교 교리에 크게 어긋나지만, 유교의 상제나 천주교의 하느님은 같은 존재라며 공통점을 설파하였다. 공자나 조상 숭배도 인정을 했다. 1603년 출간된 이 책은 중국의 고사성어도 적절히 구사되어 중국의 지식인 관료들이 커다란 거부감 없이 천주교를 접하게 하였다. 출판을 거듭하여 청 건륭제의 《사고전서》에도 수록되었다. 우리나라에도 전해져 서학을 상징하는 대표서적이 되었으며, 자생적으로 천주교도가 발생하는 계기가 되었고, 성리학에 대해 비판적이었던 일부 실학자들에게도 커다란 파장을 일으켰다.

마테오 리치는 신부이기 이전에 다방면에 박학한 학자였을 뿐만 아니라 오랜 학습의 결과 중국문화에 대한 이해와 애정을 겸비한 인물이었다. 거기에 온화하고 친절한 수행자로서의 매력이 겹쳐 중국의 고위 관리들에게 존경과 사랑을 받았다. 특히 서광계, 이지조 등의 고관들과 친밀히 교류했다. 서광계는 마테오 리치로부터 천문·역산·지리·수학·무기 등의 서양과학을 배웠으며, 그와 함께 유클리드 기하학을 공역하여 《기하원본》을 출판했다. 독실한 가톨릭 신자였던 그가 생가인 상하이 서가회(徐家匯, 쉬자후이)에 설립한 천주교당은 이후 중국 예수회의 중심이 되었다. 그는 만주족의 흥기에 서양 무기 및 전술의 채용을 제안하였고 마카오에서 대포를 구입하여 명군에 장비시켰다.

마테오 리치는 사후 중국에 뼈를 묻었으며 이후 전설적인 존재가 되었다. 후일 북경을 방문해 예수회 선교사들과 필담을 나누면서 서양과학을 접했던 북학파의 선구자 담헌 홍대용은 천문학, 수리역법에 대해 모르는 것이 없었던, 이미 전설이 된 이마두의 명성을 기록하고 있다. 홍대용은 일찍이 지구자전설을 주장하는 등 한국 천문학의 선구자로 주목받고 있다.

중국에 서양의 기독교가 들어온 것은 당대였으나 정통 가톨릭이 아닌 네스토리우스파, 즉 경교였다. 경교는 종교의 자유가 보장되었던 원대에 많은 사람들이 믿었다. 정통 가톨릭이 중국에 전래된 것은 명 말의 마테오 리치를 비롯한 예수회 선교사를 통해서였다.

서양의 가톨릭은 1517년 마르틴 루터의 종교개혁 이후 신교가 발생하면서 위기에 직면했다. 이를 타개하기 위해 예수회가 1534년 이그나티우스 로욜라에 의해 파리에서 결성되었다. 제수이트, 중국에서는 야소회로 불리는 예수회는 엄격한 규율을 지키며 신학과 과학적 지식을 습득한 예수회 신부들을 양성함으로써, 가톨릭의 자기 혁신과 교세 확장에 주력하였다.

프란시스 사비에르는 인도를 거쳐 일본에 도착히여 최초로 가톨릭을 전파

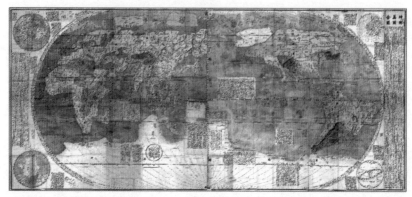

곤여만국전도. 1602년 북경에서 완성한 이 지도는 중화세계가 전부라고 생각했던 중국인들의 세계인식을 바꾸어놓았다. 당시 유럽인들의 세계 지리지식이 대체로 정확했음을 보여준다. 단지 남방에 대한 지식이 부족하여 커다란 대륙으로 그려져 있다. 호주는 1770년 영국의 탐험가 제임스 쿡에 의해 발견되어 서양에 알려졌다. 목판으로 찍어 펴낸 것으로 가로 533cm, 세로 170cm이다.

하였다. 중국에 들어가려 시도하였으나 뜻을 이루지 못하고 죽었다. 그를 계승한 사람이 바로 마테오 리치이다. 그는 7년간 수학한 후 1578년 예수회 신부 13명과 함께 리스본을 출발하여 인도의 고아를 거쳐 1582년 마카오에 입국했다. 중국에 입국한 후 그가 부딪힌 것은 중국의 난해한 문자와 말이었다. 선교를 시작한 광동의 조경肇慶, 자오칭에서 그는 다시 6년간 중국어, 한학, 중국 문화와 풍습을 학습하였다. 중국 선비의 옷을 입고 중국어를 쓰며 한학에 조예가 깊은 교양인이었던 그는 여느 신사층 선비와 다름이 없었다. 철저히 중국인 이마두가 된 것이다.

마테오 리치는 조경, 소주, 남창, 남경, 임청으로 서서히 북상했다. 그는 지구의, 해시계, 프리즘, 자명종 같은 서방의 과학 기구를 신사층이나 황족에게 선물하거나 관람시켰다. 1601년 서광계, 이지조 등이 개종하였으며, 명 만력제는 그가 가져온 자명종 등 서양 과학기술에 마음이 끌리고 학자적 면모를 인정하여 북경 거주를 허가하였다. 1602년 그가 제작한 〈곤여만국전도〉는 판을 거듭하여 출간되었다.

황제의 후대 속에서 세례 교인도 늘어났다. 1580년대 중반 20여명 정도였던 중국의 가톨릭 신자는 1605년경 1,000여 명에 이르렀다. 그가 사망한 1610년 이후에도 예수회 선교사들의 활동으로 신자가 늘어나 1644년에는

15만 명에 가까워졌다.

가톨릭 선교활동은 청대에 들어가 벽에 부딪히게 된다. 뒤에 중국에 들어온 도미니크회나 프란시스코회 등은 예수회 교단이 공자의 제사나 조상 숭배 등을 인정한 것이 유교와의 타협이며 가톨릭 교리에 어긋난다고 주장했다. 이른바 전례문제이다. 로마의 교황청도 중국 가톨릭교도의 제사를 금지하게 되었다. 강희제는 마테오 리치의 입장을 인정하는 선교사들만 중국에 머물도록 하였고 옹정제 때에는 선교사들을 추방하고 가톨릭 자체를 금지시키기에 이르렀다. 중국에서 기독교 활동의 자유가 인정된 것은 제2차 아편전쟁에서 청이 영국과 프랑스에 패한 이후 맺어진 베이징 조약에서이다.

임진왜란과 동아시아 정세의 변동
: 만주족, 후금 건국
(1616년)

　만주족은 만주지방에 터를 잡고 살아왔던 사람들로 역사적으로 숙신, 말갈, 여진족 등으로 칭해졌고 명나라 때에는 만주족이라고 불리었다. 이들은 일찍이 12세기 초에 금나라를 건국하여 송나라를 남쪽으로 밀어내고 북중국을 차지하였다. 원나라에 의해 금나라가 멸망한 이후에는 송화강 유역의 해서 여진, 장백산 일대의 건주 여진, 연해주 일대의 야인 여진, 대략 3개의 큰 부족 집단으로 나뉘어 생활하고 있었다.

　건주 여진에서 누르하치가 등장하여 만주족을 재통일하였다. 그는 건주 여진의 부족장 가문에서 태어났다. 그의 할아버지는 명나라에 충성을 바치며 세력을 유지했던 부족장으로, 명나라에 반대하는 아타이 세력이 명의 공격을 받을 때 그들을 설득하여 명에 항복하게 할 목적으로 아타이의 성에 들어갔다가 억류되었다. 누르하치의 아버지도 그의 아버지가 나오지 못하자 아타이의 성에 들어갔다가 억류당했다. 결국 모두 명나라가 아타이를 공격하는 과정에서 죽임을 당했다. 이것이 누르하치의 가슴 속에 깊은 원한으로 남게 되었다. 그러나 누르하치는 세력을 키워 스스로 명나라와 대적할 정도에 이르기 전까지는 철저하게 명나라에 복종했다.

당시 만주지역에 대한 책임을 지고 있었던 사람은 이성량이라는 명나라 장군이었다. 누르하치는 이성량의 보호와 원조를 받으면서 세력을 확대해 갔으며 이성량에게 많은 재산을 모을 수 있는 기회를 주었다. 만주에서 많이 나는 인삼이나 모피, 진주 등을 구입하기 위해 모여든 명의 상인들은 이 성량을 거칠 수밖에 없었고, 이성량과 누르하치는 중간에서 많은 이익을 차지할 수 있었다. 이성량은 부를 축적하는 데 눈이 멀어 만주지역의 북방민족을 다스리고 통제해야 하는 자신의 임무를 저버리고 있었다. 결국 그는 중앙에서 파견된 관리들의 보고에 의해 파직당했다.

그러나 이미 누르하치의 세력은 만주지역에 크게 떨쳤다. 새로이 만주에 파견된 명 관리들이 누르하치의 세력을 막는다는 것은 역부족이었다. 그리고 결정적인 사건이 다가왔다. 임진왜란이 벌어진 것이다.

임진왜란은 동아시아에 커다란 정치변동을 가져온 사건이었다. 1587년 오다 노부나가를 이어 전국을 통일한 도요토미 히데요시는 1592년, 16만의 병력으로 조선을 침공해 단숨에 수도 한성을 점령했다.

명나라는 조선을 보호하여 중화질서를 유지한다는 명분으로 참전하였지만, 일본이 조선을 침략하면서 '정명가도征明假道'를 외쳤기 때문에 전쟁터를 조선에 한정시키기 위해 원군을 보냈다. 북경의 울타리인 요동을 보호하는 것이 목표였다.

조선 각지에서 의병이 일어나고 수군이 눈부신 활약을 하는 가운데 조명연합군이 평양을 탈환하자, 일본은 화의에 응했으나 '명 황제의 딸을 천황과 결혼시킬 것, 조선 남부 4도, 경상, 전라, 충청, 경기를 일본에 할양할 것, 일본과 명의 무역을 재개할 것, 조선 왕자를 일본에 인질로 보낼 것' 등의 황당한 요구로 결렬되었다. 1597년 다시 정유재란을 일으켰으나 1598년 도요토미 히데요시의 사망으로 철수함으로써 7년 전쟁은 끝이 났다.

이 전쟁 이후 일본에서는 새로이 도쿠가와 막부가 성립하고 중국에서는 명청 교체가 이루어졌다. 다만 조선만이 권력의 재편에 성공하여 집권세력의 변동이 일어나지 않았다. 선조는 전란의 책임을 반성하지 않았다. 정부의 책임을 물어야 할 조선의 민중들은 세 나라의 오랜 전쟁터가 되었던 삶의 터

청대 전사의 모습. 청
조 융성기의 작품이
다. 낭세령(카스틸리오
네) 그림. 고궁박물관
소장.

전을 다시 가꿔 생존을 이어가는 데 급급했다. 조정은 군대나 의병에 대한
평가를 절하하고 명나라가 나라를 다시 세워준 은혜, 이른바 '재조지은再造之
恩'을 높이 받들면서 실추된 권위를 만회하고자 했다. 명나라는 이를 이용해
서 장차 후금과의 대결에 조선의 원군을 요청하게 된다.

　이미 쇠퇴의 길에 접어든 명나라가 조선에 원군을 파견하게 됨으로써 명
의 국운은 더욱 기울어지게 되었다. 누르하치에게는 하늘이 도운 기회였다.

　그는 이때를 놓치지 않고 부족들을 통합하고 내부체제를 정비하여
1616년, 마침내 '후금'을 건국하고 흥경에서 칸 위에 올랐다. '후금'이라는 이
름은 그의 조상들이 세웠던 금나라를 계승한다는 뜻이다.

　후금은 본격적으로 명과의 대결상태에 들어갔다. 후금의 군대조직은 팔기
군으로, 태조의 건국 시 약 10여만 명 정도였다. 팔기군은 금의 맹안모극제
나 몽골의 천호백호제처럼 유목민족 특유의 군사조직으로 사회조직과 일치
되어 커다란 힘을 발휘했다. 유목민들은 빈번하게 이동하는 특성에 따라 일
찍부터 군사기능과 징세, 행정의 기능을 모두 포함하는 유목민 특유의 사회
군사조직을 갖게 되었다. 평상시에는 생산 활동에 종사하다가 전쟁이 일어
나면 그대로 부대편성으로 이어져 세력 확대에 큰 힘을 발휘하게 된다.

　팔기란 말 그대로 서로 다른 여덟 개의 깃발이란 뜻이다. 처음에는 부족집
단들을 4개의 묶음으로 하여 노랑, 빨강, 남색, 백색 4가지 색의 깃발로 구별
했다. 그러니까 처음에는 팔기가 아니라 사기였던 셈이다. 이후 4기를 더 만
들어 팔기가 되었다. 팔기의 '기旗'나 9서당의 '당幢'은 모두 깃발을 의미하는

한자어이다.

팔기의 기본단위는 니루인데 1니루는 300명의 장정이다. 국가는 니루를 기본단위로 하여 군대징발, 장비 마련, 요역 · 노동력 징발을 했다. 5니루를 1잘란, 5잘란을 1구사로 편성했고 구사가 곧 기가 된다. 따라서 한 기는 산술적으로 하면 7천 5백 명의 장정이 속해 있는 집단이 된다. 각 기는 유력한 대표자들에 의해 통제되어 만주족을 통일한 누르하치도 전 부대를 다 장악하지 못했다. 태조의 뒤를 이어 태종 홍타지에 이르면 정복활동이 더욱 활발해지

청 태조 누르하치. 여진족의 한 부족장으로 주변 부족들을 통일하고 즉위, 후금을 세웠다. 사르후 산에서 명의 대군을 격파하고 전상으로 죽었다.

면서 몽고족, 한족들을 중심으로 몽고 팔기와 한인 팔기를 따로 편성하게 되었다. 물론 군사력의 핵심은 만주팔기였다.

후금이 요동지방을 놓고 명과 벌인 전투에서 유리한 전세를 형성하여 전환점을 이룬 대표적인 전투는 살이호(지금의 봉천성 신빈현에 있는 산)전투였다. 후금이 무순을 공격하여 함락시키자 명은 만주족 토벌을 위한 군대동원령을 내리고 요동의 심양에 주력군을 주둔시켰다. 무순 동쪽 50km 지점에서 살이호(薩爾滸, 사르후) 전투가 벌어졌다. 1619년의 이 전투에서 명의 10만 대군을 격파하고 대승을 거둔 후금의 군대는 심양, 요양 등을 그들의 영역에 포함시켰고, 1625년에는 심양으로 수도를 옮겼다. 중국대륙을 향해 한발 더 다가들게 된 것이다.

한편, 이 전투는 조선의 강홍립 장군이 파병되었다가 포로로 잡혀 조선 파병의 불가피성에 대해 후금을 설득했던 바로 그 전투이기도 하다. 임진왜란 이후 집권한 광해군은 명의 압력과 신하들의 독촉을 견디지 못해 명에 원군을 보냈으나 현명한 중립외교로 후금의 침략을 피해갔다. 후일 서인들은 이를 재조지은에 대한 배신으로 낙인찍고 1623년 이른바 인조반정을 일으켜

친명배금 정책을 실시함으로써 이기지도 못할 전쟁을 두 번씩이나 불러옴으로써 국력을 더욱 피폐하게 했다. 그것이 정묘호란과 병자호란이다.

누르하치는 1626년 2월, 요하를 건너 영원성을 공격하던 중 부상을 입어 9월에 사망하였다. 그가 첫 번째로 맛본 패배가 그를 사망에 이르게 한 것이다. 그는 중국 본토 정복의 길목에서 발걸음을 멈추었으나 그의 자손들은 중국을 지배하여 강력한 300년간의 통치를 이루었다. 누르하치는 그 초석을 세웠다. 한족의 오랜 분열책을 극복하고 '변방의 오랑캐'로 멸시당하던 만주족의 부활이라는 오랜 꿈을 현실로 이루어내었다.

장거정의 개혁과 이자성의 난
: 명의 멸망
(1644년)

명대 최고의 재상으로 장거정이 있다. 장거정은 명 후기에 환관의 횡포, 빈번한 민란의 발생, 북로남왜의 화로 얼룩진 명나라의 개혁을 시도했다.

장거정은 천하의 일을 돌보는 것이 자신의 사명이라고 자부하며 정계에 입문했다. 23세에 진사에 합격한 이후, 1572년 만력제가 열 살 나이로 제위에 오르자 권력을 장악하여 10년간 개혁정치를 펼쳤다. 만력제의 생모인 자성태후와 환관인 사례태감 풍보가 그를 후원하였다.

장거정은 대내외적으로 탁월한 정치력과 외교력을 발휘했다. '경술의 변' 주역인 타타르의 알탄 칸과 화의를 이끌어 북방을 안정시켰으며, 동북 지방 건주위를 이성량으로 하여금 토벌하게 하고, 서남지방 광서의 장족을 평정했다. 관리들에게 근무평정법과 신상필벌의 원칙을 적용함으로써 사사로운 이익을 추구하여 부정부패를 일삼는 관리들의 기강을 확립하였다. 멀리 오지의 지방관조차 조정에서 아침에 명령을 내리면 저녁에 봉행할 정도였다고 한다.

지방관을 독려하여 세금의 탈루를 막음으로써 재정 수입을 늘리고 사치스런 궁정의 비용 등 정부의 지출을 삭감하여 재정을 안정시켰다. 처벌을 두려

위한 관료들은 신사 및 유력자들에게 세금을 독촉하였다. 전국적으로 토지를 측량하고 호구를 조사하여 소유자와 과세액을 명확히 하였다. 특히 이미 가정 시기에 일부 지방에서 시행되었던 일조편법一條鞭法을 확대 실행한 것은 커다란 성과였다. 일조편법은 사람과 가구에 부과하던 세가 토지로 일원화되고, 쌀로 내던 세금을 은으로 납부하도록 한 것이다. 특히 강남지방에서 과세의 불공평이 시정되고 경제의 발전상이 반영되어 점차 여론의 지지를 얻고 가시적 성과를 내었다. 이로써 재정 적자가 해소되어 장거정이 사망할 무렵 정부의 창고에는 10년분의 미곡과 400만 냥의 여유자금이 비축되기에 이르렀다.

그러나 명나라 최고의 정치가로 꼽히는 장거정은 개혁을 완수하지 못한 채 58세의 나이로 눈을 감았다. 장거정의 내정 개혁으로, 이른바 '만력중흥'의 시기를 맞았던 만력제는 장거정 사후 친정을 하면서 정치 혼란을 가중시켜 명을 멸망으로 이끌었다. 임진왜란이 일어났고 황실의 사치와 환관들의 가렴주구 속에 민란이 이어졌다.

1644년 명을 멸망시킨 것은 북쪽의 몽골이나 남쪽의 왜구가 아니었다. 만주지방에서 새로이 돌풍을 일으키며 세력을 확대한 청에 의한 것도 아니었다. 직접적으로 명 왕조가 멸망한 것은 내부의 반란, 즉 이자성이 이끄는 농민봉기에 의한 것이었다.

청과의 싸움이 깊어질수록 백성들의 시름도 깊어만 갔다. 여기에 가뭄이 겹치고 심각한 기근이 발생하자 하남과 섬서 일대에서 커다란 반란이 일어났다. 그 반란의 지도자 중 한 명이 이자성이었다. 섬서 지방은 국경수비의 중심지였음에도 중앙에서 군수물자가 원활히 공급되지 않자 군인들도 반란군에 가담하게 되었다.

이자성은 섬서성 연안 사람으로 목동, 역졸, 병졸 등을 전전하던 사회의 최하층이었으나 반란군 고영상의 휘하에 들어가 능력을 인정받기 시작했다. 명군의 거센 공격으로 반란군이 수세에 몰리면서 이자성도 여러 차례 죽을 고비를 넘겼다. 그러나 명 정부군의 공격으로 거의 숨통이 끊겨가고 있던 반란군이 전열을 정비할 수 있게 한 것은 청나라였다. 명이 반란군을 토벌하는

명조를 멸망으로 몰아넣은 이자성의 난. 이자성은 명 말의 혼란기에 '부를 균등 하게 하여 가난을 구제한 다'라는 슬로건으로 반란 군을 일으켰다.

데 국력을 소모하고 있을 때 청은 명의 수도인 북경 근처에까지 육박해오고 있었던 것이다.

명의 황제 숭정제는 청의 공격에 대비하기 위해 하남·섬서 등지의 정부 군을 북경으로 이동시킬 수밖에 없었다. 이로써 반란군들은 다시 재기를 도 모할 수 있었다. 숨어 있던 이자성은 다시 군대를 모아 활동을 재개했다. 점 차 이자성은 반란군의 중심으로 부상하였다.

이자성이 다른 반란군들과 차별성을 보인 것은 1641년 4개의 정책을 발표 함으로써 민심을 수렴할 수 있었기 때문이다. 이자성은 첫째 백성들에게 토 지를 고르게 분배할 것, 둘째 악독한 지주의 창고를 열어 농민들에게 나누어 줄 것, 셋째 군기를 엄정히 하여 재물을 탐하거나 함부로 죽이지 않을 것, 넷 째 지식인들을 존중하고 예우할 것을 약속함으로써, 고통에 신음하던 농민 들의 마음을 잡아끌었다. 또한 이러한 정책의 제시는 종래의 농민봉기에서 는 찾아보기 어려운 시대의 진전이었다. 이자성은 베이징을 점령한 후에도 과거를 실시하고 동전을 주조하는 등 체제정비에 힘썼다.

이자성군은 세를 몰아 마침내 1641년에는 낙양을 함락시켰다. 1642년에 는 개봉을 점령했으며, 1643년에는 양양에 궁전을 짓고 스스로 신순왕이라 칭하고 국가체제를 갖추어나갔다. 그 이듬해 다시 나라 이름을 대순大順으 로 하고 서안을 서경으로 삼았다. 서안을 거점으로 한 이자성군은 동쪽으로 군대를 이동하며 명의 요충지를 하나씩하나씩 점령해 들어갔다. 마침내 3월 17일 이자성군은 북경에 당도했다. 북경은 명의 수도라고 하지만 그 수비는 너무 허술하여 이자성의 반군을 막아내기에는 역부족이었다.

1644년 3월 18일 저녁 무렵, 황제가 가장 믿고 있던 신하가 성문을 열고 이자성군을 불러들였다. 성문이 열리자 이자성군은 물밀듯이 쏟아져 들어왔다. 황제가 머물고 있던 궁성인 자금성 주변에는 이자성군의 함성이 들리고 북경 시내는 반란군이 방화한 불길이 여기저기서 번지고 있었다. 숭정제는 최후를 생각하고 있었다. 명의 맥을 잇기 위해 세 아들을 피신시킨 후 왕비와 후비들에게 자결을 명한 다음, 그의 딸들은 직접 죽였다. 아직은 자금성 안에까지 이자성군이 들어오지 못하고 있었다. 그는 만수산으로 올라갔다. 그리고 유서를 남긴 다음 자결했다. 그가 자신의 옷깃에 적어 남긴 유서는 비장하기 이를 데 없었다.

'나는 죽어 지하에 가도 선왕들을 뵐 면목이 없어 머리털로 얼굴을 가리고 죽는다. 내 시신은 도적들에게 갈기갈기 찢겨도 좋지만 백성들은 한 사람이라도 상하게 하지 말라.'

숭정제가 이렇게 서른넷의 생애를 마감함으로써 명의 운명도 다했다. 숭정제는 명의 마지막 황제였다. 이자성도 산해관을 지키던 장군 오삼계가 청군과 연합하여 공격해 오자 북경을 탈출하여 도주하던 중 1645년 향촌자위 집단에게 피살당했다. 북경에 입성한 청군은 숭정제의 장례를 성대히 치른 후 역적을 토벌한다는 명분으로 자신들의 중국 지배를 정당화했다.

대만, 중국의 영토로 편입되다
: 정성공의 대만 정복
(1661년)

　1644년 명나라가 멸망한 이후에도 청의 지배에 저항하면서 한족의 명나라 부흥운동은 18년간 이어졌다. 이를 남명南明이라 부른다. 먼저 만력제의 손자인 홍광제가 남경에서, 홍무제의 9세손 융무제가 복주에서, 마지막으로 만력제의 손자인 영력제가 광동의 조경에서 계왕으로 옹립되었다.

　융무제를 옹립한 정지룡의 아들 정성공은 본토를 떠나 대만으로 들어가 명나라의 맥을 잇고자 했다. 그의 아버지 정지룡은 해적출신으로 명나라에 귀순한 사람이고, 어머니는 일본인이었기 때문에 정성공 역시 일본에서 태어났다. 중국에는 7세 때 들어왔다. 청나라 군대가 산해관을 넘어 북경으로 밀려들 때 난을 피해 남쪽으로 내려온 명 황제 융무제는 정지룡의 군사력에 의지해 청의 공격을 막아냈다. 그러나 정지룡은 후일 청나라에 투항해 버리고 말았다.

　정성공은 아버지의 배신행위를 눈물로 만류했지만 아버지는 아들의 뜻을 받아주지 않았다. 정성공은 이에 그의 세력을 끌고 바다로 나와 해상에서 청나라에 대항했다. 그의 목표는 북경을 장악한 청 왕조를 타도하고 한족 왕조를 다시 세우는 것 이었다. 그 숙원을 달성하기 위한 발판으로 우선 남경을

명나라가 망한 후 청에 대항하는 명의 유신들
이 명조 부흥운동을 일으켰다. 그중 정성공은
대만을 근거지로 삼아 끈질긴 저항을 벌였다.

장악하기 위한 작전을 전개했다. 그가 군대를 일으켰을 때는 1658년으로 청 순치제의 통치 시기였으며, 당시 정성공이 거느린 군대는 20만 정도였다. 군대를 몰아 해안 지역에서 몇 차례 승리를 거둔 정성공은 자만하다가 남경에서 결정적인 패배를 맛보게 된다. 그는 그의 생일에 맞추어 남경을 함락시켜 입성하겠다는 낭만적인 생각을 갖고 있었다. 그러나 청군에게 크게 패한 뒤 그의 근거지인 하문(아모이)으로 철수했다. 중국본토에서 유일하게 발붙일 수 있는 곳이 이곳이었다.

북경 회복이라는 목표 달성이 어렵다는 것을 깨달은 그는 해상전투의 거점으로 대만을 떠올렸다. 원래 대만은 남방계통의 원주민들이 살고 있었는데, 중국본토에서 대만을 정복했다는 기록은 수나라 때부터 보이고 있다. 그러나 대륙의 중국인들이 대만에 본격적으로 넘어가게 된 것은 명나라 때부터였다. 특히 해안지대인 복건·광동성 사람들이 대만으로 들어가 살게 된 것이다.

그러나 대만에 대한 체계적인 통치가 이루어지게 된 것은 서양세력에 의해서였다. 1624년 네덜란드는 안평에 상륙했고, 그 당시 살고 있던 원주민인 타이완족의 이름을 따 '타이완'으로 부르게 되었다. 정성공이 들어올 때까지 약 40여 년 동안 네덜란드의 동인도회사가 대만을 통치했다. 대만 정착 한족들은 이민족의 지배에 고통당하고 있었다. 이들은 네덜란드에 저항했으나 그때마다 많은 피해를 당했을 뿐 네덜란드를 몰아낼 수는 없었다. 따라서 이민족에게 억압당하는 것보다는 정성공이 와서 통치하는 것이 더 좋을 것이라는 생각을 갖고 있었다.

1661년 정성공은 마침내 대만의 네덜란드군을 공격했다. 나쁜 기상조건을

대만의 대남시 서쪽에 있는 안평성. 16~17세기경 중국 무역을 위한 네덜란드의 식민지 교두보였으나 정성공이 점령하여 저항의 근거지로 삼았다.

역이용하여 전개한 기습작전에 네덜란드군은 제대로 저항하지 못했으며, 정성공 부대는 네덜란드 총독의 부대가 수비하고 있는 대만성을 공격하여 약 1년여 만에 네덜란드군을 몰아냈다.

대만에 들어온 정성공은 농민들을 위한 정책을 펴 네덜란드 식민지 시대에 비해 살기 좋은 섬으로 만들었다. 또한 토착 고산족의 생존권도 보호했다. 그러나 대만을 장악한 지 1년이 되지 못해 정성공은 39세의 나이로 죽고 말았다. 그 후 그의 아들인 정경이 아버지의 자리를 이어받아 20여 년간 대만을 통치했으나, 1683년에는 청나라의 공격을 받아 정경의 아들인 정극상이 청에 투항하고 말았다. 정성공이 대만으로 들어올 때 청나라를 못마땅하게 여기던 상당수의 지식인들이 따라 들어왔고, 따라서 정씨 3대에 걸친 통치 시기가 대만이 중국화한 시기라고 할 수 있다.

청은 정극상의 투항으로 대만을 차지함으로써 완전한 중국지배를 달성할 수 있게 되었다. 그 뒤 19세기에 들어오면 이른바 대만사건이라는 국제 분쟁이 발생하게 된다. 1874년 발생한 이 사건은 대만의 산지 거주 토착민이 표류하던 유구(류큐, 현 일본 오키나와현)인 어부를 살해한 사건이었다. 이 사건을 구실로 일본은 대만을 공격하여 산지족을 죽였으며 그 군사동원의 경비를 청나라에 요구하였다.

유구국은 1429년 삼국의 분열을 통일한 중산국中山國으로도 알려져 있다. 유구국은 명나라가 해금정책을 실시했던 시기에 동남아시아의 중계무역을 통해 강성했었다. 1609년 일본 사쓰마번의 침공 이후 여러 차례 일본의 침공을 받던 유구는 1879년, 일본에 강제로 병합되어 일본의 오키나와현이 되어 버렸다.

대만은 청나라가 약해지면서 강대국의 각축장이 되어갔다. 1884년 인도차이나 반도를 놓고 청과 프랑스 사이에 싸움이 있었는데, 이때 프랑스 군대가 대만의 기륭을 공격하고 팽호도를 점령하는 사건이 있었으며, 1894년 조선을 사이에 두고 청일전쟁이 일어나 청나라가 패하게 되면서 시모노세키 조약을 맺어 요동과 함께 대만을 일본에 넘겨주게 되었다. 요동은 일본을 견제하고자 했던 러시아가 삼국간섭을 주도하면서 중국에 반환되었지만, 대만은 1945년 일본이 2차 세계대전에서 패할 때까지 일본의 식민통치를 받았다.

청, 중국 지배를 굳히다
: 삼번의 난
(1673~1681년)

누르하치의 뒤를 이어 홍타이지가 즉위하였다. 그는 누르하치의 여덟째 아들로 너그럽고 어질며 도량이 커 신임을 얻었다고 한다. 명과의 교전 상태에서 즉위하여 내몽골을 평정하고 대원전국大元傳國 옥새를 얻은 후, 1636년 국호를 대청大淸으로 바꿨다. 그가 청태종이다. 만주족, 한족, 몽고족의 세 종족을 지배하는 다민족 국가가 출범한 것이다.

청태종은 조선에 병자호란을 일으킨 장본인이다. 명청의 교체기에 현명한 중립외교를 실시함으로써 국난을 예방했던 현실정치는 실종되고, 정권의 안정을 위해 '재조지은再造之恩'을 내세우는 무모한 배금정책이 실시되었다. 명은 인조반정을 묵인한다는 명분으로 모문룡과 연합하여 후금을 공격하도록 요구했고 인조는 이를 수용함으로써 후금의 침입을 받고 패배하였다. 이것이 1627년의 정묘호란이었다. 이후 후금은 조선으로부터 매년 막대한 세폐를 받아 몽골로부터 전마를 사들였다. 때마침 명의 장군 공유덕이 수군과 전함, 대포를 가지고 투항함으로써 해상전력을 보강한 후금의 홍타이지는 자신감 속에 칭제건원하고 직접 12만 대군을 이끌고 조선을 침공하였다. 이것이 1636년의 병자호란이다. 남한산성에 피난했던 인조는 삼전도에서 청 태종 앞에 머리를 조아려 사대의 예를 취하고 조공 관계에 들어갔다. 이른바 삼전도의 굴욕이다. 조선은 이제 청을 도와 명과의 전쟁에 동원되는 신세가 되었다. 청은 조선의 전함과 수군을 동원하여 모문룡이 주둔하던 가도를 점령했고 다른 전투에도 조선군을 투입시켰다.

청태종은 조선을 제압하고 요동 지배를 확고히 하였다. 팔기의 군권을 확실히 장악하고, 투항한 한인 관료를 우대하여 관료조직을 정비하는 등 청나라의 기초를 수립하였다. 그러나 그는 중국의 통일을 보지 못하고 1643년에 죽었다. 태종이 죽고 아홉째 아들 여섯 살 순치제가 즉위하자 숙부인 도르곤이 섭정을 하게 되었다. 도르곤이 사망한 후 남명의 계왕을 운남으로부터 미얀마로 몰아냄으로써 명의 잔존세력을 평정하였다. 계왕은 미얀마 왕에 의해 청나라에 넘겨진 후 운남에서 죽었다.

마지막 남은 한인 세력은 삼번이었다. 삼번의 난을 진압함으로써 청조의 중국 지배를 완성한 사람은 청조의 번영기를 연 4대 황제 성조 강희제였다. 그는 1661부터 1722년까지 반세기를 훌쩍 넘게 지배한 최장 임기의 황제로서 그 긴 기간 동안 왕의 업무를 충실히 수행한 왕으로 평가받고 있다.

삼번의 가장 강력한 세력은 오삼계였다. 그는 청조가 산해관을 넘어 중국 대륙을 장악하는 길목에서 청에 협조한 명의 장군 중 대표적인 인물이었다.

1644년, 이자성의 군대가 북경을 함락하고 성대한 북경입성식을 거행하였을 때 새로운 왕조가 수립되는 듯했다. 대세가 기운 것으로 판단한 지방 세력들은 이자성에게 충성을 맹세하기에 바빴다. 이때 중국의 관문인 산해관의 수비를 맡고 있는 오삼계의 향방이 매우 주목을 받게 되었다.

산해관은 예로부터 중국 동북 세력의 침입을 방어하는 최후 관문으로, 요동을 장악한 만주족의 중국침략을 저지하는 데 매우 중요한 요충지였다. 그곳에는 50만의 대군이 버티고 있었다. 오삼계는 이자성군의 북경 공격을 저지하기 위해 북경으로 올라가던 중 북경이 함락되었다는 소식을 듣고 산해관으로 돌아가 있었다. 오삼계는 명조를 멸망시킨 이자성에게 굴복할 생각이 없었을 뿐만 아니라 청나라에 투항하겠다는 마음도 없었다. 그런데 이자성의 부하들이 그의 아버지와 그가 아끼던 여자를 잡아갔다는 소식을 접한 오삼계는 이자성을 치기로 결정하고 청에 도움을 요청하는 편지를 보냈다.

오삼계의 요청은 청에게는 말할 수 없는 희소식이었다. 중국대륙으로 들어가기 위해서는 반드시 거쳐야 하는 산해관이었다. 청은 오삼계의 제의를 기꺼이 받아들였다. 청으로서는 중국을 장악하는 데 가장 큰 장애물인 이자성군과 오삼계군을 동시에 약화, 혹은 해체시킬 수 있는 절호의 기회가 온 것이다. 청나라가 격파해야 할 두 적대세력이 서로 싸워 힘이 빠진다면 청나라는 간단히 중국을 차지할 수 있기 때문이다.

마침내 이자성군과 오삼계군은 숙명의 일전을 벌이게 된다. 오삼계는 청군을 뒤에 두고 산해관에 다가와 있는 이자성군을 공격했다. 이 싸움에서 오삼계는 청군의 도움을 받아 이자성군을 대파했다. 이자성군은 크게 패한 뒤 한걸음에 달아나 북경으로 되돌아갔다. 이자성은 전쟁에서 패하기는 했지만 4월 29일 성대하게 황제 즉위식을 거행했다. 그러나 황제가 된 이자성은 지레 겁을 먹고 북경을 떠나기로 결정했다. 황제로 즉위한 다음 날 이자성군은 북경을 떠나 서쪽으로 피했고, 그다음 날 청군은 북경에 입성했다.

북경에 입성한 청은 고통받고 있는 백성들을 압제자로부터 구해낸다는 명분을 내세웠다. 명의 숭정제를 예에 따라 장사지내고 명나라 때 관료를 지냈던 모든 사람을 관직에 복귀하도록 했으며, 관청 사무에는 만주문자와 더불어 한자를 계속 사용하도록 하는 등 한족의 반발을 최소화하는 정책을 폈다.

청에 협조한 명의 장군으로 오삼계 외에 공유덕, 상가희, 경중명 등이 있었다. 특히 오삼계는 이자성군을 격퇴하였을 뿐만 아니라 명나라 부흥운동의 정신적 지주인 계왕 영력제를 추적하여 미얀마로 쫓아낸 공을 세운 자였다. 청은 이들을 회유하기 위해 남쪽 지방의 번藩 왕으로 이들을 봉했다.

삼번의 난은 운남성의 오삼계, 광동의 상가희, 복건의 경정충 등 청조의 공신인 한인 무장들이 일으킨 반란이다. 이들 번왕은 번 내의 징병, 징세, 관리 임용권 등을 가지고 있는 거의 독자적인 세력이었다. 강희제는 독립적인 번을 폐지함으로써 명실상부한 청조의 중국지배를 완성하였다.

1673년, 상가희가 아들 상지신의 번왕 계승 승인을 요청했다. 이에 돌아온 답은 번을 폐지하겠다는 것이었다. 이에 놀란 다른 두 명은 정부의 저의를

명을 멸망으로 몰아넣은 이자성
과 오삼계.

알기 위해 그들의 번도 폐지할 것을 신청했다. 역시 같은 답이 돌아왔다. 이
들은 반란을 선택했고 진압될 때까지 18년간 항쟁하였다.

이들은 명나라의 부흥을 외쳤지만, 사실 이들 인물들에 걸맞은 명분은 아
니었다. 그러나 청의 지배를 인정하지 않던 운남, 사천, 섬서 일대의 한인 신
사층과 관료들이 이들 진영에 동참하였다. 오삼계는 호남으로 진출하여 청
조를 궁지에 빠뜨리기도 하였으나 다른 두 번과의 공동 작전에 실패하여 점
차 밀리게 되었다. 청나라가 강남을 장악함으로써 승기를 잡았다. 광동과 복
건의 두 번이 먼저 격파당한 후 오삼계는 황제를 칭하기도 하였으나 곧 병사
하고 그의 계승자인 손자 오세번도 자결함으로써 삼번의 난은 끝났다.

불과 여덟 살에 즉위한 강희제는 신하들의 반대를 무릅쓰고 번을 폐하고
삼번의 난을 진압함으로써 출중한 역량을 확인받았으며, 시험대에 올랐던
청조의 중국 지배력을 든든한 반석 위에 올려놓았다. 이후 약 250여 년간 중
국대륙은 만주족의 청나라에게 지배당하게 된다.

만주족 지배의 전성기
: 강희제·옹정제·건륭제
(17세기 중엽~18세기 말)

청은 삼번의 난과 대만의 정씨 세력을 제압함으로써 중국을 완전히 통일하였다. 제국 통치의 경험이 적은 소수의 이민족이 중국대륙을 통치하는 것은 쉬운 일이 아니었다. 한족들은 다수였고 스스로 최고의 문화민족임을 자부하고 있었으며 실제로 세계에서 가장 오래되고 우수한 역사와 문화, 그리고 고도의 통치 제도를 가지고 있었다. 유라시아 대륙에 걸쳐 대제국을 건설했던 몽고의 중국대륙 통치도 채 100여 년을 넘지 못했다. 그러나 청은 250여 년 동안 중국을 지배했다. 그 원동력은 어디에서 나왔을까? 이것을 살펴보기 위해서는 청의 전성기라고 할 수 있는 강희제(1662~1722년), 옹정제(1723~1735년), 건륭제(1736~1795년)의 통치 시기를 살펴보아야 한다.

성조 강희제는 '삼번의 난'을 진압함으로써 중국을 통일하였다. 대만의 정씨 정권을 굴복시켰으며 몽고를 공격하여 외몽고를 중국의 통치권 내에 포함시켰다. 강희제는 중국을 장악한 이후 한족들의 반발을 무마하기 위해 한족 지식인들을 청조의 통치체제에 참여시키고자 했다. 한족 지배층들의 참여 없이 다수의 한족과 넓은 중국대륙을 통치한다는 것은 불가능한 일이었다. 물론 많은 한족 지식인들은 이민족 지배하의 관리가 되기를 거부했으나,

청나라는 한족들을 관직에 등용함으로써 이민족 통치에 대한 한족의 반발을 무마하고 통치에도 실질적인 도움을 받고자 했다.

강희제는 명의 제도를 그대로 사용하고 관리들을 대부분 그 자리에 머물게 했다. 최고위 관직까지도 한족과 만주족을 같은 비율로 임명했다. 지방 행정의 대부분은 한족들에게 위임하여 명대의 지방 지배층인 신사층(향신층)의 지위를 계속 인정해주었다. 문자도 만주어와 한자를 같이 사용하게 했다. 그러나 황제에게 올리는 공식 문서만은 만주어로 통일했다.

또한 강희제는 전국의 학자들을 모아 대대적인 편찬 사업에 참여시켰다. 그래서 만들어진 책이 중국 최대의 자전이라고 할 수 있는 《강희자전》이다. 이 자전에는 약 5만여 자의 글자가 수록되어 있다. 그 외에도 《대청회전》 등 엄청난 분량의 책들이 편찬되었다. 그때 편집된 《고금도서집성》은 1만여 권에 달하는 엄청난 대작이었다.

강희제는 8세에 즉위하여 61년 동안 황제의 직위에 있었다. 그에게는 35명의 자식이 있었는데, 둘째 아들이 황태자로 지명되었으나 잘못된 행동을 많이 하여 황태자의 자리에서 밀려났다. 그 후로 청조는 황제가 후계자의 이름이 적힌 쪽지를 상자에 넣어 궁중에 보관하고 황제가 죽은 다음에 그 상자를 열어 후계자를 선포하게 했다. 이렇게 제위에 오른 옹정제는 황제의 후계자를 둘러싸고 파벌이 형성되는 등의 문제가 발생하는 것을 막기 위해 이 방식을 정착시켰다.

옹정제는 새로운 통치기구로 군기처를 만들었으며, 지방관들에게 자세히 보고를 하게 하고 직접 그 보고서를 읽고 지시를 내렸는데, 하루에 결재한 글자가 다작을 하는 문필가가 쓰는 분량에 달할 정도였다고 한다. 옹정제 때는 강희 · 옹정 · 건륭의 전성기 중에서도 '문자文字의 옥獄'이라 불리는 한족에 대한 사상탄압 정책이 특히 가혹하게 행해진 시기이기도 하다. 이는 글이 빌미가 되어 감옥에 가거나 죽임을 당하게 되는 필화 사건을 의미한다. 만주족을 비방하고 한족의 민족주의를 내세우는 사람은 어김없이 이 '문자의 옥'에 걸려들었다. 심지어는 실수로 잘못 쓴 글자로 인해 죽임을 당하는 경우도 많았다. 이 사상 탄압은 한족에 대한 강경책의 대표적인 예이다. 예컨대 청은

강희제의 남방 순행. 강희제는 황하강 공사 및 대운하와 조운을 시찰하면서 강남 지방 백성들에게 자신의 위엄을 과시했다. 또 반청 분위기를 막기 위해 여섯 번 남방 순행에 나섰다.

한족 지식인들을 관직에 등용하거나 편찬 사업에 동원하는 등으로 회유하기도 했지만, 변발을 강요한다거나 만주족과 한족의 결혼을 금지한다거나 만주족을 비방하는 사상을 가혹하게 탄압하는 등 이른바 '당근과 채찍' 정책으로 그들의 혈통을 잃지 않으면서 몽고에 비해 오랫동안 중국을 통치할 수 있었던 것이다.

옹정제의 뒤를 이은 건륭제 60년 치세 중에도 이러한 청조의 정책은 크게 달라지지 않았다. 건륭제도 주변 지역에 대한 정복 활동을 계속했으며 편찬 사업도 지속되었다. 이때의 편찬 사업은 강희제 시기 사업의 규모를 훨씬 능가했다. 이때 정리된 것이 《사고전서四庫全書》다. 이는 10년간 4000여 명의 학자들이 동원되어 10억 개의 글자로 완성된 중국문화총서로 중국 고금의 거의 모든 문헌자료가 망라되었다. 경사자집經史子集 경전, 역사책, 맹자 등의 자서, 문집 4부의 서적 총 3,458종 79,070권을 수집하여 36,383책으로 완성되었다.

이러한 대대적인 편찬사업은 청 황제들의 문화에 대한 애착의 결실이기도 하겠지만 다른 한편으로는 한족 지식인들을 회유하는 하나의 방편이기도 했다. 특히 전국의 서적을 모아 정리하는 것은 책들을 모두 검열하는 효과까지도 기대할 수 있었다. 모은 책들을 모두 검토하여 청조의 입장에서 내용이 문제가 되는 책들은 전부 폐기처분했다. 무수히 많은 책들이 금서로 지정되었고 불에 타 사라졌다.《청대문자옥당》에 수록된 자료에 의하면, 건륭 6년부터 53년까지의 40여 년 동안 '문자의 옥'이 모두 53차례 발생했다.《금서총록》의 통계에 따르면,《사고전서》는 금서로 정해져 전체 소각된 2,453종, 일부 소각 402종, 서판 소각 50종, 석각 소각 24종이라는 엄청난 대가를 치르고 탄생하였다.

17세기 후반에서 18세기 말까지 130여 년간의 강희·옹정·건륭제 통치시기가 바로 청의 전성기에 해당한다. 이 시기에 영토는 꾸준히 확장되었다. 내몽골은 이미 태종 때 병합되었지만, 서몽골의 준가르와 70여 년간 격돌하여 승리함으로써 서북의 신강, 청해, 티베트에 이르는 지역을 정복하고 중국 역사상 가장 넓은 영토를 차지했다. 이를 바탕으로 도시와 농촌의 인구가 꾸준히 증가하고 유통이 확대되었다. 멕시코 등지에서 생산된 은이 유럽과 동남아시아를 거쳐 중국으로 유입되었다.

그러나 이미 건륭제 때부터 청조 내부에 서서히 문제들이 생기기 시작했다. 태평성대를 지나면서 알게 모르게 관료들이 부패해 가고 있었다. 건륭제가 죽은 후 가경제는 권신이었던 화신을 숙청하였는데 몰수된 재산이 은 8억 냥에 상당했다고 한다. 이를 환산하면 청나라에서 20여 년 동안 거두어들이는 세금의 양과 맞먹을 정도였다. 전성기라 불리던 이 시기에도 왕조의 지배체제는 부패를 잉태하고 있었다.

신사층, 사실을 바탕으로 진리를 탐구하다
: 고증학의 발달 (18세기~19세기 전반)

　중국의 사상은 각 시기의 사회변동과 맞물려 시대적 요구에 부응하며 변화해 왔다. 때로는 새로운 변화의 선봉에 섰고 또 때로는 기존 사회의 유지에 힘을 불어넣었다. 중국이 영역을 확대해 가며 고대 제국으로 발전해 갔던 춘추전국시대에는 다양한 제자백가의 사상들이 출현하여 사상의 황금기를 맞았다. 진나라가 강력한 법치로 중국을 통일하였을 때에는 '분서갱유'라는 가혹한 사상 대탄압을 겪었지만 한나라가 중국적인 중앙집권적 통치 체제와 영역을 확립했을 때에는 위계질서를 수호하는 사상으로서 유교가 국교로 등장하게 되었다. 이후 유학은 학문의 중심으로서, 유교의 경전은 학문하는 자의 기본 소양으로서 시대에 따른 다양한 해석을 거치며 중국 문화의 상징으로 자리 잡았다.

　한나라 때에는 진시황의 분서갱유로 인해 대부분의 유교경전이 소멸되어 버렸기 때문에 사라졌거나 잊혔던 유교경전의 내용을 찾아내어 바르게 해석하고 시대에 맞게 풀어내는 훈고학이 발달하였다. 즉, 글자 하나하나의 뜻을 정확하게 밝혀 원래의 의미가 무엇인지를 밝혀내는 학문이다. 훈고학의 학풍은 당나라까지 계속되었다. 과거제의 시행과 맞물려 당나라의 오경 정의가 정통한 해석으로 간주되어 학문의 자유로운 발달이 저해되자 송나라에 들어오면 단순히 유교경전의 글자 해석이나 의미를 파악하는 데 머물지 않고 경전이 담고 있는 전체적인 철학적 의미를 밝히는 데 관심이 집중되어 신유학, 즉 성리학性理學이 발생했다. 그 성리학적 세계관에 반대하여 명나라 때 나온 것이 양명학이다. 성리학이나 양명학陽明學은 인간과 세계, 자연의 이치를 보는 철학적 관점에서 차이를 보이고 있으나 그 철학적이고 관념적이라는 성격은 유사하다.

명 말 청 초에 이들 공허한 담론을 비판하면서 실학을 제창하여 새로이 등장한 학문이 고증학考證學이다. 이때는 이미 1583년 입국한 마테오 리치 등 예수회(제수이트) 교단의 선교사들로부터 전래된 서양의 과학기술도 영향을 미치고 있었다. 만주족의 지배라는 중국 내부의 문제도 있었다.

몽고족의 지배기에 관료로서의 진출이 제약되었던 한인들이 문인화를 즐겨 그렸던 것처럼, 만주족의 지배하에 있던 한인 신사층들 중에는 관직 진출을 포기하고 과거 공부와는 구별된 학문의 세계, 즉 고증학 연구에 몰두하는 사람들이 많았다.

명나라 이후의 지배층인 신사紳士층은 전현직 관리인 '신紳'과 학위 소지자인 '사士'를 합친 말로, 향촌사회에서 영향력을 행사하여 향신鄕紳층으로도 불린다. 송대의 형세호인 사대부는 소수였으나, 명청 시대에는 지방학교의 학생이나 과거 합격자들의 숫자가 폭발적으로 늘어났다. 반면, 관직은 2만 5천 명 정도로 제한되어 있었다. 국가도 관료를 도와줄 협력자가 필요하였으므로 이들 향촌 세력에게 몇몇 특권을 부여하면서 국가 통치를 보좌하도록 했다. 청대의 신사층은 관직 진출이 더욱 어려워졌고 청 조정도 이들 한인 지식인들이 정치에 대한 관심을 거두고 대규모 편찬 사업 등에 몰두하기를 기대하였다.

고염무, 황종희, 왕부지 등 대학자들로부터 시작된 고증학은 건륭제·가경제 시기에 정밀해지면서 청나라를 대표하는 유학으로 자리 잡았다.

고염무는 실학을 제창하여 현실 사회에 유용한 학문에 관심을 가지는 한편, 학문하는 방법에서도 실사구시實事求是의 고증학적 방법론을 제창하여 유교 경전과 역사서를 연구함에 있어 증거 없이는 쉽게 믿지 않는 기풍을 견지하였다. 대담하게 현실 정치에서 출발하여 학문을 연구하였으며, 경세치용經世致用을 위한 목적에서 학문을 탐구하였다. 황종희는 현실정치에 참여하였으며 전통적 전제정치를 비판하였다. 군신관계를 논할 때 천하를 위주로 하고 백성을 위주로 해야 한다고 주장하는 등 근대지향적인 민주사상을 펼치기도 했다. 왕부지는 항청 운동이 실패한 이후, 저술활동에 몰두하여 고대 철학을 집대성하였는

고염무. 청나라 초기의 대표적 유학자로서 고증학의 창시자. 일생 동안 청조에 봉사하지 않고 학문에 정진했다.

데 이와 기의 관계에서 '천하는 오직 기일 뿐이다'라고 강조하였다.

청의 중국 지배가 견고해지고 건가건륭제·가경제 연간이 되면 고증학은 《사고전서》 등 정부의 방대한 편찬 사업과도 관련되어 점차 현실정치와는 동떨어진 문헌자료의 연구에 치중하는 방법론적 학문의 역할에 국한되게 된다. 청의 한족 회유책에 동화되어 경세의 학문에서 은둔의 학문으로 변화해 갔다. 청의 지배층은 이른바 '문자의 옥'으로 한족 지식인들의 현실 참여와 비판 의식을 거세하고 대규모 편찬 사업에 동원함으로써 케케묵은 기록을 살피고 연구하는 학문을 위한 학문에 매몰되도록 하였다.

과거의 여러 자료들을 꼼꼼히 살펴 경전의 뜻을 더욱 정밀하게 해석한다거나 역사적 사실을 좀 더 확실하게 밝히는 등의 연구 방법은 한나라에서 이루어졌던 훈고학과 유사성이 있다. 그러나 고어에 대한 자구 해석에만 만족하지 않고 고대 언어 연구의 비판적인 새로운 방법론을 전개시키기도 하였던 까닭에 이를 고증학이라고 하여 한·당의 훈고학과 구별하여 부르게 되었다.

건가 시기에는 혜동과 대진을 중심으로 오파와 환파라는 고증학파가 출현하였고 학문적인 성과를 이룩하였다. 치밀하게 경서에 깊이 몰두하여 '증거

가 없으면 믿지 않는다'는 원칙이 견지되었던 까닭에, 주관적이고 과장된 학풍이 후퇴하고 실증적이고 엄밀한 학풍이 자리 잡게 되었다. 여러 시대의 기록을 광범하게 수집하고 인용하고 입증하는 과정에서 위조한 경서를 밝혀내기도 하였다. 고증학의 발달 속에 정부나 민간에서 수많은 책들이 편찬되면서 역사학과 지리학 이 발전하였으며, 고증학의 방법으로 활용되던 고고, 금석학은 독자적 학문의 영역으로 발전하게 되었다.

그러나 한학이 발달하고 고증이 유행하면서 문장이 지나치게 장황하고 자질구레하게 변질되었다. 근본을 버리고 지엽적인 것을 추구하게 되었을 뿐 아니라, 실제 생활과 유리되어 과거로 후퇴하게 되는 등 폐단을 지적하는 사람들이 많았다. 위원은 임칙서의 부탁을 받아 《해국도지》를 편찬하여 중국인들에게 세계를 소개하는 등 새로운 학문의 기풍을 세웠다.

결국 청나라를 풍미했던 고증학은 부분적으로 유교경전이나 고전을 새롭게 해석해내어 근대지향적인 사상을 찾아내는 성과를 거두기도 하였으나, 시대 전체를 주도할 만한 사상체계나 혹은 다가오는 근대세계를 맞아 사회의 핵심적인 사상의 역할을 담당할 정도의 위치는 차지하지 못했다.

서구열강, 중국을 넘보다
: 광동무역체제의 시작
(1757년)

중국과의 무역을 시작한 최초의 서양세력은 포르투갈로 일찍이 광동의 마카오를 거점으로 무역을 개시하였다. 포르투갈 상인 조르쥬 알바레스가 1513년 마카오에서 최초로 중국과의 무역에 성공한 이후 1557년 포르투갈은 마카오를 실질적 식민지로 삼기에 이른다. 포르투갈은 중국 관리를 매수하여 그의 이름으로 땅을 사는 방식을 통해 세력을 확대해 나가다가 점차 포대를 세우고 군대를 주둔시켰으며 관청을 설치하였다. 서양 세력이 처음으로 힘에 의해 중국 땅을 차지하게 된 것이다. 물론 중국은 포르투갈의 마카오 지배를 인정하지 않고 관리를 파견하였으나 마카오는 서양 세력이 차지한 최초의 대중국 창구로서 홍콩이 개방되기까지 중요한 역할을 담당하였다.

포르투갈과 함께 신항로 개척에 앞장섰던 에스파냐(스페인)는 주로 아메리카 대륙에 세력을 확장하고 아시아는 포르투갈의 세력권에 두었다. 1565년 필리핀을 점령한 이후 하문아모이 항구를 무역통상 기지로 삼고 1626년에는 대만의 기륭을 강제 점령하는 등 세력을 뻗쳤다.

17세기 초에는 유럽의 새로운 강대국으로 떠오른 네덜란드가 자바섬에 바

광동 13행. 1757년 청나라는 무역통제를 강화, 무역항을 광주 한 곳으로 제한하고 특허받은 중국 상인단, 즉 광동 13행에만 교역권을 주었다.

타비아자카르타라는 전진기지를 건설하여 동남아시아 여러 섬들을 식민지로 삼고 중국과 일본의 나가사키를 연결하는 무역로를 활발히 오가면서 아시아 무역을 장악하였다. 1604년 대만의 팽호도를 습격하더니 1623년에는 대만을 점령하여 안평요새를 구축했다. 1641년에는 대만을 놓고 벌인 에스파냐와의 싸움에서 이겼다. 네덜란드는 동인도 회사를 통해 대만을 약 40여 년간 지배하다가 청나라 초기 정성공 세력에 의해 밀려나게 되었다.

네덜란드가 영국과의 무역전쟁에서 패한 이후 급격하게 세력이 약해지자 아시아 무역은 영국과 프랑스의 대결로 압축되었다. 영국은 플래시 전투 1757년에서 승리함으로써 인도를 독점적으로 식민통치하게 되었고 중국과의 무역에서도 주도권을 장악했다.

밀려오는 서양세력들의 통상 요구에 대한 중국의 대응은 어떠했을까? 청의 건륭제는 1757년 서양 세력들과의 무역을 광주(광저우) 한 항구만으로 제한시키고 대외 교역을 허가받은 상인들이 독점하게 하였다. 이를 광동무역체제라고 한다. 이 상인들, 혹은 그들이 조직한 상인 길드를 공행公行이라고 한다. 공행은 명대에 광주에서 양화洋貨만을 전문적으로 취급하던 상인들에게 기원을 둔 것으로, 외국과의 무역을 독점할 뿐만 아니라 외국상인들을 관리하거나 관세를 거두는 역할을 맡았다. 청은 자국의 관리와 외국 상인들이 직접 접촉하지 못하게 하는 형식으로 중국과 야만족이 대등한 관계로 만날 수 없다는 우월감, 즉 '중화의식'을 드러냈다.

전통적으로 한족은 세계에서 가장 중앙에 위치한 나라라는 의미로 스스로 '중국 中國'이라고 했고, 하늘에 태양이 하나이듯 지구상에도 최고통치자인 신의 아들 '천자天子'는 하나뿐이라는 생각을 갖고 있었다. 문명의 수준이 가장 높은 민족 역시 한족이라는 '중화의식中華意識'을 갖고 있었다. 다른

영국 동인도회사의 무역선. 이 회사는 영국정부의 식민지 경영을 위해 세워진 반관반민의 회사로 중국에 대한 경제적 침탈과 아편무역에 앞장섰다.

민족들은 중국의 교화대상인 야만족일 뿐이었다. 모두 미개한 오랑캐라고 생각했던 것이다. 따라서 외국과의 무역 역시 항상 동등한 통상관계가 아닌 '조공관계'라는 특별한 형식을 통해 중국 중심의 세계 질서를 유지하고자 했다. 유럽인들에 대한 태도 역시 마찬가지였다.

광주의 주강 강변에는 외국 상인들이 거주하고 활동하기 위한 화려한 서양식 상관들이 설치되었으며 이화양행, 기창양행 등 무역회사가 설립되었지만 이들의 행동거지는 철저히 통제되었다. 무역은 공행을 통해서만 가능했다. 공행들 중에는 수출품인 차와 비단, 수입품인 면화와 모직물을 독점하면서 거대한 부호로 성장하는 이도 있었으나 황제와 관료들의 가렴주구의 표적이 되는 일을 피할 수는 없었다. 이들은 서양 상인들에게 선박세와 화물세 외에 수십 개에 달하는 자의적인 부가세를 부과하였다. 이후 반포된 몇 차례의 법령으로 서양 상인들은 겨울에는 광주에서 지낼 수 없고 상관에서만 머물러야 하는 등 활동이 크게 제약되었다.

광동무역체제에서 가장 활발한 활동을 보였던 나라는 영국이었다. 영국은 산업혁명을 거치면서 대량 생산한 상품을 중국에 자유롭게 판매하고자 했다. 특히 인도를 식민지화함으로써 그곳의 물자를 충분하게 이용할 수 있었던 점도 영향이 컸다. 그러나 청나라는 조공 무역의 원칙을 고수하고 있었

다. 대제국임을 내외에 과시하고 있던 영국에게 이 조공관계는 참을 수 없는 굴욕이었다. 영국은 청나라의 이러한 제한적인 무역방식을 벗어나 자유 무역을 관철하기 위해 많은 노력을 기울였으나 번번이 좌절되었다. 1793년에는 영국의 메카트니 사절단이 찾아와 중국과 수교하려 하였으나 실패하였다. 마침 건륭제의 80세 생일을 맞아 전권대사로 왔던 메카트니는 국왕 조지 3세의 친서까지 들고 왔으나 중국 관리가 무릎을 꿇고 머리를 조아리는 의례를 요구하자 이를 수용할 수 없었다. 1816년에는 아머스트 사절단이 파견되었으나 역시 실패했다. 1802~1809년 동안 영국은 마카오를 뺏기 위해 3차례에 걸쳐 포르투갈과 싸우기도 했다.

영국은 중국에서 막대한 양의 차를 비롯하여 도자기, 약재 등을 수입해갔지만 영국산 면제품 등의 판매는 녹록지 않았다. 중국인들은 자신들이 지대물박地大物博하여 다른 나라의 물품은 필요하지 않으며 다른 나라와의 무역은 오로지 외국에 은혜를 베푸는 행위라고 인식하였다. 17세기부터 유럽에 전해지기 시작한 차는 점차 문화 형태로 보급되어갔다. 영국에는 독자적인 홍차문화가 형성되어 18세기 후반에는 엄청난 양의 차가 수입되었다. 특히 차의 수입대금으로 많은 양의 은을 중국에 지불해야 했기 때문에 영국으로서는 큰 타격이 아닐 수 없었다. 영국은 은을 지불하지 않고 차를 수입할 방안을 모색하게 되었다.

마침내 영국은 정상적인 방법으로는 이러한 관행을 벗어날 수 없다는 것을 깨닫고 지극히 비인도적이고 부당한 방법을 동원하여 무역적자를 해소하고자 하였다. 그래서 생각해낸 것이 아편을 몰래 청나라에 파는 것이었다.

산업화를 이룬 영국을 비롯한 서구열강들은 중국시장을 개방하여 무역역조를 시정하고 자국 자본주의의 이윤을 극대화하고자 중국을 침탈하기 시작했다. 아편전쟁을 시작으로, 우세한 화력을 바탕으로 밀려오는 서양세력들에 대해 청나라 조정은 효율적으로 대처하지 못했다. 잇따른 패전과 거액의 배상금 지불로 중국인들의 자존심과 국민경제는 심각한 손상을 입었다. 새로운 국민 국가 수립의 염원 속에 최초의 공화제 정부인 중화민국이 탄생하였다. 그러나 각지에서 일어난 군벌의 난립 속에 효율적인 국가체제를 이루지 못하던 중, 러시아 혁명 이후 새로이 탄생한 공산당 세력과 국민당 세력이 서로 대립하게 되었다. 열강의 침입이 가속화되는 가운데 경제대공황을 전쟁을 통해 극복하고자 했던 일본이 본격적으로 중국을 침략하기 시작하자, 국민당과 공산당은 국공합작이라는 공동전선을 형성하여 일본을 물리치고자 노력하였다.

제6장
근대

CHINA

역사상 가장 부도덕한 전쟁
: 아편전쟁
(1840~1842년)

영국이 중국에 아편을 밀수출하기 시작한 것은 18세기로 거슬러 올라간다. 옹정제 초기인 1729년에 이미 첫 번째 아편 금지령이 내려졌다. 그러나 19세기에 이르러 폭발적인 성장세를 보인다. 강희·옹정·건륭제의 통치기, 이른바 3대의 황금기는 끝났다. 부패한 관료들에게 늘어난 인구를 부양할 만한 생산성의 향상이나 제도적 보완책을 기대하기는 어려웠다. 중국 국민들은 아편의 잠재적인 수요자가 되어, 현실의 쾌락이나 고통으로부터 도피하기 위한 방편으로 아편을 피우게 되었다.

아편 수요는 폭발적으로 증가했다. 1780년 무렵 약 1천 상자에 불과했던 아편의 수입량은 1830년에는 1만 상자, 아편전쟁 직전에는 4만 상자 정도로 늘어났다. 이것은 무게로 치면 거의 300만 톤에 육박하는 것이었다. 고위관료, 지주, 상인, 군인 등 지위가 높은 사람들에서부터 떠도는 유민층에 이르기까지 많은 사람들이 아편을 피웠다. 아편은 마약이기 때문에 한번 중독이 되면 쉽게 끊을 수 없어 죽을 때까지 피울 수밖에 없었다.

중국은 여러 차례 금지령을 내렸으나 통하지 않았다. 영국은 산업혁명 이후의 무역적자를 해소하기 위한 방편으로 아편을 선택했다. 플래시 전투에서 승리한 이후 동인도회사가 인도의 벵갈 지방 방글라데시와 그 남쪽에서 아편을 재배해 상인을 통해 중국 근해로 운반한 다음 몰래 중국에 파는 방법을 썼는데, 삼각 무역 1829년 말부터 쾌속 범선이 등장하여 항해시간이 짧아지면서 더 많은 아편을 밀수출할 수 있게 되었다.

마침내 도광제는 임칙서를 특사(흠차대신)로 파견하여 광주의 아편거래를 막게 했다. 1939년 정월, 광주에 도착한 임칙서는 상황을 주의 깊게 살핀 다음 과감하게 손을 쓰기 시작했다. 외국인에게 남은 아편을 관청에 넘기고 다시는 아편을 판매하지 않겠다는 서약서를 제출하도록 고시했다. 외국인들은 이 조처에 대해 별로 개의치 않았다. 다른 관리들처럼 뇌물로 매수하면 될 것으로 판단했다. 한 달 후 임칙서는 바로 군대를 동원해 13행을 포위하며 행동을 개시했다. 광주에는 자기 나라 상인들을 보호하기 위해 영국 통상 감독 엘리어트 찰스가 군함 2척을 이끌고 들어와 있었다.

엘리어트는 교묘하게 영국 상인들로부터 아편을 자신에게 넘기도록 하였다. 영국 상인들의 아편이 대영제국의 아편으로 둔갑했다. 그는 2만 80상자의 아편을 내놓았다. 도광제는 승리에 흥분했고 영국 상인들은 임칙서가 아직도 더 많은 뇌물을 위해 흥정을 하는 것이라 생각했다. 그러나 임칙서는 호문에서 아편을 불태웠다.

청나라의 강경한 아편무역 금지조치에 대해 영국의 자본가들은 의회에 압력을 가했다. 당시 영국은 휘그당과 토리당의 양당에 의한 의회정치가 자리잡고 있었다. 이 무렵 영국 정부를 이끌었던 휘그당의 파머스턴 내각은 중국 무역을 안정된 기초 위에 두는 데 필요한 조건의 획득이라는 명분을 내걸고 20척의 함선과 4천여 명의 원정군을 파견하기로 했다. 영국 의회는 토리당의 반대에 부딪혔으나 아주 근소한 차이로 이를 승인하였다. 영국 의회는 결국 자본의 요구에 굴복한 것이다.

마침내 전권대사 엘리어트 조지는 1840년 6월 육해군 약 4천여 명의 원정군을 이끌고 광동 앞바다에 도착했다. 인도 정부가 영국을 대표하여 청에 선전포고를 하면서 전쟁은 시작되었다. 대포와 강한 해군을 갖춘 영국군 앞에 중국의 군대는 무력하기 짝이 없었다. 재래식 범선이 대부분이었고 군사 장

아편전쟁의 빌미가 된 임칙서의 아편몰수. 임칙서는 총독으로 부임하자마자 외국상인들로부터 아편을 몰수, 석회를 뿌려 바다에 모두 흘려보냈다.

비는 240여 년 전에 주조된 낡은 것이었다.

영국은 주산군도를 점령하여 양자강 하구를 봉쇄하고 천진(톈진) 인근까지 함대를 파견하여 청나라를 위협하면서 타협을 시도했다. 천진에서 교섭을 책임지고 있던 직례총독 기선은 오랑캐를 다독인다면서 일단 영국군을 무마하여 광동으로 돌려보냈다. 임칙서가 파면되고 그 자리를 차지한 기선은 광동에 도착하자 영국군의 힘을 깨달았다. 12월 영국군이 공격을 개시하자 기선은 엘리어트와 개인적으로 배상금 600만 냥의 지급·홍콩 할양·평등 대우 등을 조건으로 한 기초협약인 '광동협정'을 맺었다. 이 소식이 전해지면서 크게 노한 도광제는 기선을 파면하고 체포하였다.

1841년 가을, 전쟁이 재개되어 영국군이 영파를 점거했다. 이제 영국군의 병력은 1만으로 불어나 있었고, 증기선 14척이 대기하고 있었다. 주강구와 주산에서 중국군이 용감하게 저항했으나 속수무책이었다.

한편 정부의 무능과 굴욕적인 태도는 중국인들을 분노케 했다. 중국인들은 곳곳에서 침략적인 외국인들에 대항하는 자위조직을 결성하였다. 농민군이 영국군을 포위 공격하여 영국군 사상자가 생긴 사건이 일어나자, 영국의 태도는 더욱 강경해졌다. 영국은 중국에 대한 공세를 강화하여 1842년 6월 상해를 점령하고 남경(난징)으로 진격했다. 청나라는 아주 불리한 조건으로라도 타협을 할 수밖에는 없는 상황에 몰렸다. 결국 1842년 8월 영국함대의 갑판에서 영국과 청나라 사이에 역사적인 '남경조약'이 체결되었다. 조약의 주요 내용은 다음과 같다.

1. 홍콩을 영국에 넘겨준다.
2. 광동, 하문, 복주, 영파, 상해 등 5개 항구를 개항한다.
3. 개항장에 영사를 주재시킨다.
4. 중국은 전쟁 배상금 1200만 달러, 몰수된 아편 배상금 600만 달러 등을 3년 안에 영국에 지불한다.
5. 공행의 독점무역을 폐지한다.
6. 수출입의 관세를 정한다.
7. 동등한 지위에 있는 양국 간의 문서 교환은 동등한 형식을 사용한다.

이후 관세에 관한 내용, 영사 재판권, 최혜국 대우, 5개 항에서의 군사 정박권 등을 추가시키게 된다.

이 조약은 중국이 외국과 맺은 최초의 근대적인 조약이며 불평등조약이다. 이 조약으로 중국이 오랫동안 유지해오던 중화사상은 여지없이 깨졌으며 중국사회는 커다란 충격에 빠졌다. 광주에만 제한시켰던 외국상인들의 활동은 확대되었고, 문제가 되었던 아편에 관해서는 언급이 없었다. 아편무역을 계속하겠다는 영국의 입장이 관철된 것이다.

이후 중국은 미국, 프랑스 등 다른 서양 여러 나라들과도 영국과 맺은 조약의 내용과 비슷한 불평등조약을 맺을 수밖에 없었다. 1844년에는 미국과 망하조약, 프랑스와는 황포조약을 맺게 되고 중국대륙은 서구 열강에 의해 서서히 잠식되어가기 시작했다.

서양세력에게
수도 북경이 함락되다
: 제2차 아편전쟁 (1856~1860년)

아편전쟁에서 중국이 패한 것은 전혀 이상할 것이 없었다. 단지 중국만이 아직 서양 함대의 대포가 얼마나 무서운지 모르고 있었을 따름이었다. 19세기의 중국 정부는 불행하게도 세계사적인 흐름에서 동떨어진 채 변화된 세계에 대한 인식이 부족한 상태였다. 남경 조약으로 유럽이 300년 동안 벼려온 무력을 통한 중국 개방이 현실화되고, 그 충격이 중국을 뒤흔들었음에도 불구하고 중국은 스스로 낙후되었다는 사실을 인정하지 못했다.

남경조약에 불만을 느낀 나라는 오히려 영국이었다. 다섯 개의 항구를 개항하는 데에는 성공하였지만 교역량은 늘지 않았다. 중국은 5개항에서의 무역을 허용한다고 약속은 했지만 그 실행을 미루고 있었고, 아직은 내륙지역까지 외국인들의 출입을 허용하지 않고 있었다. 영국 상인들은 항구를 벗어나지 못하는 제한된 무역만으로는 만족할 수가 없었다. 특히 산업혁명 이후 영국 산업을 이끌어왔던 면제품 산업이 생산과잉이 되면서 하루빨리 넓은 시장을 개척해야 했다. 중국은 그들에게는 아주 먹음직스러운 떡이었다.

그러나 중국 내에서는 외국 자본주의의 침략에 대한 저항이 커지고, 영국에 대항하는 민중운동이 빈번하게 일어났다. 영국은 다른 분쟁을 만들어서라도 중국을 굴복시켜 내륙 깊숙이 진출하고 싶었으나 아편전쟁 이후 얼마 동안은 러시아와 크림전쟁을 치르고 있었기 때문에 여의치 않았다. 그런데 전쟁의 빌미를 제공하는 사건이 발생했다. 이것이 바로 '애로호 사건'이다.

1856년 10월 8일 광주 앞 주강에 정박하고 있던 범선 애로호에 중국 관헌이 올라가 중국인 승무원 12명을 해적혐의로 연행해 갔다. 애로호는 중국인 소유의 배였지만 선장이 영국인이며 선적을 홍콩에 두고 있었다. 광주의 영국 영사는 승무원을 즉각 송환하고 배에 걸려 있던 영국 국기를 함부로 내린 데 대해 공개 사과할 것을 요구하였다. 양광총독은 당시 배에 영국 국기가 걸려 있지도 않았고 중국인 소유의 배이므로 영국이 나설 까닭이 없다고 일축했다. 사실 배의 선적 등록 만기가 지나 있어서 영국 배일 수가 없었음에도 이 사실을 숨긴 채 영국 영사가 교섭에 나선 것을 보면 영국이 의도적으로 이 사건을 전쟁의 빌미로 삼으려 했음을 알 수 있다. 중국 측이 승무원들을 모두 영국 영사관에 보냈는데도 영사는 접수를 거부했으며, 이튿날 돌연 광주를 공격하고 총독관저까지 침입함으로써 전쟁이 발발하게 된 것이다. 총독 섭명침은 포로로 잡혔다가 인도 캘커타에서 죽었다.

물론 이 모든 사건의 배경에는 영국의 자본주의가 중국에 침략의 발판을 마련하려는 의도가 깔려 있었다. 영국 내에서조차 반대 여론이 높았음에도 불구하고 결국 더 많은 군대를 파견하여 중국을 완전히 굴복시키고자 했다. 영국이 광동무역체제를 깨뜨리고 중국의 개항을 실현했지만, 그들이 수출한 면포, 면사 등은 중국 사회에서 순조롭게 판매되지 않았다.

중국 국민들의 반영감정은 더욱 높아져갔고 두 나라는 극한적인 대립상태가 되었다. 영국해병의 목이 잘리는 사건이 발생하자 영국은 이를 이유로 그 지역의 마을을 불살라버렸다. 또한 영국은 홍콩에서 중국인이 운영하는 빵집의 빵에서 비소가 나온 것을 중국인의 음모라고 하여 홍콩에 사는 중국인 약 7만여 명의 재산을 몰수하고 추방명령을 내렸다.

영국은 중국과의 싸움에 당시 크림전쟁에서 영국과 협력하고 있던 프랑스를 끌어들이려 했다. 프랑스 역시 아시아에 침략의 발판을 마련하려는 생각이 있었던 참에 때마침 빌미가 되는 사건을 찾아냈다. 광서(광시)성 서림(시린)현에서 자국의 선교사가 포교 활동을 하다 지방관에 체포되어 처형되었던 것이다. 그러나 황포조약에 의하면 선교사의 선교 활동은 개항장 내에서만 가능한 것이므로, 선교사의 명백한 조약 위반 행위였다.

1857년 말 광동의 영국영사 파크스는 이른바 '애로호 사건'을 양광총독에게 항의한 바로 다음 날, 기다렸다는 듯이 프랑스와 함께 군대를 동원하여 광주를 공격했다. 제2차 아편전쟁이 발발한 것이다.

6천여 명의 영·프 연합군은 광주를 가볍게 점령하고 청에게 교섭에 응할 것을 요구했다. 교섭에 응하지 않던 청은 이들의 공격이 계속되어 천진(톈진)을 위협하게 되자 이에 굴복하여 천진(톈진)조약(1858)을 맺었다. 그런데 1859년 조약을 비준할 즈음에 청군이 조약 사절이 탄 배에 폭격을 가함으로써 전쟁이 재발되어 영국과 프랑스의 연합군이 베이징을 점령하고 베이징 서쪽 교외의 화려한 행궁인 원명원을 불태우기에 이르렀다. 청은 어쩔 수 없이 이에 굴복하여 러시아의 중재로 천진(톈진)조약을 비준하고 북경(베이징)조약(1860)을 체결하게 되었다. 1860년까지 투입된 영·프 연합군의 총 병력은 2만 5천 명에 불과하였다. 조약의 주요내용은 다음과 같다.

1. 서양의 외교사절이 북경에 상주할 수 있게 할 것
2. 남경조약 때 5개항 외 10여 개 항구를 추가 개항할 것
3. 외국인의 중국 내륙지역 여행 권리를 인정할 것
4. 크리스트교 선교의 자유를 인정할 것
5. 구룡반도를 영국에게 할양할 것
6. 배상금 800만 냥을 지불할 것

또한 선교사 살해를 이유로 전쟁에 가담했던 프랑스는 크리스트교 활동의 자유를 승인받음으로써 강희제 이후 금지되었던 포교 활동이 가능하게 되었다. 최대의 이익은 러시아가 차지했다. 1858년 '아이훈 조약'을 체결하여 외흥안령과 흑룡강 사이의 60여만 제곱미터를 할양받고, 1860년에는 '베이징 조약'으로 우수리강 동쪽 40만 제곱미터를 얻기에 이른다. 이곳이 연해주다.

제2차 아편전쟁에서 북경에 입성하는 영·프 연합군. 세계의 식민지 경영에서 번번이 충돌했던 두 나라가 중국의 권익을 빼앗는 데는 의기투합했다.

러시아는 연해주에 군항 블라디보스토크를 열었는데 이는 '동방 보스토크을 지배하라'는 뜻이다. 이제 러시아는 북방의 새로운 위협이 되었으며 조선과도 비로소 국경을 마주하게 됨으로써 조선을 긴장시켰다.

이제 중국은 항구뿐만 아니라 내륙 지방에도 외국인들의 활동을 허용함으로써, 서양 자본주의가 내륙 깊숙이 침투하여 민중들의 생활을 더욱 어렵게 만들었다. 잇단 패전으로 청조의 권위는 크게 손상되었으며 민중은 이민족의 왕조인 청조에 대하여 경멸과 저항을 표출하기 시작했다. 또한 전쟁 비용과 과도한 배상금 지불이 민중에게 전가되어 세 부담이 증가됨으로써 국민들의 불만은 폭발 직전의 상황이 되었다.

지상에 세우려 한 농민들의 천국
: 태평천국 운동
(1850~1864년)

태평천국을 이끌었던 홍수전(홍수취안)은 영국에 의한 아편무역이 한창이던 19세기 초 광동의 농촌 마을에서 태어났다. 부모님은 다른 형제들에게는 농사일을 돕게 하면서도 총명한 그에게는 과거 공부를 시켰다. 그러나 신분 상승의 거의 유일한 통로라고 할 수 있는 과거시험에 여러 차례 낙방한 후 그는 실망과 좌절감, 그리고 주변의 기대를 저버린 데 대한 죄책감으로 괴로워하며 열병에 시달렸다. 그러던 중 그에게 신기한 일이 벌어졌다. 꿈속에서 나타난 어떤 노인에게 "악마와 요괴들을 무찌르고 세상을 악으로부터 구해내라"는 계시를 받은 것이다. 그 꿈의 내용은 몇 년 전, 서양 선교사로부터 우연히 받았던 《권세양언勸世良言》이라는 크리스트교 포교 책의 내용과 일치하는 것이었다. 그는 꿈속의 노인을 상제, 즉 여호와라고 확신하게 되었다.

그는 신이 계시한 지상천국을 만들기 위해 종교단체를 만들었다. 이 단체의 이름이 '배상제회拜上帝會'다. 포교활동 1년 만에 그의 뜻을 따르는 무리가 2천여 명이 되었다. 지주들의 착취에 시달리는 가난한 농민들, 숯을 굽거나 광산에서 일하는 억눌린 사람들이 대부분이었다. 현실 사회에서 억압받고 착취당하는 사람들에게 홍수전이 제시한 평등사회는 천국에 다름 아니었다.

배상제회는 교단의 세력을 확대하는 한편, 교리 정비에 힘을 기울였다. 우상숭배를 거부하고 오직 여호와만을 섬기며 남녀와 신분의 차별이 없는 사회를 건설할 것을 약속했다.

1850년 배상제회에 동조하는 무리들은 1만 명이 되었다. 그들은 자기의 전 재산을 내어 모

태평천국군과 청군의 공방전. 청나라 쪽에서 만든 판화로 왼쪽 위에 '상해성'이라는 현판이 보인다.

두 공평하게 분배하였으며, 남녀를 따로 나누어 군대를 편성했다. 청나라의 지배에 반대한다는 의미로 만주족이 강요했던 변발을 버리고 머리를 길렀다. 그래서 그들은 장발적이라고 불리기도 했다.

1851년 광서의 금전에서 태평천국太平天國을 선포하고 평등한 지상낙원의 건설에 힘을 쏟았다. 태평천국군은 청나라 군대와 싸우면서 북쪽으로 거슬러 올라가기 시작했다. 홍수전을 천왕으로 하고 양수청이 동왕, 조소귀는 서왕, 풍운산이 남왕, 위차휘가 서왕, 석달개가 익왕이 되어 각기 군대를 이끌었다.

1853년 호남의 중심지인 무창을 함락했을 때 태평천국군은 50만에 육박하였다. 봉기한 지 2년여 만에 남경을 정복하여 천경天京, 즉 태평천국의 수도로 삼았다. 남경 공략 당시 태평천국군은 남자 180여만 명, 여자 30만 명에 달했다. 평등한 세상에 대한 열망과 호응이 얼마나 뜨거웠는지, 특히 여성의 적극적인 참여는 놀라운 일이었다.

태평천국은 멸만흥한滅滿興漢의 깃발을 내걸고 만주족의 중국 지배에 대한 반대를 명확히 하였으며 태평천국의 이상을 담은 천조전무天朝田畝제도를 발표하여 이상사회를 실현하고자 하였다.

태평천국군의 남경
공방전. 태평천국
운동은 농민전쟁으
로서, 이후의 중국
해방운동으로 연결
된다는 점에서 혁
명적인 의의를 가
진다.

"천하의 사람들이 모두 황상제의 커다란 복을 받아서, 토지가 있으면 함께 경작하고 음식이 있으면 함께 먹으며 옷이 있으면 함께 입고 돈이 있으면 함께 쓰고 장소에 따라 불균형이 있거나 풍족한 생활을 할 수 없는 자가 없도록 한다."

태평천국 내의 백성은 모두 평등한 형제 자매였으며, 사유재산은 인정되지 않았고 토지는 공평하게 분배되었다. 여성을 옭아매었던 전족의 폐습은 폐지되었고 노예매매와 축첩은 금지되었다. 변발, 아편도 금지되는 등 혁신적인 조치들에 민중은 환호했다.

청나라는 태평천국군을 제압하기 위해 안간힘을 썼다. 기득권 계층, 즉 재산을 많이 가진 지주나 청나라 지배 아래서 관직에 종사하는 사람들에게도 태평천국군은 매우 위협적인 존재였다. 각 지방의 유력자인 향신층은 이들을 막기 위해 군대를 길러 대항했다. 그중에 가장 강력한 군대를 거느리고 있었던 사람은 호남의 증국번과 안휘의 이홍장이었다. 청나라의 군대인 팔기는 너무 무력했고 각 지방에서 이들이 이끄는 민간의용병인 향용鄕勇이 태평천국의 세력 확대를 막는 데 더 큰 역할을 했다.

태평천국군은 향신층의 반격으로 주춤했지만 그보다 더 큰 문제는 그들의 내분에 있었다. 1856년 태평천국군은 엄청난 내분에 휘말려 양수청이 위창휘에게 살해된 후, 위창휘 역시 내분 중에 살해되었다. 그뿐만 아니라 시간이 흐를수록 태평천국의 평등사회 이념은 빛이 바래가기 시작했다. 군기는 문란해지고 태평천국의 관리들은 토착 실력자들과 야합하여 사욕을 채우기에 급급했으며, 엄격한 규율과 금욕주의, 사유재산 금지의 원칙도 허물어져갔다. 마침내 1864년 7월 증국번이 거느리는 상군湘軍이 총공격을 감행하여 남경을 함락시켰다. 홍수전은 약을 먹고 자살했다고도 하고 병에 걸려 죽었다고도 한다. 나머지 지도자는 증국번에게 잡히거나 죽었다.

태평천국을 끝까지 이끌었던 사람이 이수성이다. 일개 병졸에서 시작하여 공훈을 세우고 뛰어난 군사·행정 능력으로 지도력을 발휘하였던 그는 남경이 함락당했을 때 자신이 타고 있던 좋은 말은 태평천국의 후계자에게 주고 자신은 형편없는 말을 타고 가다가 정부군에 체포되어 처형되었다.

태평천국을 무너뜨리는 데는 증국번의 상군뿐만 아니라 그의 부하였던 이홍장이 이끈 회군, 그리고 영국인 장교에 의해 훈련된 중국인 부대 상승군이 중요한 역할을 했다. 영국이나 프랑스 등 서양세력들은 태평천국이 처음에는 크리스트교 국가를 선언했기 때문에 유불리를 저울질하며 관망하였지만, 이들이 곧 한족의 민족주의적인 모습을 드러내자 태평천국을 공격하는 데 가담한 것이다.

이렇게 수백만 민중이 뜻을 모아 14년 동안 중국의 중요 지역을 장악하며 이상 사회를 실현하고자 했던 태평천국의 꿈은 끝을 맺었다. 그들은 청을 몰아내고 한족 민족주의를 실현하고자 했으며, 외국 조계를 공격하는 등 외세의 침략으로부터 중국을 수호하고자 했다. 무엇보다 반봉건적인 평등한 사회를 실현하고자 했다. 태평천국 운동은 근대를 지향하는 중국의 대표적 민중 운동이었다.

중국의 제도에 서양의 기술
: 양무운동의 추진
(1860~1894년)

안팎의 위기로 멸망의 목전까지 몰렸던 청나라에서는 맥없이 실추된 국권을 회복하고 자강 개혁을 이룩하려는 움직임이 일어났다. 이것이 양무운동 洋務運動이다. 양무운동은 곧 서양의 문물을 힘써 배우자는 것으로, 우리나라의 개화운동과 비슷하다. 두 차례의 전쟁이 준 뼈저린 교훈이 있었기에 우수한 무기 등 서양의 과학기술은 습득하되 윤리도덕이나 정치제도 등은 중국 전통을 근본으로 삼는다는 양무운동의 정신은 이른바 '중체서용 中體西用'으로 표현되고 있다. 이는 중국인들의 자국 문화에 대한 자부심의 표현이기도 하지만 이를 주도한 세력들이 국내의 정치·경제제도 등의 개혁에는 관심을 두지 않고 근대기술을 도입하여 전통적인 중국사회를 유지하려는 의도와 관련된 것이기도 하다.

양무운동을 추진한 핵심 세력은 태평천국의 진압에 결정적인 역할을 한 증국번, 이홍장, 좌종당 등이다. 이들 한인들은 이미 자신의 지역에 대한 실질적인 통치권을 장악하고 지방장관 겸 중앙행정관으로 임명되어 중앙 정계에서 상당한 발언권을 유지하고 있었다. 증국번은 양광총독과 흠차대신에 임명되었고 그로부터 학문을 배운 이홍장은 직예(베이징 주변)총독으로 북양대신을 겸하면서 상하이 지방의 경제력을 바탕으로 근대적 군대를 육성하였다.

당시 중국은 함풍제의 뒤를 이어 6세의 동치제가 즉위하면서 어머니인 서태후의 섭정이 시작되고 있었다. 서양 열강은 북경 조약으로 어느 정도의 요구가 만족되자 표면적으로는 더 이상 압력을 가하지 않았다. 사실상 아프리카 분할 등으로 여력이 없었을 뿐더러 양무파들이 운영하는 공장에 기술자를 파견하거나 기계를 수출하고 차관을 주는 등의 방식으로 실질적인 경제적 지배력을 강화하였다. 동치제의 지배시기에 내우외환이 없는 비교적 평화로운 상태에서 개혁이 이루어져 전통적 왕조 체제가 회복되는 데 얼마간 성공하였기 때문에 이를 '동치중흥同治中興'이라고도 한다.

양무운동은 태평천국군 세력이 약화되고 있던 1860년대 초부터 청일전쟁에서 패배하는 1894년까지 계속된다. 1861년 총리아문이 설치되어 이른바 '양무'를 총괄하게 되었다. 1860년대에는 총포와 함선을 제조하는 관영 공장이 설립되었다. 주로 군수공업 중심의 개혁으로 서양의 근대적 무기나 함선을 도입하려는 것이었다. 1870년대에는 이홍장의 주도로 기선운항, 광산, 면방직, 전신과 철도 건설 등에서 민영 공업의 육성으로 이어졌다. 1880년대 이후에도 장지동이 한양제철소를 건설하는 등 제철, 광산, 방직 등의 근대적 산업시설과 광공업 육성 노력이 진행되었다.

초기에는 서양 총포·군함의 수입 및 서양식 군대 편성, 근대적 군수공장의 설립과 군함 건조 등이 주목표가 되었다. 1862년 증국번이 '안경내군계소'라는 서양식 무기제조 공장을 건설하는 것을 시작으로 금릉기기국이나 복주선정국 등에서 무기와 함선을 제조하였다. 이홍장의 금릉기기국에서는 영국인 매카트니가 공장의 감독을 맡았다. 이 공장들은 모두 관영으로 국가 재정으로 이루어진 것들이다. 이곳에서 생산된 무기를 사용하여 증국번, 좌종당의 상군과 이홍장의 회군은 태평천국군을 진압할 수 있었다.

다음 단계에서는 석탄 및 철광산의 개발과 제철소 건설, 전보국 창설과 철도의 부설, 방적 공장의 설립 등 서구로부터의 기술 도입이 민간 공업 분야로 확산되었다. 군사 공업의 발전은 민간 상공업을 통한 보완이 필요하였던

양무운동 결과 들어
서게 된 근대무기 제
조공장인 금릉기기
국. 대포·탄약 등의
무기를 제조하고 있
다. 부국강병을 위해
학교 등도 세웠다.

데다가 중국에 진출한 외국 기업·자본을 통한 부의 유출을 막는 것도 필요
하였기 때문이다.

양무운동을 통해 중국 전역에 근대적 산업 시설이 들어서고, 공장제 기계
공업이 도입되는 등 사회 전반에 상당한 변화가 나타났으며 서양에 대한 이
해의 폭을 크게 높이는 계기가 되었다.

그러나 기득권층인 보수 세력들이 엄연히 존재하는 상황에서 개혁을 주도
했던 한인 지방장관들이 지방주의에 기반을 둔 투쟁과 대립을 일삼음으로써
개혁이 국가 차원에서 체계적으로 계획되고 지원되지 못하는 한계를 보였
다. 지방 장관이 다른 지역으로 옮기면 이전 지역에 세워진 군수 기업도 함
께 옮겨갔다. 비슷한 시기에 중앙 정부의 강력한 추진으로 근대화를 시도했
던 일본과 비교되는 지점이다.

근대적인 군수시설들은 그것을 주도했던 양무파들의 실권을 강화시키는
쪽으로 작용했고, 특히 그중에서 두드러진 인물이 이홍장이었다. 그는 청 말
의 외교 문제를 거의 장악하였는데 태평천국군과 싸울 때는 외세에 의존하
기도 했다. 이홍장은 중국의 전통적인 외교 방법인 이이제이以夷制夷, 오랑캐
로서 오랑캐를 다스린다에 의해 열강을 서로 견제한다는 입장을 취했는데
실상은 타협과 양보로 일관된 것이었다. 그는 북양대신이라는 직책으로 양
무운동을 주도하여 1888년 북양해군을 만들었다. 그 뒤 양무파의 또 다른 실

력자였던 좌종당은 남양해군을 창설했다.

군대의 전력강화와 산업의 성장으로 부국강병을 이루려는 그들의 노력이 성공적이지 못했음을 확실하게 증명해주는 계기가 닥쳐왔다. 그것은 바로 조선에 대한 주도권을 놓고 일본과 싸웠던 청일전쟁(1894~1895년)이다. 청나라는 군사력을 강화시키면서 가상적국으로 일본을 생각하고 있었는데, 막상 일본과의 싸움이 시작되자 그동안 많은 노력을 들여 육성했던 이홍장의 북양함대가 서해해전에서 일본해군에게 힘 한번 제대로 쓰지 못하고 순식간에 괴멸되었다. 이 사건은 30여 년에 걸친 자강운동이었던 양무운동이 별다른 결실을 맺지 못했다는 것을 그대로 보여준 것이었다. 그 전에 좌종당의 남양해군도 인도차이나 반도로 침투하는 프랑스와 맞서 싸운 청·프전쟁에서 패배하였다.

군사적인 면의 성과만 제한적이었던 것은 아니다. 초기의 관영 공장들이 점차 민간 자본을 끌어들이고 이윤 획득을 목적으로 하는 민영 공장이 나타났으나, 이른바 '관의 감독과 상인의 경영관독상판(官督商辦)'이란 방식으로 운영되어 근대적 기업과는 사뭇 달랐으며 관료의 무능력과 부패·무책임 탓에 제대로 성과를 거둘 수 없었다. 여기에 중국의 전통적인 경영 방식의 전근대성, 자본의 부족 등의 요소가 작용하고 있었다.

결국 양무운동을 통한 중국의 근대화 노력은 대체로 느리고 느슨하였으며 성과 역시 만족스러운 것이 될 수 없었다. 잠시 전통적 왕조 체제를 안정시키는 역할은 하였으되, 주권을 강화시키거나 민생을 안정시키는 일은 성공하지 못했다.

종이호랑이로 전락한 '중국'
: 청프전쟁과 청일전쟁
(1894년)

19세기 후반 영국과 프랑스가 인도차이나 반도를 두고 격돌하면서 중국을 압박하고 러시아는 남하하여 신강지역을 위협하였으며 신흥자본국 일본이 세력을 확대하여 류큐를 자국의 영토로 편입하여 오키나와현으로 만들었다. 전통시대에 중국적 세계질서의 상징인 조공 관계에 편입되어 있던 류큐, 베트남, 조선 등이 차례로 조공을 폐지함으로써 이들의 종주국임을 자처했던 중국의 입지는 크게 흔들리게 되었다. 조공이란 전통시대에 초강대국이었던 중국에 대해 그 주변의 나라들이 형식적으로 존중하는 예를 갖춰 외교 및 무역을 행해 왔던 관행이었다. 양무운동으로 근대적 군사력을 양성하려 노력해왔던 중국은 프랑스 및 일본과의 전쟁에서 잇달아 패배함으로써 종이호랑이에 불과한 신세가 되어 열강의 반식민지로 전락해갔다.

먼저 베트남을 두고 프랑스와 벌인 청프전쟁은 1884년 8월에서 1885년 4월까지 벌어졌다. 프랑스는 인도에서 영국에게 패한 이후 베트남으로 진출하게 되었다. 당시 베트남은 북쪽은 하노이에 여黎씨, 남쪽은 후에에 완阮씨 지배로 남북으로 대립되어 있었는데 완씨 왕조가 베트남 전역을 통일하였다. 19세기 중반에 접어들면서 프랑스가 적극 개입하기 시작했다. 1858년 나폴레옹 3세는 영국과 함께 제2차 아편전쟁을 치르면서 베트남을 압박하여 사이공 등지를 점령하더니 1862년에는 '사이공 조약'을 체결하였다. 그 내용은 비엔 호아 등 3성의 할양, 배상금 지불, 메콩강의 항해, 포교 특권의 인정, 베트남이 다른 나라와 교섭할 때 필요한 프랑스 황제의 동의였다.

프랑스는 1873년경에는 통킹 지방의 송코이강 하류 델타 지대를 거쳐 하노이까지 장악했다. 프랑스의 공격이 계속되자 베트남은 '흑기군黑旗軍'을 불러들여 공동으로 프랑스에 대항하려 하였으나 프랑스의 압력으로 1874년 사이공에서 이른바 '평화와 연맹조약 제2차 사이공 조약'을 체결하게 되었다. 이는 '프랑스와 베트남은 영구 연맹하며, 베트남을 독립국으로 승인한다. 베트남의 대외정책은 프랑스의 대외정책과 부합하여야 한다. 베트남에서 천주교는 자유롭게 포교할 수 있다. 하노이를 개항하고, 영해에서 운남에 이르는 수로로 대외무역을 개방하여, 프랑스 영사는 치외법권을 향유한다'는 내용으로 중국의 베트남에 대한 종주권을 부인하는 것이었다.

이에 대해 청나라는 즉각 거부의 입장을 표명하였다. 한편, 1881년에 프랑스 의회는 240만 프랑을 베트남에서 군비로 사용하도록 승인하여 1882년에 하노이를 점령하고 1883년에는 흑기군에 대한 공격을 시작하였다. 흑기군은 유영복이 거느린 사병조직으로 중국의 운남 지방과 베트남 사이의 국경지대에서 세력을 형성하고 있었다. 유영복은 태평천국 시기에 민중봉기를 이끌었던 사람으로 베트남에 피신해 있었다. 그는 베트남에 들어와 있던 프랑스 군대를 공격했으며, 1881년 하노이로 근거를 옮겼다. 그러자 프랑스에서는 이 세력을 응징한다는 명목으로 하노이를 점령했다.

하노이가 점령되자 청은 운남·광서 지역의 군대를 베트남 북쪽으로, 남양함대를 통킹만으로 이동시켰다. 그러나 프랑스는 이러한 청의 움직임에 아랑곳하지 않고 베트남에 압력을 넣어 1884년에 앞서의 조약을 수정하여 새로운 조약을 맺었는데, 그 내용은 청의 종주권을 부정하고 실질적으로 프랑스가 베트남을 독점 지배한다는 것이었다.

1884년 8월 프랑스는 베트남으로부터 북상하여 대만의 포대를 공격하고 이어 복건성의 복건함대를 대파했다. 이때 이홍장의 북양함대는 이 전투에

일본과 청의 해전.
1894년 7월 25일 조선의 아산만에서 청군의 고승호가 침몰되는 광경. 이 수송선에는 청군 1,200여 명이 타고 있었는데, 생존자는 겨우 87명이었다.

가담하지 않은 채 뒷짐을 지고 있었다. 청나라는 프랑스의 도발행위에 대항하여 선전포고를 했다. 중국인들의 프랑스에 대한 감정도 격화되어 홍콩이나 광동의 곳곳에서 프랑스 교회나 프랑스 상품에 불을 질렀다. 프랑스는 대만에 공격을 가해, 기륭을 공격하고 대만을 봉쇄했으며, 1885년에는 팽호도를 점령했다.

전세가 중국에게 불리하게 돌아가자 청 정부 내에서 실권을 쥐고 있던 서태후는 관리들 중 주전론자들보다는 주화론자들의 말이 옳다고 하면서 프랑스와의 협상을 원했다. 양국은 결국 1885년 6월 천진조약을 체결하여 베트남에 대한 프랑스의 보호권을 인정함으로써 청의 종주권은 상실되었다. 베트남은 프랑스의 식민지가 되었다.

청프전쟁의 패배로 청나라의 무력함이 드러나자 영국, 러시아, 프랑스, 일본 등은 중국과 그 주변의 나라에 대한 야심을 노골적으로 드러내기 시작했다. 특히 조선과 만주가 전략적 요충지로 청프전쟁 이후 10년간 열강의 쟁탈목표가 되었다.

조선은 흥선대원군이 실권을 장악하고 있었던 1860년대에는 쇄국정책으로 일관하였다. 조선의 개항에 성공한 나라는 일본이었다. 일본은 그들이 미국에 당한 방법을 그대로 조선에 적용해 불평등조약을 체결하였다. 이른바 '강화도조약'이다. 1876년의 일이었다.

일본은 조선을 장악하고 동아시아의 주도권을 잡기 위해서는 반드시 청을 격파해야 한다는 생각을 가지고 있었고, 마침내 그 기회는 1894년에 찾아왔다.

1894년 조선에서는 동학농민운동이 거세게 일어나 반봉건 반외세 운동을 펼쳐나갔다. 조선정부는 도저히 자력으로는 동학농민군을 당해낼 수가 없게 되자 청나라에 군대파견을 요청했다. 청나라는 조선에 약 3천여 명의 군대를 파견하면서 일본에게 통보했다. 이미 갑신정변 이후 청과 일본 사이에 맺어진 천진조약에 의하면 두 나라의 군대가 조선에서 동시에 물러나되 어느 한 나라가 조선에 군대를 파견하게 될 경우 상대방에게 통보하기로 되어 있었기 때문이다.

호시탐탐 기회를 엿보던 일본이 이를 놓칠 리 없었고 즉시 조선에 군대를 파견했다. 두 외국군대가 들어오게 되자 동학농민군과 정부는 전주에서 화약을 맺었다. 농민군은 외국군대를 내보내고 개혁정책을 추진하겠다는 약속을 받고 점령하고 있던 전주성에서 군대를 해산했다. 이에 조선정부는 두 나라에 군대의 철수를 요구했지만, 일본은 청나라에게 조선의 내정개혁에 개입하자는 제안을 내놓고는 청이 가담하지 않으면 일본 단독으로 하겠다고 선언했다. 청의 원세개는 우선 철병을 주장했으나 일본은 결코 물러날 의사가 없었다.

마침내 일본은 속셈을 드러내어 청에게 조선에서 물러날 것을 요구하고 그렇지 않을 경우 공격하겠다는 뜻을 분명히 했다. 1894년 7월 25일 일본은 선전포고도 없이 풍도아산만 입구 앞바다에서 청나라 함대를 공격하여 격침함으로써 청일전쟁이 발발했다. 7월 29일에는 충남 성환(천안 근처)에서 일본의 우수한 장비와 일사불란한 움직임에 밀려 대패한 북양함대는 패전을 거듭하여 마침내 산동성 위해위 해전에서 괴멸되었다. 북양함대는 이른바 이홍장이 수십 년간 애써 육성했던 중국 최강의 함대였다.

결국 1895년 4월 17일, 시모노세키 조약을 맺었다. 중국은 막대한 배상금 지불, 조선의 독립, 대만과 요동랴오둥의 할양 등을 약속했다. 조선이 독립국임을 밝힌 이 조약은 조선이 더 이상 청의 속국이 아님을 뜻하는 것이었고,

결국 일본이 조선을 마음대로 하겠다는 것을 청이 인정한 것이었다.

그러나 만주를 넘보고 있던 러시아가 요동의 일본 할양을 두고 볼 수는 없는 일이었다. 러시아는 프랑스와 독일을 끌어들여 요동을 청에 반환하도록 일본 정부에 강력히 권고하였다. 이것이 삼국간섭이다. 러시아는 군함을 고베에 파견하여 시위행동에까지 나섰다. 결국 일본은 요동을 청에 반환하게 되었다.

백일천하로 끝난 개혁파의 꿈
: 변법자강운동
(1898년)

청일전쟁에서 일본이 청을 꺾을 것으로 예상한 사람들은 많지 않았다. 그러나 중국은 일본에 패배했고 중국 사회는 커다란 충격에 빠졌다. 양무운동을 주도하고 청일전쟁의 패배를 자초한 서태후와 이홍장에 대한 비판이 일어났다. 근본적인 정치변혁을 요구하는 개혁론이 대두하였는데, 현 왕조체제를 유지하면서 근대화를 달성하자는 변법變法파와 현 체제를 부정하고 공화정을 수립하려는 혁명革命파로 대별되었다. 변법파의 대표적인 인물이 강유위와 양계초였다.

당시의 황제는 광서제로 친정체제를 취하고는 있었으나 실질적인 통치자는 이화원에 있는 서태후였다. 그녀는 1861년 어린 아들 동치제의 섭정으로 정권을 행사하기 시작한 이후 1908년 죽음이 권력을 허용하지 않는 순간까지 47년간 중국을 통치했던 실질적 여황제였다. 동치제가 죽은 후 어린 조카인 광서제를 세우고 권력을 농단했다. 이화원의 건설을 위해 북양함대의 군함 구입비 2천만 냥이 유용되는 등 일련의 일들은 북양함대의 노후화로 이어지고 청일전쟁 패인의 하나가 되었다. 시모노세키 조약으로 중국이 일본에 지불한 배상금은 2억 냥이었다. 2억 냥이라는 액수는 대략 청조 재정 3년

변법운동의 주역 강유위(캉유웨이). 서양의 정치 제도 중 우수한 것을 받아들여 중국의 정치제도를 개혁하는 길만이 나라를 살릴 수 있다고 주장했다.

치, 일본 세출의 4년 치에 해당하는 금액으로 국고가 비어 있었던 청은 열강의 차관에 의지할 수밖에 없었다. 열강들은 차관 경쟁에 뛰어들었다. 일본은 청이 완납한 배상금을 바탕으로 군비를 더욱 강화하여 패권 확립의 길로 치닫게 되었고, 중국의 실체를 파악한 서양 열강들은 호시탐탐 중국의 이권 쟁탈과 영토 분할의 기회를 엿보고 있었다.

1897년 11월 독일 선교사 2명이 살해당한 사건이 일어나자 독일은 곧바로 교주만을 점령하고 산동성 곳곳에 군대를 주둔시켰으며 교주만과 청도를 조차하고 철도 부설권과 광산채굴권을 강탈하였다. 이것이 신호탄이 되어 1898년 한 해 동안 청은 열강의 세력권으로 속속 분할되기에 이르렀다. 결국 러시아는 동북지역, 만주 철도부설권을 가져갔고 여순과 대련을 강압적으로 조차했다. 광동 주변 남부지방의 광산 개발, 철도 건설 등의 이권은 베트남을 식민지로 삼은 프랑스에게 넘어갔다. 영국은 양자강 유역에 세력을 확대해 나갔으며, 대만을 차지한 일본은 복건까지 세력을 확장했다.

이때 강유위(캉유웨이)가 개혁의 시급함을 역설하며 광서제에게 올린 제 5차 상서가 황제의 마음을 크게 움직여 변법파를 등용하여 추진한 개혁의 움직임이 '변법자강운동'이다. 무술년인 1898년 6월부터 9월까지 벌어졌기에 '무술변법'이라고도 한다. 이들은 양무운동의 실패가 보여주듯이, 단순한 서양기술의 도입에 머물지 않는 근본적인 제도의 개혁, 즉 변법變法이 추진되어야 한다고 생각했다. 이른바 '중체서용'으로는 국가를 구할 수 없으며 정치를 근본적으로 개혁하고 의회 제도를 근간으로 하는 서구식 민주주의의 장점을 수용하는 한편 상공업의 진흥, 과거제도의 폐지와 서양식 교육의 실

무술변법이 실패한 후 광서제가 유폐되었던 영대. 그의 개혁정책은 서태후의 무술정변으로 실패로 돌아가고 그는 이곳에 유폐되어 1908년 11월에 죽었다.

시를 통해 부국강병을 꾀해야 한다고 생각했다.

재야학자였던 강유위는 청프전쟁 직후인 1888년 제1차 상서를 시작으로 변법을 줄기차게 요구해 왔다. 1895년에는 회시를 위해 북경에 모인 수험생의 연명 상서를 끌어내어 시모노세키 조약의 조인 반대와 변법수용을 요구하는 운동을 벌이기도 했다. 그는 공자의 사상을 새롭게 해석하여 '옛것에 비추어 오늘의 제도를 고친다'는 개혁의 정신을 세우고 《대동서》라는 책에서는 모든 인류가 평등하게 살 수 있는 이상사회, 즉 대동사회를 구상하였다. 과거시험에 합격하여 관료의 길에 들어선 이후 강유위는 본격적으로 그의 생각을 실천해나갔다. 양계초 등과 함께 《만국공보》를 간행하여 자본주의 체제의 도입, 입헌정치의 실시, 유럽의 학술과 교육의 도입 등을 주장했다. 그러나 북경에서의 변법파의 활동은 서태후가 중심이 된 수구파들의 반격에 의해 저지되었다. 신변의 위협을 느끼고 피신한 상해에서 그는 황준헌, 장건 같은 당대의 개혁론자들과 어울려 중국의 개혁정책을 모색했다. 변법 운동은 북경의 중앙정계가 아닌 지방의 각 성에서 맹렬히 전개되었다.

1898년 다섯 번째의 상서로 광서제가 '변법'을 추진하겠다는 선언을 하고 강유위, 담사동, 황준헌, 양계초 등이 광서제의 부름을 받게 되자 드디어 변법파들의 개혁안이 정책적으로 시행될 수 있는 조건이 마련되었다. 광서제는 이들에 의해 구상된 정책들을 정리하여 100여 항목이 넘는 개혁안을 발표했다. 중심내용은 과거제 개혁, 새로운 학교제도의 도입, 신문·잡지 발행,

인재등용, 농공상업 진흥, 우편사업, 육해군의 근대화 등이다.

광서제는 변법파의 활동에 제약이 되는 고위관리들을 해임시켰다. 그들은 대부분 서태후에 충성하는 자들이었다. 9월에는 이홍장이 총리(아문대신)의 직위에서 해임되었다. 광서제의 과감한 조치가 이어지자 기득권을 가진 수구세력들은 서태후 주변으로 몰려들었고 서태후는 이들의 기대를 받으며 반격을 준비하였다. 마침내 서태후가 군사 지휘관들에게 명령하여 군대를 이동시켜 광서제를 위협하자, 불안을 느낀 광서제는 당시 가장 강력한 군사력을 가진 사람 중의 하나인 원세개에게 기대고자 했다. 담사동은 원세개에게 군대를 동원하여 서태후가 머물고 있는 이화원을 호위하여 서태후파의 활동을 제한시켜달라는 요구를 했다. 그러나 원세개는 약삭빠르고 야심 있는 인물이었다. 그리고 그는 이미 서태후 측과도 긴밀하게 관계를 맺고 있었다. 개혁파들의 계획은 고스란히 서태후에게 보고되었다.

1898년 9월 21일 아침 일찍 서태후는 광서제의 침실로 찾아와 모든 왕실의 일과 국가의 정사를 자신이 담당하겠다는 선언을 했다. 황제 광서제는 궁중에 유폐되었고, 개혁파들은 숙청당했다. 이른바 '무술정변'이다. 무술 개혁이 시작된 지 103일 만에 개혁운동은 실패로 돌아가고 만 것이다.

강유위는 홍콩으로 피신했고, 양계초는 일본으로 피신했다. 이들은 일본에서 다시 만나 이후로도 오랫동안 청조의 개혁을 위한 활동을 계속했다.

서양귀신들을 몰아내고
청조를 지키자
: 의화단 운동 (1899~1900년)

서양 제국주의 세력의 침탈에 맞서 민중들이 벌인 대표적 움직임으로 의화단 운동이 있다. 이들은 '부청멸양扶淸滅洋', 즉 청조를 도와 서양 세력을 몰아내자는 기치를 내걸고 대대적인 봉기를 일으켰다.

열강의 경제적 침탈에 가장 고통받고 있던 사람들은 민중이었다. 내륙시장이 개방되면서 물가가 폭등하였으며 굴욕적인 조약들이 거듭되어가면서 천문학적으로 늘어난 배상금은 세금으로 가중되었다. 서양 세력에 대한 반감은 반기독교 운동, 이른바 '구교운동仇敎運動'으로 표출되기 시작했다.

구교운동은 1870년대부터 계속되었다. 베이징 조약으로 내륙 포교가 허용된 이후 기독교의 선교활동이 활발해지자, 기독교의 확산으로 중국의 전통이 파괴될 것이라는 우려가 커졌다. 선교사들이 중국에 대한 자료를 본국에 제공함으로써 식민 정책에 협력하는 경우가 많았기 때문에 기독교에 대한 반감이 거세졌다. 초기에는 유교질서의 유지를 원하는 보수적 관료와 지방의 실력자인 향신층들이 주도하였으나 점차 민중 속으로 확산되었으며 강력한 반제국주의 운동으로 폭발하게 되었다.

이들은 지주들이나 외국세력에 굴복하는 태도를 보이는 관리들을 공격하고, 서양 선교사나 중국인 기독교도를 죽이거나 외국공관을 습격했다. 구교운동의 가장 대표적인 사례가 의화단운동으로, 당시에는 '권비의 난'이라고 했다. 그들이 권법을 익혔기 때문에 붙여진 이름이다. 의화단은 의화권義和拳이라는 비밀결사에서 유래했는데 권법, 봉술, 도술을 중심으로 육체를 단련하면서 종교 활동을 겸한 단체였다. 중국에서는 종교적 비밀결사조직의 뿌리가 매우 깊은 편인데, 미신적인 종교를 바탕에 깔고 있는 경우가 보통이었다. 100일 동안 권법을 익히고 주문을 외우면 물과 불에도 다치지 않고 창과 포도 피할 수 있는 신통력이 생기고, 400일 동안 하면 하늘을 나는 마력을 얻을 수 있다고 믿었다. 그들은 예수에 대항하여 옥황상제에서부터 손오공에 이르기까지 전통신앙에서 여러 숭배대상을 찾아냈다.

의화단 세력은 1895년경부터 산동성 서남부를 중심으로 산동·강소·하남·안휘성 등을 무대로 활동했다. 1897년 중심부를 산동성 서북 및 하북성 남부로 옮기고 세력도 보강하여 농촌에 깊숙이 뿌리를 내렸으며 조직을 강화했다. 산동성이나 하북성 등 화북 지방은 수도 북경이 있을 뿐 아니라 청일전쟁 이후 제국주의 열강들의 이권 침탈과 선교 활동, 군사적 침략이 집중된 지역으로 민중들의 반발이 끊이지 않던 곳이었다. 특히 산동에서는 1897년부터 해마다 자연재해가 일어나 많은 사람들이 기아와 질병으로 죽는 사태가 일어났다.

1899년 산동에서 의화단이 부청멸양을 내걸고 대대적인 봉기를 시작했다. 여러 곳에서 기독교도를 살해하고 교회를 불태웠으며 선교사를 축출하였다. 철도와 전신 시설을 파괴하는 반외세 투쟁을 본격적으로 벌여 나갔다. 하나의 조직체계 안에서 일사분란하게 이루어진 것은 아니었고 각 지방에서 독자적으로 활동하는 여러 세력들이 있었다.

청조의 관리들 내부에서는 이러한 의화단의 활동에 대해 일치된 의견을 가지지 못했다. 보수적이고 외국을 배척하는 입장에 있는 강경파들은 의화단을 지지하는 쪽이었고, 서양세력을 통해 그들의 힘을 빌어 개혁을 하고자 했던 양무파들은 의화단의 활동이 그들에게 유리하게 작용하지 않았기 때문에 반대했다. 청조의 군사 실력자인 원세개는 의화단을 공격했고, 독일인 장교에 의해 훈련된 정예부대가 의화단 공격에 앞장섰다.

1900년 4월 의화단 세력은 천진과 북경에 들어가 모든 외국세력에게 물러날 것을 요구하면서 외국공사관이 모여 있는 지역을 포위했다. 당시의 의화단 세력은 약 20만 명 정도였다. 영국, 프랑스, 미국, 독일 등의 서양세력들은 청조에 2개월 이내에 의화단을 진압할 것을 요구하고 청조가 진압하지 못한다면 서양 연합군을 결성하여 이를 진압하겠다는 뜻을 밝혔다.

그러나 무술정변 이후 권력을 장악하고 있던 서태후는 의화단의 진압에 적극적이지 않았다. 서양 열강들은 서태후가 권력의 자리에서 물러나야 하며 그녀에 의해서 폐위되었던 광서제가 복위되어야 한다는 요구를 전했다. 이에 서태후는 강력히 반발하여 의화단을 북경에 불러들여 활동하게 하는 한편, 열강에 선전포고를 했다. 의화단원과 청조의 정부군은 북경의 공사관 구역에 모여 있는 외국 외교관들을 공격하는 한편 화북 전역에 걸쳐 반외세 투쟁을 벌여 나갔다. 북경에 들어온 의화단은 거리를 떼 지어 다니면서 서양과 관계되는 것은 눈에 보이는 대로 파괴했다.

1900년 6월 10일 영국군 시무어가 이끄는 영국, 프랑스, 러시아, 미국, 일본, 오스트리아, 이탈리아, 독일 등 8개국 연합군 2000여 명이 공사관을 지킨다는 명분으로 북경에 진격해 들어왔다. 의화단과 정부군은 양촌에서 제국주의 연합군을 격파했다. 일단 철수했던 연합군은 6월 17일 각국에서 증파된 군대를 몰아 천진의 포대를 공격했다. 7월 14일 천진을 함락시킨 연합군은 북경을 공격해 들어갔다.

당황한 서태후는 재빨리 외국 공사관에 '의화단은 반란세력이고 이를 진압한다는 것이 청의 입장이다. 그런데 처리를 잘못하여 외국공사와 선교사, 크리스트교 신도들을 보호하지 못했으므로 책임지고 스스로 의화단을 진압하겠다'는 통보를 했다. 그러나 서양 연합세력은 8월 14일 북경에 입성하고 자금성을 점령했다. 북경은 제국주의 군대에 의해 무자비하게 파괴·약탈당했다. 일본군은 자금성의 창고에서 은 삼백만 냥을 강탈하고 흔적을 없애기 위해 건물을 태워서 파괴했다. 연합군 총사령 독일인 발데르제는 17세기에 제작된 천문 기구를 약탈하여 베를린으로 보냈다. 명대의《영락대전》307권

의화단원에게 붙잡힌 일본인. 중국에서의 이권 빼앗기에 열강들과 행동을 같이한 일본인은 중국 민중에겐 '황색의 서양인'쯤으로 여겨졌다.

과 각종 진본 도서 4만 6천여 권도 약탈하였다. 서태후는 광서제를 데리고 서안으로 도망갔다.

다음은 1901년 9월 7일, 청 정부 대표 이홍장과 영국 · 독일 · 일본 · 미국 · 러시아 · 오스트리아–헝가리 · 프랑스 · 이탈리아 · 네덜란드 · 스페인 · 벨기에 등 11개국 대표가 체결한 '신축조약' 즉, '북경의정서'의 주요 내용이다.

1. 청나라는 배상금 4억 5천 냥을 연리 4%로 1940년까지에 지불하되 관세, 염세 등을 저당으로 잡는다.
2. 대고포대를 해체하고 베이징에 공사관 구역을 설정하며 베이징과 상하이 간의 철도 연변에 열강의 군대가 주둔한다.
3. 청나라는 중국인의 외세 배척 운동을 철저하게 탄압해야 하며 만일 지방관이 진압하지 못하면 즉시 파면하고 영구히 등용하지 말아야 한다.
4. 청나라는 총리아문 대신 외교부를 설치해 6부의 위에 둔다.
5. 기왕의 통상조약에 대해 열강이 요구하면 청나라가 이에 협상해 수정할 수 있다.
6. 청나라는 황제와 대신을 독일 제국과 일본 제국에 파견하여 독일 공사와 일본 서기관의 피살 사건에 대하여 사죄한다.

이제 중국은 열강들에게 '외세배척운동에 대해 철저히 탄압할 것이며 외세에 반대하는 관리들을 스스로 벌할 것'을 약속하는 터무니없는 지경에 처하게 되었다. 중국 포대를 철거하기로 하였고 수도 북경의 공사관이나 교통의 요지에 외국군대의 주둔을 허용하게 되었다. 중국 경제는 막대한 배상금의 지불로 휘청거리게 되었다. 북경 의정서에 이르러 청은 더 이상 자력으로 중국을 통치할 수 없는 상태로, 제국주의 열강들에 의해 국권이 박탈된 반식민지 상태로 전락하게 되었다.

의화단 운동은 결국 근대무기로 무장한 제국주의 국가들의 침략과 청조의 배신으로 좌절되었다. 그러나 이 운동은 열강의 침략에 대한 중국인들의 강력한 저항 의지를 보여줌으로써 열강이 중국을 분할해서 점령하는 것이 불가능하다는 사실을 확인시켜 주었다. 아울러 청조의 반민중성과 무능력을 폭로함으로써 이후 청조를 타도하기 위한 혁명 운동이 본격적으로 일어나는 계기가 되었다.

DIGEST
75
CHINA

중국혁명의 아버지 손문
: 중국동맹회 결성
(1905년)

　　중국대륙의 공산당이나 대만의 국민당을 포함하여 모든 중국인들에게 국부國父로 받들어지는 사람이 손문(쑨원)이다.

　　그는 1866년 광동성에서 가난한 농부의 아들로 태어났다. 광동성은 당시 서양세력들이 중국으로 들어오는 관문이었다. 그가 태어난 해는 태평천국이 중국을 휩쓸다 막을 내린 지 2년 뒤다. 손문은 어렸을 때부터 농사일을 도와야 했다. 10세 때 마을의 서당에서 공부했으며, 12세 때는 형이 있는 하와이로 건너가 그곳에서 서양학문을 접하게 된다. 그의 형은 소작인이었는데 1871년에 하와이로 이민을 가 농장경영에 성공했다. 손문은 얼마 후 다시 홍콩으로 돌아와 1886년부터 의학을 공부하고 1893년에 광주에서 의사생활을 시작했다. 그러나 그는 의술을 베푸는 것보다 중국의 현실개혁에 더 큰 관심을 가지고 있었다.

　　그는 1894년 11월 하와이로 건너가 흥중회興中會를 결성하고 이듬해 홍콩에 흥중회 본부를 설치했다. 그를 비롯한 혁명가들의 목적은 만주족을 몰아내고 중국에 새로운 민주주의 공화국을 수립하는 것이었다. 즉, 흥중회는 청조 타도와 공화국 수립 운동을 지향하는 최초의 혁명 단체였다.

1895년 손문과 그의 동지들은 광주에서 무장봉기를 계획했으나, 지원되기로 되어 있던 무기가 제때에 도착하지 않은 데다가 사람들의 이동계획이 어긋나 봉기가 연기되었다. 몇 명의 동지들이 청조의 감시망에 걸려 체포되었다. 손문도 신변의 위협을 느껴 일본으로 피신했다. 청은 그에게 많은 현상금을 걸었다.

그는 미국과 유럽을 돌아다니면서 해외의 중국인 화교들에게 혁명에 동참할 것을 호소했다. 여행 중 영국에 이르렀을 때 청조의 공

중국혁명의 아버지 손문(쑨원). 빈농 출신의 손문은 서양의사가 되었으나 사람의 병보다 나라의 병을 고쳐야 한다는 생각으로 혁명의 길로 뛰어들었다.

사관 관리에 의해 체포되었으나 구사일생으로 벗어날 수 있었다. 이 여행은 손문으로 하여금 서양 자본주의의 눈부신 발전, 그리고 그 사회가 안고 있는 극심한 빈부의 격차를 동시에 볼 수 있었던 계기가 되었고 그의 새로운 중국 사회 구상에 많은 도움이 되었다. 그의 중심사상인 삼민주의도 이 여행에서 큰 틀이 잡혀졌다.

1900년 홍콩에서 다시 혁명계획을 세워 광주와 혜주 등에서 동시에 봉기할 것을 결정했다. 영국에서 파견한 홍콩 총독, 일본에서 파견된 대만 총독도 이 거사를 지원하기로 했으며 양광총독 이홍장도 합류하기로 되어 있었다. 그러나 이홍장이 혁명세력과의 약속을 어기는 바람에 광동과 광서에서 계획된 봉기는 단행되지 못했다. 그런데 이 같은 사정을 연락받지 못한 혜주의 혁명세력은 계획대로 정사량의 지도 아래 봉기하여 청나라 군대와 싸워 크게 이겼다. 그러나 예정되어 있던 광주지역에서의 봉기가 실패하면서 정사량의 혁명부대는 고립될 수밖에 없었고, 결국 1개월 정도 청의 군대와 싸우다 성과 없이 해산하게 되었다.

몇 차례의 지역적인 봉기가 실패하자 혁명세력들은 보다 조직적이고 통일적인 혁명운동이 필요하다는 것을 깨달았다. 당시 중국 국내와 해외에는 무수히 많은 혁명조직들이 있었다. 그중 대표적인 단체로 호남성 출신 황흥과 송교인 등이 중심이 된 화흥회, 절강성 출신의 채원배, 장병린 등이 중심이 된 광복회, 그리고 손문이 이끌었던 흥중회가 있었다. 이들은 1905년 8월, 일본에서 모여 단일 혁명조직인 중국동맹회를 결성하게 되었다. 동경에서 있었던 결성식에는 감숙성을 제외한 모든 성의 인물들 1800명이 참여하였다. 중국동맹회 회원은 일본 유학생들이 중심이 되었다. 청 정부가 광동을 프랑스에 할양한다는 소식을 듣고 격분한 광동 출신의 유학생들이 광동독립협회를 조직한 1901년 이후 일본의 유학생들 사이에서는 혁명의 열기가 고조되고 있었다. 동경에 중국동맹회 본부가 설치되고 각 성의 조직 활동 책임자가 정해졌으며 손문이 총재로 추대되었다. 중화민국이 국호로, 삼민주의가 강령으로 채택되었다. 기관지인 〈민보〉를 발행하면서 중국 내의 비밀결사조직과 연결되어 무장봉기를 계획했다.

동맹회의 이념은 손문에 의해 제시된 삼민주의였다. 삼민이란 민족民族, 민권民權, 민생民生이다. '민족'은 민족주의적인 한족 국가를 세우는 것이고, 이는 제국주의 외국세력에 묶여 있는 청조를 타도함으로써 완성된다. '민권'은 인민들의 권리가 보장되는 민주주의 정치체제가 될 것이다. '민생'은 인민들의 안정적인 생활을 갖추어줄 수 있는 경제정책인데, 그중 가장 대표적인 정책은 토지개혁을 통해 토지소유권을 고르게 분배하는 것이다.

그러나 중국의 모든 개혁세력이 이 이념에 동조하는 것은 아니었다. 새로운 사회를 건설하려는 세력들은 서로 생각이 다른 부분들이 많았다. 어떤 사회를 만들 것인가를 놓고 혁명파와 입헌파로 갈라졌다. 혁명파의 기관지인 〈민보〉와 입헌파의 기관지인 〈신민총보〉 간에는 '혁명이냐 보황保皇이냐'를 놓고 격렬한 논쟁이 벌어졌다.

먼저 민족주의의 문제다. 우선 정치체제적인 문제에서 입헌파는 청조 타도를 목표로 하지 않았다. 그들은 만주족의 왕조를 그대로 유지하면서 입헌군주제 정부를 세울 것을 구상했다. 그에 비해 혁명파는 만주족의 청조가 한족을 억압하며 외세에 굴욕적이기 때문에 이를 타도하지 않고는 진정한 개혁을 이룩할 수 없다는 입장이었다.

다음은 민권에 관한 문제인데, 예를 들어 입헌파인 강유위 등은 중국 인민은 무지하여 공화제를 실행할 능력이 없다고 보았기 때문에 입헌군주제 아니면 서양식의 계몽군주제 등을 선호했다. 그러나 혁명파는 당연히 공화제는 가능하며 혁명운동 자체가 인민들의 민주주의적인 의식을 깨우쳐나가는 과정이라고 주장했다.

세 번째로 민생주의에 있어서 입헌파는 토지국유 및 토지개혁에 절대반대의 입장이었다. 토지소유권은 신성불가침이기 때문에 이것을 침해하는 것은 인민들로 하여금 부자가 될 꿈을 갖고 열심히 일하려고 하는 생각을 감퇴시킨다는 것이다. 그러나 혁명파는 토지가 소수에 의해 독점되는 것은 불합리하며 땅을 가진 사람들이 일하지 않고 농민들의 피땀을 빼앗는 것이라고 주장했다.

입헌파의 중심인물은 강유위, 양계초 등이다. 그러나 청조와 함께하는 입헌주의자들의 주장으로는 중국의 근본적인 문제가 해결될 수 없다고 굳게 믿는 손문 등은 중국동맹회로 결집하여 혁명을 꿈꾸게 된 것이다.

중국동맹회는 출범한 1905년 이후에도 10여 차례 무장봉기를 통해 청조를 타도하고자 하였으나 모두 큰 성과 없이 실패로 끝났다. 그러나 혁명의 불길은 의외로 다른 곳에서부터 치솟게 된다.

무창에서 솟은 혁명의 불길

: 신해혁명
(1911년)

 손문을 비롯한 혁명세력은 1900년대 여러 차례의 무장봉기를 시도하지만 큰 결실을 보지 못했다. 그러나 혁명의 불길이 거세게 일어난 계기는 의외로 청조의 철도정책에서 비롯되었다.

 철도는 건설과정의 이권이나 건설 이후 이용과정에서의 효과로 볼 때 매우 중요한 근대 시설이었다. 중국에서 철도는 관영으로 건설되다가 민영화되는 경우가 있었다. 제국주의 침략세력들도 철도건설에 매우 큰 관심을 가지고 있었다. 청조는 1909년 호북·호남 두 지역의 철도부설에 필요한 경비를 외국의 차관도입으로 조달하여 건설하고자 했다. 물론 이것은 청조의 자율적인 의사는 아니었다. 영국을 비롯한 외국은 차관을 제공함으로써 철도건설의 이권을 차지하려고 했던 것이다.

 차관의 도입을 통한 철도건설은 곧 철도가 국유화된다는 것을 의미했다. 청조가 민간철도 회사의 주주와 지방 단체의 승인 없이 국유화를 시도하자 철도건설을 추진하고 있었던 지방 실력자들과 민중이 거세게 반발했다. 그러나 청조는 외국과의 차관계약에 서명했을 뿐 아니라 민간인 철도회사를 접수했다. 영국, 프랑스, 미국, 독일 등은 이 차관계약을 통해 호북·호남 일

혁명군의 '18성기(星期)'가
내걸린 무창의 혁명군 도
독부. 혁명 소식은 전국
에 전파되어 한 달여 만에
13개의 성이 청으로부터
독립을 선언했다.

대의 철도부설권을 손에 넣었고, 철도가 연장되어 건설될 경우 역시 그들이
우선권을 가질 수 있게 되었다.

철도국유화 반대운동이 일어나 전국적으로 확산되었다. 최초의 집회는 장
사에서 약 1만여 명이 참가한 가운데 진행되었다. 호남성의 관리들과 철도회
사는 국유화령을 취소하고 민영화할 것을 요구했으나 청조는 이에 아랑곳없
이 더욱 강경한 자세를 보이며 시위대에 대한 탄압의 강도를 높여갔다. 광동
성에서도 국유화령에 반대하는 시위가 계속되었다. 사천성에서는 시위대에
총격을 가하는 사태가 발생했고, 분노한 시위 군중들은 아예 청조 타도 운동
으로 그 방향을 선회했다.

철도국유화 문제를 둘러싸고 발생했던 시위는 청조의 탄압에 의해 잠시
주춤하는 것처럼 보였다. 그러나 상황을 새롭게 몰아가는 사건이 무창에서
발생했다. 청조는 무창에 주둔하고 있던 군대를 사천성의 시위진압에 동원
하려 했다. 그런데 이미 혁명세력이 군대에 침투해 있었다. 이들은 1911년
10월 6일을 혁명일자로 잡았다. 그러나 준비 부족으로 거사일이 늦추어진
가운데 봉기의 중심인물 중 하나인 손무가 폭탄을 제조하다가 폭발사고가
발생하면서 혁명당원의 명부와 서류 등이 발각되어 청조에 보고되는 사태가
발생했다. 청조는 주동자 체포에 나섰고 거사를 벌이기도 전에 지도부의 대
부분이 잡혀 총살되고 말았다.

그러나 지도부를 잃은 혁명파 군인들은 10월 10일 밤 7시를 기해서 들고

일어나 반대파 장교들을 죽이고 무기고를 습격하여 점령했다. 다음 날 호광 총독의 관청을 장악함으로써 무창은 혁명의 도시가 되었다. 이것이 '무창봉기'로 신해혁명의 도화선이다. 무창에 이어 한양과 한구의 신군이 혁명군에 합류함으로써 혁명운동은 마른 들의 불길처럼 번져 나갔다. 청은 2개 사단을 보내 이를 막으려 했으나 혁명군에게 격파당했다.

무창에서 시작된 혁명운동의 소식은 곧 중국 전 지역으로 빠르게 퍼졌으며 각 성의 동맹회원들이 봉기하여 1달여 만에 총 24개의 성 중 17성이 청조로부터 독립을 선언했다. 화북과 동북 지방을 제외한 남부의 넓은 지역이 혁명파를 지지하게 되었다. 이렇게 빠른 속도로 혁명의 물결이 휩쓸게 된 것은 근본적으로는 청의 지배에 대한 반감이 중국인들 사이에 뿌리 깊게 박혀 있었고, 혁명세력들이 군대 내에 조직적인 사업을 해놓은 결과였다.

한때 혁명세력이 중국을 완전히 장악하는 것처럼 보였으나, 혁명의 진원지라고 할 수 있는 한구와 한양이 청조 원세개 군대에 의해 함락되어 혁명세력이 위기에 처하게 되었다. 그러나 전세를 다시 혁명세력 쪽으로 돌리게 한 사건이 남경의 장악이었다. 여러 성이 독립했음에도 남경은 여전히 청의 군사력 아래 있었는데, 이 남경이 혁명세력에 의해 장악된 것이다.

11월 15일 독립을 선언한 각 성의 대표는 상해에서 모여 대표회를 무창에 설립할 것 등을 결의했고, 무창으로 옮긴 혁명세력의 성 대표들은 임시 정부 구성안을 발표했다. 또한 청의 군사적인 실권을 장악하고 있는 원세개가 혁명세력에 가담한다면 그를 임시총통에 추대할 것을 결의하기도 했다. 원세개는 혁명을 지지하는 사람이 아니었다. 그럼에도 불구하고 원세개의 이름이 나오는 것은 당시 독립한 성의 대표들 중 상당수가 혁명파보다는 온건한 입헌파를 지지하고 있었기 때문이었다.

혁명세력의 상징인 손문이 12월 25일 귀국하여 상해에 모습을 나타냈다. 손문은 혁명세력을 하나로 모을 수 있는 구심점이 되기에 충분했다. 29일 임시대총통 선거에서 손문은 각 성 대표들의 압도적 지지로 임시총통에 선출되었다. 1912년 1월 1일 남경에서 정식으로 중화민국이라는 이름의 혁명 정부가 선포되었다. 이와 같은 과정을 신해혁명이라고 한다. 다음과 같은 혁명

정책이 발표되었다.

1. 아편의 재배 및 흡연 금지
2. 여성의 전족 금지
3. 가혹한 형벌의 금지
4. 인신매매, 도박의 금지
5. 천민신분의 해방

손문은 '민民의 공의를 취하고 중衆을 위해 복무한다'는 총통선서를 했다. 드디어 인민이 나라의 주인이 되는 최초의 근대적 공화정부가 수립되었다. 2천여 년 동안 지속되어왔던 절대 군주제도가 무너지는 역사적인 순간이었다.

실현되지 못한 공화국 황제의 꿈
: 원세개의 중국 통치
(1912~1916년)

　신해혁명으로 탄생한 중화민국의 장래는 순탄하지 못했다. 가장 큰 적은 청나라 신군의 실질적인 책임자인 원세개(위안스카이)의 존재였다. 그의 야심에 휘둘려 혁명은 후퇴를 거듭하여 제2혁명, 제3혁명의 과정을 치러야만 했다. 혁명세력은 민중의 강력한 지지를 받고 있었으나 자금력이나 군사력 부문에서 매우 취약한 상태였다. 제국주의 열강은 민족주의적인 혁명파보다는 민족의식이 희박하고 개인적 야심이 가득한 원세개를 선호했다.

　원세개는 한국 근대사의 한 페이지를 장식하는 인물이기도 하다. 그는 과거시험에 두 번 떨어진 뒤 이홍장의 막료인 오장경의 휘하에 들어가 군사적 재능을 인정받게 되었는데 그의 능력을 시험하는 첫 시험대가 바로 조선이었다. 1882년 임오군란 때 군란을 진압한 청의 군대가 오장경이었다. 약관을 겨우 넘은 23세의 나이에 오장경을 따라 조선에 들어온 원세개는 흥선대원군을 납치하여 청나라로 압송하였으며, 1884년 갑신정변이 일어났을 때에는 일본군과의 전투에서 승리하여 고종을 구출하였다. 그는 이홍장으로부터 그간 조선에서의 공적을 인정받아 총리교섭통상대신이 되어 1885년 석방되는 흥선대원군과 함께 다시 조선에 돌아왔다. 이때부터 두각을 나타내기 시작한 그의 공적이라는 것은 조선의 내정과 외교를 전담하며 간섭하는 것이었다.

중국이 청일전쟁에서 패배하여 이홍장의 북양함대가 궤멸한 공백 상태에서 원세개는 중국의 강력한 군사적 실력자로 부상하였다. 천진소참에서 그는 북양군벌의 기초를 마련하였다. 천진소참에서의 서양식 군사훈련은 중국 현대 군대의 전환점이 되었다. 그는 군의 이름을 '신건육군'으로 바꾸고 훗날 그의 심복이 되는 단기서, 풍국장, 서세창, 왕사진 등의 부하들을 양성하여 전군에 대한 통제를 강화했다. 신군은 그가 정계에 진출하고 야망을 다지는 초석이 되었다.

그는 변법운동이 일어나자 변법파에 기부금을 내고 보수파 제거를 약속해 놓고 돌아서자마자 즉시 이를 서태후에게 밀고하는 배신행위를 서슴지 않았다. 또 의화단 운동을 잔혹하게 진압함으로써 단번에 국내외에서 주목받는 실력자로 부상하였다. 이후 직례총독 겸 북양대신으로 임명되어 북양상비군(북양군)을 편성하였는데 6진 중 5진을 자신의 통제하에 두고 장성들을 자신의 심복들로 채워 실권을 장악했다. 이 시절 북양공광기업의 발전, 철도 건설, 순경 창설, 신식 학당 설립 등의 신정을 처리하는 과정에서 성과를 내 그를 중심으로 하는 하나의 방대한 북양군사 정치집단을 빠른 속도로 형성해 나갔다. 입헌파는 대체로 이때의 그의 개혁적인 면모를 지지하였다.

신해혁명이 일어나자 청나라는 군사적 실력자인 원세개에게 전권을 주어 사태 수습을 요청할 수밖에 없었다. 원세개는 군대를 동원하여 혁명 세력을 공격해 왔다. 손문도 재정이나 군사면에서의 열세, 그리고 내부통합이 원만치 않은 상황에서 남북화의를 시도하지 않을 수 없었다. 결국 손문은 황제의 퇴위와 공화정의 실시, 남경을 수도로 하는 등의 합의 조건을 전제로 사임하고 원세개에게 총통의 자리를 내주었다. 원세개는 청의 마지막 황제 부의를 퇴위시키고 그의 야심을 채워나가기 시작했다.

그는 북경에서 총통에 오른 뒤 정부를 북경으로 옮기는 등 약속을 거의 이행하지 않고, 독재를 강화하여 국민당원들을 내각에서 쫓아내고 남방 각 성의 혁명군대를 감축하였다. 국민당으로 결집한 혁명세력이 국회의원 선거에

막료들에게 둘러싸인 원세개(위안스카이, 가운데 모자 벗은 이). 그는 혁명의 성과물을 가로채 황제 등극을 꿈꾸다가 참담한 실패를 맞았다.

서 압도적인 승리를 거두자 불안을 느낀 그는 국민당의 지도자인 송교인을 암살하고 혁명파를 탄압했다. 이에 혁명파들은 1913년 7월, 혁명군을 일으켜 저항하였으나 성공하지 못했다. 이를 '제2혁명'이라고 한다.

그해 10월 대총통 선거가 실시되었고 의원들은 '공민단'이라는 정치깡패들의 협박 속에서 원세개를 대총통으로 선출했다. 열강들의 공식적인 승인도 얻어냈다. 정식 대총통이 된 그는 국민당과 국회를 해산시키고 중앙정치회의를 소집하여 국회의 기능을 대신케 함으로써 독재권을 확립하였다. 이듬해 1월 원세개는 약법 회의를 소집하여 외교의 전권뿐만 아니라 참의원의 동의 없이도 선전포고, 강화조약을 맺을 수 있는 강력한 권한을 보장하는 '신약법'을 제정하였다. 이미 명목만 총통일 뿐 전권을 행사하는 황제나 다름없었으나 그의 야심은 이에 그치지 않았다.

이때 제1차 세계대전이 일어났다. 일본은 독일에 선전포고하고 중국에 주둔하고 있는 독일군을 공격했다. 이는 두말할 것도 없이 독일이 중국에 가지고 있는 이권을 차지하겠다는 의도였다. 일본은 독일이 영향력을 행사하고 있던 일부 지역을 장악한 다음 원세개 정부에 '21개 조항'을 요구했다. 독일이 갖고 있는 산동성의 이권, 여순·대련의 조차권, 남만주 일대의 철도 부설권 연장, 한양 등지의 철광·탄광 경영권을 일본이 갖겠다는 것이다.

원세개 정부는 별다른 저항 없이 일본의 '21개조 요구'를 받아들였다. 일본이 원세개의 개인적인 야심을 만족시키는 반대급부를 주었기 때문이다. 일본은 '만일 성의를 가지고 교섭에 응한다면 일본정부는 대총통원세개이 다시 더 높은 단계에 오르는 것을 기대한다'라는 제안을 했다. 즉, 그는 일본이 자신이 황제의 위에 오르는 것을 지지하는 대가로 반민족적인 '21개조 요구'를 받아들였다는 얘기다.

1915년 10월 원세개는 국민에 의해 추대되는 형식으로 황제에 오르기 위해 '국민대표대회조직법'을 공포했다. 그러나 시대착오적인 그의 꿈은 중국 인민들의 지지도, 제국주의 열강의 지지도 받지 못했다. 심지어 일본조차 반대했다. 그럼에도 그는 욕심을 내려놓지 않았다. 12월 11일 어용 참정원에서 그를 '중화제국 대황제'로 추대했고, 다음 날 그는 황제의 위를 받아들이는 령을 반포하였다.

전국에서 또다시 원세개를 타도하자는 혁명의 물결이 거세게 일어났다. 특히 양자강 이남 지역에서 큰 세력을 형성하였다. 이 전쟁을 제3차 혁명이라고 한다. 혁명군 세력이 국민의 지지를 받고 급속하게 확대되는 가운데 원세개의 측근인 북양파 내부에서도 반대가 이어지자 1916년 3월 22일 군주제 취소와 '중화민국' 연호 회복을 선포하였다.

황제의 꿈을 이루지 못한 원세개는 총통 사임 압력까지 받게 되었다. 더욱이 원세개를 완전히 절망에 빠뜨린 것은 그가 가장 믿었던 사천장군 진환이 그와의 결별을 선언하는 뜻을 보내왔을 때다. 그 소식을 듣자마자 그는 졸도했으며, 결국 일어나지 못하고 58세의 나이로 생을 마감했다.

군벌들의 지방 난립
: 군벌들의 시대
(1910년대~1920년대)

군벌의 뿌리는 양무운동기 이홍장의 군사력 강화과정까지 거슬러 올라갈 수 있지만, 군벌의 시대라고 하면 원세개가 죽은 후 단기서와 풍국장 등이 북경의 중국정부를 이끌던 시기를 말한다. 이들은 보수적 세력으로 반민족적 성향을 보임으로써 중국이 외세를 몰아내고 근대적 민주국가로 성장하는 과정에서 반드시 청산되어야 할 암적인 존재였다.

그들은 군사력을 바탕으로 각각의 근거지를 장악하였는데, 군사력 유지에 필요한 막대한 비용은 농민과 상인로부터의 수취, 또는 폭력적 방법을 통한 약탈 등으로 조달되었다. 심지어는 아편의 재배 · 판매 등으로 돈을 벌었으며 외국의 차관이나 무기원조를 통해 세력을 확대하기도 했다. 군벌 자체가 대지주이거나 기업에 투자하는 대자본가이기도 했다. 군벌의 중심부대는 빈농, 도시 유이민, 비적들로 구성되어 있었다. 빈번한 군벌 간의 전쟁, 막대한 군비조달을 위한 가혹한 세금수탈 등으로 삶의 근거를 잃은 농민들이 군벌의 용병이 되었던 것이다.

군벌은 크게 북양군벌과 서남군벌로 갈라진다. 원세개 사후 북경정부의 권력을 장악했던 세력은 북양군벌로 단기서, 풍국장, 오패부, 장작림 등이 대

청천백일기를 내걸고 북벌군을 열렬히 환영하는 상해 시민들. 1924년 1차 국공합작으로 북벌군은 힘을 집중해 군벌타도에 나서 중국을 통일시켰다.

표적 인물이다. 단기서가 원세개의 뒤를 이어 중앙정부를 장악했다. 그는 자신의 정책에 반대하는 기존의 국회를 해산하고 새로운 국회를 구성하면서 갖은 방법을 동원하여 자기 세력을 국회에 심었다. 일본에게 산동지방의 이권을 넘겨주는 대가로 차관을 도입하여 자신의 권력 강화를 꾀했다. 단기서에 실질적으로 대항할 수 있는 세력은 직례지역의 풍국장이었다. 두 군벌 세력은 타협하여 문관출신 서세창을 새로운 총통으로 선출했다.

광동의 혁명 세력은 북경의 군벌정권에 대항하는 투쟁을 계속했고, 1919년 2월 '남북화의'를 진행하였으나 별 소득 없이 결렬되었다.

한편, 1차 세계대전이 끝나고 전후처리를 위한 파리 강화회담이 열렸을 때 군벌정부는 일본과 했던 약속과 일본의 외교적인 수완에 밀려 산동지방의 이권을 되찾는 데 실패하는 무능함을 보였다. 이는 중국 인민의 거센 반발을 불러일으켜 5·4운동을 촉발시켰다. 군벌정부의 반민족적 자세에 대한 중국인들의 대대적인 저항이었다.

그러나 이러한 저항은 군벌을 무너뜨리는 데까지 미치지는 못했다. 군벌의 시대는 계속되었으며 군벌 사이의 대립은 마침내 전쟁으로까지 번졌다. 당시 군벌 세력을 양분하고 있었던 직례파는 영국과 미국의 지원을 받고 있었는데, 결국 직례파가 안휘파 군대를 격파함으로써 단기서 군벌정권은 붕괴되었다. 직례파 군벌의 세력이 점차 확대되자 그들과 제휴하여 안휘파를

밀어내는 데 큰 역할을 했던 장작림이 이끄는 봉천파가 직례파와 대립하기 시작하였다. 결국 이 대립은 1922년 전쟁으로 폭발했고 역시 직례파의 승리로 돌아갔다.

이제 직례파 군벌은 북경의 중앙정부를 중심으로 한 무력통일에 적극적으로 나서게 되었다. 이들의 싸움은 외세를 몰아내기 위한 것도 아니었고, 중국 인민들의 생활을 개선시키기 위한 명분을 가진 싸움도 아니었다. 중국 대륙의 패권을 차지하는 것이 그들의 주된 목적이었다. 이 권력다툼의 틈바구니에서 고통당하는 것은 민중들이었다.

북벌의 완성 지도.

군벌세력이 서로 싸우고 있던 이 시기, 혁명세력은 군벌을 바로 몰아낼 만한 힘을 갖고 있지 못했기 때문에 서남지역의 일부 군벌세력들과 연합하기도 했다. 마침내 1926년 국민당의 장개석 사령관은 대대적인 북벌을 선언하고 군대를 몰아 광동으로부터 북경을 향하는 북벌운동을 단행하였다. 군벌 타도는 곧 신해혁명의 뜻을 잇는 국민혁명의 연속되는 과정이었다. 광동을 떠난 국민당의 북벌군은 놀랄 만큼 빠른 속도로 전진을 계속하여 6개월여만에 양자강 유역을 장악했다. 군벌들에게 고통당하고 있던 민중들은 당연히 북벌군을 크게 환영했으며, 군벌세력이 설 자리는 더욱 좁아졌다.

광동 국민정부 군대는 계속 각지의 군벌들을 격파하면서 북상했고, 1928년에는 동북지방의 유력한 군벌이었던 장작림이 일본군의 계략에 의해 열차여행 중 폭사당함으로써 비로소 군벌의 시대는 막을 내리게 되었다. 이로써 중국은 장개석의 국민당 정부의 완전한 통치 아래 들어가게 되었다.

타도! 제국주의
: 5·4운동 발발
(1919년)

1914년 7월 게르만족 오스트리아와 독일이 슬라브족인 세르비아를 침공함으로써 시작된 1차 세계대전은 1918년 11월 독일의 항복으로 끝이 났다. 중국은 연합국에 가담하였고 전쟁이 연합국의 승리로 끝남에 따라 전승국의 대열에 끼게 되었다. 학교들이 휴교하고 천안문 광장에서는 북경대 교수들이 전승 축하 강연을 하는 등 전쟁의 승리를 자축하는 분위기가 중국 전역에 넘쳤다.

당시 북경대는 '새로운 중국'을 모색하는 신문화 운동의 요람이었다. 총장 채원배는 뛰어난 지식인들을 불러 모았는데 특히 1916년 신문화 운동의 주역인 진독수가 북경대학 문과과장으로 채용되면서 군벌정치와 대외종속의 강화로 좌절감에 빠진 청년 지식인들에게 커다란 반향을 일으켰다. 그가 제시한 새로운 방향이란 전통사회의 유교적 권위주의와 비과학적인 사고를 비판하는 것으로 유교적 '전제專制와 미신迷信'에 대해 '민주와 과학'으로, 상해에서 발행한 〈청년잡지〉를 통해 제시되고, 이를 계승한 〈신청년〉을 통해 활발히 전개되었다. 아큐정전의 노신과 백화운동을 제창한 호적 등이 활발히 계몽운동을 벌였다. 백화운동은 단순히 문어체를 구어체로 바꾸는 표현형식의 혁신이 아니라, 문어체를 받치고 있는 전통적인 정신구조 그 자체를 변혁시키고자 하는 문학혁명 운동이었다. 북경대에는 새로운 학문과 혁신사상을 탐구하려는 청년들이 몰려들어 5·4운동의 진원지가 되었다.

1919년 파리에서 열린 평화회담에서 윌슨의 '14개조 평화안'이 전후처리를 위한 원칙으로 제시되었다. 그중 '민족자결의 원칙'은 중국인의 기대를 부풀게 했다. 중국은 전승국으로서 대표단을 파견하여 독일 등 열강들에게 빼앗긴 각종 이권의 회복을 국제사회에 제기함으로써, 열강들이 가지고 있는 세력범위와 이익범위 철폐, 외국군대와 경찰의 철수, 영사재판권 폐지, 조차지 조계의 반환, 관세자주권의 승인 등을 획득할 수 있다고 기대했다.

그러나 중국인들의 기대는 환상에 불과했다. 파리회담은 정의로운 세계, 평화로운 세계건설을 위한 모임이 아니었다. 패전국 독일이 가지고 있는 이권을 나누어 가지는 자리였고, 전승국들의 이권이나 식민지에 대한 권리는 전혀 양보되지 않았다. 열강의 반식민지 상태에 있던 중국은 전승국이었음에도 불구하고 대부분의 요구가 묵살되었고, 전쟁 전에 독일이 가지고 있던 여러 권리는 영국, 프랑스, 미국 등 열강의 승인 아래 일본에 넘겨졌다. 일본은 이미 세계대전이 일어나자 독일의 조차지이자 동양함대의 근거지였던 청도를 공략하고 대규모 군대를 파견하여 산동 전체를 장악한 상태였다.

여기에는 군벌정부의 책임이 컸다. 일본은 이들의 반민족적 성향을 간파하고 치밀한 계획으로 접근해 갔다. 이미 전쟁 전에 원세개 정부는 일본의 이른바 '21개조 요구'를 수용했고, 원세개 사후 북양군벌은 일본이 막대한 차관을 빌려주는 대가로 중국영토 내에서의 일본군의 자유로운 군사행동, 군사기지 설치 등을 승인하는 '중일공동방적협정'을 비밀리에 맺었다.

1919년 4월 30일, 파리 강화회담의 결정 내용이 중국에 전해지자 중국인들의 참았던 분노가 터져 나왔다. 그 분노는 그들의 이권과 주권을 빼앗아가려는 제국주의 열강들을 향한 분노였고, 또한 외세와 결탁하여 권력을 유지하려고 했던 중국의 군벌세력에 대한 분노였다. 여기에 조선에서 일어난 3·1운동은 이들에게 깊은 감명으로 다가왔다. 문필가들은 3·1운동의 전개 양상과 의의를 계몽하는 활동을 계속 벌이고 있었다.

파리 강화회담의 결말에 항의, 5월 4일 북경 천안문광장에 운집한 군중. 5·4운동은 우리나라의 3·1운동의 영향으로 벌어진 침략적인 외세에 대한 전국민적인 저항이었다.

　가장 먼저 궐기한 것은 북경대학을 비롯한 각 대학과 고등전문학교의 학생들이었다. 5월 1일 북경 대학생들의 모임을 시작으로 5월 3일 각 학교 대표들은 파리 강화회담 반대시위를 하기로 뜻을 모았다. 이들은 국치일, 원세개가 일본의 요구를 수용한 5월 7일에 전국적인 시위를 예정하고 있었으나 이를 앞당겼다.

　5월 4일 오후, 천안문 광장에서는 약 3천여 명의 학생들이 모여들었다. 그들은 '21개조를 취소하라!', '청도를 반환하라!', '매국노를 타도하라!' 등의 구호가 적힌 깃발을 휘두르며 시위를 벌였다. 일본에 대하여 21조 요구의 파기, 산동반도의 권익 반환, 친일 관료의 파면 등을 요구했다. 시위대는 그들의 의사를 세계에 전하기 위해 각국 공사관이 밀집되어 있는 곳으로 몰려갔으나 경찰과 군대에 의해 저지당한 끝에 시위대표들이 진정서를 전하는 데 그칠 수밖에 없었다. 장종상, 육종여와 함께 '3인의 매국노'로 지탄받고 있던 조여림의 집을 습격했다. 그는 군벌정부의 교통총장으로 중국의 이권을 외국에 넘기는 반민족적인 행위를 일삼았다. 조여림은 이미 도피한 후였다. 시위대는 응접실에 걸려 있는 일본 천황의 사진을 발견하고 격분하여 집을 불태웠다. 이 사건으로 32명의 학생들이 체포되었다.

　5일, 학생들은 체포 학생들의 석방을 요구하고 시민들에게 진상을 알리기 시작했다. 시위는 이제 시민의 손으로 넘어갔다. 7일에는 북경에서 일본 상품 배척 집회가 열렸고 전국 곳곳에서 집회와 시위가 이어졌다. 그러나 중국

정부는 14일, 학생 운동 금지령을 내리고 베르사유 강화조약을 조인한다는 방침을 결정했다. 이에 더욱 격분한 북경학생연합회는 19일부터 동맹 휴교를 하기로 결의했다. 동맹 휴교는 전국으로 확산되었다.

당황한 북경정부는 6월 1일 수도에 계엄령을 선포하고 시위 주동자에 대한 엄벌을 경고하였다. 그러나 3일 북경학생연합회를 중심으로 천안문에서 대규모 집회가 개최되었으며 거리 곳곳에서 시위는 그칠 줄을 몰랐다. 체포된 학생의 숫자가 많아져서 북경대학 건물이 임시수용소가 될 정도였다.

상해에서는 동맹휴학에 들어간 학생들에 호응하여 노동자가 동맹 파업에 들어가고 대부분의 상가가 문을 닫는, 이른바 '3파 투쟁학생의 수업 거부, 노동자의 파업, 상인의 철시'가 전개되었다. 범죄가 넘치던 상해에서 시위가 행해지던 10여 일 동안 한 건의 범죄도 일어나지 않았다는 사실은 상해 시민들의 애국적인 시위를 잘 말해주고 있다. 부두 노동자들의 작업거부로 일본 화물선은 화물을 싣지 못한 채 항구를 떠나야 했다.

상해의 경제활동이 중단되는 것은 곧 중국경제의 마비를 의미했다. 투쟁의 열기가 전국의 주요 도시로 확산될 조짐이 보이자, 북경의 군벌정부는 마침내 민중의 요구에 굴복하여 매국노로 지목된 조여림 등 3명의 고권을 파면했다. 13일에는 수상이 사직했다. 6월 28일, 파리에 파견되었던 중국 대표는 독일과의 강화조약인 베르사유 조약의 조인을 거부했다.

5·4운동은 비록 도시에 한정되기는 하였으나 전국 규모의 민족주의 투쟁이었다. 학생·노동자·상인 등 민중들이 적극 참여한 대중적 차원의 민족운동이라는 점에서 획기적인 사건이었다.

한 점의 불씨가 광야를 불사르다
: 공산당 창당
(1921년)

1917년 레닌은 러시아혁명을 성공시킴으로써 이론에 머물렀던 마르크스 · 엥겔스의 공산주의 이론을 현실로 실현시키고 20세기 역사의 한 획을 그었다. 러시아를 시작으로 사회주의 국가체제는 각 대륙에 확산되었다.

1919년 레닌은 '만국의 노동자 · 농민들이 단결하여 주인이 되는' 프롤레타리아 혁명(무산 혁명)을 전 세계에 확산시키기 위해 국제적인 공산주의 조직을 만들었다. 이것이 코민테른 즉, '제3 공산주의 인터내셔널'이다. 그 후 1920년에 인도네시아와 이란, 1922년에는 일본, 1925년에는 조선에서 각각 공산당이 창설되었다.

중국에서 공산당이 창설된 것은 1921년의 일이었다. 중국에 공산주의 이론을 소개한 인물은 이대교 · 진독수 등 당대의 유명한 지식인들이었다. 5 · 4운동 이전인 1918년 이미 북경 대학에서는 마르크스주의 연구회가 설립되었는데, 모택동도 당시 북경대 도서관 직원으로 이 연구회의 회원이 되었다. 5 · 4운동 이후에 다양한 실험과 논쟁을 거치면서 '민주와 과학'의 신문화 운동 정신은 급진적 사회주의로 대체되었다.

중국 민중들이 서양 제국주의 열강에 대한 분노와 실망으로 좌절하고 있

모택동의 젊은 시절 친구로 《나와 모택동의 무전여행기》를 쓴 소유의 그림.

을 때, 최초로 노동자 농민의 정부를 실현시킨 러시아 혁명의 성공은 새로운 희망의 메시지로 다가왔다. 5·4운동 이후 혁신운동은 더욱 고조되어 전국 각지에서 청년 학생들의 결사가 400개 이상 등장하였다. 이들은 민중 속으로 들어가 다양한 계몽과 실천 활동을 전개하고 있었다. 이때, 1919년 소련의 외무장관 카라한이 발의한 일명 '카라한 선언'이 1920년 중국에 전해지면서 소련과 마르크스주의에 대한 신뢰가 중국의 사회에 뿌리내리고 공산주의 소그룹(소조)이 형성되는 계기가 되었다.

카라한 선언의 내용은 '소비에트 정부는 제정 러시아가 중국에 대해 행한 일체의 침략행위를 부정하고, 지금까지의 철도, 광산, 산림 등의 모든 이권을 무상으로 포기·반환하며, 또한 의화단 운동의 배상금을 받지 않겠다'는 것이었다.

1920년 코민테른으로부터 중국에 공산당을 창설하라는 임무를 띠고 극동부장 보이틴스키가 북경에 모습을 드러냈다. 그는 북경대 교수 이대교를 만났고, 이대교는 북경대를 떠나 상해에서 집필활동에 전념하고 있던 진독수에게 보이틴스키를 소개했다.

코민테른의 임무를 띤 보이틴스키와 중국의 대표적인 혁명 지식인인 진독수의 만남은 중국에 사회주의가 뿌리내리는 데 있어 결정적 계기가 되었다. 1920년 8월 진독수 등 7명은 비밀리에 공산당 창립 발기대회를 개최했다. 그후 북경, 상해, 제남, 광주 등 전국 각지에 공산주의 소그룹 운동이 확산되었다. 해외에 거주하는 중국인들 사이에서도 이런 움직임이 일어났다. 이를 바탕으로 중국공산당이 탄생하게 되었다.

1921년 7월 23일 중국공산당은 상해 프랑스 조계의 한 사립학교 기숙사에서 창당되었다. 기숙사는 방학으로 학생들이 없었다. 이때 참가한 사람은 겨우 13명이었다. 그중에는 후일 국민당을 몰아내고 중국의 공산혁명을 성공시킨 중국공산당의 지도자 모택동도 있었다. 이렇게 적은 인원으로 은밀하게 창립대회를 할 수밖에 없었던 까닭은 당시 공산당 활동이 비합법 활동으로 당국의 추적을 피해야 했기 때문이다. 그러나 그렇게 은밀히 진행하고 있던 집회도 경찰에게 들통이 나 집회 도중 서류를 싸들고 황급하게 대회장소를 옮겨야 했다. 출발점부터 있었던 이런 시련은 공산혁명이 성공할 때까지의 기나긴 장정의 예고편에 불과했다.

공산당의 시작은 이들이 20여 년 뒤에 중국대륙을 완전히 장악하고 수천만의 당원을 거느린 대조직이 되리라고 상상하기 어려울 정도로 미약하기 짝이 없는 것이었다. 정식 명칭은 중국공산당으로 정해졌으며 초기 당 강령은 노동자 계급에 의한 국가의 건설을 목표로 하고 있었다. 이를 위한 1단계 목표는 프롤레타리아 독재체제의 수립이었다. 사유재산제도를 폐지하고 생산수단을 전부 사회적 소유로 한다는 결정이 내려졌다. 물론 공산혁명이 성공해야 가능한 정책들이었다.

공산당의 창당 이후 1922~1923년을 전후로 공산주의자들의 조직적인 계몽활동을 통해 노동 운동과 농민 운동이 매우 활성화되었다. 1922년에는 처음으로 대외선언을 채택하여 공산당의 존재를 정식으로 대외에 알렸다. 코민테른에도 가입하여 국제적으로 공산주의 조직의 일원으로 참여하게 되었다. 1924년 국민당과의 합작(1차 국공합작)이 이루어질 당시에는 대중운동의 잠재력이 폭발함으로써 공산당은 명실상부한 국민혁명의 한 중심축으로서 위치를 차지하게 되었다.

국민당, 공산당과 손을 잡다
: 제1차 국공합작
(1924년)

5·4운동은 중국의 혁명 세력들이 노동자 농민, 즉 민중의 힘을 다시 평가하는 계기가 되었다. 손문은 원세개 사후 서남군벌과 손잡고 광동 정부를 수립했으나, 서남군벌이 연합하여 지도체제를 형성하자 대원수직을 사임하고 상해에서 은거에 들어갔다. 이때 5·4운동이 일어났다. 손문은 다시 광주지역에 혁명파의 거점을 마련하고 국민당의 이름으로 제2 광동정부를 수립했다. 그는 국민당을 개조하고 소련 및 공산당과 연합함으로써 중국인민들의 오랜 염원인 주권의 확립, 군벌 타도, 민족의 통일, 즉 국민혁명의 과업을 완수하고자 하였다. 이것이 1924년의 제1차 국공합작이다.

국민당과 공산당을 모르고 중국 현대사를 논할 수는 없다. 국민당은 공산당보다 먼저 창설되었고, 1949년 공산당과의 내전에서 패배해 중국대륙을 잃고 대만으로 떠날 때까지 중국을 실질적으로 지배했던 정당이다. 그러나 중국대륙에서의 싸움은 최종적으로 공산당의 승리로 돌아갔다. 대륙에서는 공산당에 의해 중화인민공화국이 수립되었고, 국민당은 중화민국이라는 이름만을 가지고 대만으로 가게 되었다.

국민당의 뿌리는 신해혁명을 이끌어 중화민국을 탄생시킨 '중국동맹회'이다. 중화민국이 탄생되고 중국동맹회가 해체되면서 국민당은 중화민국을 이끌어갈 혁명적인 정당으로 창설되어 국민의 지지 속에 최초의 국회의원 선거에서 가장 많은 의석을 차지하였다. 그러나 불안을 느낀 원세개는 의회를 해산했고 국민당은 사라졌다. 손문은 일본으로 망명하여 다시 '중화혁명당'을 조직했고 이 조직이 바탕이 된 활발한 공작으로 제2혁명, 제3혁명이 거듭 일어났으나 원세개가 죽은 1916년 이후에도 손문과 혁명당은 중국을 장악하지 못했다.

1919년 겨우 혁명파의 거점을 마련하고 국민당의 이름으로 제2 광동정부가 수립되었지만 갈 길은 험난했다. 광동의 국민당 정부는 군벌과의 힘겨운 싸움을 계속해야 했고 심지어 국민당 내부에도 일부 군벌 세력들이 포진하고 있었다. 반동세력은 끊임없이 국민당을 궁지로 몰아넣었다.

1920년 4월 광주에서 열린 중국국민당 비상회의에서는 대총통 손문을 비롯한 새로운 내각을 구성하고 군벌 타도를 위한 북벌(국민혁명)을 계획하였다. 혁명군이 북상을 시작할 때 진형명이라는 자가 내분을 일으켜 배반하는 사태가 발생했다. 국민당의 힘만으로는 혁명의 완수는 역부족이었다.

손문은 북경정부 및 군벌들과의 싸움에서 승리하기 위해 다양한 가능성을 열어 놓고 있었다. 결국 그는 코민테른의 보이틴스키 및 소련정부의 특별전권대사인 요페와의 만남을 통해 소련과 연합했다. 이른바 손문-요페 선언이 발표되었다. 중국은 소련 정부에 중국에서는 공산주의를 실현시킬 수 없다는 점을 납득시켰으며, 소련의 국민당에 대한 원조는 민국의 통일과 국가의 독립을 위한 것이라는 점을 분명히 했다.

당시 중국공산당은 소련의 지도를 받고 있었기 때문에 소련 국민당과의 연합은 곧 중국공산당이 국민당과 연합하는 것을 의미했다. 문제는 연합하는 방식이었다. 그 구체적인 방법의 하나는 공산당의 핵심간부가 개인자격으로 중국국민당에 가입하는 것이었다. 이는 공산당 내부의 격렬한 반대에 부딪혔으나 곧 수용되어 진독수 · 이대교 등이 국민당에 가입하게 되었다.

손문은 그동안 손을 잡았던 일부 군벌세력과 결별하고 상해로 돌아와 1923년 중국국민당 선언을 발표하여 국민당의 체질을 개선시키기 위한 개

중국국민당 1전대회의 준비회의에 참석한 사람들. 가운데 지팡이를 짚고 있는 이가 손문. 이 대회에는 중국 공산당원도 국민당원으로서 참석했다.

진을 전개했다. 교육 · 선거제도, 기본권 보장 등과 아울러 사회경제의 균등 발전, 즉 빈부격차 해소 등이 선언되었다. 경제적인 평등의 구체적인 방법은 토지의 소유한도 제정, 토지의 국가에 의한 수매, 중요산업의 국유화, 농촌조직의 개량을 통한 농촌사회의 평등, 남녀평등이었다.

1924년 1월 국민당, 공산당, 코민테른의 합의에 의해 광주에서 국민당 제1회 전국대표회의가 열렸다. 여기에서 국민당은 공산당을 개인자격으로 받아들이기로 하고 공산당은 이를 수용함으로써 제1차 국공합작이 정식으로 성립되었다. 이 대회에서 선출된 국민당 중앙집행위원 24명 중 3명이 공산당원이었다. 모택동은 16명의 후보위원 명단에 들어 있었다.

국공합작의 원칙은 삼민주의를 기본으로 제국주의와 군벌의 타도, 농민과 노동자의 해방을 위한 이른바 연소용공(중국 국민당이 소련과 손을 잡고 중국 공산당을 포용해서 혁명을 추진하려고 했던 정책), 부조농공(소련 및 공산당과 손잡고 노동자, 농민을 지원하는 정책)이었다. 혁명군을 키우기 위한 황포군관학교도 세워졌다. 여기에도 소련의 군비 지원, 군사 고문 파견과 지도가 큰 역할을 하였다. 이제 국민혁명군은 모든 힘을 군벌타도에 집중할 수 있게 되었고 국민들은 열렬한 지지를 보냈다. 그러나 1925년 손문이 갑자기 사망하자 새로운 양상이 전개되었다. 손문은 모든 반군벌 세력을 끌어들여 중국혁명의 완수라는 대과제에 합류시킬 수 있었던 유일한 인물이었다. 그가 죽자 국민당 내의 반공세력들이 공산당을 배척하려는 움직임을 드러내기 시작했다.

1925년 11월 우파들은 북경 교외에 모여 1차 중앙위원회 전체회의를 독자적으로 열어 공산당원의 국민당적 박탈 및 공산당 출신의 중앙위원 9명의 제명을 결의했다. 그러자 좌파들은 이 회의가 무효임을 선언하고 26년 1월에 국민당 2차 전체회의를 개최했다. 이때 황포군관학교 교장이었던 장개석이 비로소 중앙위원에 선출되었다. 장개석은 손문의 충실한 계승자로 자처했으나 체질적으로 반공적인 인물이었다.

장개석은 그해 5월 중앙위원회 전체회의에서 당무 정리안을 내놓았다. 그안은 첫째, 다른 당원이 국민당에 가입할 경우 그 당은 명단을 중앙집행 위원회에 제출해야 한다. 둘째, 다른 당원으로 국민당의 고급기관 간부를 맡게될 경우 전체의 1/3을 넘어서는 안 된다. 셋째, 다른 당의 당원으로 국민당에 가입하는 자는 당 중앙기관의 부장이 될 수 없다. 이때의 다른 당이란 당연히 공산당을 지칭하는 것이었다.

1926년 3월 20일 '중산함 사건'이 벌어졌다. 장개석은 공산당원인 이지룡이 함장으로 있었던 중산함에 회항할 것을 명령해 놓고 돌아오자 함장이 멋대로 군함을 움직였다고 날조해서 이지룡 이하 공산당원 60여 명을 체포했다. 최초의 반공쿠데타였다. 이에 당시 국민당 주석 왕조명은 장개석에게 항의하고 외유를 떠나는 정도의 소극적인 반응만 보였고, 이후 장개석이 사실상 국민당의 실권을 거머쥐게 되었다. 1926년 7월 북벌이 시작된 이후에도 장개석은 1927년 4월 상해에서 쿠데타를 일으켜 본격적으로 공산당을 배척하기 시작했다. 7월 1차 국공합작은 완전히 붕괴되었다.

혁명의 근거지 정강산
: 홍군의 형성
(1928년)

북벌이 완성되고 중국 전체가 국민당의 지배 아래 들어오면서 중국은 다시 통일을 찾은 것으로 보였다. 그러나 1928년 정식 발족한 남경 국민정부는 민중 운동을 제한하고 다른 모든 정당이나 정치 결사의 정치 행위를 금지하는 일당 지배를 실행하였다. 국민혁명을 완성한 정부는 혁명성을 거의 상실하였다. 북벌이 완수되었지만 타도의 대상이었던 군벌은 신정권에 합류하였다. 보수 관료가 그대로 고위직을 담당하고 부패와 정치적 억압도 강화되었다. 국민당 산하 비밀조직인 남의사藍衣社는 철저한 우파 정신으로 무장한 황포군관학교 출신으로 구성되어, 공산주의자 탄압과 장개석 정권의 유지를 위해 매우 잔인한 파시스트적 행동을 일삼아 '중국의 군국주의'라 불리며 공포와 혐오의 대상이 되었다. 남의는 국민당의 짙은 푸른색 제복 색깔에서 유래했다.

1927년 1차 국공합작을 깬 후 공산당을 송두리째 뿌리 뽑기 위해 대대적인 무력탄압을 계속했던 장개석 정부와 이에 대항하여 생존과 공산혁명을 이루려는 공산당 간의 생사를 건 전쟁이 계속되었다. 중국은 새로운 국공 내전에 휩싸이게 된 것이다.

1차 국공합작이 깨진 후 궤멸 위기에 빠진 공산당은 새로운 활로를 모색하였다. 코민테른은 중국공산당에게 무장봉기를 통한 근거지 확보를 지령했다. 공산당은 독자적인 군사력을 가지지 못한 상태였기 때문에 몇몇 지역에서 국민당 내부의 무력을 접수하는 형태로 진행되었다. 국민당군의 내부에는 공산당원들과 동조세력들이 남아 있었다.

무장봉기는 남창봉기에서 시작되었다. 남창은 비교적

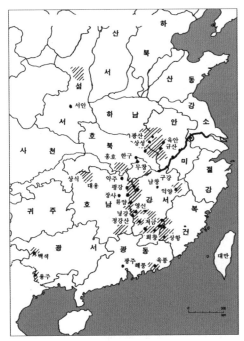

홍군의 분포도(소비에트구) 1927~1930.

방비가 허술하고 주덕이 공안을 맡고 있었다. 1927년 8월 1일 새벽 2시를 기해 하룡, 섭정, 주덕 등 공산당군 지도자들은 여러 방면에서 남창을 공격하여 점령하고 혁명위원회를 설치하였다. 그러나 곧 국민당군의 역습을 맞아 패퇴하였다. 남창봉기는 실패했지만 이 봉기에 참여했던 병력들이 홍군의 씨앗이 되었기에 8월 1일은 중국 인민해방군의 건군 기념일로 지정되었다. 중국군의 군기와 군복의 모자에는 '八一'이라는 글자가 새겨지게 되었다. 주덕은 훗날 홍군의 아버지로 일컬어진다.

남창을 빼앗긴 혁명위원회는 광주로 내려갔다. 그러나 국민당군의 추적은 계속되었고, 남쪽으로 내려가 세력을 구축한 후 북벌을 한다는 방침이 세워졌지만, 사실 뚜렷한 목표를 제시할 수 없었던 지도층은 패퇴를 반복하였다. 무장봉기를 통한 해방구(소비에트) 건설 노선은 광동에서 비참한 최후를 맞았다. 1927년 12월 섭검영이 지휘하는 부대 및 노동자 수천 명이 광주에서 무장봉기하여 광주노농민주정부, 즉 광주 코뮨을 수립했다. 그러나 압도적으로 우세한 군대로 포위공격하는 국민당 군대와 3주간의 치열한 전투 끝에 수천 명의 희생자를 냈다. 몇 명만이 간신히 탈출하여 또 다른 해방구인 해륙풍으로 피할 수 있었다. 이 패배로 공산당군은 도시와 농촌에서 거의 일소되었다.

무장봉기를 통해 도시 중심의 거점(소비에트)을 확보하려던 공산당의 전략과 코민테른의 지시는 결과적으로 잘못된 노선이었음이 드러났다. 당시 이 노선에 반대한 모택동의 노선은 농촌을 먼저 장악하여 도시를 포위한다는 것이었다. 그는 전쟁터에서 패한 군대 약 1천 명을 이끌고 산악지대로 들어갔다. 이 정강산이 바로 공산당의 최후거점이었다.

모택동은 정강산에서 군과 당의 일체화, 군대의 민주화, 대중과의 일체화 등의 원리를 바탕으로 군대를 개편하여 홍군의 기초를 세웠다. 홍군은 국민당군과 여러 차례 대결하면서 농촌 지역으로 세력을 확대하였으며, 점령지에서 전면적인 토지개혁을 실시하여 농민들의 전폭적인 지지를 얻었다.

모택동이 이끌고 들어온 병력은 노농혁명 제1군 제1사단 제1연대가 되었다. 이들은 국민당의 소탕작전에서 살아남은 노동자들, 이 지역 출신의 젊은 광부, 철도원 및 농민으로 구성되어 있었다. 그 뒤 주덕, 임표, 진의 등이 이끌고 들어온 부대가 홍군 제4군(노농혁명 제4군)이 되었다. 약 5만 명에 달하는 홍군의 사령관에는 주덕, 정치위원에는 모택동이 되었다. 그 후 1928년 하건의 반란 이후 많은 부대들이 정강산으로 모였는데, 그 부대들을 중심으로 홍군 제5군이 편성되었으며 이는 팽덕회가 지휘했다.

정강산은 몇 개의 마을이 있는 오지였고, 지역은 넓지만 사람들이 많이 살고 있지 않은 지역이었기 때문에 의복, 식량 등이 매우 부족했다. 그러나 홍군은 혁명정신이 투철했다. 혁명을 위해서 홍군의 행동수칙이 정해진 것도 이곳에서였다. 홍군은 유격 전술로 국민당의 압도적인 군사력에 대응하였으며, '3대 규율'과 '8대 주의'를 엄격히 적용하는 가운데 토지혁명을 시행하였다.

'3대 규율'은 다음과 같다.

1. 모든 행동은 반드시 지휘에 따른다.
2. 인민으로부터 바늘 하나 실 한 오라기라도 얻지 않는다.
3. 토호로부터 몰수한 것은 모두의 것으로 한다.

'8대 주의'는 다음과 같다.

1. 가옥으로부터 떠날 때는 모든 문짝을 제 위치에 복귀시켜놓을 것
2. 잠자고 난 뒤의 멍석은 개어서 원래의 위치에 놓을 것
3. 인민들에게 공손할 것이며 가능한 한 모든 힘으로 그들을 도와줄 것
4. 빌린 물건은 모두 반납할 것
5. 손상된 물품은 고쳐서 원상회복시킬 것
6. 농민들과의 거래 시에는 정직할 것
7. 물건을 살 때에는 반드시 대금을 지불할 것
8. 위생처리에 주의하며, 특히 화장실은 인민의 주거지로부터 안전거리를 유지할 것

　공산당은 정강산을 근거로 하여 주변지역인 호남, 강서, 광동 3개 성의 경계지역에 6개 현으로 구성된 소비에트를 건설하는 계획을 세웠다. 혁명 근거지를 확대하기 위해 채택된 방법은 첫째, 무력투쟁의 방식이다. 둘째, 도시보다는 농촌을 중심으로 전개하고 농민을 세력 확대의 주 대상으로 삼는다. 이를 위해 그들이 장악한 지역에서는 지주들의 토지를 몰수하여 농민들에게 분배하는 토지개혁이 중심적인 정책이 되었다. 그리고 지역별로 소비에트를 건설해야 하며 장기적인 계획을 가지고 진행되어야 한다는 원칙을 세우게 된다.
　홍군은 무기와 숫자 등 모든 면에서 약세인 조건으로 유격 전술을 취하였다. 유격전술의 승리를 위해 '적이 전진하면 우리는 물러선다', '적이 멈춰 서면 우리는 적을 교란시킨다', ' 적이 전투를 피하면 우리는 공격한다', '적이 물러서면 우리는 추격한다'는 원칙이 제시되었다. 이후의 세력 확대 과정에서 이 원칙은 올바른 것이었음이 판명되었다.

1928년 겨울이 끝날 무렵 공산당은 정강산을 떠나기로 결정했다. 많은 군대를 먹여 살릴 수 있는 군수물자를 구할 수 없었을 뿐만 아니라, 주변은 국민당군이 포위하고 있기 때문에 외부로부터 들어오기도 힘들었다. 그들은 광동 근처에 새로운 자리를 잡았다. 그리고 국민당 내부의 권력투쟁이 벌어지고 있는 틈을 타 강서지역 외의 몇 개 지역에 소비에트를 수립했다. 1930년에는 중국의 중남부를 중심으로 15개가량의 소비에트가 수립되었다.

일본, 대륙침략에 나서다
: 만주사변
(1931년)

'1931년 9월 18일 오후 10시 30분 중화민국 동북변방군의 한 부대가 봉천 서북쪽 부근에서 우리(일본) 남만주 철도를 폭파하고 여세를 몰아 우리의 수비대를 습격했다. 적대행동을 개시한 것은 그들(중국)이며 스스로 화를 자초한 장본인이다. 원래 우리 남만주 철도는 지난해 조약에 근거하여 정당하게 획득했고 우리가 소유한 것으로 다른 나라가 손댈 수 없다. 중화민국 동북군은 감히 이것을 침범했을 뿐만 아니라 나아가 일본제국 군대에 발포까지 했다. 본관은 철도 보호의 중책을 지고 있는 바, 그 권익을 지키고 제국 군대의 위신을 보호하기 위해 단호한 조치를 취하는 데 주저하지 않겠다.' 1931년 9월 19일, 일본은 이와 같은 공식입장을 밝히고, 도발자인 중화민국을 '응징' 하겠다며 군대를 동원했다. 이른바 '만주사변'의 시작이다. 일본군에게 점령당한 봉천은 외부와의 연락이 완전 두절되었다. 중국정부는 일본과의 직접대결을 피하고 국제연맹에 이 문제의 해결을 요구했다. 그러나 중국의 한 지역에서 발생한 무력충돌은 유럽의 더 큰 문제들 때문에 별로 주목을 받지 못했다. 특히 영국은 일본을 감싸기까지 했다. 결국 국제연맹 이사회는 일본정부의 주장에 가깝게 아래와 같은 결의를 하고 그 문제를 마무리해버렸다.

1. 만주에 대해 영토적 목적을 가지고 있지 않다는 일본의 성명을 중시한다.
2. 일본정부는 그 국민의 안전 및 재산보호가 확보되는 대로 군대의 철수를 가급적
빠르게 시행한다.

일본의 만주침략에 대해 중국인들은 격렬한 반대의사를 표시했다. 전국 주요대학에서는 '항일 구국회'가 결성되었다. 남경의 중앙대학 학생 4천여 명은 일본과 싸울 것을 주장하면서 항의 시위를 벌였으며, 외교부에 뛰어들어 외교부장인 왕정정에게 잉크병을 던졌다. 그러나 장개석은 일본과 싸우는 것을 주저하고 있었다. 아직 공산당과의 싸움이 끝나지 않았던 것이다.

중국정부는 일본에 적극적으로 저항하지 않으면서 국제여론을 통한 압력으로 일본이 물러가기를 원했으나 일본은 국제연맹에서 결정한 사항을 이행할 생각이 애초부터 없었다. 그들은 만주지역에 일단 친일정권을 수립한 다음, 완전한 자국의 영토로 삼으려 했다.

만주사변을 통해 만주를 장악하려는 관동 주둔 일본군의 음모는 아주 치밀하게 전개되었다. 일본군부는 만주지역을 '만주친일괴뢰정권 수립→만주국 독립→일본의 영구 소유화'라는 3단계 과정을 거쳐 일본영토로 편입하려고 계획했다. 제1단계 친일 괴뢰정부의 황제로 낙착된 이는 청나라 마지막 황제 부의였다. 그는 만주족이었고, 한족에 의해 황제의 자리에서 쫓겨났기 때문에 만주족의 독립에는 가장 적절한 인물이라고 판단되었다.

관동군 사령관 혼조는 다음과 같은 만주지역 신정부 수립 3원칙을 일본 각의에 제시했다.

1. 만주·몽고를 중국 본토에서 분리시킬 것
2. 만주·몽고를 통일할 것
3. 표면은 중국인이 통치하지만 실질적으로 일본이 장악할 것

만주 · 몽고를 일본의 영토로 만드는 것이 최종적인 목표이지만 국제사회의 이목을 고려하여 차선책으로 만주 · 몽고를 중국의 영토로부터 분리하여

산해관을 점령한 일본군. 산해관은 만리장성의 기점으로 중국 본토로 들어가는 관문이자 만주의 서쪽 현관이다. 만주사변을 일으킨 일본군은 장학량군을 금주로부터 축출했다.

독립국을 세운다는 것이다. 물론 그 독립국은 명목상일 뿐이고 일본의 조종과 지배를 받는 꼭두각시 정부가 될 것이었다.

괴뢰정부를 수립하기 위한 관동군(만주 주둔 일본군)의 계획은 차근차근 진행되었다. 우선 만주지역을 군사적으로 장악하기 위해 흑룡강성을 공격해 들어갔으며, 천진에 있던 청의 마지막 황제 부의를 탈출시켜 만주로 데리고 갔다. 부의는 1912년 청조가 망하고 중화민국이 수립되면서 황제의 자리에서 밀려났다. 그는 중화민국 정부로부터 일정한 생활비를 받고 자금성에서 생활하고 있던 중 1924년 쿠데타를 일으킨 군벌 풍옥상에 의해 쫓겨나 천진에 머물고 있었다.

부의는 잃어버린 황제의 자리를 잊지 못하고 있었으며 언젠가는 되찾으려는 생각을 갖고 있었다. 그러던 차에 일본이 만주국의 황제 자리를 권유한 것이다. 부의에게는 이 이상 반가운 제의가 있을 수가 없었다. 관동군의 제 안에 대해 부의의 첫 질문은 그 국가가 황제가 통치하는 제국인지 공화정인지였다. 일본이 부의를 내세워 괴뢰정부인 만주국을 세우려하자 장개석은 마침내 일본의 만주침략에 정면 대응하는 단안을 내릴 수밖에 없었다.

중국은 만주지역을 장악하려는 일본의 침략상을 국제사회에 호소했다. 이에 일본은 국제여론을 무마하기 위해 만주지방에 국제연맹의 조사단 파견을 제안했다. 국제연맹은 일본의 제안에 따라 조사단을 파견하기로 결정했다. 1932년 영국의 리튼 경을 위원장으로 하는 조사단이 만주에 파견되었다. 그러나 조사단이 활동하고 있는 중에도 일본은 연이어 상해를 공격했다. 이 전투에서 중국군의 피해는 사망 약 4천여 명, 부상 7천여 명에 이르렀다. 상해를 공격한 것은 국제여론이 만주에 집중되지 않도록 관심을 다른 곳으로 돌릴 필요가 있었기 때문이다.

만주의 괴뢰정부 수립계획은 착착 진행되었다. 우선 만주지역의 옛 군벌과 지방의 유력자들을 모아 1932년 2월 18일 만주의 독립을 선언하게 했다. 어디까지나 만주지역의 토착세력에 의한 것으로 보이게 했다. 신국가의 이름은 만주국으로 정하고 3월 1일 건국하기로 했으며 국가의 형태는 공화국으로 결정했다. 그러자 황제의 지위를 바라고 있던 부의는 반대의사를 표시했다. 관동군에서는 공화국 원수의 직을 주겠다고 하여 반발을 무마하여 1932년 3월 1일 괴뢰 국가 만주국을 성립시켰다. 만주국의 영역은 봉천성 · 길림성 · 흑룡강성의 동북 3성으로 인구는 약 3천만 명 정도였다.

만주국의 존재를 인정할 수 없었던 중국정부는 일본에 대한 대항에 나섰다. 그러나 일본은 만주국을 세우고 나중에 부의를 천황으로 하는 만주제국으로 바꿨다. 이제 만주는 일본의 조종을 받는 괴뢰정부에 의해 지배받게 되었으며 이러한 상태는 일본이 항복할 때까지 지속되었다.

18개의 산맥과 17개의 강을 넘다
: 홍군의 대장정
(1934~1936년)

　최초의 농촌 근거지였던 정강산에서 출발한 모택동의 혁명 노선, 농촌을 중심으로 도시를 포위하는 전략은 성공하였다. 상해에 근거를 둔 당 중앙도 도시 노동 계급 중심의 혁명 노선만을 주장할 수 없게 되었다. 농촌에서 이루어진 토지혁명과 유격전술로 다져진 홍군의 존재는 점차 모택동을 지도자로 부각시키게 되었다. 1930년에 이르자 전체 소비에트 지역은 15개소, 홍군은 6만, 노농적위대 10만의 규모로 성장하였다. 농촌 근거지의 성장은 국민당의 집중 공격을 받았다. 4차에 걸친 국민당의 포위 공격은 실패하거나 중단되었다.

　1931년 11월, 강서의 서금에서 중화 소비에트 공화국 임시정부가 수립되었다. 임시정부의 주석은 모택동이었다. 이듬해에는 대일전쟁선언을 선포하였다. 1933년에는 상해의 당 중앙도 이곳으로 합류했다. 1933년 만주사변으로 주춤했던 장개석 정부는 '먼저 국내의 적을 일소한 다음 외국의 침략을 막는다'며 5차 공격을 개시했다. 장개석은 50만 병력과 비행기 200대를 동원하였고, 철저한 경제 봉쇄로 이중의 포위망을 구축하였다. 결국 정면대결 전술을 펼쳤던 공산당은 거의 모든 전선에서 패배하여 1934년 7월 강서 소비

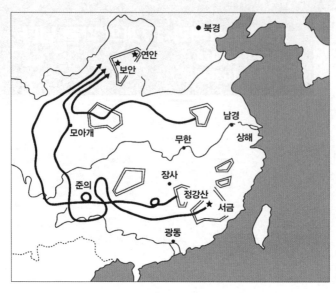

1931~1934년 주요
소비에트 근거지와
장정지도.

에트를 포기하기로 결정하였다.

홍군의 주력 10만 군대는 국민당군의 포위와 추격을 뚫고 기나긴 탈출을 시작하였다. 주력부대를 유지하여 후일을 기다리자는 공산당 지도부의 결정에 의한 것이었다. 도주하기에 급급하였던 홍군은 탈출과정에서 이미 많은 사상자를 냈으며, 국민당의 추격을 피하여 대장정을 결행하는 과정에서 희생자는 더욱 늘어났다.

1934년 10월 탈출을 시작한 홍군은 4개의 봉쇄선을 뚫었다. 막대한 피해를 입으면서 그들은 준의에 도착했다. 이곳에서 중대한 회의가 열렸다. 모택동은 국민당군의 5차 포위공격에 대한 공산당의 전술이 잘못되었다는 점을 비판했다. 즉 당 지도부가 유격전이 아닌 진지전을 전술로 택한 것을 비판했다. 또한 모택동은 탈출과정도 '전략적 후퇴'가 아닌 '맹목적 도주'였다고 비판했다. 홍군의 간부 및 군인들에게 상황을 제대로 설명하지도 않았으며 그들의 근거지였던 강서의 농민들을 납득시키려는 생각을 하지도 않았다는 것이다. 더욱이 싸움에 지친 홍군에게 휴식시간을 주지도 않았으며 무거운 장비를 지고 행군하게 함으로써 행진속도를 더디게 하고 병사들을 힘들게 했다는 것이다.

대도하 위에 걸린 노정교. 대장정에 오른 홍군 전사들의 목숨 건 전투로 이 다리를 넘어 장정을 계속할 수 있었다.

이러한 모택동의 비판은 정당한 것으로 받아들여졌고, 그동안 지도부의 중심에서 비켜있었던 모택동이 다시 공산당의 주도권을 잡게 되었다. 이전까지 도시봉기를 주도하고 탈출방식을 결정했던 지도부들은 제거되었다. 이 준의회의 이후 홍군의 장정 방법과 방향이 변화하게 되었다. 그것은 국민당군의 추적에 맞서 싸워 살아남아야 하며, 일본군과의 전선이 형성되어 있는 곳으로 가까이 가는 것이었다.

홍군은 1935년 5월 마침내 양자강을 건너 부대를 다시 3개로 나누고 국민당군의 추적을 따돌리기 위해 소부대 단위로 이동했다. 그들은 추격군의 예상을 뛰어넘어 귀주의 산악지역을 넘었으며, 마냥 도망만 가는 것이 아니라 기습적인 공격으로 추격의 발길을 멈칫하게 하기도 했다.

운남을 지나 사천을 접어들어서도 국민당군의 추격은 계속되었다. 장정에서 매우 중대한 계기가 되었던 것은 산악지대의 강 대도하를 건너는 것이었다. 국민당군이 도착하기 전에 강을 건너기 위해 임표의 선봉대는 만 하루에 120km를 강행군하여 노정교라는 다리를 건너야 했다. 선봉대가 다리 좌우의 거점을 확보해야 본부대가 건널 수 있기 때문이다.

대도하를 건너자 이번에는 해발 4,000m가 넘는 대설산이 앞을 가로막았다. 이 산을 넘어 7월에는 호북에서 탈출한 제4 방면군과 감숙에서 합류했다. 그들이 도착한 곳은 섬서 지방의 보안이었다. 이 지역은 강서 소비에트에 비해 규모는 작지만 역시 공산당의 근거지였다. 이 보안 소비에트는 유지단과 고강 등에 의해 유지되고 있었다.

홍군은 1936년 10월 섬서성 연안에 자리를 잡기까지 국민당군의 봉쇄망을 뚫고 지방군벌과 싸우면서 11개 성을 통과하고 18개 산맥을 넘고 17개의 강을 건너, 1만 2,500km의 대장정大長征을 이룩해냈다. 주력부대인 제1 방면군은 8만여 명으로 장정을 시작하여 장정을 끝냈을 때 남은 부대는 8,000여 명에 불과했다. 장정 이전 강서 소비에트 시기 군사력의 약 1/10 정도로 준 것이다. 참담한 희생을 대가로 한 신화였다. 나중에 2방면군, 4방면군이 합류하여 홍군은 약 3만 명이 되었다. 그러나 죽음을 넘어 장정을 완수한 병사들은 최정예부대로서 이후 항일투쟁과 공산혁명의 중심부대가 되었으며, 이들이 지나간 곳곳에는 혁명의 씨앗이 뿌려졌다.

항일 통일전선의 성립

: 제2차 국공합작
(1937년)

국공내전이 벌어지고 있는 동안에도 일본의 중국침략은 계속되고 있었다. 일본은 1931년 만주사변을 일으켜 대륙침략을 감행한 이후 중국에 대한 침략을 본격화하였다. 열강의 시선을 돌리기 위해 일본 승려 습격사건을 조작해 세계의 눈이 상해에 집중해 있는 1932년 3월에는 괴뢰국가인 만주국을 세워 만주를 장악했다. 급기야 국제연맹을 탈퇴하고 화북지방을 중국에서 분리할 목적으로 군사도발을 일삼았다.

일본의 무력 침략이 본격화되자, 상해와 북경을 중심으로 전에 없는 강력한 항일 운동이 일어났다. 학생, 노동자들을 중심으로 시위와 파업, 대중 집회가 개최되었으며, 정부에 철저한 항전을 요구하고 일본제품 불매 운동을 결의하였다. 1932년 상해에서는 중국민권보장동맹이 만들어져 반공과 독재 강화에만 몰두하는 장개석 정부를 향해 항일에 집중할 것을 촉구하였다. 손문의 미망인 송경령이 회장이었고 채원배, 노신 등이 참여하였다. 1933년에는 '내전 정지, 전국 인민의 총무장, 전국 군대의 총동원, 전중국 민족무장자위원회 설립'등 6대 강령을 발표하였다. 일본 제국주의에 대한 민중의 선전포고가 이루어진 것이다.

서안사건의 두 주역인 장개석과 장학량. 장학량은 만주 군벌 장작림의 장남으로 아버지 장작림이 1928년 일본 관동군에 의한 열차 폭파 사건으로 사망한 후 항일 대열에 나서게 되었다. 서안사건으로 중국의 2차 국공 합작을 성사시켰으나, 자신은 10년형을 받고 1949년 장개석 정부에 의해 대만으로 끌려가 가택연금 상태에서 수십 년을 보냈다.

　1933년 5월, 장개석의 5차 공격으로 대패하고 대장정을 시작한 공산당은 1934년 7월 '북상항일선언'을 발표하고, 국민당군의 포위망을 뚫고 화북으로 이동하기로 하였다. 공산당은 국민당에게 '소비에트 공격 중지, 민중의 정치적 권리 보장, 민중의 무장 용인' 등의 조건이 수용된다면 함께 항일투쟁을 벌이겠다고 선언하였다. 이를 바탕으로 공산당 '만주성위원회'는 광범위한 계층을 결집시켜 항일연군을 조직하였다. 동북항일연군에는 조선인 부대가 소속되어 있었으며, 가장 활동이 활발했던 1937년에는 4만 명 내외의 병력을 과시했다.

　마침내 일본이 1935년 하북, 산서, 하남성을 관할하는 자치정부의 수립을 이끌어내자 내전을 중지하고 항일투쟁에 나서라는 국민들의 요구가 더욱 거세졌다. 대장정을 마무리한 공산당도 전열을 정비하여 다시 항일투쟁에 나섰다. 1936년 국민당 정부에 대해 국공간의 대립을 중단하고 항일투쟁에 일치하여 나서자는 제안을 했다.

　그러나 장개석은 이른바 '안내양외安內攘外 국내의 적을 일소한 다음, 외국의 침략을 막는다'정책을 고집하면서 연안에 있는 공산당군을 공격하려 하였다. 심지어 장개석은 외국기자에게 중국국민당에 있어서 '일본은 피부병이고 공산당은 심장병이다'라고 말할 정도였다고 한다. 이런 상황에서 전세를 바꾸는 중대한 사건이 발생했다. 이른바 '서안사건'이라는 것이다. '서안

사건'을 일으킨 사람은 장학량이다. 그는 만주군벌 장작림의 장남으로 만주사변 이후 북경을 근거로 국민당군에 합류하고 있었다. 그는 장개석 정부에 '내전을 중지하고 항일투쟁에 나설 것'을 강력히 요구하였고, 1936년 장학량군과 홍군 사이에는 비밀협정이 맺어져 적대적인 싸움이 중지되었다. 12월 12일, 장개석은 싸움을 독려하기 위해 서안에 주둔하고 있는 장학량 부대를 찾아갔다. 그러나 장학량은 서안에 찾아온 장개석을 감금했다. 장개석은 잠을 자다가 장학량군에 의해 공격받았는데 다급하게 도망치면서 그의 의치까지 빼놓고 달아날 정도였다. 장학량은 장개석을 감금한 다음 8가지의 요구조건을 제시한 글을 전국에 공표했다.

1. 남경 정부를 개편하고 각당 각파를 참여시켜 구국의 책임을 질 것
2. 모든 내전을 정지할 것
3. 상해에서 체포된 애국적 지도자를 즉시 석방할 것
4. 전국의 모든 정치범을 석방할 것
5. 민중의 애국운동을 개방할 것
6. 민중의 집회·결사 등 모든 정치적 자유를 보장할 것
7. 손문의 유언을 확실히 실행할 것
8. 구국회의를 즉시 소집할 것

- 발기인 장학량, 양호성

장개석은 공산당의 주은래와 담판을 하게 되었다. 결국 장개석의 부인 송미령이 서안에 도착하고 극적인 타협이 벌어져 12월 25일, 장개석이 석방되고 장학량의 요구는 관철되었다. 장개석은 이 약속을 문서화하자는 주은래의 말에 '말한 이상 성실히 지킬 것이며, 행한 이상 결과가 있을 것이다'라면서 문서화하는 것을 끝까지 거부했다.

1937년 3월 국민당은 대회를 열어 서안사건 이후의 정책 변화에 대한 문제를 논의했다. 이 대회 앞으로 공산당은 다음과 같은 3개 항목의 제안서를 보내왔다.

1. 내란을 중지하고 국력을 집중하여 외적에 대항할 것
2. 언론, 집회, 결사의 자유와 정치범을 석방할 것
3. 각당 각파의 대표자회의에 의한 공동구국의 실시

국민당은 이 제안을 받아들일 것인지를 놓고 격렬한 논쟁을 벌였으나 결국 그 골격을 수용하기로 결정하였다.

1937년 9월 22일, 마침내 제2차 국공합작이 성립되었다. 장개석은 오랫동안 뿌리 뽑으려고 노력했던 공산당과 다시 손을 잡을 수밖에 없었다. 이는 노구교 사건을 일으킨 일본의 침략이 더욱 노골화되고 있었고, 이에 공동 대처해야 한다는 공산당의 주장이 국민들로부터 명분을 얻었기 때문이다.

장개석의 국민당 정부는 공산당의 합법적인 지위를 인정하고 정치범을 석방하였으며 1938년 일종의 민주의회인 국민참정회를 설치하여 국민당 1당 독재에서 벗어나 공산당을 비롯한 다른 당파, 각계인사들을 참여시켰다. 반면 공산당은 토지개혁의 중지, 소비에트 정부 해체, 국민당 정부의 통치를 받는 지방정부로의 편입사실상 자치 등을 골자로 하는 국민당의 제안을 받아들였다. 그리고 홍군은 국민혁명군 제8로군(八路軍)과 국민혁명군 신편제4군(新四軍)으로 재편되었다.

피에 굶주린 지옥의 병사들
: 중일전쟁과 남경대학살
(1937년)

중일전쟁은 이른바 노구교 사건으로 시작되었다. 1937년 7월 7일 북경 서남 교외의 노구교, 일명 마르코 폴로 브릿지 근처에서 몇 발의 총성이 울렸다. 일본군은 근처에서 야간연습을 하고 있었다. 발포가 어느 쪽에서 이루어졌는지 불분명했지만 일본은 이 총격을 일본에 대한 중국의 도발행위로 간주하고 즉각 보복공격을 퍼부었으며 일본정부는 중국정부에게 사죄 및 발포 책임자 처벌을 요구했다. 만일 이 요구조건이 받아들여지지 않으면 대규모의 군대를 동원하겠다는 협박까지 서슴지 않았다.

장개석의 국민당 정부는 이 조건을 들어줄 수 없다는 입장을 분명히 했다. 노구교 사건 이후 몇 차례의 충돌이 있었지만 현지에서는 정전협정이 체결되었다. 그러나 일본은 내각회의를 열어 이 사건을 중국이 계획적으로 일본에 무력 대항한 것으로 단정하고 중대결정을 했다는 발표를 했다. 그 중대결정이라는 것은 곧 전쟁이었다.

일본 내의 군대들이 속속 중국에 파견되었으며 8월 13일에는 상해로 전쟁이 확대되었다. 1937년 8월 15일 일본의 고노에 내각은 '지나군(중국군)의 폭력을 응징하여 남경정부의 반성을 촉구하기 위해 지금 단호한 조치를 취할

중일전쟁의 폭발점이 되었던 노구교. 일본의 관동군은 노구교 사건을 일으켜 중국침략의 빌미로 이용했다. 사진은 노구교를 경비하는 중국 병사.

때에 이르렀다'고 발표하여 전면전을 선포했다. 이른바 중일전쟁이 본격적으로 시작된 것이다.

중일 양국의 군대는 치열한 전투를 계속했으며 11월에 일본군은 국민정부의 수도이자 중국의 중요거점인 남경을 점령하기에 이른다. 중일전쟁이 시작된 지 6개월여 만인 12월 13일이었다. 국민정부가 떠나간 남경에는 전쟁의 화를 피해 각지에서 모여든 난민과 주민들이 무방비상태로 남게 되었다. 5만여 명의 일본군이 장악한 남경에서는 이때부터 약 2개월 동안 상상할 수 없을 정도의 잔인한 학살과 강간 등 차마 입에 올리기조차 끔찍스러운 온갖 잔학행위가 일본군에 의해 자행되었다. 일본인의 만행은 거기에 가담했던 일본군인, 그것을 목격한 일본인 종군기자, 외국인 기자들에 의해 생생한 증언으로 밝혀졌다. 그것은 차마 인간의 탈을 쓰고는 할 수 없는 잔혹한 짓이었다.

다음은 죽음 속에서 구사일생으로 살아난 중국인의 증언이다.

"부두에 도착하자 날이 어두워졌다. 일본군은 우리를 20명씩 한데 묶었다. 묶고 나면 바로 기관총으로 쏴 갈겼다. 나는 앞에 있어서 다른 사람을 따라 강으로 뛰어들었다. 총소리가 계속 귀를 때렸다. 기관총 소리가 멈추고 일본군은 한 사람씩 총검으로 찔렀다. 죽지 않고 있던 사람들이 비명을 질렀다. 총검질이 끝나자 시체들을 불로 태웠다."

〈아사히 신문〉의 한 기자는 그가 목격했던 것을 다음과 같이 증언하고 있다. "부두에는 시커멓게 탄 시체가 산더미처럼 쌓여 있었다. 일본군은 시체를 한 구씩 강물에 내던지고 있었다. 신음소리, 시뻘건 피, 경련하는 손발…." "넓은 강 위엔 온통 시체였다. 강변에도 시체가 높이 쌓여 끝이 안 보였다. 시체 중에는 군인은 물론 일반 백성, 어린아이까지 있었다. 시체는 강물을 따라 하류로 흘러내려갔다."

수십 년이 지난 뒤 이 학살에 가담했던 일본군인의 일기가 우연히 발견되었는데, 그 일기에는 '요즘 심심하던 중 중국인을 죽이는 것으로 무료함을 달랬다. 죄 없는 중국인들을 산 채로 매장하거나 장작불에 밀어 넣어 몽둥이로 때리거나 혹은 잔인한 방법으로 죽였다'라고 쓰여 있다.

미국의 〈뉴욕 타임스〉 기자는 다음과 같이 쓰고 있다.

'남경 점령은 일본군에게 있어서 정치·군사적으로 매우 중요했다. 그러나 이 군사적 승리는 야만적 잔혹행위, 포로들의 대량학살, 강탈, 강간 및 양민 학살로 일본민족의 명예에 오점을 남겼다.'

1946년 극동국제군사재판, 이른바 도쿄 재판 판결에 따르면, 이때 살해된 사람만도 비전투원 1만 2천 명, 패잔병 2만 명, 포로 3만 명 등이고, 근교로 피난 간 시민 5만여 명 등 합계 13만여 명이 2개월 동안 살해되었다. 그러나 이 숫자는 최소한의 것이고 실제로는 30여만 명이 살해되었을 것이라고 하는데 물론 정확한 숫자는 아무도 모른다.

중국의 저명한 작가 임어당은 이 전쟁의 참사를 다음과 같이 쓰고 있다.

'신이 인간을 창조한 이후 오늘에 이르러 처음으로, 병사들이 웃는 얼굴로 어린아이를 공중으로 던졌다가 떨어져 내려오면 날카로운 총검의 끝으로 받아내고는 그것을 스포츠라 부르는 모습을 보았던 것이다. 그리고 또한 포로가 눈이 가려진 상태로 참호 옆에서 총검술 등과 같은 훈련의 표적으로 사용되었다.'

일본군의 만행은 남경에서 그치는 것이 아니라 점령한 곳은 어디에서든 계속되었다. 일본 군부는 왜 이러한 만행을 유도, 조장, 혹은 방치했을까? 방치라고 하기에는 2개월이라는 시간이 너무 길다. 어떠한 경우라도 중국을 확실히 정복하고야 말겠다는 무언의 강력한 선언이었다고 하기에는 너무 지나치며 어리석다. 그 무자비한 폭력 앞에 인간이 잠시 숨을 죽일 수는 있을지 언정 영원히 침묵할 수 있겠는가?

일본군은 1938년 5월에는 서주를 점령했으며 10월에는 무한, 광주 등을 점령했다. 남경의 국민당 정부는 일본을 피해 무한으로 옮겼다가 다시 중경으로 수도를 옮겼다. 국민당 정부가 떠난 자리에 남겨진 민중들은 자력으로 항일 자위조직을 만들어 일본군에 대항하게 되었다. 팔로군은 이들을 지원하면서 해방구를 키워나갔다. 일본은 중국의 주요부분을 점령하였으나, 실제로는 점과 선에 불과했고 넓은 농촌은 항일유격대가 통제하고 있었다. 일본군은 서남 지역으로 후퇴한 국민정부 측에도 결정적인 타격을 입히지 못한 채 전선이 교착되었다.

짧은 시간 내에 전쟁을 승리로 마무리하려 했던 일본의 의도는 빗나갔다. 남경대학살이라 이름 지어진 일본인들이 던졌던 사상초유의 무리수는 일본의 역사에 커다란 불명예로, 인류의 역사에는 지울 수 없는 의문점으로 남게 되었다.

두 자매의 다른 길

: 송경령과 송미령
(1940년대)

손문은 1925년 간암으로 세상을 뜨면서 가족들에게 다음과 같은 유서를 남긴다.

'나는 국가의 일에 전념하느라 가산을 다스리지 못했다. 내가 남기는 책, 의복, 주택 등 일체는 나의 처 송경령에게 주어 이것으로 기념이 되게 하라. 나의 딸은 스스로 장성하여 자립하게 하라. 바라건대 각각 자애하고 또 나의 뜻을 이어갈 것을 부탁한다.'

그의 유언에 나오는 부인 송경령의 송씨 가문은 격동의 중국현대사에서 단연 눈길을 끈다. 송가수의 세 딸들은 드라마보다 더 드라마틱한 삶을 살며 중국현대사에 족적을 남겼다. 아들 송자문은 중국 4대 재벌의 한 사람으로 국민당·국민정부의 중심인물로서 재정적 기둥이었다.

세 자매 중, 첫째 송애령은 대부호인 공상희와 결혼했다. 공상희는 공자의 직계후손으로 나중에 국민당의 재무부장이 된다. 둘째 송경령은 중국혁명의 아버지인 손문의 혁명동지이자 부인이다. 셋째 송미령은 장개석의 부인이다. 이들의 삶은 흔히 송애령은 돈과, 송경령은 조국과, 송미령은 권력과 결혼했다는 표현으로 회자된다.

손문과 송경령. 일본에서 두
사람이 결혼하던 당시에 찍
은 사진으로 보인다.

   총명하고 아름다운 이들 세 자매의 아버지 송가수는 일찍이 서구 근대사
상에 눈을 뜬 광동성의 재력가였다. 12살 때 미국으로 건너가 미국 남부에서
감리교파 목사가 된 후 중국으로 돌아와 상해에 정착했다. 결혼 후 그는 목
사를 그만두고 외국의 기계를 수입해 파는 사업가로 변신하여 많은 돈을 모
았다. 일찍이 손문의 사상에 감동하여 동지가 되었으며 세 딸들을 아들과 차
별 없이 평등하게 교육하였다. 세 자매는 기독교 계열의 학교를 다녔고 일찍
이 미국 유학길에 올라 명문인 웨슬리 대학을 최초로 졸업하는 중국인 여성
이 되었다.

   송경령과 송미령은 10대였던 1908년에 미국으로 건너가 대학을 다녔다.
송경령은 미국의 분위기에 매몰되지 않고 항상 자신이 중국인임을 잊지 않
았다. 그녀와 달리 동생 송미령은 "나에게서 동양적인 것은 오직 나의 얼굴
뿐이다"라는 말을 했을 정도로 그들 자매는 기질과 가치관이 판이하게 달랐
다. 손문과 송경령은 손문이 혁명에 실패하고 원세개에 밀려나 일본에 망명
하고 있던 시기에 만나 1915년 10월 결혼을 하게 되었다. 손문의 나이 49세,
경령의 나이 22세였다. 그녀가 손문과 결혼하기 전에 손문에게는 부인이 있
었으며 그 부인과의 사이에 3명의 자녀가 있었다. 그 부인은 헌신적인 아내
이자 좋은 어머니였지만 혁명을 함께하는 동지는 아니었다.

   전통적인 중국의 관습에 의하면 본부인이 있을 경우 첩이 되든가 아니면
본부인을 내보내고 새 부인을 맞아야 한다. 그러나 손문은 그 둘 중 어느 것

도 아니고 처음 부인과는 영원한 별거라는, 당시 중국 관습에 있지도 않은 방식으로 관계를 정리하고 송경령과 결혼했다. 물론 대부분의 주변 사람들이 그 결혼에 반대했다. 송경령의 아버지는 그녀를 가두었으나 그녀는 유모의 도움을 받아 창문으로 탈출하여 결혼을 강행했다.

송경령은 침착하고 사려 깊은 성격으로 손문의 비서이자 혁명적 동지로서 항상 그의 곁을 지켰다. 그녀는 손문 저작들의 영어번역가였고, 손문이 외국의 정치가들과 만날 때는 뛰어난 통역가였다. 이 과정을 통해 송경령은 손문의 삼민주의 사상에 깊이 공감하면서 자신도 한 명의 사상가로, 중국의 미래를 짊어질 혁명가로 성장하였다. 1925년 손문이 북경에서 타계할 때까지 결혼 생활은 불과 10여 년 남짓이었지만, 그 10년은 한 명의 총명한 여성을 조국과 민족을 생각하는 지도자로 변모시켰다. 이후 송경령은 중국의 정치적 상황에 적극 개입하며 남편의 유지를 따라 중국 민중에게 가장 올바른 길이 무엇인가를 항상 고민하고 실천하는 삶을 살았다. 그녀는 국민정부의 수장인 장개석이 남편 손문의 이념과 이상을 왜곡하고 중국의 당면 과제를 해결하기보다는 권력 야욕에 젖어 있다고 판단하고 그와 대립하였다.

1949년 중국 본토에 중화인민공화국 성립한 이후 송경령은 두 차례나 국가 부주석을 역임하였다. 이후 그녀는 중국 현대 정치사에서 빼놓을 수 없는 인물로 활약하였다.

북벌이 끝난 후 국민당이 공산당에게 무자비한 탄압을 가할 때, 송경령은 생명의 위협을 시시각각 느꼈으며 결국 소련으로 잠시 망명을 떠났다. 소련에서 환영받던 짧은 시기를 제외하고 고통스러운 생활을 하고 있을 때 그녀의 동생 송미령이 장개석과 결혼한다는 소식이 들려왔다. 장개석도 부인이 있었으나 송미령과 결혼하기 위해 이혼한 상태였다.

언니의 의사와는 상관없이 송미령의 결혼식은 매우 성대한 공식 행사로 진행되었다. 결혼식장에는 거대한 손문의 사진이 걸렸다. 장개석으로서는 처가 쪽이기는 하지만 손문과 인척관계를 맺음으로써 자기의 정치적인 위치를 강화시키기 위한 의도도 있었던 것으로 보인다.

장개석과 결혼한 동생 송미령의 삶은 언니 송경령과 전혀 다른 모습이었

장개석과 송미령. 일본기의 중경 공습이 끝난 후 방공호로부터 나오고 있다. 미령은 경령의 동생이지만 언니와는 전혀 다른 길을 걸었다.

다. 송미령은 국민당 정부와 미국 사이의 중요한 고리 역할을 했다. 그녀는 미국의회에서 연설을 행한 최초의 여성이었으며 미국 사회에서 큰 명망을 얻었다. 얼마 되지 않아 그녀는 미국인들이 뽑은 세계에서 가장 인기 있는 10명의 여성 가운데 하나가 되었다.

두 동생인 송경령과 송미령이 중국 대정치가의 부인으로서 활발한 활동을 했던 것에 비하면, 큰언니 송애령은 공식석상에 나타나는 것보다는 그늘에 숨어살면서 재산을 모으는 일에 열중했다. 남동생 송자문은 국민당의 재정부장관, 외교부장관 및 행정원장 등을 지낸 사람인데 세계에서 가장 부자라고 널리 알려질 정도였다. 어쨌든 이런 막강한 인맥으로 송씨 가문은 중국국민당을 이끄는 가장 영향력 있는 가문이 되었다.

송씨 가문을 둘러싼 이러한 경제력, 정치·군사적 배경은 하나의 거대한 왕국에 비유할 수 있을 정도였다. 그리고 그 발단은 아버지의 사업수완, 송경령과 손문의 결혼이라고 할 수 있을 것이다. 국민당은 장개석 가문, 송씨 가문, 공씨 가문 등 인척으로 얽힌 몇 개의 가문에 의해 운영되었다.

나중에 미국의 트루먼 대통령은 그의 대통령 시절을 회고하면서 다음과 같이 썼다.

'국민당을 돕기 위해 우리가 보낸 돈은 모조리 바닥났다… 그 가운데 많은 돈이 장개석과 그의 부인, 그리고 송자문 및 공상희 집안의 주머니로 들어갔다. 그들은 그 돈을 숨겨서 뉴욕의 부동산에 투자했다.'

송경령은 이들의 반대편에 서서 민족과 민중의 지도자로서 이 거대한 왕국을 무너뜨리는 길고 험난한 노력을 경주하게 된다. 항일전쟁의 시기에 송경령의 주 임무는 전쟁구호물자를 모아 항일운동을 하고 있는 공산당에게 보내는 일이었다. 그녀는 이 일에 헌신적이었으며, 정작 그녀 자신은 세 들어 살 정도로 개인소유 재산은 거의 없었다. 그녀에게 사치는 당시 중국 사정에서는 죄악이었다.

그러나 가난한 중국을 도와달라는 탄원을 하기 위해 미국으로 가는 동생 송미령의 짐은 고급 화장품과 란제리·모피코트로 가득했다. 그녀의 특별 구입품을 운반하던 미 군용비행기의 병사들이 분노하여 소지품 상자를 부숴 버린 일이 있을 정도였다고 한다.

일본이 2차 대전에서 패망한 후, 국민당과 공산당은 권력을 창출하기 위해 치열한 접전을 벌였다. 예상과 달리 1949년 공산당이 국민 대중들의 지지 속에 중국 본토를 통일하고 중화인민공화국의 수립을 선포하여 세계를 놀라게 했다. 모택동의 신중국은 사회주의의 목표를 달성하기 위한 새로운 실험에 착수했고, 중국본토에서 쫓겨난 장개석의 국민당 정부는 대만에서 경제적 성장을 이룩하였다.

냉전은 1950년 한국전쟁으로 더욱 심화되어 두 세력 간의 대립을 심화시켰으나, 1970년대 이후 냉전체제가 완화되고 1980년대 이후 중국의 개방과 성장이 가속화되면서 국제무대에서 대만 정부의 입지는 점점 작아지고 있다. 오늘날 중화인민공화국과 중화민국 사이의 관계, 즉 양안관계는 대립이 완화되고 경제적·인적 교류가 활발히 진행되면서 새로운 국면을 맞고 있다.

제7장
현대

CHINA

약진하는 홍군, 무너지는 국민당
: 중화인민공화국의 성립
(1949년)

    장개석의 국민혁명군이 수도 남경에서 패하여 후퇴를 거듭하는 동안 공산당의 팔로군과 신사군은 특유의 유격 전술로 후방에서 일본군의 교통망과 주둔지를 교란하였다. 민중들도 스스로 항일 자위조직을 만들어 나갔다. 공산당은 민중들을 지원하면서 해방구를 키워나갔다. 실제로 일본이 중국 의 주요부분을 점령하긴 하였으나 점과 선으로 고립되었고, 넓은 농촌 지역은 항일유격대와 팔로군이 통제하는 형국이 되었다.

    위기를 느낀 장개석은 1938년 10월 무한 함락을 계기로 공산당에 대한 탄압을 시작했다. 12월, 신사군을 안휘·강소성에서 소개하라는 명령을 내리고 이에 신사군 장교들이 반발하자 국민혁명군을 동원하여 이들을 포위 공격한, 이른바 '신사군 사건'이 발생하였다. 일본의 전선이 확대됨에도 국민정부는 종전 이후 다가올 공산당과의 결전에 대비하여 군사력을 온존시키면서 미국의 승리를 기다리는 태도를 취했다. 중경에서 이제 항일은 금기시되었다.

    일본은 1940년 프랑스령 인도차이나 반도로 침략을 확대하고, 1941년 12월 태평양전쟁을 일으켜 미국과의 전쟁에 돌입하였다. 일본은 후방을 병참 기지로 삼고자 1941년부터 해방구에 대한 전면적 공격을 시작하였다. 1942년 말까지 해방구는 크게 줄어들었고 인구도 절반으로 줄었다. 홍군의 수도 40만에서 30만으로 줄었다.

일제와 국민정부의 해방구 포위로 위기에 몰린 공산당은 정풍운동을 통해 당내 사상통일을 기하고 1943년부터 자력갱생의 슬로건 아래 생산증대 운동을 본격화하면서 항전체제를 다시 가다듬었다. 1944년에는 해방구에 대한 봉쇄를 뛰어넘어 화북 지역 곳곳에서 일제에 맞선 대대적인 반격을 가할 수 있게 되었다. 이제 일본은 중국을 장악한 것이 아니라 대도시와 각 점령지의 변경지역에 몰려 포위 고립된 상황이 되었으며, 중무장을 갖춘 호송대의 보호를 받아야만 겨우 왕래할 정도에 이르게 되었다.

전쟁이 막바지에 이르게 되자 국민당과 공산당은 전쟁 이후의 중국에 대한 설계에 몰두하게 된다. 장개석이 구상하고 있었던 전쟁 이후의 새로운 중국의 모습은 '중국 고유의 도덕과 기능의 회복', '국민의 건국신념과 결의의 격려', '중국 전성기인 한나라, 당나라 규모와 기백 수준으로의 부흥', 즉 유교적인 도덕윤리를 회복하고 국력을 강화하여 세계적인 국가로 다시 도약하자는 것이었다. 그를 위해서는 삼민주의를 이념으로 하여 국민당이 중심이 되어야 함은 말할 것도 없었다. 이에 대해 모택동은 '연합정부론'으로 새로운 국가형태를 다음과 같이 정리하고 있었다.

'중국은 각 당파와 무소속의 대표자를 단결시켜 민주적인 임시 연합정부를 성립시키고 민주적 개혁을 실행하며, 당면 위기를 극복하여 전 중국의 항일세력을 통일해 일본 침략자들을 물리쳐야 한다. 그 후 폭넓은 민주적 기반 위에 국민대표회의를 개최하여 연합적인 성격의 민주정부를 만든다. 해방 이후 중국 전 인민들을 이끌어 중국을 하나의 독립된 자유·민주·통일 국가로 건설한다.'

2차 세계대전의 막바지에서 소련이 극동전선에 개입함으로써 전세는 급격히 일본에 불리하게 전개되었다. 소련은 1945년 4월 얄타회담에서 일소중립조약을 깨고 8월부터 일본과 전쟁을 시작하겠다고 통보했다. 8월 9일 소련군은 극동의 500km 전선에 걸쳐 일본에 대한 총공격을 개시했다. 일본

정치협상을 위해 중경 비행장에 내린 모택동(마오쩌둥, 왼쪽에서 두 번째)과 주은래(저우언라이, 왼쪽에서 첫 번째). 그러나 회담은 결렬되고 국공내전으로 치달았다.

은 히로시마와 나가사키에 투하된 원자폭탄의 파괴력에 굴복하여 마침내 1945년 8월 15일 항복 선언을 하게 된다. 이제 중국에서는 국민당과 공산당 간 최후의 한판이 남아 있었다. 중국인들은 오랜 전쟁 끝에 찾아온 평화가 깨지지 않기를 바랐지만 그것은 희망사항에 불과했다.

1945년 8월 말, 모택동은 장개석의 초청을 받아 중경으로가 국민당과 공산당 간의 평화교섭을 위한 회담을 했다. 이 회담에는 미국대사가 함께했다. 미국은 당연히 국민당 정부에게 정통성을 부여하고 있었다. 만일 소련의 도움이 없다면 공산당은 크게 신경 쓰지 않아도 될 것이라는 판단이었다. 국민당 정부는 겉으로는 공산당과 평화회담을 하면서도 은밀히 공산당에 대한 마지막 타격 계획을 세우고 있었다. 일본이 항복했을 1945년 당시의 전력은 국민당이 압도적으로 우세했다. 모택동과 만난 지 얼마 되지 않은 그해 10월, 국민당 정부는 약 200여만에 가까운 군대를 동원하여 공산당의 거점인 해방구를 공격했다. 물론 미국은 국민당을 지원했다. 중국 내에서는 미국의 내정 간섭에 대한 반대여론이 일어났다. 1946년 1월 미국특사 마셜의 조정에 의해 국공 양당의 정전협정이 맺어지고, 각 세력들이 참여하는 정치협상회의가 중경에서 열렸다.

국민당은 정치협상회의의 결정을 지킬 생각이 없었다. 전쟁을 중지하자는 합의를 하고도 공산당에 대한 공격을 계속했다. 결국 정치협상은 만주 지방에서 두 세력이 충돌하면서 깨지고 만다. 국민당은 소련군의 철수와 함께 만주의 지배권을 확보하려 했고, 그 지역에 지지기반을 가지고 있었던 공산당이 그것을 막으려 하는 과정에서 무력충돌이 번지게 되었다.

누가 더 국민들의 지지를 얻어 자기편으로 끌어들이느냐에 따라 승패가 결정될 일이었다. 그 점에서 공산당은 국민당보다 앞서 있었다. 공산당은 실제적인 군사력은 약했지만 해방구를 중심으로 전개되었던 토지 개혁 등 주요 정책이 중국 인민들로부터 큰 호응을 얻었다.

1946년 6월, 200만에 가까운 국민당군이 화북과 화중의 대규모 홍군 근거지를 공격했다. 홍군은 화중지방, 양자강 하류 등의 거점에서 밀려났다. 국민당군은 1947년 3월 대장정 이후 심장부였던 연안을 점령했다. 공산당의 홍군은 국민당의 공격대상이 되는 도시거점을 지키는 데 주력하지 않았다. 그들은 군대를 빼돌려 국민당군을 교란시키는 작전을 택한 것이다. 표면적으로는 공산당의 근거지가 점령당했지만 공산당 군사력이 큰 타격을 입은 것은 아니었다. 그들은 철도가 통과하는 지역 등을 공격하여 국민당 군대의 보급선을 끊었다. 또한 연안을 내주는 대신 좀 더 풍요한 지역인 산서지역을 장악했다. 홍군의 발표에 의하면, 국민당군이 승리를 거듭하고 있었던 1946년~1947년 사이 국민당군 70만 명을 무력화시켰다. 국민당은 표면적으로는 이기고 있었지만 실제로는 패배하고 있었던 것이다.

치열한 싸움이 계속되는 중에도 두 세력 사이에는 평화협상은 계속되었다. 장개석은 남경에서 1947년 국민대회를 개최하여 총통인 자신이 강력한 권력을 행사할 수 있는 헌법을 채택했다. 공산당도 역시 1947년 2월 당중앙위원회에서 국민당 정부를 전복한다는 정책을 결정했다. 3월에는 중경, 남경, 상해, 북경 등지에 남아있던 공산당 대표단이 철수했다. 협상은 끝이 났다.

초반에는 국민당의 군사적 우위에서 시작했으나 1년이 지난 1947년경에 이르면 전세는 공산당 쪽으로 기울기 시작한다. 국민당 정부는 전쟁에서 승리하고 있는 것처럼 보였지만 내부의 부패, 그리고 국민들의 고통을 외면함으로써 이미 민심을 잃고 있었다. 국민당 정부의 부패와 물가폭등에 대한 도시 노동자들의 항의시위가 계속되고 농촌에서는 납세거부 시위가 일어났다.

공산당이 장악한 해방구에서는 토지개혁이 이루어져 농민들이 땅을 가질수 있었고 부패한 관리들에게 착취당하는 일은 없었다. 자유주의자들도 공산당 편으로 돌아서고 있었다. 특정지역을 점령하거나 방어하지 않고도 국민당군을 붕괴시키고자 하는 공산당의 계획은 성공하였다. 1946년에 국민당군 400만에 대해 100만에 그쳤던 공산당 군대가 200만으로 증가했다.

국민당 정부가 장악하고 있는 지역에서는 물가가 폭등하는 등 경제가 붕괴되고 있었다. 궁지에 몰리기 시작한 장개석은 1949년 남경정부를 그대로 유지하는 선에서 공산당과의 평화 교섭을 제안했다. 그러나 그 답으로 공산당은 8개항의 평화안을 제시했다. 장개석을 포함한 전쟁범죄자의 처벌, 민주주의적 원칙에 따른 군대 재편성, 관료자본 몰수, 토지개혁 등을 요구한 것이다. 장개석은 이미 대세가 기운 것으로 판단하고 1949년 봄부터 정부의 금괴와 정예부대를 대만으로 빼돌리기 시작했다.

마침내 내전 3년 만인 1949년 1월 공산당은 국민당의 정예부대를 격파하고 북경에 입성했다. 4월에는 국민당 정부가 있던 남경을 점령했다. 남경 국민당 정부는 광동과 중경, 다시 성도로 옮겼다가 미국의 보호를 받으면서 대만으로 철수했다. 1949년 10월 1일 중국에는 중화인민공화국이라는 이름으로 공산정권이 수립되었다. 1921년 공산당이 창당된 지 28년 만이다. 수도는 북경, 주석에는 모택동이 선출되었다. 30년에 걸친 긴 내전에서 최후의 승자는 공산당이 된 것이다.

대만의 중화민국
: 장개석의 대만 통치 시작
(1949년)

1949년 12월 10일, 중국 내전에서 실패한 장개석은 대만의 타이베이로 도주했다. 전세가 급격히 불리해진 장개석은 세 가지 시나리오를 갖고 있었다. 첫째, 양자강을 경계로 북쪽은 공산당, 남쪽은 국민당이 차지하여 중국을 이분하는 것, 둘째, 사천성 등 중국 서남부 지방을 거점으로 공산당에 반격을 노리는 것, 셋째, 대만섬으로 철수하는 것이 그것이다. 최악의 시나리오만이 그의 선택을 기다리고 있었다.

대만은 청일전쟁 이후 시모노세키 조약의 체결로 1895년 일본의 식민지가 되었다. 1945년 일본의 패전으로 중국의 영토로 회복되기까지 51년간 일본의 식민지로 있었다. 대만인의 격렬한 저항과 일본의 강력한 진압, 착취가 이어졌다. 무장 항일봉기, 5·4 운동의 영향을 받은 신민회 등 의회설치 운동이 있었고, 국민혁명 시기에는 대만 공산당, 대만 농민 조합이 결성되기도 했다. 만주사변 이후 항일운동은 철저히 탄압당했으며, 일본은 일본어 보급 등을 통해 황민화 정책을 추진했다. 중일전쟁·태평양 전쟁 때에는 20여만 명의 대만인들이 동남아시아 전선 등지로 끌려갔다.

일본이 물러나고 국민당 치하가 되었으나 부패한 국민당 정부에서 파견된 신임장관은 개인의 욕심을 채우기 급급하여 시민들의 불만을 샀다. 그러던 중 1947년 '2·28사건'이라는 참담한 사건이 일어났다. '2·28사건'은 사건 전날, 정부의 전매품인 담배를 몰래 팔던 한 할머니가 단속반에게 폭행을 당하자 사람들이 이에 항의한 사태가 발단이 되었다. 경찰은 항의하는 군중에게 총으로 대응했다. 다음 날, 이 사건에 항의하기 위해 장관 집무실에 모여든 시위대에게 다시 기관총을 난사하여 많은 사상자를 내면서 사건이 확대되었다. 대만의 유력인사들은 대만의 자치와 인권 보장을 요구하는 32개항의 요구안을 제시했다.

반발이 거세어지자 신임 장관 진의는 타협하는 듯하면서 시간을 번 다음, 본토 정부에 지원을 요청했다. 이에 국민당 정부는 3월 8일 2천여 명의 군인을 파견했으며 이후에도 군대를 계속 증파했다. 3월 9일부터 무자비한 살육이 벌어졌다. 행인을 약탈하고 총질을 했으며 총에 맞은 부상병을 치료하던 간호원에게까지 총탄을 퍼부었다. 숨거나 도망가려는 자는 무조건 현장에서 사살되었다. 약 3만 명 정도가 살해되었을 것으로 추정된다. 1949년 5월 20일 국민당 정부는 대만 전 지역에 계엄령을 선포했다. 이 계엄령은 1987년 7월에 가서야 해제되었다. 세계 최장기 계엄령이다.

1949년 12월 10일, 장개석은 국민당의 50만 군대와 함께 대만으로 들어와 '중화민국'의 이름으로 국가체제를 갖추게 되었다. 일체의 정당 및 단체의 설립은 허용되지 않았다. 이른바 대륙 수복을 위한 마지막 근거지로서 '철혈정치'가 시작되었다. 국민당 기관지 〈중앙일보〉에는 연일 간첩 체포, 처단에 관한 기사가 실렸으며, 타이베이 교외식물원 근처 마장정에서는 대만의 독립운동가, 혁명가들을 사살하는 총소리가 이어졌다. 또한 '국민당 개조운동'을 통해 일당독재에 방해가 되는 진립부, 오국정, 손립인 등이 숙청되었다. 그의 권력은 대만에서도 절대적이었다.

냉전체제의 세계질서 속에서 대만은 미국의 소중한 우방이었다. 미국은 1950년 6월 대만 해협에 미 7함대를 배치하여 대만을 보호했을 뿐만 아니라 경제적으로도 많은 원조를 했다. 미국은 1970년대 중국과 화해하고 중국의 유엔 가입 및 상임이사국의 지위를 인정하게 될 때까지, 대만과 장개석 정부를 중국으로 인정했다. 대만은 세계적으로 반공투쟁의 상징이었던 것이다. 실제로 중국과 대만은 미국이 중국과 수교하는 1979년 이전까지 여러 번 무력충돌을 하였다.

대만은 경제성장에 집중하여 아시아에서 가장 주목받은 신흥공업국으로 도약하였다. 1960년대에 섬유나 가전제품 등 노동집약적인 공업을 중심으로 하는 수출지향형의 공업화로 눈부신 경제성장을 이루었다. 매년 10% 내외의 고도성장을 기록하였고 막대한 외환보유고를 자랑하는 무역흑자국으로, 아시아 신흥공업국을 가리키는 이른바 '4마리 용' 중 가장 안정된 경제 구조를 유지하고 있는 나라로 평가받았다. 중국대륙과 경제수준의 격차는 엄청나게 벌어졌다.

1975년 4월 장개석 총통이 사망하였을 때 정부의 발표는 '붕조崩殂'였다. 이는 황제의 죽음에 대한 표현으로, 생전의 장개석이 어떠한 권력을 누렸는지를 대변한다. 부통령이 3년간의 잔여임기를 마친 후, 권력은 장개석의 아들인 장경국에게 계승되어 1988년까지 계속되었다.

1970년대 들어 대만의 국제적 고립이 심각한 상태에 이르렀다. 1971년 국제연합 대표권 및 안보리 상임이사국 의석이 북경의 중화인민공화국으로 넘어가는 것을 시작으로, 1972년에는 일본이 중국과 수교하면서 단교에 들어갔으며 1978년에는 최대의 우방인 미국이 단교를 통보하여 대만을 큰 충격에 빠뜨렸다. 1970년대 대만 외교부는 단교부라는 불명예스러운 별명을 얻게 되었다. 우리나라도 1992년 중국과 수교하면서 대만과의 국교를 단절했고, 이로 인해 국내의 많은 화교들이 눈물을 삼켜야 했다. 중국은 대만을 국가로 인정하지 않는다는 조건으로 다른 나라와 국교관계를 맺었기 때문이다. 중국의 위상이 매우 강화된 현재 대만을 국가로 인정하는 나라는 극히 소수에 불과하다.

장경국의 통치기에 대만의 고립은 더욱 심화되었고 내부의 민주화 요구도 점차 높아지고 있었다. 그는 신진파를 등용시키고, 종신제인 '만년국회'를 개선하는 등의 조처를 취했으나 근본적으로는 권위적이고 억압적인 일당독재를 유지하고 있었다. 일례로 정부에 비판적이었던 대만대학의 한 교수가 대

대만으로 쫓겨가는 장개석(장제스)이 태강호 함상에서 대륙을 망연히 바라보고 있다. 20대 1의 압도적으로 우세한 전력으로도 국민당국은 홍군에게 힘없이 무너졌다.

학 내 정원에서 시신으로 발견되었음에도 아무런 수사 발표 없이 종결되었다. 본섬인들은 '2 · 28사건'의 상처와 분노를 안고 살았고, 대륙을 수복하여 곧 돌아갈 것을 믿고 들어온 군인들의 불만도 커졌다.

1979년 대만 남서부에 있는 제2의 도시 고웅가오슝에서《미려도(메이리다오)》라는 잡지가 창간되어 민주화 운동의 구심점으로 자리 잡게 되었다. '미려도'는 대만의 별칭으로, '대만독립과 민주화를 위한 잡지'라는 부제가 달렸으며 뒷날 민주진보당민진당의 주역들이 창간하였다.

1979년 12월 10일, '세계 인권의 날'을 맞아《미려도》는 '대만인권위원회'를 발족하였다. 정부가 불허한 이 행사에는 3만 명이 넘는 시위대가 참여하였다.

이 사건으로 150명 이상이 체포되어 군사법정하에서 국가반란죄 등으로 중형을 선고받았다. 이를 '미려도 사건'이라고 한다. 대만 민주화 운동의 전기를 이룬 사건이다. 이를 기폭제로 1986년 민주진보당(민진당)이 성립되었으며 1987년 7월 14일, 장경국 정부의 계엄령 해제 선포를 이끌어냈다.

민진당은 2000년 이후 8년 동안 진수편(천수이벤) 총통이 이끄는 집권 여당이 되었으나 경제 성장 둔화, 물가 급등, 실업률 상승 등 경제정책 실패에 대한 국민들의 실망으로 2008년 총선에서 국민당에게 대패하였으며 민진당의 대만 독립 노선은 중국을 자극하여 갈등을 심화시켰다.

2008년 다시 권력을 장악한 국민당 마영구마잉주 총통은 금융위기를 극복하고 높은 경제 성장률을 기록하였으며 중화인민 공화국과의 양안관계를 크게 개선했다. 양안관계란 대만해협을 사이에 둔 양쪽, 중화인민공화국과 중화민국의 관계를 말한다. 일종의 자유무역협정 성격인 경제협력기본협정 등 16개 협정을 체결했고 직항 개설, 우편 왕래, 중국인들의 대만 관광 등 과거에는 상상할 수 없는 변화가 일어났다. 2008년 대만과 중국을 오가는 직항은 하나도 없었지만 현재 매주 558편이 왕래한다.

2012년 대선에서 민진당 채영문(차이잉원) 후보는 중국과의 경제 밀착으로 대만의 소리가 묻히고, 경제성장의 열매가 상위층에 독점되는 점을 비판하면서 강력히 도전하였으나 마총통에게 근소한 차이로 패했다. 이후 양안관계는 더욱 진전되어 대결의 시대를 끝내고 경제적 유대관계가 더욱 강화되는 속에서 정치적으로도 새로운 모색이 이루어질 것으로 보인다.

새로운 사회를 향하여
: 토지개혁법과 부인법
(1950년)

　1949년 중국공산당이 승리하게 된 힘은 어디에서 나오는 것일까? 1927년 장개석이 1차 국공합작을 깬 이후부터 시작된 장기적인 무장투쟁의 과정을 살펴보면 기적처럼 보이기도 한다. 공산당이 꿈꾸었던 사회는 초기에 수립된 남부 지방의 소비에트 근거지에서의 활동으로, 대장정을 거치고 성립된 연안 정부 지도하의 서북지역에서 활동으로 모습을 이미 드러내고 있다. 토지개혁 등이 이루어졌고 농민층의 두터운 신뢰와 협력을 확보했다. 1937년 중일전쟁 이후 2차 국공합작 국면에서의 활동은 외세에 오랜 굴종을 당했던 중국 인민들의 애국주의를 담보하는 세력으로 인정받음으로써 공산당 외의 민족세력으로부터도 신뢰를 받게 되었다.

　이 과정을 통해 신념과 열정, 특별한 결속력으로 뭉친 공산당 지도자들은 경험 있는 행정가, 빈틈없는 관리자, 노련한 개혁가가 되었다. 소련에서 레닌이 단 4년간의 노력으로 획득한 권력과는 비교가 되지 않는 고난의 과정이었다. 소련이 연방국가로서의 성격을 갖고 있는 반면, 중국은 다민족 통일국가로서 또 오랜 외세의 침탈 속에서 단련된 견고한 민족주의적 색채를 띠고 있는 점이 상당히 구별된다.

1945년 미국의 지원을 받고 있던 국민당 정권은 매우 약해져 있었고 경제적 위기에 무능했으며 파벌 투쟁과 부패로 현명한 판단을 하지 못하고 있었다. 1948년의 엄격한 통화개혁으로도 심각한 인플레이션을 막지 못했고 국민당 정권에게 유리한 양자강 이남이 아닌 이북 서주(쉬저우)에서 대결전을 벌이는 오판을 했다. 소련은 만주에서의 철군을 늦추어 중공군이 만주를 장악할 수 있는 조건을 만들어주었고 국민당의 정예부대는 만주에서 고립되게 되었다. 공산당은 만주를 총공격하고 서주의 대전투에서 승리한 후 1949년 1월 베이징을 점령하고 4월 양자강을 건넜다.

신정권에게 다수의 중국인들은 신뢰와 기대를 보냈다. 과거의 정권들이 실패했던 부강한 중국을 건설하는 것에 더하여, 사회주의 혁명 정권이 강조하는 사회적 정의와 평등이 실현되는 사회를 건설해 주기를 희망하였다.

급선무로 12년간의 중일전쟁과 내전의 폐허로부터 국가를 재건하고 농업 생산을 증가시켜 세계에서 가장 가난한 농민들의 만성적인 굶주림을 타개해야 했다. 지주엘리트에 의해 지배되고 유교이념이 지주권력을 정당화시키는 사회를 변혁해야 했고, 미신이나 가부장권 등 사회발전에 장애가 되는 요소들을 제거하는 투쟁과 인민의 교육이 이루어져야 했다.

1949년 중국공산당 조직은 1945년 연안에서 소집된 7차 전국대표회의에서 채택된 당규에 근거하고 있다. 정치국 상무위원회의를 구성하는 5인은 중국공산당의 권력을 상징하였다. 그들은 모택동, 유소기, 주은래, 주덕, 진운이었다. 모택동(마오쩌둥)은 이론가였고, 유소기(류사오치)는 국가 기구를 장악한 인물로 당의 조직을 담당했다. 주은래(저우언라이)는 조정자이자 행정가였고, 주덕(주더)은 인민해방군의 가장 대중적인 지도자였으며 진운(천윈)은 국가 재건의 중대한 임무를 맡게 될 경제전문가였다. 모택동은 1945년 주석으로 선출되어 1976년 사망하기까지 이 직위를 유지하였다.

항일전쟁 기간 다른 모든 세력들과 제휴해왔던 공산당은 1950년대 초까지는 상당히 온건한 정책을 취했다. 당으로부터 결정되어 위로부터 내려온 사회적 변혁들은 대체로 대중 자신의 자발성과도 일치했다. 그러나 점차 당만이 중국 사회를 조직하고 통제할 수 있는 유일한 세력이 되어갔다.

북경의 모택동 기념관. 중국혁명을 성공시킨 모택동의 업적을 기리기 위해 북경의 천안문 맞은편에 세워졌다.

　1950년 6월 28일 토지개혁법이 시행되었다. 공산당은 이미 1927년 농촌지역으로 후퇴한 이래 다양한 토지개혁정책을 시행해 왔다. 1933년 모택동은 농촌 계급을 지주, 부농, 중농, 빈·고농의 4계급으로 나눈바 있다. 지주의 토지와 생산수단은 몰수되었다. 그러나 부농은 자신이 직접 사용하는 재산은 소유할 수 있었다. 몰수된 토지는 해당 지역 농민협회가 빈·고농에게 재분배했다. 토지와 재산을 몰수당한 지주는 토지 피분배권을 갖는 사람들과 동등하게 토지를 분배받았다. 토지 소유권 이전 작업은 전체 경작지의 거의 절반에 이르렀고 약 3천만 명의 빈농들이 1헥타르에 조금 못 미치는 정도의 토지를 분배받게 되었다.

　지주 계급은 소멸되었다. 착취와 모욕을 당하던 농민들이 옛 지주를 탄핵하고 욕하고 때리는 투쟁대회가 일어났다. 토지개혁 과정에서 수백만이 희생되었고 가족과 종족적 유대 속에 촌락공동체로서 지역적 유대가 강했던 전통사회는 급격히 무너지며 혼란이 가중되었다.

　1950년 토지개혁의 밀접한 보완물로서 혼인법이 시행되었다. 혼인법은 유교적 가부장권에 눌려있던 수천만 부녀의 해방을 목표로 했다. 중국의 전통사회에서 가족이란 유교 사상의 중심이었고 사회·정치 조직의 기초였으며 효는 도덕의 기초였다. 남자 자손으로 이어지는 가계의 영속성은 조상 숭배를 통해 표현되었다. 여성은 모든 상속권에서 배제되었고 삼종지도에 억눌려 자신의 삶을 살지 못하고 남성에 종속되어 하인 같은 삶을 살았다. 가난한 부모들에 의해 여아는 우선적으로 버려졌다. 혼인법은 일부 도시 엘리트에 국한된 여성의 해방을 농민층에 확산시키려는 것이었다. 1950년부터 3년간 이의 실행을 위한 동원 운동이 이어졌다. 머뭇거리는 부녀들에게 당이 개입하기 시작하고 목숨을 걸고 이혼을 요구하는 여성들의 행렬이 이어져 농민들에게 혼인법은 '부녀법', '이혼법'으로 알려졌다.

자본가들은 두 범주로 분류되었다. 국민당과 일본에 협력했던 관료 및 매판자본가와 애국적 민족 자본가가 그것이다. 신정권의 지도자들은 외국으로 도피한 기업가들도 귀환하면 경영을 보장하겠다고 설득했고 나름대로 성공을 거두었다. 내전이 종식되고 사회가 안정을 회복하면서 내수 시장도 발전하여 제조업 기업의 수도 증가하였다. 그러나 점차 공영 부문이 급속히 확대되고 당의 개입이 커지면서 기업가들의 회피와 반항이 커지고 당 간부들의 부정행위가 문제가 되기 시작했다.

신정권이 대중과 함께 실현시키고자 했던 새로운 사회, 억압과 착취가 없는 정의롭고 평등한 세상으로의 길은 멀고도 험난해 보였다. 중국의 신정권은 국가가 가난한 농민에게 토지를 분배하고 여성들의 해방을 추구하며 의식의 개조를 실행하는 등의 역사상 전혀 새로운 정책을 실시함으로써 의미 있는 사회변화를 촉진하였다. 그러나 당에서 결정된 원리와 원칙들이 일률적으로 적용되기에는 6억가량의 수많은 사람들의 삶은 너무도 다양했다. 당에 의한 자율성은 이미 억압이었고 때로는 심각한 폭력이었다.

강력한 중국, 소수민족의 고난
: 중국의 티베트 침략
(1950년)

중국의 역사에서 강력한 중앙 권력의 재건은 언제나 소수 민족 및 특정 종교가 분포하는 변경 지역에 대한 통제 강화를 동반했다. 물론 이들의 의사를 묻는 과정은 없었다. 신중국도 예외는 아니었다. 중국은 과거 반식민지의 굴욕 속에서 잃어버린 강대국의 지위를 회복하고자, 이른바 국토재건 사업을 벌이고, 봉건적 질서로부터 인민을 해방시킨다는 명분을 내걸고 군대를 동원하여 이들 소수민족을 강제로 병합했다.

현재 중국은 22개의 성과 4개의 직할시 외에 5개의 자치구가 있다. 내몽고자치구, 광서장족자치구, 영하회족자치구, 신강위구르자치구, 서장티베트자치구가 그것이다. 이외에 각 성에도 소수민족의 자치권이 인정되는 30개의 자치주가 있다. 북간도 지역의 연변조선족자치주도 그중 하나이다.

광서장족자치구는 1958년 주은래에 의해 광서에 장족자치구로 지정되었다. 장족은 1800만 정도로 중국에서 한족 다음을 차지하는 가장 큰 소수민족이다. 광동과 함께 양광으로 불리던 광서는 진나라 때 중국의 영토가 되었고 송나라 때 광남서로 불리게 되어 광서라는 이름이 유래하게 되었다. 관광지로 유명한 계림이 있고 남쪽으로 통킹만과 닿아 베트남과 국경을 마주하고 있다. 청프전쟁 당시 풍자재가 프랑스군을 물리친 바 있다. 중화민국 수립 후 강력한 군벌들이 활동하였다.

신강위구르자치구는 중국 서북쪽 끝에 있어 북경보다 2시간 늦은 신강시간을 사용하며, 자치구 중 면적이 가장 넓다. 신강新疆은 중국의 '새로운 영토'란 뜻이고 위구르족은 이 지역을 '동투르키스탄'으로 부른다. 위구르어로 '위구르'는 '단결'을 뜻하며 지금도 분리 독립운동이 벌어지고 있다. 이 지역은 고대 중국인들이 서역이라 부르던 중앙아시아 지역으로, 비단길이 지나는 곳이다. 위구르족들은 10세기경 이슬람교를 받아들였고 차가타이 한국의 통치기에 급격히 이슬람화하였다. 청 건륭제 때 잔존 몽골세력이 병합되면서 위구르족도 병합되었다. 이때부터 위구르족들의 저항은 끈질기게 계속되었다. 동치제 때에는 대대적인 반란을 일으켜 청군대를 철수시켰고, 야꿉 벡이라는 인물이 이슬람의 수호자로 자처하면서 위구르족을 통일하여 영국과 러시아로부터 승인도 받았으나, 청은 1884년 이 지역을 병합하고 신강성을 설치하였다. 1933년 동투르키스탄 이슬람 공화국이, 1944년 또다시 동투르키스탄 공화국이 수립되었으나 1949년 신중국은 이를 병합하고 1955년 신강위구르자치구로 선포하였다.

서장자치구는 티베트 지역이다. 티베트란 명칭은 청 강희제 때인 1663년부터이고 그 이전 당송대의 이름은 토번이었으며 고대에는 강羌족과 융戎의 영토였다. 이미 기원전 2세기부터 국가를 건설했다는 기록이 있으며 토번의 33대 왕인 손첸캄포 때 매우 번영하여 당 태종도 문성공주를 보내 화친을 도모했다. 이 무렵 불교가 전파되어 티베트 고유종교와 결합하여 티베트 불교가 되었다. 토번 이후의 오랜 분열 속에서도 신앙만큼은 매우 깊었다.

몽골에 처음 귀순한 살가파는 몽고로부터 전폭적인 지원을 받았고 몽골도 개종함으로써 정치와 종교가 결합된 티베트의 전통이 더욱 강화되었다.

원대에 이어 청조 때에도 티베트 문화는 존중받았다. 청나라는 한족의 지배를 위해 몽골과 동맹이 필요했고 만주·몽골의 공통문화인 티베트 불교의 진흥에 힘썼다. 청의 역대 황제들은 티베트 문화를 이해하고 존중하여 지원하면서도 내정 간섭은 하지 않았다. 건륭제 때인 1720년 군대를 파견한 이후 보호령이 되었다. 이에 대해서는 달라이 라마 7세를 즉위시키기 위한 호위병이었으며, 이후 청이 주장대신을 파견하였으나 그들의 성격은 관료라기보다 주라싸 대사 정도였다는 견해도 있다. 청이 멸망하자 달라이 라마 13세가 완전 독립을 선언하였다. 중국이 이를 인정하지 않자 몽장 조약을 체결하여 몽골과 국제적 승인을 받기 위해 협력하였다. 당시 몽골에는 러시아, 티베트에는 영국의 지원이 있었다. 달라이 라마의 실효적 지배가 있었고 1918년과 1930년에는 티베트 영내로 침입한 중국 군대를 격퇴하기도 했으며 2차대전 중에는 연합군의 일원이 되었다.

1949년 중국 통일을 완수한 신정권은 티베트와 타이완을 포함한 중국의 옛 영토를 회복하겠다고 발표하고, 1950년 10월 중국 인민해방군은 티베트를 침공하여 점령하였다. 중국은 1951년 5월 23일 티베트의 외교권과 군사권을 박탈하고 종교적 자유와 달라이라마의 지위는 존속시키겠다는 17개 조항의 협정을 조인했다. 그러나 같은 해 10월 26일에는 아예 라싸에 대규모 인민해방군을 진주시켰다. 봉건적 질서로부터 티베트 인민을 해방시킨다는 명분을 내걸었지만, 티베트를 중화인민공화국의 일부로 만들고 중국 내 다양한 소수민족을 통합하겠다는 정책의 실현이었다. 티베트인들은 강력히 저항하였으나, 중국은 군대의 힘으로 이를 진압하였다. 이로써 티베트는 최초로 중국의 지배를 받게 되었다. 인민해방군의 진주 이후 티베트인들 가운데 130만이 죽음을 당했다. 1959년 달라이라마 14세의 망명 이후, 많은 티베트인들이 정치적인 이유 또는 탄압을 피해 인도로 망명했다. 문화대혁명 때는 3,700개나 되던 사찰이 13개만 남고 모조리 파괴되었다.

다른 자치구들은 한족의 비율이 절반 이상을 차지하고 있는 데 비해 서장자치구는 티베트인의 분포가 90%를 넘는다. 2006년 청장철도가 개통되어 한족화가 더 빠른 속도로 진행될 것으로 보이는 가운데 최근까지도 티베트인들의 항쟁은 계속되고 있다. 오늘날 히말라야 북쪽 4500미터가 넘는 티베트 고원에 하얀 설산을 배경으로 펼쳐진 티베트의 불교 성지들은 인류 마지막 구원처로서 사람들의 발길이 끊이지 않고 있다. 수도 라싸에 있는 달라이라마의 겨울궁전 포탈라궁, 여름 궁전인 노브링카, 가장 신성한 사원으로 숭

영하회족자치구에 있는 청진사에서 회교도들이 참배를 하고 있는 모습.

배되는 조캉사원 등이 잘 알려져 있다.

영하회족자치구는 중국 북부 황토고원에 있는 회족의 자치구이다. 회족回族은 이슬람교도로 원나라 때의 서역인, 터키·페르시아·아랍인 등이나 지금은 오랜 혼혈로 한족과 외모가 크게 구분되지 않는다. 대부분 사막지역으로 인구도 희박하나 관개수로사업이 오랫동안 지속되었다. 은천시가 가장 큰 도시로 내몽고자치구 바오터우와 감숙성 난주를 연결하는 철도가 놓여 있다. 은천은 송대에 세력을 떨쳤던 탕구트족의 서하의 수도였다. 서하는 몽골에 멸망했고 원대에 영하로寧夏路가 설치되어 이름의 기원이 되었다. 명청시대에는 영하부가 설치되었다. 중국의 이슬람교도에는 마호메트의 이름을 딴 마씨가 많은데 20세기 초에 마씨 일가가 이 지역 일대를 지배하기도 했다. 역시 1958년에 중국의 자치구가 되었다.

내몽고자치구는 중국 북부에 동서로 넓게 자리하고 있다. 농경민족인 한족과 흉노·선비·거란·몽고 등 유목민족이 번갈아 지배했던 곳으로 명나라 때 세운 현재의 만리장성은 대체로 내몽고의 남쪽 경계와 일치한다. 실제로 한족이 80%를 차지하고 몽골족은 17%에 불과하다. 진시황이 3만 호를 이주시킨 이후 한족의 이주와 정착이 권장되어왔고 특히 18세기부터 지속적인 이주정책이 실시되어 19세기 후반에 대량으로 유입되었기 때문이다. 청나라는 몽골을 외몽골과 내몽골 등으로 나누어 각각 다른 방법으로 통치했다. 신해혁명 이후 중화민국 시기 동안 외몽고는 소련의 도움을 받아 독립할 수 있었지만, 내몽골은 중국의 한 지역으로 재편되었다. 중일전쟁이 일어난 후 몽골의 왕자였던 뎀추그동루브는 내몽고의 독립을 선언하고 몽강국蒙疆國을 선언했다. 그러나 만주국과 일본만 승인하였기 때문에 일본의 괴뢰정부가 되었다. 1945년 8월, 소련이 참전한 팔월폭풍작전 때에 몽강국은 소련과 외몽고의 군대에 의해 점령되었다. 1947년에는 중국의 내몽골 자치구가 되었다.

중국이 강력한 국토의 재건이라는 이름으로 소수민족 지역을 재건, 혹은 점령할 수 있었던 배경에는 소련 측의 비교적 유화적인 태도도 작용을 했다. 이는 장차의 여러 갈등을 배태하는 것이었지만, 당시에는 두 공산주의 강대국에 활기를 불어넣고 협력과 연대를 강화하는 것이었다.

신장의 경우, 소련은 1930년대 초부터 우세한 영향력을 행사하고 있었다. 1944년 이리와 알타이 계곡 지대의 카자크와 위구르 반군에 의해 투르키스탄공화국이 수립되자 소비에트연방에 편입되는 듯하였으나, 중국 내에서 공산당의 승리가 분명해지자 소련은 편입 계획을 취소했다. 외몽골 지역은 1924년까지는 중국의 영향권에 속해 있었으나, 1950년 중국도 몽골인민 공화국의 독립을 인정하지 않을 수 없었다. 1945년 일본의 패배 이후 소련이 재장악한 만주에 대해서 중국은 거의 완전한 권리를 되찾았다.

입술이 망하면 이가 시리다
: 한국전쟁 참전
(1950~1953년)

　1950년 6월 25일, 한국전쟁이 발발했다. 한국전쟁은 남북으로 나뉜 한민족이 서로 총을 겨누어 3백만의 사상자를 내고 1천만의 이산가족을 낳은 뼈아픈 동족상잔의 내전이자, 소련과 미국을 축으로 대립하고 있던 세계질서, 즉 냉전체제가 한반도에서 격돌하여 수십만의 외국인 병사들이 희생된 국제전이었다. 1957년 7월 27일 휴전협정이 맺어지기까지 최첨단 기술이 동원된 살인적인 3년간의 현대전에서 폐허가 된 한반도는 냉전체제의 최대 희생물이 되었고 한민족의 분단은 더욱 고착화되어 반세기가 훌쩍 지난 지금 이 순간까지도 그 영향에서 벗어나지 못하고 있다.

　북한은 미국의 국무장관 애치슨이 이른바 '애치슨 선언'으로 극동방어선을 오키나와-필리핀으로 정함으로써 중국과 한반도가 제외되자, 미국의 개입이 없을 것으로 판단하고, 소련의 지원 속에 남침을 도발하였다. 그러나 미국은 독일의 분단과 중화인민공화국의 성립으로 충격에 빠진 상태에서 동아시아의 마지막 보루로서 남한을 포기할 수 없었다. 미국은 즉각적이고 적극적인 개입으로 화답하였다. 또한 중국은 미국이 한반도를 장악하고 대륙을 공격하게 될 상황을 좌시할 수 없었다.

전쟁 초반 북한의 우세는 압도적이었다. 소련제 전차를 앞세운 북한군은 쓰나미처럼 밀려와 불과 3일 만에 남한의 수도 서울을 점령하고 남하를 계속하여 순식간에 낙동강까지 밀고 내려갔다. 8월 중순에는 이미 한반도의 90%를 점령했다. 미국의 대응도 신속했다. 26일 즉각적으로 유엔 안전보장이사회를 소집하여 북한군의 철수를 요구하는 1차 결의안을 발표하고, 27일부터 참전을 개시했다. 28일 2차 안보리가 열려 남한에 대한 군사원조가 결의되었고, 이후 16개국이 전투요원을 파견하게 되었다.

9월 15일, UN군 최고사령관 맥아더의 인천상륙작전이 성공함으로써 전세가 역전되기 시작하였다. 9월 28일에는 서울을 수복하였으며, 29일에는 38선을 돌파하고 10월 1일, 북한에 최후통첩을 보내 투항을 요구했다.

전세가 급박해지자 중국이 예상을 뒤엎고 참전을 결정하게 되었다. 중국은 중일전쟁과 오랜 국공 내전을 수습하고 중화인민공화국을 건설한 지 겨우 1년여가 지난 시점으로 여러 해결해야 할 문제들이 산적한 상태였다. 티베트 침공과 대만을 장악하는 문제에 골몰하고 있었고 5백만 군대를 유지해야 하는 국가 예산의 커다란 부담이 있었기에 전쟁이 달가울 리 없었다. 그럼에도 중국은 사회주의권의 최전선인 북한이 패전한다면 이후 전쟁이 중국 본토로 확대될 수 있다는 우려를 하지 않을 수 없었다. 이러한 우려는 '입술이 망하면 이가 시리다'는 중국지도자의 말에서도 그대로 나타나고 있다. 또한 미국과의 직접적인 충돌을 피하고자 했던 소련이 중국을 떠밀었던 측면도 있었다.

중국은 9월 30일 총리 겸 외교부장 주은래가 "제국주의자의 중국 인근 국가에 대한 침략전쟁을 용인하지 않겠다"는 경고를 한 이후, 여러 경로로 미군이 38선을 넘어 전쟁을 확대하면 좌시하지 않겠다는 경고를 계속하였다. 그러나 10월 초 미군과 UN군은 평양을 수복하고 북상을 지속하였다. 모택동은 소련의 스탈린에게 전보를 보내 참전을 통보하고 스탈린이 약속했던 소련군의 공군 엄호 문제가 취소되었음에도 중국 단독으로 참전을 결정했다. 10월 19일 중국 인민지원군은 공군의 엄호 없이 안동(지금의 단동), 집안 등지에서 압록강을 넘어 참전하게 되었다.

중국 홍군의 최고 지도자 중의 하나인 팽덕회를 사령관으로 하는 인민지원군 약 70만의 참전으로 전세는 다시 북한 쪽에 유리하게 기울어 한때 다시 서울이 함락되기도 했다. 그러나 서울은 다시 수복되었고 원래의 경계선이었던 북위 38도선을 사이에 두고 전쟁은 교착상태에 빠지게 된다.

중국이 군대를 파견하여 북한을 돕자 맥아더 사령관은 대만의 국민당 군대 50만을 동원하여 중국 남부를 공격하고 동북지방에 30~40발의 원자폭탄을 투하할 것을 제안했다. 그러한 제안에 발맞추어 당시 대통령인 트루먼도 그해 11월에 '원폭 사용을 고려할 수도 있다'는 성명을 발표했다. 그러나 그러한 계획은 영국과 프랑스의 반대, 그리고 국제여론의 지지를 얻지 못해서 실행되지는 않았다.

미국은 한국전쟁이 시작되자마자 중국에 대한 경제봉쇄를 했으며 미국의 동맹국에게도 이 봉쇄에 동참하기를 요구했다. 미국은 1951년 5월 유엔총회에서 중국 및 북한에 대한 전략물자 금수 안을 가결시켰다. 미국 내에서는 '상호 방위 원조 통제법'을 통과시켜 특정품목을 공산국가에 수출하는 나라에 대해서는 미국의 원조를 중단하겠다는 뜻을 표명했다. 이런 미국의 조치는 중국이 자본주의 국가들과 교류할 수 있는 기회를 더욱 제한했다. 중국경제는 이제 사회주의 국가들과의 교류로 제한되었고 경제개발에 막 나서려는 당시 상황을 매우 어렵게 했다.

국민당과의 내전에서 승리한 후 1년여 만에 다시 한국전쟁에 참가하게 된 중국은 다시 전쟁수행을 위한 체제로 국가정책을 짜게 되었다. 여러 정파 및 대표자들이 중심이 되어 '중국인민 세계평화방위, 미국침략반대 위원회'가 만들어졌으며, 미국에 대한 저항의식을 국민에게 불러일으키는 작업들이 행해졌다.

한국전쟁이 발발하자 중국 내에서는 미국의 도움을 받아 국민당 군대가 다시 중국에 진입하기를 바라는 구체제 인물들을 비롯해 국민당과 관련된 세력들의 움직임이 활발해졌다. 공산당 간부를 암살하거나 토지개혁을 방해하는 등의 움직임도 있었다. 이러한 움직임을 저지하기 위한 통제가 강화되었고 1951년에서 1952년 사이에는 부패한 관료들과 자본가들의 불법행위를

북한군의 남침으로 시작된 6·25전쟁은 결국 1950년 10월 12일 중국군의 참전을 불러왔다. 사진은 유엔군에게 투항하는 중국군.

적발하여 처벌했으며, 지식인들의 사상개조운동이 전개되었다.

노동자들에게는 국가를 위한 경쟁적인 생산 활동을 촉구했고 농민들에게는 사회질서 강화, 민병 참가, 군량납입 등을 요구하였다. 상업이나 공업에 종사하는 사람들에게는 투기방지, 물가안정 등을 이룰 수 있도록 유도했다. 많은 인민들이 이러한 정신무장을 하는 교육에 참가했으며 북경, 상해, 천진 등과 같은 대도시 인민들의 80퍼센트 정도가 국가를 위한 애국선언에 동참했다. 정부는 이러한 분위기를 바탕으로 한국전에 계속 참가하면서 반혁명운동을 완전히 누르고, 토지개혁 등 새로운 국가건설을 가속화시켰다.

한국전쟁은 51년에 접어들어 일진일퇴를 거듭하면서 어느 쪽도 일방적인 우세를 보이지 않게 되면서 휴전회담이 시작되었다. 이때 중국은 3개항을 결의했다. 그 내용은 다음과 같다.

1. 미국에 대항하는 원조운동을 더욱 강화할 것
2. 애국 증산운동을 제창, 추진할 것
3. 모택동 사상 학습운동을 조직할 것

이는 휴전협상이 진행되고 있는 시점에서 한국전쟁이 끝난 이후 미국의 장기적인 군사압력에 대항하고 국방의 강화 및 근대화와 중공업 기반건설을 위한 물질적 조건을 급속하게 만들어내자는 중국 지도자들의 의도를 반영하고 있는 것이었다. 한국전쟁은 1953년 휴전협정의 조인과 함께 끝이 났으며 이때부터 중국은 본격적으로 사회주의 국가건설에 착수하게 된다.

한국전쟁은 중국에게도 건국 초기에 매우 중요한 국제전이었다. 국내에서의 직접 전쟁이라는 위험부담 없이 국외에서의 전쟁에 참전하는 것을 계기로 국내의 결속력을 다지고 중국 내에서의 공산당의 정권을 안정적으로 공고히 하는 계기가 되었다. 자유주의자 등 공산당에 속하지 않는 파벌들의 설자리는 더욱 좁아졌고, 공산당은 중국 내에서 더욱 확고한 지배력을 행사할 수 있게 된 것이다.

사회적 합의의 종언
: 백화제방, 백가쟁명
(1956년)

"온갖 꽃이 같이 피고 서로 다른 많은 학파들이 논쟁을 벌인다"는 말, 백화제방 · 백가쟁명 百花齊放 · 百家爭鳴 운동은 인민 대중들에게 언로를 확대하여 공산당에 대한 자유로운 비판도 감내하겠다는, 그리하여 공산당 내부에 서서히 싹트는 여러 문제들 즉 관료주의, 종파주의, 주관주의를 극복하고자 하는 의도에서 출발하였다. 말하자면 일종의 정풍운동으로 공산당 신정권의 자신감의 표출이자, 이름에서 풍기듯이 제자백가가 활약한 춘추전국시대처럼 문화적 황금기를 구현하려는 의도까지 포함된 것이었다. '쌍백운동'이라고도 불린다.

모택동은 1957년 2월 '인민내부의 모순을 올바르게 처리하는 문제에 대하여'라는 제목으로 연설하면서 중국에 건설된 사회주의도 많은 문제점을 안고 있기 때문에 그것을 해결하기 위해 여러 의견이 나와야 한다는 주장을 했다. '사회주의 사회에는 적과의 모순과 인민 내부의 자체모순이 있으며, 두 종류의 모순은 각기 다른 방법으로 처리되어야 한다. 적대적 모순은 폭력을 통해 적을 제거함으로써 해결되고, 비적대적인 인민 내부의 모순은 협의, 비판, 자아비판을 통해 해결된다. 특히 인민 내부의 모순을 잘못 처리하게 되면

모순이 격화되어 적대적인 모순으로 발전하게 된다'고 주장하였다. 당시는 탈스탈린화가 진행되어 소련식 사회주의 모델을 추구하고 있던 중국을 긴장시키고 있었으며 폴란드 · 헝가리 등 동유럽 국가들의 민주화 시위가 벌어지고 있던 상황이었다. 모택동은 공산당의 지배권이 유지되는 토대 위에서 사회주의가 안고 있는 모순점들을 평화적이고 민주적인 방식으로 해결하고자 했다.

중국의 수소폭탄 실험. 중국은 1964년 원자폭탄 실험에 성공, 세계에서 다섯 번째로 핵보유국이 된 데 이어 1971년에는 수소폭탄까지 실험에 성공했다.

지식인들은 처음에는 발언을 꺼리고 있었으나 거듭된 지침에 고무되어 비판과 불만을 토로하기 시작했다. 공산당은 '말하는 자에게 죄를 묻지 않는다言者無罪'고 천명하며 적극적인 발언을 호소했다. 그동안 반대의견을 내지 못하고 있던 지식인들이 입을 열기 시작하자 당에 대한 비판이 뜨겁게 쏟아졌다. 전문적인 지식이 없는 당원들이 전문기관의 실권을 쥐고 있는 것에 대한 비판이 가해졌으며, 대학에서는 당 위원회가 대학을 장악하는 것을 비판하는 대자보가 나붙었다.

민주동맹을 중심으로 하는 민주적인 당파들이 10여만 명 규모의 정치적 조직으로 활발한 활동을 전개했다. 당원 가운데서 이들에 합류하는 사람들이 나오기도 했다. 심지어는 공산당의 지배권을 비판하는 사람도 나오게 되었다. 민주 제당파의 지도자 중 한 사람인 교통부장 장백균, 삼림공업부 부장 나용기 등은 공산당의 지도권 자체를 부인하고 신문의 자유 및 양당제 아래 정당정치 체제로의 변화까지도 주장하고 나섰다. 많은 지식인들과 학생들이 이러한 견해에 동조했다.

공산당은 예상했던 것보다 훨씬 강도 높은 비판이 제기되자 1957년 6월, 인민일보에 우파의 책동을 비난하는 사설을 실으며 반대세력에 대한 전면적인 공격을 가하기 시작했다. 이른바 '반우파 투쟁'이라는 것이다. 사회주의 문화정책으로 시작된 움직임이 부르주아 운동으로 지목되고, 비판 세력은 자본주의의 부활을 꿈꾸며 당권에 도전하는 부르주아 우파로 몰려 총공격 대상이 되었다.

1958년 7월까지 1년여에 걸쳐 전 당원과 공산주의 청년단을 동원하여 우파에 대한 철저한 공격이 진행되었다. 국무원 고위관직에 있던 장백균과 나용기는 그들의 대표적인 표적이었다. 여류시인 정령 등 많은 문예인들이 된서리를 맞았다. 중앙당의 고위간부, 당원작가, 예술가 등 7천여 명이 우파로 지목되어 당에서 쫓겨나 노동개조에 보내지거나 한직으로 밀려났다. 당의 말만 곧이곧대로 믿고 서슴없이 비판에 나섰던 상당수의 사람들이 고통을 당했다. 무려 55만 여명이 우파분자로 낙인찍혔다. 결과적으로 쌍백운동은 반체제 인사를 색출해내는 유인책으로 변질되어 버렸다.

심지어는 모택동이 우파는 전인구의 5% 정도일 것이라는 말을 그대로 따라 각 기업에서 무턱대고 5% 정도의 인원을 찍어 추방한 곳도 있을 지경이었다. 이들은 나중에 등소평이 다시 집권하게 되는 1970년대 다시 복권되어 제자리로 돌아오게 된다.

이 반우파투쟁 이후 많은 사람들은 자기의 속마음을 털어놓지 않고 침묵하거나 아니면 중앙당이 행하는 정책을 무조건 따르게 되어 중국의 발전을 늦추는 걸림돌이 되었다. 반우파투쟁은 공산당의 경직성이 강화되는 것을 잘 보여주는 사건이었다.

수정주의 대 교조주의

: 중·소 대립
(1956년 이후)

1949년 중화인민공화국의 성립 이후 중국은 급속히 소련의 영향권으로 편입되었다. 중국은 1921년 중국 공산당 창당 초기에는 소련공산당의 지도를 받았으나 1930년대 이후의 공산주의 운동은 거의 중국 독자적인 방식으로 발전함으로써 소련과 대립하였다. 내전의 과정에서도 소련의 원조 없이 승리를 거두었다. 스탈린은 국민당 정부를 지원하기도 했다. 그럼에도 신중국의 지도자들은 혁명을 지켜 낸 유일한 사회주의 정권인 소련의 경험을 이용하고자 했고, 소련도 중국을 자신의 진영으로 끌어들여 블록화가 진행되고 있는 냉전 초기의 국제질서에 대응하고자 했다.

그러나 중국은 점차 국력이 성장하고 국제사회에서의 발언권이 강해지면서 점차 소련의 그늘에서 벗어났다. 중국은 소련의 동맹자에서 경쟁자로, 나아가서 적으로 변해갔다. 1990년을 전후해 동유럽 사회주의권이 몰락하고 소련이 해체된 이후에는 다른 나라에서는 실패한 환상으로 치부해 버린 공산주의가 여전히 남아있는 유일한 강대국으로서, 초강대국인 미국을 위협하는 유일한 경쟁자의 지위를 누리고 있다.

1950년 2월 14일 중국은 소련과 '중·소 우호동맹 상호원조 조약'을 맺었다. 이는 일본에 대한, 그리고 미국에 대항하는 방위 동맹의 성격을 띠었다. 소련은 일본의 항복 이후 재장악한 만주철도와 여순항 군사기지, 대련 무역항에 대한 권리를 중국에 반환하기로 약속했다. 소련은 1954년부터 10년 상환 조건으로 3백만 달러의 차관을 제공하기로 했다. 중국은 몽골인민 공화국의 독립을 승인했다. 한국전쟁에 참전하게 된 중국은 소련의 첨단 군수물자를 수입할 필요성을 절감하게 되었고, 미국 및 유엔으로부터 제재를 받아 서방과 단절되는 외교적 고립 상태에서 소련에의 의존도가 심화되었다. 두 나라의 협력관계는 긴밀해졌다.

그런데 1953년 스탈린이 사망하고 흐루시초프가 공산당 서기장이 된 후, 스탈린에 대한 비판이 본격화되면서 소련과 사회주의권 전역에 중요한 변화가 일어났다. 그는 국내적으로는 스탈린 집권기에 만들어진 전체주의 체제를 다소 완화하는 '개방정책'을 펼쳤고, 대외적으로도 핵경쟁의 중단과 평화공존 정책을 내세웠다. 군비부담을 줄이면서, 경제발전을 도모하려는 것이 가장 큰 이유였다. 그러나 소련에서 진행된 스탈린 비판은 1956년 폴란드와 헝가리 등 동유럽 국가에서 기존 노선에 대한 비판을 본격화시키고 급기야 소련중심에서 탈피하려는 운동으로 이어졌으며, 사회주의로의 평화적 이행 등을 강조한 평화공존론은 중국으로부터 격렬한 반발을 받았다.

1963년 9월 〈인민일보〉에서는 중소간 균열의 시초를 1956년 2월의 소련 공산당 제20회 대회에서 찾고 있다. 흐루시초프는 중국과의 사전협의 없이 돌연 스탈린을 전면적으로 비판하는 연설을 하였다. 1950년대에 발생한 이데올로기상의 차이가 점차 중소 간의 균열을 확대시켰고 1960년대 전반에는 이른바 중소논쟁으로 알려진 치열한 공개논쟁을 반복하게 되었다.

1957년 11월, 12개국이 참가한 모스크바 세계 공산당 회의를 기점으로 중국과 소련 공산당 사이의 대립이 본격화되었다. 중국은 소련을 사회주의의 순수성을 포기한 수정주의 노선이라고 비판하였고 소련은 중국이 국제 정세를 정확하게 판단하지 않고 사회주의의 원칙에만 충실하고자 하는 교조주의라고 비판하였다. 두 나라의 공산당은 '자본주의에서 사회주의로의 평화적 이행 문제, 미제국주의의 평가, 평화공존과 민족해방투쟁의 관계' 등의 문제

1967년 홍위병이 선도하는 중국의 시위대가 소련대사관 앞에서 집회를 열고 모스크바의 수정주의를 열렬히 성토하는 장면.

에서 크게 부딪혔다.

특히 미국에 대한 입장에서 큰 차이를 보였다. 이 회의에 참석한 모택동은 미국과의 핵전쟁도 피하지 않겠다는 강경한 발언을 하였다. 1958년 2월 3일 〈인민일보〉는 다음과 같이 말하고 있다.

'소련을 포함한 사회주의 진영각국의 지원이 있다고 하더라도 우리나라의 국제환경은 자본주의 제국이 호시탐탐 노리고 있으며, 미국을 비롯한 자본주의 집단들은 우리들을 전복시킬 기회를 보고 있다…'

소련이 가능하면 미국을 자극하지 않고 관계를 개선하려는 평화공존 정책을 취했던 반면, 중국은 '미제국주의'에 대한 강경한 대응을 주장하였다.

1958년 대만이 중국에 포격을 가하고 미국이 이를 지원하는 등 미중관계가 긴박해졌다. 그러나 평화공존을 바라는 소련은 핵무기와 군사원조 실시를 거부하였으며, 곧이어 핵개발 기술의 제공 자체를 거부하였다. 7월 중·소 정상회담에서 흐루시초프는 모택동에게 중소연합함대를 구성하여 극동의 방위체제를 설립할 것을 제안했다. 이것은 소련이 핵전쟁의 위협을 제거하기 위해 중국의 핵을 소련의 통제 아래 두고자 하는 의도였다. 중국은 이 제안을 거부했고, 소련은 이에 대응하여 원자폭탄의 견본과 생산기술을 제공하기로 한 약속을 무효화시키고 소련에서 파견한 기술자들을 철수시켰다.

1959년에는 티베트 지방에서 항쟁이 일어났고 이로 인해 중국과 인도가 대립하게 되자 소련은 인도를 지지하고 나섰다. 당연한 결과로 중국과의 관계는 더욱 악화되었다. 중국과 인도의 대립은 대규모 전쟁으로 번졌고, 소련

1969년 중·소 국경분쟁에서 희생된 소련 국경수배대원들의 유해.

은 인도에 막대한 경제적 지원을 하였다.

중·소의 대립은 중국으로 하여금 소련에 의존하지 않고 군비 현대화 계획을 추진하는 한편, 독자적으로 핵무기 개발에 박차를 가하게 했다. 중국은 1964년 최초로 핵무기를 갖게 되었으며 1971년에는 수소폭탄 개발에 성공하였다.

대외정책 면에서도 두 나라는 서로 다른 입장을 보이고 있었다. 2차 대전이 끝나고 아시아·아프리카에서는 독립운동이 활발하게 전개되는데 소련은 이러한 나라들에 대해 무장투쟁보다는 정치적 압력과 협상에 의한 독립을 권했고, 신흥독립국에 대해서는 자본주의 국가들에게 정치 경제적인 속박을 당하지 않게 하기 위해 경제원조 정책을 취하고 있었다. 소련은 지역적인 분쟁이 확대되어 미국 등이 개입하는 핵전쟁으로 확대되는 것을 원치 않았기 때문이다.

그러나 중국은 중국혁명과 같은 방법이 제국주의의 지배로부터 벗어나는 민족해방의 모범이 된다는 생각이었기 때문에 소련의 노선을 비판하면서 독립을 위해 싸우는 무장 세력들을 적극 지원함으로써 아시아·아프리카 신흥독립국들 상당수로부터 지지를 획득하게 된다. 이것은 중국이 소련과 미국을 중심으로 하는 동서 양진영의 어느 편에도 서지 않는 새로운 제3세력의 중심국가로 역할을 하게 되는 배경이 된다.

중국은 이제 소련을 더 이상 사회주의 종주국으로 여기지 않게 되었다. 사회주의 노선을 제대로 따르지 않는 수정주의라고 비판하면서 심지어는 제국주의 미국의 공모자라고 지칭하기까지 했다. 미국도 제국주의이지만 소련 역시 사회주의적 제국주의라는 것이다. 당시 중국지도자들은 이 두 나라를 제1세계로 보고 서유럽과 일본 등을 제2세계로, 나머지 나라들은 제3세계로 파악했다. 제3세계는 아시아 · 아프리카, 라틴아메리카의 저개발국으로 끊임없이 제국주의에 의해 군사적인 위협과 경제적인 착취를 당해온 나라들이다. 중국은 자본주의 진영과 사회주의 진영으로 여겼던 세계에 대한 인식을 바꾸고, 미소에 적대하면서 제2세계 일부 국가들과의 관계개선을 노력하되 주로 신생독립국들과 비동맹권을 형성하는 데 집중하게 되었다.

그러나 1960년대까지 미국을 '세계인민의 적'으로 지칭하고 소련을 미국의 공모자로 불렀던 중국은 1970년대에 이르자 '미소 결탁' 국면의 출현을 우려하여 미국에 접근했다. 1971년 7월 키신저 미대통령 보좌관의 방중을 받아들였고, 1972년 2월에는 닉슨 대통령을 초청하기에 이르렀다. 이후 장기간 중소 냉전이라는 대결상황이 계속되었다.

자력갱생으로 영국을 뛰어넘자
: 대약진운동과 인민공사의 건설
(1958년)

1952년에 이르면 중국은 오랜 전쟁과 분열로 폐허가 되었던 국가를 재건하는 데 성공한다. 토지개혁은 이미 이루어졌고 한국전쟁도 마무리되어가고 있었다. 곡물 생산량은 중일전쟁 이전의 수준을 회복하였고 공장은 다시 수리되었으며 석탄이나 철강 생산은 1940년 초의 정점을 초과하게 되었다. 1953년부터 1차 5개년계획이 시행되었다. 신정권은 이를 통해 중국을 산업화된 강대국으로 변화시키고 본격적인 사회주의 체제 확립을 위한 출발점으로 삼고자 했다. 1953년 '사회주의 과도로의 총노선'이 제정되고 모든 개인의 재산과 자본주의적 형태의 소유권들이 국가의 소유로 전환되는 혁명적인 조치가 1956년까지의 불과 3년 사이에 전국에 걸쳐 이루어졌다. 농촌의 집체화 작업은 소련의 집단농장인 콜호즈와 유사한 합작사의 설립으로 완성되는데, 소농 중심의 농업생산체제를 집단농장화하는 것으로, 소련과 달리 단계를 밟아 점진적으로 실시되었다. 첫째는 호조 조 설치 단계로, 농민 개인의 토지 및 생산 요소의 소유권을 인정하였다. 둘째는 저급농업생산합작사 단계로 생산성 재산을 집체(소속감이 강한 집단)가 관리 행사하되 이익은 농민이 가져온 각자의 토지, 농구와 가축의 숫자에 근거하여 분배한다. 셋째는 고급 농업합작사로 완전 집체화되어 이익 분배는 폐지되고 엄격한 노동에 따라 분배한다. 1954년 10만 개였던 농촌 합작사는 급격히 늘어나 1956년에는 90%의 농민이 이미 합작사에 가입하게 되었다. 본디 18년이 걸릴 것으로 예상되었던 농촌합작사 운동이었다.

공업·상업 기업의 국유화는 1955년 말 시행되어 1956년 초 완결되었다. 국유화 진행은 자본가들 자신에게 맡겨졌다. 가장 열성적이었던 자본가들이 공상 연합회의 지도 아래 공작조로 조직되었다. 이러한 움직임과 함께 '용기 있게 사회주의의 길을 가는 애국적 민족자본가들'을 열렬히 환영하는 대규모 거리 행진과 대중 시위가 벌어졌다. 국가는 국영이나 합영이라는 이름으로 기업 국유화를 진행하였다. 이와 함께 경제 세력이자 사회 자율 세력인 중국의 실업 부르주아 세력이 제거되었다.

단기간에 지주 계급이 제거되었고 전통적인 가부장제 가족은 쇠퇴하였다. 도시 부르주아는 분쇄되었고 지식인들은 침묵하게 되었다. 20세기 전반 시민 사회의 태동을 가능케 했던 각종 제도들은 파괴되었고, 공식적인 구조와 함께 자발적으로 운용되던 전통 사회의 자율성마저 사라졌다. 신정권을 지지하던 많은 사람들은 아직 희망의 끈을 놓지는 않았으나 점차 피로감을 느끼고 있었다.

1957년 1차 5개년 계획이 끝난 후의 각종 수치들은 신정권을 고무시켰다. 이러한 상황에서 1958년부터 대약진 운동이 전개되었다. 유화적이고 온건한 풍조는 사라지고 급진적이고 조급한 목표들이 등장하였다. 모택동은 사회주의 체제와 사상 개조를 완성하였으니 공산주의 사회의 실현을 앞당겨야한다고 생각했다. 이는 스탈린 사후의 중·소 대립과 맞물려 일어났다. 중국은 '사회주의 모국' 소련의 발전 모델을 접고 대약진 운동이라는 독자적이고 더욱 빠른 자력갱생의 노선을 실시함으로써 제3세계 국가들에게 발전과 혁명의 본보기가 되고자 했다. 타이완 해협을 둘러싼 긴장은 국민들의 애국심을 자극했다.

국가의 자원이 전력, 석탄, 석유, 철강 등 중공업 분야에 집중되어 투입됐다. 특히 철강 생산량은 대약진 운동의 상징이 되었다. 마을마다 용광로가 들

중국은 공산화된 후 전국에 인민공사를 조직하고 집단 농장을 만들어 비약적인 생산성 향상을 꾀했으나 오히려 생산량이 감소하는 등 실패로 끝났다.

어서서 숟가락과 밥솥 등 거의 모든 쇠붙이를 빨아들였다. 열기에 휩싸인 모택동은 15년 안에 영국을 뛰어넘고, 미국까지 따라잡겠다고 호언했다. 대중들도 제국주의 속박에서 벗어나 자력갱생으로 선진국을 추월한다는 목표가 마음에 와닿았다.

대약진 운동과 더불어 농촌에서는 인민공사화 운동이 소용돌이치고 있었다. 인민공사는 파리 코뮌에서 따온 이름으로 공산주의 사회의 기초 단위를 의미했다. 인민공사 안에서 농업 · 공업 · 상업 · 교육 · 군사 훈련 등 모든 활동이 자족적으로 이루어진다. 1, 2백 호의 합작사가 4, 5천 호의 인민공사로 변모하는 것이다. 농민들은 인민공사라는 사회주의에서 공산주의로 이행하는 과도기로의 검증되지 않은 삶의 형태에 속하게 되었다. 사회주의에서는 모든 재산이 국유화된 상태에서 노동한 대가에 따라 분배가 이루어지는 것이지만 공산주의에서는 모든 재산 형태가 소멸되고 가정도 국가도 철폐되며 노동은 하고 싶은 대로 하고 필요에 따라 소비하는 단계이다. 마르크스의 이론에 의하면 고도의 금융자본주의가 정점에 달한 국가에서 성립 가능한 체제이다.

집단생활 방식이 도입되어 공동식당이 생산자들을 맞았고, 무료 식사 제공은 일반화되었다. 아이들은 유아원에서, 노인들은 양로원에서 생활했다. 평등 · 박애의 새로운 삶의 형태가 만들어지고 물질적 자극은 사라졌다. 새로운 도덕관념을 불어넣기 위해 교육제도의 개혁이 이루어졌다. 당은 '공산주의는 천국이며, 인민공사가 천국으로 이끌 것'이라고 주장하였으나, 대중들은 감옥 같은 천국이라고 생각했다. 초인적인 노력으로 기진했고 그 직접적인 성과의 혜택을 맛볼 수 없다는 데 실망했다.

대약진 운동의 결과는 참담했다. 야심적인 목표를 달성하는 기적은 대중에게 맡겨졌다. 근대적 기술 혁신이 없는 열악한 생산 환경에서 대중의 열정에만 의존하여 '더 많이, 더 빠르게, 더 잘, 그리고 더 경제적으로'라는 구호가 강조되었다. 목표량에 이르지 못했어도 허위보고를 올리는 일이 빈번했다. 목표 달성을 위해 중공업 분야에 자원의 절반이 투입되었지만 전통적 방식으로 생산된 철강은 상품성이 적었다. 산업 간의 불균형은 심화되었고 혹독한 노동이 수반되고도 열악한 분배에 절망한 농민들은 조직적인 태업으로 저항했다. 1958년 11월 〈인민일보〉의 사설에는 농민들에게 휴식과 수면을 위해 6시간은 필요하다는 점을 환기시킬 필요가 있다고 언급될 정도였다. 게다가 흉년이 이어졌다. 도처에서 굶어죽는 사람이 속출했다. 결국 대약진 시기에 중국은 수백만 명이 사망하는 엄청난 재난 속으로 빠져들었다.

1959년 노산(루산)에서 열린 당 지도부 회의에서 모택동은 공개적인 비판에 직면한다. 국방상 팽덕회는 대약진 운동의 실패를 솔직히 시인해야 한다고 주장했다. 그러나 그는 당 분열 시 모택동을 비판했다는 이유로 직위에서 파면되었다. 모택동은 '여러분이 나를 원하지 않는다면 다시 산으로 들어가 농민군을 조직해 싸우겠다'고 목청을 높였지만 역부족이었다. 그는 결국 검소하고 신중한 실용주의자 류소기에게 국가 주석의 자리를 내주었다. 그러나 그는 경제가 회복되자 반격을 시작했다. 이른바 문화대혁명의 광풍이 몰아닥친 것이다.

중국 대륙을 휩쓴 광기
: 문화대혁명
(1966~1969년)

문화대혁명의 직접적인 발단은 1965년 요문원의 '해서파관'을 비판하는 글이었다. 1959년 6월 북경시 부시장인 오함은 〈인민일보〉에 '해서, 황제를 꾸짖다'라는 비유적인 수필을 발표한 후, 곧이어 '해서파관'이라는 극본을 써서 1961년 베이징에서 공연하였다. 명나라의 관리인 해서는 "당신은 너무 독단적입니다. 당신은 지나친 편견을 가지고 있어요. 당신은 언제나 옳다고 생각하고 비판을 받아들이려 하지 않습니다. …온 나라 사람들이 당신에게 불만을 품은 지 이미 오래입니다"라고 읊조린다. 팽덕회가 떠올려지는 장면이며, 그를 파면한 황제는 모택동에 대한 간접적인 비판일 것이다.

첫 공연 당시에 모택동도 해서의 자세를 배워야한다고 했던 이 공연이 새삼스레 정치적 문제가 되었다. 당시 당권에서 비켜서 있으나 당 외의 대중들에게 엄청난 카리스마를 갖고 있던 모택동은 당권을 차지하고 있던 류소기 등 온건 세력을 '반혁명 수정주의 세력', '우리 곁에 잠자고 있는 흐루시초프와 같은 인물들', '자본주의의 길을 가는 당권파', '인민공사를 파괴하고 지주와 부농의 지배를 재건하려는 세력'으로 몰아세웠다. 대중이 일어나 당권파와 낡은 사회를 타파할 것을 주장하였다.

그 대중이란 청소년이었고 노동자였고 군대였다. 대중을 동원하여 정상적인 절차를 배제하고 이루어진 당권경쟁은 중국을 혼돈과 폭력이 난무하는 무질서의 파국으로 이끌었다. 폭력은 반대세력의 또 다른 폭력을 불러와 중국은 내전의 상황에 돌입하였다. 합법적 권력기구들이 무력화되면서 무정부상태가 되고 일반 범죄까지 가중되는 폭력적인 광기가 중국 사회를 휩쓸었다.

문화대혁명 포스터. 홍위병들이 모택동의 지도에 따라 문화대혁명 사업들을 추진하는 것을 그렸다. 손에 들고 있는 붉은 책은 모택동 어록집이다.

1966년 시작된 문화대혁명은 본디 '무산계급 문화대혁명'으로, 모택동에 대한 개인적인 숭배를 조장하는 세력들과 당권을 되찾아 혁명의 원칙을 지켜내고 과업을 완수하고자 하는 모택동의 조급하고 유토피아적인 의지가 결합되어 나타났다. 무산계급인 인민으로부터 임의로 그들의 적으로 규정된 무수한 사람들에게 무차별적 공격이 시작되었다. 계급의 적으로 몰린 수많은 과거의 혁명 영웅, 전문가, 학자, 민주인사와 군중이 수시로 학대와 고문, 혹형 등으로 처참하게 희생되었다. 정치혁명이나 경제혁명과 달리, 문화혁명은 인간의 의식을 개조하여 혁명을 완성한다는 것이기에 더욱 자의적이고 근본적이며 과격한 형식을 띠게 되었다.

문화혁명의 전조로 1962년부터 시작된 사회교육 운동이 있었다. '대중에 의한 당의 통제, 위계질서의 제거, 육체노동과 정신노동의 결합, 새로운 인간과 혁명 사업 계승자의 육성' 등의 과제는 그대로 문화혁명의 지향점이었다. 사회교육 운동은 실패했으나 인민혁명군 내에 충성스런 추종자들을 만들었다. 모택동은 당은 수정주의자가 되었지만, 군은 혁명의 순수성을 보존하여

'연안 정신'을 다시 소생시킬 것이라고 믿었다.

인민해방군 내에서 모택동 개인숭배사상이 자라났다. 임표(린바오)는 1964년 5월 《모택동 어록》의 초판을 발행하였다. 이 유명한 《작은 붉은 책(소홍서, 소홍보서)》은 그 뒤 몇 년간 약 10억 부가 발행되었다. 서론에서 임표는 모택동 사상을 '고갈되지 않는 힘의 원천이며 무한한 힘을 가진 정신적인 원자탄'이라고 썼다. 그는 혁명의 과정에서 모택동의 후계자로 지목되었다.

반란을 부추기는 모택동의 호소에 맨 처음 귀를 기울인 것은 북경의 대학생들이었다. 5월 25일 젊은 철학 교수인 섭원제(녜위안쯔)는 대자보를 통해 북경대학장을 비판했다. 모택동은 그녀를 찬양하고 완전한 새로운 형태의 국가 권력의 출현을 선언했다. 대중 동원이 대학과 중고등학교로 급속히 확산되었다. '파괴 없이는 건설도 없다', '모든 악귀를 쓸어버리자'는 구호가 울려 퍼졌다. 학교에서 만들어진 급진적 그룹들로부터 이른바 홍위병이 탄생한 것이다.

홍위병은 대부분 중고등학생과 대학생이었다. 이들이 낡은 기존의 사회를 타파하고 사람들을 사회주의적 인간으로 개조하는 문화대혁명의 선봉에 서게 된 것이다. 모택동은 자신이 직접 쓴 '사령부를 폭격하라'는 대자보를 통해 홍위병에게 당에 대한 투쟁을 위임하고 임표와 인민해방군에게 젊은 조반반란파가 조직될 수 있도록 지원할 것을 요구했다. 그가 대중과 청년들에 대한 신뢰로부터 청년들이 영웅적인 혁명의 시대와 단절되지 않고 혁명적 열정을 생생히 간직하는 혁명의 계승자가 되기를 기원했다고 하더라도, 거대한 전쟁의 소용돌이 속에 청소년들은 아무런 신중한 조처 없이 내던져져 커다란 상처를 받게 되었다.

홍위병 단체들이 거리를 휩쓸면서 1966년 8월 18일 천안문 광장에서는 문화대혁명을 축하하는 100만인 집회가 열렸다. 홍위병들은 '동녘이 붉게 타오른다'는 노래를 부르면서 오랜 시간을 기다린 끝에 첫 햇살이 비치는 순간 등장한 그들의 최고사령관을 맞이하였다. 이는 모택동이 신격화된 마치 종교집회와 같은 것이었다. 11월까지 집회는 반복되었다. 홍위병 단체들이 부르주아 질서의 대표자들에게 테러를 가할 수 있도록 허용된 자유가 급속도

로 경쟁 파벌들과 폭력 집
단들 사이의 충돌로 나아갔
다. 혼란은 '경험의 교환'과
함께 확산되었다. 경험의 교
환으로 약 1100만 명의 홍
위병들이 베이징으로 올라
왔고 그들 가운데 일부는 모
택동을 직접 만날 수도 있었
다. 또 수천만에 이르는 수
도의 홍위병들이 지방으로
보내져 지방 대중들의 조반
造反을 도왔다. 이러한 대규
모 이동을 모택동파는 대장
정과 같은 것으로 이해했다.

문화혁명 중에 천안문 광장에서 모여 지지대회를 여는 군중. 문
화혁명은 권좌에서 밀려난 모택동이 당권파를 숙청하기 위해
일으킨 일종의 탈권 운동이었다.

수백만의 청소년들은 이를 통해 자유롭게 이동할 수 있었고 인민해방군 부
대가 그들에게 숙소와 음식을 제공했다.

1967년 모택동과 문화혁명 소조는 혁명 권력을 장악했다. 1월 그동안 적
극적인 개입을 하지 않던 인민혁명군이 새로운 권력구조, 즉 혁명위원회의
수립을 위해 동원되었다. 지방군들은 대체로 당권파를 지지하고 있어서 이
를 저해하고 있었다. 1966년 12월 인민해방군의 혁명 개입을 분명히 반대
했던 주덕 원수는 홍위병들에게 난폭하게 공격당하였다. 당 중앙은 1967년
3월부터 중앙이 직접 통제하는 군단들을 지방에 파견하여 지역군을 감시하
였다. 충돌이 벌어지고 우한 등지에서는 거의 폭동에 가까운 사태가 벌어졌
다. 1967년 홍위병들은 이미 1966년의 순진한 청소년들이 아니었다. 숙청,
체포, 투쟁의 시련을 거쳐 그들 스스로 무장하기에 이르렀다. 1967년 여름
중국은 내전 상태로 빠져들었다. 1968년 9월에 이르러 전국에 걸쳐 혁명위
원회가 설치되기에 이르렀다.

그러나 1969년 새로이 소집된 9차 전국대표대회 대표의 절반은 인민해방

군이 차지했고 임표는 주석의 후계자가 되었다. 혁명을 통해 민주적인 새로운 권력 구조가 창출되기보다는 군인이 민간 간부를 대신하게 되었고 파괴했던 옛 기구들이 다시 살아났다. '혁명의 후계자' 대신 희망을 걸 수 없는 홍위병을 양산해 냈다. 1968년 모택동은 '그대들은 나를 실망시켰을 뿐만 아니라 노동자·농민으로서 중국의 전사들을 실망시켰다'는 말을 시작으로 홍위병들을 진압해 나갔다. 홍위병들과 혁명 조반파들은 내부 조직 구조의 약화, 중앙의 지지 철회, 군대의 진압으로 사라져 갔다. 체포와 학살을 면한 홍위병들은 인민해방군에 입대하거나 농촌으로 하방下枋되었다. 1968년부터 1969년의 겨울 동안 약 2천만 명의 젊은이들이 하방되었다. 홍위병이 소멸되었던 것이다.

문화대혁명은 증오와 복수심을 짙게 남겼고 다양한 집단들 사이에 씻어내기 어려운 깊은 상처를 만들었다. 의견을 함께할 수 있는 영역은 더욱 좁아졌다. 각 파벌은 백화제방과 대약진 시기의 개방적이고 유동적인 성격을 잃었다.

'세계인민의 적'과의 화해
: 미·중 수교
(1972년)

　1960년대에 중국은 소련과 심각하게 대립하고 있었다. 그 절정은 1969년 우수리강을 사이에 둔 영토분쟁이었다. 한때의 동반자였던 소련이 이제는 중국을 위협하는 가장 위험한 나라로 등장한 것이다. 이제 중국은 소련이라는 초강대국의 현실적인 위협에 대처하기 위한 새로운 동반자를 구해야 했다. 그러나 지구상에서 소련에 대항할 수 있는 나라는 미국뿐이었다. 그러나 중국이 볼 때 미국은 '세계인민의 적'이다. 어려운 처지에 놓인 중국은 부득이 세계에 대한 관점을 바꿀 수밖에 없었다. 그리고 그러한 중국의 변신에 중대한 계기를 미국이 제공하게 된다.

　1969년 미국의 닉슨 대통령은 이른바 '닉슨 독트린'을 발표했다. 긴장과 대결의 냉전체제를 청산하자는 것이었다. 당시 미국은 베트남 전쟁에서 곤욕을 치르고 있었다. 국내에서는 연일 베트남 전쟁에 반대하는 시위가 계속되었고 미국의 경제도 해외 군사비 지출 등으로 어려운 상태였다. 미국은 하루빨리 베트남 전쟁을 종결시키고 냉전체제를 해소하고 싶었다. 닉슨 독트린으로 세계는 냉전체제에서 벗어나 긴장완화 시대, 이른바 '데탕트'의 시대에 접어들게 된다.

소련에 위기의식을 느끼고 있던 중국과 국내외적으로 여러 어려움을 당하고 있던 미국은 서로에게 손짓하여 가까워질 충분한 이유를 가지고 있었다. 1969년 소련과 중국의 국경분쟁에 대해 미국은 전쟁이 일어나서는 안 된다는 태도를 보임으로써 중국의 편을 들었다. 당시 중국은 소련을 상대로 전쟁을 할 처지가 아니었기 때문이다.

중국과 미국 사이를 두껍게 막고 있던 얼음이 녹기 시작했다. 그리고 그 속도는 매우 빨랐다. 닉슨 독트린이 발표되던 1969년 11월에 미국함대의 대만해협 순찰이 중단되었으며 12월에는 중국에 대한 미국인의 여행 제한이 완화되었다. 1970년 11월의 유엔총회에서는 중화인민공화국을 유엔에 받아들이고 대만을 밀어내자는 안이 알바니아에 의해 제안되어 과반수를 간신히 넘기면서 통과되었다. 1971년 4월 미국의 탁구팀이 중국을 방문한 일이 있었다. 유명한 '핑퐁외교'다. 10월 유엔총회에서 중국의 유엔가입이 승인되고 중국은 안정보장 이사회 상임이사국이 되었다. 대만은 유엔을 탈퇴했다.

닉슨은 파키스탄이나 루마니아의 지도자들을 통해 미국 고위층의 북경 방문가능성을 타진했고 중국은 이에 긍정적인 답을 했다. 1971년 미국의 국무장관인 헨리 키신저가 비밀리에 북경을 방문했다. 그는 주은래를 만나 대만과 월남을 비롯한 여러 문제들에 대해 긴 시간 동안 회담했고 주은래는 닉슨의 중국 방문을 요청했다. 닉슨이 중국을 방문할 것이라는 발표는 세계를 놀라게 했다. 이것은 동아시아 관계는 말할 것도 없이 세계질서의 근본적인 변화를 의미하는 것이었기 때문이다.

마침내 1972년 2월 '세계인민의 적'의 우두머리인 미국 대통령이 북경에 모습을 드러냈고 미국과 중국 사이에 〈상해공동성명〉이 발표되었다. 이 공동성명은 양국의 20여 년간에 걸친 적대관계를 끝내고 관계를 정상화한다는 것을 밝히고 있다. '우연히 또는 오산이나 오해로 인한 적대의 위험을 줄이기 위해 서로 다른 이데올로기를 가진 국가들 사이의 관계개선'이 필요하다는 것이다. 또한 미국은 '협상을 통한 해결책이 없다고 하더라도 자결의 목적과 부합되는 지역으로부터 모든 미군이 궁극적으로는 철수할 것'임도 아울러 밝혀 베트남에서 철수하겠다는 의사를 내보였다. 중국도 '자유와 해방

중·미의 화해로 양극화되었던 세계는 다극화되었다. 사진은 1972년 중국을 방문한 닉슨 미대통령이 주은래와 만찬에 참석한 모습.

을 위한 모든 피압박 인민들과 민족들의 투쟁'에 대한 지지를 거듭 밝히면서도 중국은 결코 초강대국이 되지 않을 것이라고 선언했다.

아울러 두 나라는 다른 국가들을 대상으로 하는 제3국과의 협정이나 이해관계에 따르지 않을 것임을 밝혔는데, 이것은 중국의 입장에서 보면 미국이 소련과 공모하여 중국을 위협하지 않겠다는 약속이었다.

그러나 미국과의 관계개선에 가장 큰 걸림돌은 대만이었다. 이 문제에 관해 〈상해공동성명〉에서는 아주 외교적인 언어로 '무력의 사용이나 위협에 호소하지 않고' 국제분쟁을 해결할 용의가 있음을 양국이 합의하는 문구를 넣고 있다. '중국은 중화인민공화국 정부가 중국의 유일한 합법정부이며 대만은 이미 오래전에 모국에 속한 중국의 1개 성'이라고 하여 대만에 관한 문제는 어떤 다른 나라가 간섭할 권리가 없는 중국 국내의 문제임을 분명히 했다.

이에 대해 미국은 '대만해협 양쪽에 있는 모든 중국인에게는 오직 하나의 중국만이 있을 뿐이며 대만은 중국의 일부'라는 것을 인정했다. 이것은 그야말로 외교적인 표현이다. 미국은 대만을 오랫동안 지지해왔고 반공전선의 가장 철저한 우방으로 간주해왔다. 따라서 이러한 외교적인 표현은 중국이나 대만 어느 쪽도 자기들에게 유리하게 해석할 수 있는 여지를 남김으로써 대만의 반발을 무마하고 중국에게도 명분을 제공하는 방법이었다. 이와 같이 〈상해공동성명〉은 서로 합의하고 있는 부분과 아직은 합의되지 않는 양국의 견해 차이를 밝히고 있다.

이 공동성명을 구체적으로 실현하기 위해서 두 나라는 스포츠나 문화 분야에서부터 관계를 발전시켜 나가기로 했다. 1973년 키신저는 다시 중국을 방문하여 중화인민공화국과 미국이 북경과 워싱턴에 연락 사무소를 열기로 합의했다. 양국의 정치가들과 민간인들의 교류는 빈번해졌으며 교역량도 급속하게 늘어났다. 냉전체제는 끝나고 세계는 바야흐로 다극화시대로 접어들게 되었다.

중국의 개방, 실용의 시대
: 등소평의 집권
(1980년)

중국공산당의 지도자 중 실용주의 노선의 대표자로 유소기, 등소평, 주은래를 들 수 있다. 이들은 모택동과는 또 다른 대척점에 서서 중국 사회를 이끌었다. 이들은 문화대혁명으로 타격을 받았다가 1976년 모택동 사망 이후 등소평이 집권하면서 중국의 개방시대를 이끌게 된다.

유소기는 모택동, 주은래, 주덕과 함께 중국 건국의 아버지로 중국화폐에 등장하는 인물이다. 그는 소련에서 유학했고 주로 도시의 노동운동을 주도했었다. 대약진 운동의 실패에 대해 책임을 지고 모택동이 물러난 뒤 그는 국가 주석이 되어 이른바 조정정책, 즉 약간의 시장경제정책을 도입함으로써 인민을 기근으로부터 구하고 경제를 회복시키는 데 성공하였다. 그러나 문화대혁명 중에 '자본주의의 길을 가는 수정주의자'로 몰려 희생되었다. 주석 직위를 잃었고 1968년에는 당에서 제명까지 당했다. 가택연금 상태에 있던 중 홍위병의 자택 습격으로 고통을 당하기도 하였다. 난방도 되지 않는 가택에서 폐렴이 악화되어 1969년 사망하였다.

주은래가 중국사에서 차지하는 비중은 막대하다. 한 번도 권력의 일인자를 탐한 적이 없는 그는 노련한 외교관, 유능한 행정가, 헌신적 혁명가, 실용

북경의 한 공식행사에서 나란히 모습을 나타낸 모택동과 임표.

적 정치가로서 국공합작과 비동맹회의, 미중 수교 등 곳곳에서 결정적 역할을 수행하였다. 관리집안 출신으로 '최후의 만다린(궁정관료)'으로도 불리는 그는 일찍이 고아가 되어 고학으로 일본과 프랑스에서 유학하였다. 그는 모택동의 뒤에서 모택동의 관념적이고 급진적인 정책을 최대한 완화하도록 노력했으며 문화대혁명 기간 동안 홍위병들의 파괴로부터 많은 문화유적지를 보호하고 동료들의 숙청을 줄이고자 노력하였다. 청빈하고 성실하게 평생을 살았던 그는 방광암이 발병한 말년에도 모택동의 경계와 4인방의 공격을 받으면서 끝까지 총리직을 수행하다가 1976년 모택동의 사망 8개월 전에 사망하였다. 한국과 관련해서는 고구려, 발해의 역사를 중국사에 포함시키려는 시도를 하던 중국사회과학원에 경고를 표하고 훗날 동북공정으로 나타나게 되는 중국의 국수주의를 우려하여, 북한의 조선과학원 대표단과 만난 자리에서 역사침략을 공식사과하기도 했다.

등소평은 1980년대 이후 중국의 실권자가 되어 중국을 개방하고 시장경제를 도입하여 오늘날 중국을 경제대국으로 이끈 지도자로 평가되고 있다. 150cm의 단신인 그는 수많은 정치적 역경 속에서도 오뚝이처럼 다시 재기하여 작은 거인으로서의 삶을 살았다. 프랑스 유학 중에 뒷날 영원한 동지가 되는 주은래와 만났다. 귀국 후 20년대 말부터 모택동과 함께 활동했으나 30년대 초 모택동이 밀려나자 함께 해임되었고, 장정 도중 준의회의에서 모택동의 노선이 인정받게 되자 핵심요직에 들어갔다. 항일전선에서 싸웠고 신정권 수립 이후 사회주의 건설의 핵심적인 역할을 담당하여 공산당 서열 6위였다. 그러나 대약진과 인민공사화 과정에서 집단경제 체제에 대한 신넘을 버리고 현실적인 대안을 추구하게 되면서 비판의 대상이 되었다. 이때 "검은 고양이든 흰 고양이든 쥐만 잘 잡으면 된다"는 그의 유명한 발언이 나오게 된다. 즉, 국민경제를 발전시킬 수 있는 체제면 어느 것이든 모색해야 한다는 주장이었다.

문화혁명 때 등소평은 유소기만큼 중죄로 다루어지지는 않았다. 홍위병들이 발행했던 소책자에 거론된 그의 죄명은 다음과 같은 것이었다. '…당의 총서기로서 월권행위가 있었고 개인숭배에 대한 비판은 모택동의 권위를 깎아내렸으며, 농업정책에서 '흰 고양이, 검은 고양이'의 주장을 했다…' 당시 그의 아들은 북경대학에 다니고 있었는데 아버지의 죄상을 밝히려고 했던 홍위병들이 그에게 아버지의 죄목을 자백하기를 강요하자 3층 옥상에서 뛰어내려 하반신이 마비되었다. 그럼에도 그는 문화대혁명에 대해 '사람들의 사고를 촉진하고, 우리들의 단점을 인식하게 해주었다'는 긍정적인 평가를 내린다. 그의 낙천성이 잘 드러난 말이다.

문화대혁명으로 실용 당권파가 제거되고 프롤레타리아 독재의 형식을 띤 모택동의 우상화 경향이 강화되자 모택동 측근 세력이 대두하였다. 인민해방군 임표와 모택동의 처 강청을 비롯한 4인방이 그들이다. 임표는 모택동에 의해 공식적 후계자로 임명되어 2인자의 위치를 차지하였으나 모반사건에 이은 비행기 추락사고로 사망하고, 4인방이 잠시 권력을 장악하였다. 임표는 군부의 강력한 지지를 업고 세력을 키우던 중 모택동의 경계를 샀다. 모택동은 1971년 9월 남부를 시찰하며 임표를 비판했고, 임표는 이를 자신의 제거 신호로 보고 공군의 작전부장으로 있던 아들과 함께 모택동 암살, 혹은 쿠데타를 기도했으나 실패하였다. 이후 소련으로 망명하던 중 몽골상공에서 비행기가 추락하여 사망하였다. 그러나 그가 비행기를 타지 않았으며 체포되어 북경으로 끌려갔다는 설도 있어서 불명확한 점이 많다.

이후 강청 등 4인방이 노쇠한 모택동을 대신하여 사실상 권력을 독단하게 되었다. 4인방이란 강청, 왕홍문, 장춘교, 요문원 4명을 가리킨다. 강청은 예술단원 출신으로 1938년 모택동과 결혼했다. 1973년 당 부주석에 선출된 왕홍문은 문화 혁명기에 활발한 활동을 했던 사람이다. 장춘교는 대약진운동

항일전 시기의 등소평(덩샤오핑). 그는 여러 차례 정치적 역경을 겪었으나 오뚝이처럼 재기에 성공하여 중국의 개혁 개방을 이끌었으며, 최고지도자의 자리에서 스스로 은퇴하여 중국의 한 공민으로 살다가, 평화로운 죽음을 맞았다.

의 이론가로 '붓대'라는 별명을 가지고 있다. 요문원은 그의 문장실력으로 문화대혁명의 불을 지핀 사람이다.

그러나 이들은 당의 실질적인 운영경험이 없기 때문에, 임표 시대에 추방되었던 원로들이 다시 복귀하여 주은래를 중심으로 모이게 되었다. 주은래를 경계하게 된 이들은 1976년 주은래가 사망하자 천안문 광장에 모인 추도 군중들을 배후조종했다는 죄목으로 등소평을 다시 추방하였다. 그러나 모택동이 사망하자 후계자로 등장한 화봉국에 의해 이들은 제거되었다. 모택동 사후 채 한 달이 안 된 시점이었다. 그들의 급격한 몰락에 사람들은 놀라움을 금치 못했다. 4인방 권력의 원천은 오로지 모택동 한 사람뿐이었다. 화봉국은 단결과 경제건설을 강조하는 한편, 4인방의 체제하에서 피해를 당한 사람들을 구제했다. 이때 등소평도 화봉국을 전면적으로 지지한다는 편지를 보냈고 그는 곧 중앙관직에 다시 복귀했다. 모택동의 시대가 끝나고 등소평의 시대가 찾아 온 것이다.

정치에 복귀한 등소평은 1978년 주요 인재들을 서유럽 5개국 시찰단으로 보냈을 뿐만 아니라, 자신도 자본주의 강국들을 방문하여 직접 주요 산업시설들을 시찰하였다. 시장경제를 도입하기 전에 자본주의 경제 연구를 철저히 하고 중국에 어떻게 적용할 것인가를 준비한 것이다. 그는 '삼보주三步走' 목표를 세워 경제 강국으로의 도약을 기했다. 우선 제 일보인 '원바오'는 '인민이 먹고 입는 문제를 해결하는 초보적인 단계'이고, 제 이보인 '샤오캉'은 '생활수준을 중류 이상으로 끌어 올리는 것'이며, 제 삼보인 '대동 사회의 실현'은 중국의 현대화를 실현하는 일이다. 중국은 지금 제 삼보의 길을 걷고 있는 셈이다.

시장경제를 도입했지만 중국은 사회주의의 이상을 포기하지 않았다. 자본주의 경제가 신자유주의 정책으로 금융위기가 터지고 문제점이 표출될 때에도 중국은 국가의 개입과 주도, 장기적 계획 등으로 다른 자본주의 국가와는 차별성 있는 대안을 제시하고 있다.

최근 중국에서도 자본주의 경제의 취약점인 부의 양극화가 심각한 사회 문제로 대두되기 시작했다. 과감한 경제 특구의 개발, 계획적인 시장경제의 성공적인 운영으로 중국 경제가 비약적으로 발전하자, 1993년 아흔 살에 가까운 등소평은 새롭게 등장한 부의 분배 문제에 대해 혁명가로서의 긴장감을 놓지 않고 날카로운 지적을 하였다. 혁명은 양극분화가 심화될 때 터지는 활화산과 같은 것이다.

등소평은 1997년 홍콩의 반환 시점에 대비한 1984년의 교섭에서 국토는 반환받되 자본주의 체제는 유지시킴으로써, 영국 자본의 동요를 막는 유연하고 실용적인 정책을 펼쳤다. 반환되는 홍콩 땅을 밟는 것이 소원이라던 등소평은 반환 5개월을 남겨두고 사망하였다.

아울러 등소평은 노 간부들을 일선에서 물러나게 하고 중앙고문위원회 조언자로 남게 했으며, 자신도 5년 후에 물러남으로써 새로운 지도자들에게 자리를 내주는 새로운 관례를 만들었다. 1989년 11월 9일 등소평은 은퇴했다.

그는 은퇴 후에도 건강한 삶을 살았다. 한겨울에도 냉수마찰을 하고 수영을 즐겼으며, 지인들과 카드놀이를 즐겼다. 서재 책상 밑에서 손자들이 뛰어노는 소리를 들으면서 책을 읽었고, 인민들과 함께 자신을 닮은 나무를 끊임없이 심었다. 대가족이 모인 집안에서 그는 식구들이 지켜보는 가운데 평화롭게 눈을 감았다.

천안문 광장을 메운 자유의 함성
: 천안문 사건 발발
(1989년)

1989년 6월 4일 오전 1시 40분, 약 10만에 가까운 인민해방군은 전차와 장갑차를 앞세우고 민주화를 요구하던 시위대들이 밤을 새우고 있는 천안문 광장을 습격했다. 인민의 군대인 인민해방군은 시위대를 향해 총을 겨누고 사격을 시작했다. 광장은 순식간에 피바다를 이루었다. 이로써 약 50여 일간에 걸친 중국인민들의 민주화 시위는 막을 내렸다.

다음 날 중국정부는 이 사건에 대한 중국 내 언론의 보도를 통제하면서 '6월 4일 천안문 광장에서는 한 사람의 사망자도 없었다. 학생들은 해산했고 총에 맞거나 전차에 치인 학생은 없다. 폭도들이 소란을 피운 곳은 다른 곳이다. 폭도들은 군으로부터 총을 탈취하여 국가를 전복시키려 하고 있다. 이 전투에서 사망자는 300여 명이다. 희생자의 절반은 군인이며 절반은 폭도 및 질 나쁜 구경꾼들이다'라고 발표했다.

4일 한밤중의 대살육전이 끝나고 날이 밝자 계엄부대 사령부는 '수도에서 어제 저녁 중대한 반혁명 동란이 발생했다. 폭도들은 광기의 상태로 해방군 장병들을 습격하여 무기를 빼앗고 군용차를 불 질러 바리케이드를 쳤으며 해방군 장병을 연행하는 등 중화인민공화국을 전복하고 사회주의 체제를 뒤엎으려고 획책했다'라고 하면서 천안문의 학살을 정당화했고, 천안문 시위대들을 국가를 전복시키려는 폭도로 몰아붙였다. 그러나 천안문 광장에서 죽음을 간신히 피한 한 학생은 홍콩으로 탈출하여 기자들에게 그날 밤의 상황을 생생히 증언했다.

"많은 동료 학생들이 천안문 광장에서 전차에 깔려 갈기갈기 찢겨졌다. 군대는 찢겨진 시체를 삽으로 모아 포대기에 넣어 불태웠다"

이날 사건의 희생자는 중국 당국의 발표, 대만 그리고 외국 언론에 따라 각각 다르다. 정확한 보도로 정평이 있는 영국 BBC 방송이 6월 7일 보도한 바에 따르면, 사망자만 7,000여 명에 이르렀다. 그중 군인이 1,000여 명이었다. 당연히 부상자는 수만 명에 이르렀을 것이다. 천안문 광장에서 몸을 피한 시위대 지도부들, 특히 시위를 주도했던 학생대표들에게 수배령이 내려졌고, 잡히면 총살당했다. 이것이 1989년 봄, 중국에서 전개되었던 민주화 운동의 비극적 최후를 장식하는 천안문 사건의 전모이다.

이 사건은 어떤 면에서 1976년 주은래의 죽음을 애도하는 시위집회와 비슷했다. 두 사건 모두에 관련된 사람은 등소평이다. 그는 1976년에는 시위대를 배후 조종한 혐의로 실각했지만, 1989년 사건 때 중국 최고지도자로서 시위대를 무력 진압하는 위치에 섰다.

북경대 학생들이 시작하고 시민들이 합세하여 대규모 군중집회로 발전한 천안문 시위의 직접적인 계기는 중국공산당 총서기를 지냈던 호요방의 죽음이었다. 4월 15일, 호요방은 당면의 과제를 놓고 당시 중앙당 간부들이었던 조자양·이붕·양상곤 등과 격론을 벌이다 졸도하여 그대로 죽었다. 학생들은 "죽어야 할 사람은 죽지 않고 죽지 않아야 할 사람이 죽었다"라고 애석해 했다. 죽어야 할 사람이라고 지칭한 것은 등소평이었다. 호요방의 죽음을 추모하는 사람들이 모여들기 시작했고 그것이 천안문 광장의 약 50여 일간의 긴 시위로 이어졌다.

호요방의 죽음은 하나의 계기였을 뿐, 보다 근본적인 문제는 사회주의 중국의 체제에서 비롯된다. 중국은 모택동이 죽고 등소평이 실권을 장악한 이후 10여 년간 개혁과 개방정책을 적극적으로 추진했다. 이러한 개혁 및 개

천안문 사건. 위는
압제의 탱크에 맞서
옷을 벗어 던지면
서 격렬히 항거하는
중국인민들. 아래는
진압군의 무자비한
공격에 희생당한 사
람들.

방정책은 사회주의 체제에 묶여 있던 중국을 커다란 혼란 속에 빠뜨렸다.
1980년대 중반에 인민공사가 해체되면서 개인농, 즉 사유제하의 농민이 생
겨났으며 생산량도 향상되기에 이르렀다. 그러나 농산물의 생산량이 무한히
증가할 수는 없었다. 중국정부는 농업을 장려하기 위해 농산물 수매가 격을
전체적으로 약 30%가량 인상했고 이로 인해 중국정부의 재정상태가 악화되
었다. 재정적자를 메우기 위해 화폐를 발행하게 되었다. 그것은 또 물가상승,
즉 인플레이션으로 이어졌다. 외국으로부터 차관을 도입했으나 이 돈은 일
부 기업과 당 간부 수중으로 들어가 경제에 큰 보탬이 되지 못했다.

자본주의적 요소를 도입함으로써 중국은 시장경제가 발달했다. 배금주의
적인 풍토가 만연하게 되었으며, 당 간부들이나 엄청난 재산을 모은 소수가
출현하게 되어 심각한 소득 불평등 현상이 나타나게 되었다.

1988년 중국공산당 13기 삼중전회에서는 긴축경제정책이 채택되면서 미
래에 대한 불안이 커졌다. 점차 당 간부들은 특권신분층으로 지위와 권력을
독점하게 되었다. 개방정책에 의해 새로 세워지는 회사들은 당 간부와 결탁

할 수밖에 없고, 당 간부들은 권력뿐 아니라 개인의 부도 증대시켰다. 고위 당 간부들의 자식들은 그 부모를 이어 요직을 차지했다.

대학생들은 부패한 당 간부에 의한 국가경영으로 인민들만 고통을 받고 있다고 판단하기에 이르렀다. 천안문 민주화 시위가 있기 전부터 이미 일부 지식인들로부터 공산당의 통치에 대한 비판이 나오고 있었다. 그러나 이러한 비판과 개선요구는 공산당 중앙정부에 의해 탄압을 받았으며, 그 결말이 천안문의 비극으로 이어지게 된 것이다.

시위대는 호요방의 재평가, 명예회복과 언론보도의 자유, 그리고 제반 민주화 조치를 요구했다. 학생들의 움직임을 보고받은 등소평은 강력한 진압을 명령하였다. 이어 〈인민일보〉가 이를 비합법 조직의 계획적인 음모에 의한 동란으로 규정하고 강력하게 비판하면서 학생들을 더욱 자극했다. 시위대는 시간이 흐를수록 늘어났다. 중국을 공식방문하고 있던 소련의 고르바초프가 천안문 광장에 있는 인민영웅기념비에 헌화하기로 예정이 잡혀있던 5월 17일에는 1백만의 인파가 모여들었다. 결국 고르바초프는 이 헌화계획을 취소하게 된다. 시위대의 행위에 동정적이었던 총서기 조자양은 천안문 광장의 시위대를 방문하여 눈물을 글썽이며 학생들의 시위가 정당하다고 위로했다. 그는 실권자인 등소평에 대항하려 했던 것이다.

그러나 당 중앙에 의해 조자양은 연금 상태에 들어가 실각되고 이붕 수상은 시위대에 대한 강경진압을 명령했다. 5월 20일 북경의 중요지역에 계엄령이 선포되었다. 군대는 시위대를 포위했다. 포위된 상태에서 북경 중앙미술학생들은 민주의 여신상을 만들어 천안문 광장에 세웠다. 그러나 민주의 여신상은 군인들에 의해 넘어뜨려졌으며 많은 학생들이 희생되고, 민주를 부르짖던 시위운동은 엄청난 희생자를 낸 채 비극적인 종말을 맞게 되었다.

동아시아의
평화로운 미래를 위하여
: 양안, 경제협력기본협정 체결 (2010년 이후)

1992년 8월 한국과 중국은 국교를 열었다. 중국은 한국과 수교하는 조건의 하나로 대만과의 단교를 요구했다. 대만은 한국에서는 자유중국이라는 이름으로 불리어졌다. 중국과의 수교는 자유중국과의 단교를 의미했다.

3·1운동 이후 상해에 수립된 대한민국 임시정부는 국민당의 장개석 정부와 긴밀한 관계를 유지하고 있었으며, 특히 윤봉길 의사의 홍커우 공원 의거 이후 국민당 정부의 지원을 받았다. 해방 이후에도 좌우의 이념대립과 분단이라는 공동운명에 처했으며 한국 전쟁에서도 자유중국은 직접 전투 병력을 파견하지는 못했으나 남한을 지원했다. 두 나라의 동병상련은 오랜 우방으로서의 긴밀한 관계를 이끌었다.

1970년대 이른바 데탕트로 불리는 화해 분위기가 형성되고 미국과 중국이 수교하는 동북아 국제관계의 대변화 속에서도 반공을 이념으로 하는 남한은 대만과의 우정을 굳건히 지속하였다. 그러나 1980년대 말부터 소련 및 동구권 사회주의 국가가 몰락하고 냉전체제가 와해되는 등 세계사에 큰 변혁이 가속화되면서 이와 같은 관계는 달라지기 시작했다. 국제관계에서 영원한 우방도 영원한 적도 없다는 현실론이 대만과 대한민국 사이에도 어김없이 적용되었다.

이념보다는 자국의 경제적인 이해관계가 더 중요하게 취급되었다. 남한은 중국을 이념적인 적대국가라기보다는 막대한 잠재력을 가진 교역 상대국으로 보게 된 것이다. 중국도 그들의 경제발전 모델을 남한에서 구하면서 남한의 자본을 끌어들여 경제 발전에 도움을 받고자 했다.

남한과 중국은 점차 비공식적인 관계를 확대시켜나가기 시작했다. 무역 거래가 이루어지고 한국인의 중국방문이 제한적으로나마 허용되었다. 결국 1992년 8월, 중국과 수교하면서 대한민국은 대만과 국교를 단절했다. 대만인은 한국의 배신에 분노했으며 외교관계 및 무역관계 등을 중단한다고 선언했다. 반공으로 묶인 수십 년간의 우방관계는 이로써 막을 내렸다. 한국 정부는 대만대사관을 비워주기를 요구했고 그 자리는 중화인민공화국 외교관들이 자리를 잡았다. 대만 국기인 청천백일기가 내려지고 중국 국기인 오성홍기가 걸리게 된 것이다. 해는 떨어지고 붉은 별이 뜨게 된 것이다.

수교 이후 한중 양국은 '상호존중, 상호평등, 상호신뢰, 상호이익, 상생협력'이라는 원칙하에, 양국의 우호관계와 경제무역 협력을 지속적으로 강화하였다. 수출입 규모도 크게 늘어났다. 2002년 이후 한국의 중국 수출이 급속히 증가하여 중국은 미국과 일본을 제치고 한국의 최대 무역 상대국이 되기도 했다. 2010년 기준으로 총 수출 739.5억 달러, 총 수입 1121.6억 달러로 중국은 한국의 수출입 모두 1위 국가이다. 중국 투자도 크게 증가하여 26억 4천만 달러로 한국의 1위 투자대상국이 되었다.

놀라운 경제성장을 거듭하던 중국은 2010년 일본을 제치고 세계 2위의 강대국이 되었다. 2008년 글로벌 금융위기로 일본·미국·유럽 등이 큰 충격으로 흔들릴 때 중국은 교묘하게 금융외교를 잘 펼쳐 도약의 발판을 마련하였다. 중국의 성장은 폭발적이었고, 매우 빠르게 진행되었다. 티베트와 신장에서의 폭력 사태 등으로 흐르던 중국의 사회적 긴장은 수면 아래로 가라앉았다.

중국은 발 빠르게 아세안 회원국들과 자유무역협정을 맺었고, 글로벌 경제적 위기로 타격을 받은 대만도 양안협정에 나섰다.

양안관계란 중국과 대만의 특수한 관계를 일컫는 말로, 타이완 해협을 사이에 두고 서안(대륙)과 동안(대만)이 서로 마주보는 관계라 하여 붙은 이름이다.

2010년 6월 29일 중국과 대만은 경제협력기본협정을 체결하였다. 이 자유무역협정으로 정치적 통일은 아니지만, 상호투자와 관광, 직항 노선과 직항 우편 개설 등으로 양안의 교류는 활발해졌다.

2020년대에 들어서 공공연한 G2 시대를 맞아, 계속되는 중국의 팽창과 미국과 중국의 힘겨루기는 대만과 한국에게 안보와 경제 위기를 초래할 수도 있는 험난한 국제 환경이 조성되었다.

2011년 북한은 김정일이 사망하고 그의 아들 김정은이 3대째 권력을 승계하였다. 2018년 4월 27일 남과 북, 문재인과 김정은은 판문점 회담을 하고 국민들의 평화통일 염원을 다시 한번 품게 하였으나, 기대한 진전은 이루어지지 않았다.

러시아·우크라이나 전쟁이 수년째 끝이 보이지 않고, 팔레스타인·이스라엘 전투가 중동 확전을 우려하게 하는 인류의 고민은 언제 종식될 것인가? 전쟁이 없는 지구는 가능한 것일까? 부디, 동아시아에서 중국과 대만이, 남한과 북한이, 평화로운 공존, 나아가서 평화적인 통일을 이룰 수 있기를. 그날이 꼭 오기를 기대해 본다.